内蒙古自治区社会经济发展研究报告丛书

总主编：张亚民　侯淑霞

NEIMENGGU ZIZHIQU JINRONG

FAZHAN BAOGAO(2012)

内蒙古自治区 金融发展报告 （2012）

主　编：金　桩
副主编：严存宝　张启智

经济管理出版社

ECONOMY & MANAGEMENT PUBLISHING HOUSE

图书在版编目(CIP)数据

内蒙古自治区金融发展报告(2012)/金桩著. —北京:经济管理出版社,2014.7
ISBN 978－7－5096－2907－9

Ⅰ.①内… Ⅱ.①金… Ⅲ.①地方金融事业－经济发展－研究报告－内蒙古－2012
Ⅳ.①F832.726

中国版本图书馆 CIP 数据核字(2013)第 311166 号

组稿编辑:王光艳
责任编辑:许 兵 吴 蕾
责任印制:黄章平
责任校对:超 凡

出版发行:经济管理出版社
　　　　　(北京市海淀区北蜂窝 8 号中雅大厦 A 座 11 层　　100038)
网　　　址:wgyan666@sina.com
电　　　话:010－63320520
印　　　刷:三河市延风印装厂
经　　　销:新华书店
开　　　本:720mm×1000mm/16
印　　　张:24
字　　　数:471 千字
版　　　次:2014 年 7 月第 1 版　2014 年 7 月第 1 次印刷
书　　　号:ISBN 978－7－5096－2907－9
定　　　价:98.00 元

《内蒙古自治区社会经济发展研究报告丛书·第一辑》编委会

《内蒙古自治区金融发展报告(2012)》编委会

主编:金 桩

副主编:严存宝 张启智

参编人员:(按姓氏笔画排序)

马志春 王 妍 王永成 石全虎

付冬梅 刘美荣 齐海山 初海英

李志军 李晓红 张永军 张燕冰

范淑芳 哈斯其其格 赵 璐 徐慧贤

萨如拉 斯琴塔娜 蒙 蒙 薛 强

总　序

　　习近平总书记在深入内蒙古自治区兴安盟、锡林郭勒盟、呼和浩特市视察指导工作，沿途做了一系列重要指示，并做了重要讲话。习近平总书记的重要讲话，充分肯定了党的十八大以来自治区提出的"8337"发展思路和取得的成绩，深刻阐述了内蒙古自治区在全国发展大局中的战略地位；明确指出了当前和今后一段时期内蒙古自治区的前进方向和工作重点，是内蒙古自治区改革开放和现代化建设的根本指针。为了充分展示内蒙古自治区社会经济发展的成果，进一步探索制约内蒙古自治区社会经济发展的瓶颈，为"8337"发展思路的进一步贯彻提供科学决策依据，由内蒙古财经大学专家学者编写的《内蒙古自治区社会经济发展研究报告》丛书，先期推出工业、对外贸易、金融、文化产业和区域竞争力等系列发展研究报告。该丛书的出版，对于贯彻落实好自治区党委、自治区人民政府关于加快自治区经济发展的一系列政策措施，推动内蒙古自治区社会经济科学发展、和谐发展、跨越发展，必将起到积极的作用。

　　内蒙古自治区地处祖国北疆，作为新中国最早成立的省级少数民族自治地方，不仅幅员辽阔、自然资源富集，而且独具古老而丰富的草原文化。在中国共产党的领导下，内蒙古自治区各族人民走过社会主义革命、建设、改革与发展的光辉历程，将一个只有"茶布水盐糖，骆驼牛马羊"的内蒙古，发展成为地区经济快速发展、综合实力显著增强、人民生活不断改善的内蒙古。改革开放特别是实施西部大开发和振兴东北地区等老工业基地战略以来，内蒙古自治区抢抓机遇，开拓进取，经济社会发展取得巨大成就。据《内蒙古自治区 2013 年国民经济和社会发展统计公报》显示：2013 年内蒙古自治区农牧业双丰收，粮食总产量达 2773 万吨，增长 9.7%；牲畜存栏头数达 11820 万头(只)，增长 4.9%。以工业为主导的第二产业保持较快增长，全年实现工业增加值 7944.4 亿元，增长 11.3%。第三产业稳步发展，全年第三产业增加值 262204 亿元，增长 8.3%；城乡人民生活水平进一步改善，全年城镇居民人均可支配收入 25497 元，增长 10.1%。农牧民人均生活消费支出 7268 元，增长

13.9％；各项社会事业取得较大进步。内蒙古自治区不仅成为巩固国防、繁荣边疆的先进，而且已经成为我国经济社会发展最具活力的地区之一。

今天的内蒙古自治区已经站在了新的历史起点上。但内蒙古自治区在发展中仍存在基础设施建设滞后、生态环境脆弱、产业结构单一、区域发展不平衡、公共服务能力不强等突出困难和问题。第一产业大而不强，绿色高效农牧产业尚未成为产业主要力量；第二产业发展水平仍有待提高，在产品附加值和对自然环境的影响方面都亟待提升；第三产业方面，服务业发展水平和层次较低，在市场竞争中处于弱势地位。以上种种产业发展现状，对内蒙古自治区的社会经济发展都提出了更高的要求。《内蒙古自治区社会经济发展研究报告》丛书，以内蒙古自治区工业、对外贸易、金融、文化产业和区域竞争力的发展现状分析为背景，基于大量实地调研数据，对内蒙古自治区工业及战略性新兴工业发展、内蒙古自治区金融发展中的农村金融及民间金融和产权市场发展、内蒙古自治区区域综合竞争力的评价指标体系、内蒙古自治区盟市对外经贸与对外经济合作机制、内蒙古自治区各盟市文化产业发展现状等进行了实证分析，在内蒙古自治区产业转型升级目标及战略重点、内蒙古自治区金融发展中的新领域与难点、提升内蒙古自治区区域经济综合竞争力、内蒙古自治区对外贸易发展的未来、推动内蒙古自治区文化产业发展的战略举措等方面提出了内容具体、切实可行和科学有效的对策建议。

《内蒙古自治区社会经济发展研究报告》丛书与其他一些相关专著相比，具有简明扼要、系统性和针对性强、形式新颖等特点，是内蒙古财经大学学术研究特色与成果的一次集中展示。本丛书秉承学术精神，观点上各抒己见，内容上兼容并蓄。坚持学术视角、专家立场，讲求实事求是、客观公正，体现科学性、应用性与丰富性。

本丛书的研究成果或结论均属个人或课题组观点，不代表单位或官方结论。由于研究者自身的视野和水平有限，特别是面对纷繁复杂的世界经济和社会形势的诸多不确定因素，对未来预测的难度大大增加，因此研究结论难免不当、不足、不确，恳请读者批评斧正。

编委会

2013.12

序

  金融是现代经济的核心,发达的金融体系对经济增长具有重要的促进作用。近年来,内蒙古自治区紧紧抓住国家深化金融改革和自治区经济持续快速发展的历史机遇,积极推进金融改革发展,在为自治区经济社会发展提供有力资金支持的同时,金融产业不断发展壮大。2008 年以来的 6 年间,内蒙古自治区先后引进 9 家全国性股份制银行和外资银行,组建了内蒙古银行,设立村镇银行 61 家,完成了农村信用社第一轮改革,全区农村信用社法人达到 93 家;设立了包钢财务公司、伊利财务公司和鄂尔多斯财务公司。2013 年末,全区银行业资产总额达 2.1 万亿元,是 2007 年的 3.6 倍,年均增长 23.9%;不良贷款率由 2007 年的 10.7% 下降到 2013 年的 2.2%,下降了 8.5%;全区金融机构人民币各项贷款余额达 12944.2 亿元,是 2007 年的 3.4 倍,年均增长 22.8%;人民币各项存款余额达 15205.7 亿元,是 2007 年的 3.1 倍,年均增长 20.6%。到 2013 年末,全区上市公司 29 家,其中 6 年间新上市公司达 11 家。省级保险公司机构达 37 家,比 2007 年增加 20 家,保费收入 274.7 亿元,是 2007 年的 2.8 倍,年均增长 18.8%。小额贷款公司、融资性担保公司发展走在全国前列。2013 年末,全区实现金融业增加值 563 亿元,分别占地区生产总值和第三产业增加值的 3.34% 和 9.16%,金融从业人员近 20 万人。自治区基本上形成了较为完善的金融业体系,金融业整体竞争力显著增强,为全区经济平稳、较快发展提供了强有力的金融支撑。

  自 20 世纪 90 年代以来接踵而至的金融危机使人们更加认识到,金融业已经成为一种极其重要、具有战略意义的经济资源,是市场经济中重要的资源配置手段。金融资源种类繁多,从大类上看,金融生态环境是金融体系运行的外部条件,是培育、开发和利用金融资源的平台;货币资本为经济社会发展提供资金,被喻为血液;金融市场、金融组织和金融工具为金融资源功能发挥提供载体与手段;金融制度则为金融体系的运行提供保证。它们之间互为条件,相互作用,借助资本的形成和交易,以及支付清算和创新机制,在现代经济中发挥着核心作用。回顾历史,英国经济在 18 世纪获得快速发展的重要因素之一,就是金融发挥了重要作用。改革开放以来,我国经济社会发展日新月异,其中原因之一就是金融在促进资本和劳动投入、促进资金合理流动和资源优化配置等方面作出了突出贡献。

随着经济全球化的深入发展,我国工业化、城镇化、市场化、国际化进程加快,金融日益广泛地影响着我国经济社会生活的各个方面。在金融对经济社会发展的作用越来越重要、国内外金融市场联系和相互影响越来越密切的背景下,研究和了解金融业发展的总体情况和趋势,对于做好地方金融工作十分必要。内蒙古财经大学组织相关专家学者撰写的《内蒙古自治区金融发展报告(2012)》,比较全面地反映了近几年来内蒙古金融业的运行情况。该报告分为综合报告、行业报告和专题报告三个部分。其中,综合报告分析了内蒙古金融业和固定资产投资业发展的现状及存在的问题,提出了下一步发展的思路及对策建议;行业报告就内蒙古自治区银行业、证券业、期货业、保险业、信托业及新型金融机构存在的问题进行分析并提出了对策;专题报告针对近年来内蒙古自治区金融发展中的几个热点问题,诸如农村金融、中小企业融资、民间融资、产权市场等进行调查和分析并提出了解决对策。

《内蒙古自治区金融发展报告(2012)》既有丰富、翔实的资料,又有深入、全面的剖析,对大家了解、研究内蒙古自治区金融业发展具有重要的参考价值。

布小林

2013 年 12 月 20 日

前　言

经过半个多世纪的发展,内蒙古自治区金融业初步形成了多元化、多层次、广覆盖的金融组织体系,全区金融业呈现出金融市场不断规范、金融产品不断创新、业务规模日益扩大、资产质量持续好转、经营效益不断提高、金融体制改革逐步深入、金融服务水平不断提升、信用体系建设深入推进、金融生态环境明显改善、金融影响力显著提升的良好发展态势。特别是,经过"十一五"的发展,全区金融业走过了经济带动金融发展阶段,进入了经济和金融良性互动发展阶段,金融发展对实体经济的推动作用不断增强,已成为自治区重要的新兴产业。

站在新的历史起点上,总结过去,分析得失,谋划未来,使内蒙古自治区金融业可持续发展,为实体经济提供强有力的金融服务支持,具有重要的意义。

内蒙古财经大学金融学院以建设"国家级特色专业"和"自治区重点建设学科"为契机,组织校内外的专家学者编写了《内蒙古自治区金融发展报告(2012)》,旨在为梳理内蒙古金融业发展的基本情况、基本特点和长期趋势,总结规律,提出对策,"十二五"及更长时间内蒙古金融业的发展献计献策。

《内蒙古自治区金融发展报告(2012)》分为综合报告、行业报告和专题报告三个板块,共17章。综合报告包括"内蒙古自治区金融形势分析报告"和"内蒙古自治区固定资产投资分析报告",全面系统地分析了内蒙古金融业和固定资产投资事业的发展现状,分析了当前金融业和固定资产投资中存在的问题,提出了下一步发展的思路及对策建议。行业报告包括"内蒙古自治区银行业总体发展报告"、"内蒙古自治区国有商业银行发展报告"、"内蒙古自治区股份制商业银行发展报告"、"内蒙古自治区城市商业银行发展报告"、"内蒙古自治区农村信用社发展报告"、"中国农业发展银行内蒙古分行发展报告"、"国家开发银行内蒙古分行发展报告",分别从国有商业银行、股份制商业银行、城市商业银行以及政策性银行等几个方面分析了内蒙古自治区银行业的发展状况,并提出了进一步发展的对策思路。"内蒙古自治区证券、期货业发展报告"、"内蒙古自治区保险业发展报告"、"内蒙古自治区信托公司发展报告"、"内蒙古自治区新型金融机构发展报告"等内容,分别分析和探讨了证券、期货、保险以及贷款公司、村镇银行、资金互助社等新型机构的发展现状及对策建议。专题报告包括"内蒙古自治区农村金融发展报告"、"内蒙古自治区中小企业融资发展报告"、"内蒙古自治区民间金融发展报告——以鄂尔多斯市为例"和"内蒙古自治区产权市场发展报告",分别对内蒙古自治区金融发展中关注度比较高的几个领域进行了调查和分析,提出了作者的对策和建议。

《内蒙古自治区金融发展报告(2012)》由主编拟定提纲、各参编人员共同撰写完成,各章节具体编写者为:第一章由金桩、萨如拉、蒙蒙编写;第二章由张永军、付冬梅编写;第三章由范淑芳编写;第四章由王永成编写;第五章由赵璐编写;第六章由李晓红编写;第七章由薛强编写;第八章由严存宝编写;第九章由严存宝、李志军编写;第十章由初海英、王妍、刘美荣编写;第十一章由哈斯其其格编写;第十二章由严存宝、张燕冰编写;第十三章由斯琴塔娜编写;第十四章由石全虎编写;第十五章由齐海山编写;第十六章由徐慧贤编写;第十七章由马志春编写;最后由金桩教授、严存宝教授、张启智教授统稿。在《内蒙古自治区金融发展报告(2012)》的撰写过程中,得到了内蒙古自治区金融工作办公室、人民银行呼和浩特中心支行、内蒙古自治区银监局、内蒙古自治区证监局、内蒙古自治区保监局、内蒙古自治区产权交易中心、内蒙古自治区发展研究中心以及各家金融机构的鼎力支持,在此深表感谢。同时,在本书的编写过程中参阅了大量前人的研究成果和各兄弟省、市、区金融发展战略规划,借鉴了他们的研究结论,使得我们的研究成果更加科学和系统,更具前沿和权威性,对实际工作更有指导意义。最后,本书能够付梓出版,与学校重点学科建设项目的支持是分不开的,在此一并表示感谢。

由于时间紧、任务重、涉及面广,尽管我们做了努力,不足和错误在所难免,敬请各位同行、专家、学者以及广大读者给予批评指正。

编　者

2013 年 12 月 6 日

目　录

上篇　综合报告

第一章　内蒙古自治区金融形势分析报告 ················· 3

一、内蒙古自治区金融业发展状况 ················· 4

二、内蒙古自治区金融业发展中存在的问题 ················· 13

三、内蒙古自治区金融业发展的目标和对策建议 ················· 23

第二章　内蒙古自治区固定资产投资分析报告 ················· 29

一、内蒙古自治区固定资产投资运行基本情况及特点 ················· 30

二、内蒙古自治区固定资产投资发展存在的问题 ················· 34

三、内蒙古自治区固定资产投资发展的对策建议 ················· 38

中篇　行业报告

第三章　内蒙古自治区银行业总体发展报告 ················· 43

一、内蒙古自治区银行业总体发展状况 ················· 44

二、内蒙古自治区银行业发展中存在的问题 ················· 48

三、内蒙古自治区银行业发展对策建议 ················· 53

第四章　内蒙古自治区国有商业银行发展报告 ················· 57

一、内蒙古自治区国有商业银行分行发展状况 ················· 58

二、内蒙古自治区国有商业银行发展中存在的问题分析 ················· 67

三、内蒙古自治区国有商业银行发展展望 ················· 68

第五章　内蒙古自治区股份制商业银行发展报告 ………… 70

一、内蒙古自治区股份制商业银行发展现状 ………… 71

二、内蒙古自治区股份制商业银行发展中存在的问题 ………… 76

三、内蒙古自治区股份制商业银行发展对策建议 ………… 80

第六章　内蒙古自治区城市商业银行发展报告 ………… 83

一、内蒙古自治区城市商业银行发展状况 ………… 84

二、内蒙古自治区城市商业银行发展特点及其存在的问题 ………… 89

三、内蒙古自治区城市商业银行可持续发展的政策建议 ………… 94

四、内蒙古自治区城市商业银行的未来发展展望 ………… 97

第七章　内蒙古自治区农村信用社发展报告 ………… 99

一、内蒙古自治区农村信用社发展状况 ………… 101

二、内蒙古自治区农村信用社发展中存在的问题 ………… 105

三、内蒙古自治区农村信用社的发展对策 ………… 108

第八章　中国农业发展银行内蒙古分行发展报告 ………… 111

一、中国农业发展银行内蒙古分行的发展现状与机遇 ………… 112

二、中国农业发展银行内蒙古分行发展中面临的问题 ………… 115

三、中国农业发展银行内蒙古分行发展的对策 ………… 121

第九章　国家开发银行内蒙古分行发展报告 ………… 130

一、国家开发银行内蒙古分行支持地方经济发展状况 ………… 131

二、国家开发银行内蒙古分行的发展能力分析 ………… 137

三、国家开发银行内蒙古分行发展中存在的问题 ………… 140

四、国家开发银行内蒙古分行可持续发展的思路和对策 ………… 142

第十章　内蒙古自治区证券、期货业发展报告 ………… 145

一、内蒙古自治区证券、期货业发展情况 ………… 146

二、内蒙古自治区证券、期货业发展的特点及不足 ………… 156

三、内蒙古自治区证券、期货业发展的策略建议 ………… 160

第十一章　内蒙古自治区保险业发展报告 ················ 164

一、内蒙古自治区保险业发展基本情况及特点 ··········· 165

二、人身保险市场发展现状、问题及对策 ············· 171

三、财产保险市场发展现状、问题及对策 ············· 182

第十二章　内蒙古自治区信托公司发展报告 ··············· 191

一、内蒙古自治区信托公司发展概况 ··············· 192

二、内蒙古自治区信托公司经营状况分析 ············· 198

三、内蒙古自治区信托公司进一步发展的建议 ··········· 230

第十三章　内蒙古自治区新型金融机构发展报告 ············ 232

一、内蒙古自治区新型金融机构发展背景 ············· 234

二、内蒙古自治区新型金融机构发展状况分析 ··········· 236

三、内蒙古自治区新型金融机构发展中存在的问题 ········· 243

四、内蒙古自治区新型金融机构前景展望与发展对策 ········ 247

下篇　专题报告

第十四章　内蒙古自治区农村金融发展报告 ·············· 253

一、内蒙古自治区农村金融发展的历史回顾 ············ 254

二、内蒙古自治区农村金融发展的总体评价 ············ 261

三、内蒙古自治区农村金融发展存在的问题 ············ 264

四、推进内蒙古自治区农村金融改革发展的思路 ·········· 268

五、内蒙古自治区农村金融发展的前景展望 ············ 279

第十五章　内蒙古自治区中小企业融资发展报告 ············ 281

一、内蒙古自治区中小企业发展及其融资现状 ··········· 282

二、内蒙古自治区中小企业融资存在的问题及其原因 ········ 292

三、强化内蒙古自治区中小企业融资服务的政策建议 ········ 297

第十六章　内蒙古自治区民间金融发展报告——以鄂尔多斯市为例

…………………………………………………………………… 306

一、鄂尔多斯市民间金融发展现状 ………………………………… 307

二、鄂尔多斯市民间金融的影响分析 ……………………………… 313

三、鄂尔多斯市民间金融发展原因解析 …………………………… 317

四、规范和引导民间金融健康发展的对策措施 …………………… 334

第十七章　内蒙古自治区产权市场发展报告 ……………… 341

一、中国产权市场的历史沿革 ……………………………………… 342

二、内蒙古自治区产权市场发展现状 ……………………………… 343

三、内蒙古自治区产权市场存在的问题及对策 …………………… 355

四、内蒙古自治区产权市场建设思路 ……………………………… 361

五、内蒙古自治区产权市场未来愿景 ……………………………… 362

参考文献 …………………………………………………………… 364

上篇　综合报告

第 一 章

内蒙古自治区金融形势分析报告

内蒙古自治区金融业经过"十一五"时期的发展,进入了经济和金融良性互动发展阶段,金融发展对实体经济的推动作用不断增强,已成为内蒙古自治区重要的新兴产业。本书介绍内蒙古自治区金融业发展现状,分析存在的问题,并结合内蒙古自治区"十二五"金融发展规划,提出进一步发展金融业的对策建议。

一、内蒙古自治区金融业发展状况

进入"十一五"以来,全区认真贯彻国家有关金融发展、改革和稳定的方针政策,紧紧抓住国家深化金融改革和内蒙古自治区经济持续快速发展的历史机遇,积极推进金融改革,认真执行稳健的货币政策,加大金融创新力度,改善金融服务,及时防范和化解金融风险,初步建立了多元化、多层次、广覆盖的金融组织体系,全区金融业呈现出金融市场不断规范、金融产品不断创新、业务规模日益扩大、资产质量持续好转、经营效益不断提高、金融体制改革逐步深入、金融服务水平不断提升、信用体系建设深入推进、金融生态环境明显改善、金融影响力显著提升的良好发展态势。

(一)金融组织体系不断健全

截至 2011 年末,内蒙古自治区经过引进和培育本地金融机构,已形成了由国有商业银行、股份制商业银行、城市商业银行、农村合作金融机构、新型农村金融机构以及政策性银行等 943 家机构所组成的金融机构体系。其中,本地法人金融机构达到 819 家,分别为城市商业银行 4 家、新型农村金融机构 52 家、法人农村信用社 81 家、农村商业银行 3 家、农村合作银行 7 家、小额贷款公司 462 家、信托公司和期货公司各 1 家、证券公司 2 家、信用担保公司 206 家,初步形成了结构合理、功能完备的现代金融组织体系,见表1-1。

表 1-1　2011 年内蒙古自治区各类金融机构数量　　　　单位:家

金融机构	数量
国有商业银行和政策性银行	7
股份制商业银行	8
外资银行	2
城市商业银行	4
新型农村金融机构	52
农村商业银行	3
农村合作银行	7

金融机构	数量
旗县统一法人社	81
小额贷款公司	462
信托公司	2
资产管理公司	3
银联卡服务机构	2
人寿保险公司	15
财产保险公司	17
证券公司	3
证券营业部	59
期货公司	1
期货营业部	9
中小企业信用担保公司	206
合计	943

（二）金融业经营规模大幅增长

进入"十一五"以来,内蒙古自治区金融业经营规模出现了大幅增长。截至2011年末,全区金融机构人民币各项存款余额12063.7亿元,同比增长17.4%,增速高于全国同期3.8%,居全国第8位,是2005年末的3.66倍,年均增长率达到25.26%;各项贷款余额9727.7亿元,同比增长22.8%,增速高于全国同期7.6%,居全国第3位,高于自治区经济增速9.3%,是2005年末的3.76倍,年均增长率达到24.38%(见图1-1、图1-2)。

进入"十一五"以来,内蒙古自治区保险业持续健康发展,保险机构经营效益显著提高,保障服务功能日益增强,险种结构不断优化。截至2011年末,全区省级保险机构达到32家,保险分支机构达到1765家,保险从业人员达到8.4万人。

2011年实现保费收入229.8亿元,同比增长15.6%,高于全国5.0%,是2005

年末的 3.8 倍,年均增长率达到 26.88%,见图 1-3。赔付支出 71.2 亿元,同比增长 19.8%,是 2005 年末的 5.0 倍,年均增长率达到 34.0%,见图 1-4。保险密度由 2005 年的 256 元增加到 2011 年的 926 元,保险深度由 2005 年的 1.4% 提高到 2011 年的 2.0%,见图 1-5。

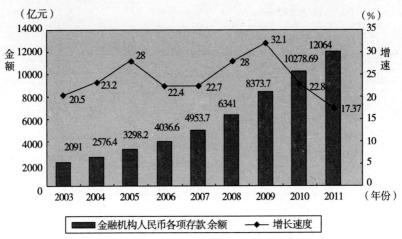

图 1-1　2003～2011 年内蒙古自治区金融机构人民币存款余额及增速

图 1-2　2003～2011 年内蒙古自治区金融机构人民币贷款余额及增速

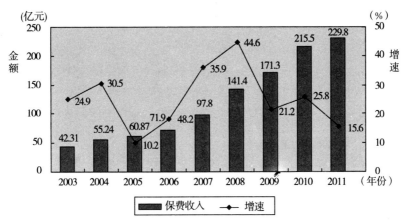

图1-3 2003～2011年内蒙古自治区保费收入变化情况

资料来源:根据内蒙古保监局各年统计数据公报整理。

进入2011年,在全国保险行业经营业绩整体下滑的情况下,内蒙古自治区保险行业仍然取得规模进一步扩张、结构进一步优化、效益进一步提高的好成绩。产险公司经营效益持续向好,承保利润增长1.1倍,承保利润率达12.0%,同比提高4.6%。财产险各险种协调发展,车险与非车险保费收入分别增长21.1%和21.9%,交强险与商业险保持稳定增长;农业险支农惠农作用进一步增强,保费收入达17亿元,排名全国第二,承担风险责任226.2亿元,受益农户268.7万户。人身险业务结构调整成效显著,缴费结构趋于合理,渠道结构不断优化,个人代理渠道占比同比提高3.4%,银邮渠道新单期缴费率达28.1%。2011年内蒙古自治区产、寿险业务比例为52:48,结构较为合理。

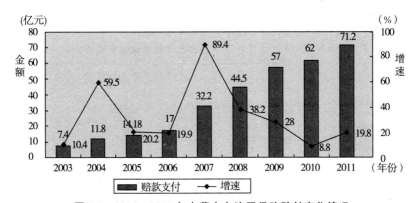

图1-4 2003～2011年内蒙古自治区保险赔付变化情况

资料来源:根据内蒙古保监局各年统计数据公报整理。

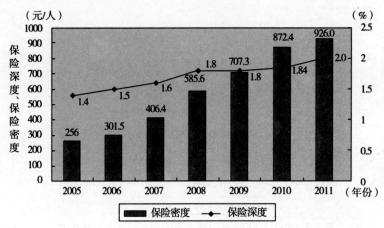

图 1-5　2005～2011 年内蒙古自治区保险深度、保险密度变化情况

资料来源:根据内蒙古保监局各年统计数据公报整理。

　　进入"十一五"以来,内蒙古自治区证券业出现可喜的发展,上市公司数量增加,整体效益不断提高。截至 2011 年末,22 家境内上市公司经营持续向好,总市值达到 2543.9 亿元,同比增长 15.3%。上市公司后备资源培育工作取得新进展,1家企业拟挂牌上市,3 家企业已报送首发上市申请材料,2 家企业进入上市辅导期,为"十二五"时期培育上市公司工作奠定了较好的基础。

　　直接融资取得新突破。通过采取激活存量与扩大增量相结合、多层次资本市场与多板块上市相结合、引进来和走出去相结合,先后有 9 家企业在境内外上市,有 30 家企业通过发行企业债券、可转债、短期融资券、中期票据等在债券市场融资。2005～2011 年末,全区累计实现资本市场融资 812.8 亿元,见表 1-2、图 1-6。

表 1-2　2003～2011 内蒙古自治区资本市场融资额变化情况　　　　单位:亿元

年份	资本市场融资额
2003	0
2004	49.35
2005	14.68
2006	40
2007	130.6
2008	145.01

续表

年份	资本市场融资额
2009	99.09
2010	169.5
2011	228.6

图 1-6　2003～2011 年内蒙古自治区资本市场融资额变化情况

(三)金融业经营质量不断提升,盈利能力不断增强

随着全区经济走强,政府财力增强,居民和企业收入增加,银行业在提供金融服务的同时,自身经营效益不断提高,资产质量逐渐好转。具体如下:

1. 不良贷款率下降

2010 年末,全区银行业不良贷款余额 250 亿元,比 2005 年下降了 130 亿元,降幅 34.3%;不良率为 3.1%,比 2005 年下降了 11.37%。进入 2011 年以来,不良贷款"双降"工作取得新进展,不良贷款余额进一步下降至 184.01 亿元,不良贷款率下降至 1.9%。

2. 经营效益再创新高

2010 年,全区银行业实现税后利润 194 亿元,"十一五"期间年平均增速达到 59%。进入 2011 年,全区银行业利润继续大幅增长,利润总额达到 265.34 亿元,同比增长达到 36.6%,银行业成为自治区服务业中发展速度最快、效益最好、吸纳就业人员较多的行业之一。

(四)金融对经济增长的贡献度进一步提升

进入"十一五"以来,内蒙古自治区金融业保持快速发展的态势。"十一五"末,全区银行业金融资产突破1万亿元大关,达到1.3万亿元,比2005年增长了2.3倍,"十一五"期间实现年均增长26.9%,快于全国同期平均增速6.6%。进入2011年,全区银行业资产规模继续保持快速增长态势,达到16304.56亿元,同比增长24.2%。

"十一五"末,全区金融业增加值达到346.4亿元,占服务业增加值的8.2%,见表1-3,比2005年提高3.8%,"十一五"期间年均增长21.8%,见图1-7,超过地区生产总值增长速度,进入2011年以来,继续保持快速增长态势,达到447.46亿元,实现了金融业与地方经济社会发展的良性互动,金融业已成为支持地方经济社会发展的重要力量。

"十一五"以来,内蒙古自治区银行业信贷结构进一步优化,信贷支持中小企业和"三农"的力度逐渐加大。中小企业和"三农"发展逐步得到重视,信贷环境有所改善,全区银行业能够顺势而为,不断完善各项机制,大力推进中小企业和"三农"贷款管理制度的创新,加快拓展中小企业和"三农"金融业务。

表1-3　2003～2011年内蒙古自治区金融业增加值、增长速度及占第三产业比重变化情况

年份	金融业增加值(亿元)	增长速度(%)	占第三产业比重(%)
2003	27.8	2.1	3.7
2004	55.9	5.6	4.4
2005	67.5	17.2	4.4
2006	105.3	26.5	5.7
2007	137.8	26.6	6.3
2008	219.1	20.2	6.8
2009	291.1	34.2	7.9
2010	346.44	10.8	8.2
2011	447.46	29.2	9.2

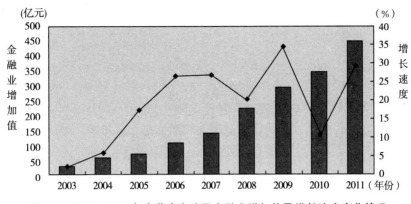

图 1-7　2003～2011 年内蒙古自治区金融业增加值及增长速度变化情况

(五)加强中小企业融资体系建设,增加中小微企业信贷投放

内蒙古自治区小额信贷试点走在全国前列,成为中小企业金融服务的新生力量。到 2010 年末,全区小额贷款公司开业户数达到 422 家,注册资本 312.5 亿元,覆盖全区 95％的旗、县、区,2010 年全年累计发放贷款 511 亿元,2010 年 12 月末贷款余额 348 亿元,已经相当于全区农信社系统贷款余额的 1/3,成为全国小额贷款公司数量最多、规模最大的省区,支持了 4 万多户小企业、个体工商户和农牧民的融资需求。

内蒙古自治区通过积极推动中小企业信用担保体系实现担保运作模式、担保资金筹集方式和担保业务种类的根本转变,初步形成了一个核心、三级层次、网状结构的担保和再担保体系,已经覆盖全区各盟市工业园区和开发区。到 2010 年末,全区备案的各类融资性担保机构共有 130 家,累计筹集担保资金 76.2 亿元,累计为中小企业融资担保 430 亿元。

2011 年,金融机构贷款继续向中小微企业倾斜,对中小微企业金融扶持力度加大。全年新增中小微企业贷款 894.9 亿元,占全部企业新增贷款的 64.2％;年末中小微企业贷款余额 3620.5 亿元,同比增长 41.2％,占全部企业贷款余额的 54.5％,增速高于全部贷款增速 17.6％,高于全国 15.4％,中小企业贷款满足率进一步提高。

(六)农村牧区普惠金融服务范围逐步扩大,有效促进了城乡协调发展

截至 2011 年末,金融机构涉农贷款余额达到 3127.7 亿元,同比增长 27.8％,高于各项贷款增速 4.2％。全年人民银行累计发放支农再贷款 89.99 亿元,全区农村信用社累计发放农牧业贷款 889 亿元,占其各项贷款累放额的 60％。金融机构

工业贷款余额 3335.6 亿元,占各项贷款的 34.6%,同比增长 16.1%;交通运输业等基础设施贷款余额 1080.9 亿元,同比增长 23.8%;服务业贷款余额 3440.2 亿元,同比增长 22.9%。

2011 年,政策性农业保险共为 268.7 万农牧户、7416 万亩农作物、13 万头牲畜提供了 226.2 亿元的风险保障,比 2010 年增长 14.2%,赔付支出 10.1 亿元。全区政策性种植业保险承保面积、保险金额等指标近年一直位居全国之首,农业保险覆盖面逐步扩大,支农惠农作用有效发挥。

2011 年,各金融机构进一步加强农村牧区金融服务体系建设,在农村牧区大力拓展信贷、结算、保险等多种金融服务,稳步发展新型农村金融机构,不断提升农村牧区金融服务水平。2011 年末,全区村镇银行等新型农村金融机构达 52 家。小额贷款公司达 462 家,贷款余额 365.7 亿元,全年累计发放贷款 466.7 亿元,支持了 3.4 万户微小企业、个体工商户和农牧民。全区县及以下地区新增 ATM 机 500 多台、POS 机 1500 多台,新开办"流动银行"6 家。农村牧区金融服务水平得到不断改善。

(七)金融改革有序推进,产权制度改革进一步深入

"十一五"期间,通过积极争取政策支持,开辟"绿色通道",指导完成区内 4 家国有商业银行股份制改革任务;邮储银行成功与邮政业务分离,并实现挂牌营业,结束了邮政储蓄机构 20 年"只存不贷"的历史。统筹城乡金融发展,推进辖区内农村信用社产权制度改革,已组建 7 家农村合作银行和 3 家农村商业银行,其经营活力明显提高。通过增资扩股和兑付中央银行专项票据,资本充足率大幅提升。通过推进改革,区内银行业金融机构支持地方经济发展力度不断加大,抗风险能力和竞争力不断增强。

(八)政、银、企互利合作、良性互动,建立了长效沟通机制

"十一五"以来,自治区党委、政府高度重视金融业发展,各级政府和相关部门加大了沟通、协调、服务力度,采取多种形式,有效疏通金融部门与经济主体的连接渠道。为解决银企信息不对称问题,连续几年,通过组织召开联席会、信贷投放调度会以及承办银企对接会、组织签约会等形式,大力向金融机构宣传、推荐优质企业项目,协调帮助银行和企业解决在信贷投放过程中存在的问题,构筑了政府、银行、企业相互信任、相互支持、互惠双赢、共谋发展的新型关系。

（九）信用体系建设稳步推进，金融生态环境持续优化

"十一五"以来，内蒙古自治区着力优化金融发展的政策环境、信用环境、法制环境和人才环境，完善了金融突发事件应对机制，加大对金融违法违规活动和金融案件的预防和查处力度，维护了金融市场秩序和金融稳定。内蒙古自治区在全国率先以自治区人民政府令出台了信用信息管理办法，成为第一个地方性信用信息规章。内蒙古自治区初步建立了以行政执法信息为主的非信贷信用信息数据库，与人民银行的企业和个人征信信息系统、银监会的客户风险预警系统形成相互补充、联合互动的信用信息系统。自治区建立了与东北三省的信用合作机制，实现了信用信息的区域共建共享。

二、内蒙古自治区金融业发展中存在的问题

"十一五"以来，内蒙古自治区金融业得到较快发展，但从国内金融业竞相发展的势头以及内蒙古自治区经济社会发展对金融的需求等方面分析比较，还存在明显的差距与不足。主要表现在，金融业总体发展水平相对滞后，经济金融化程度和金融杠杆率偏低，金融产业规模较小、地方金融实力不强，融资结构不够合理，地方金融监管力量不足，民间借贷风险较多等，这些问题亟待在"十二五"时期加以解决，进一步加强金融对经济和社会发展的推动作用。

（一）金融业发展水平与经济发展水平不匹配

进入 21 世纪以来，经过连续十余年的高速发展，内蒙古自治区经济总量进入全国中等水平，人均 GDP 排名进入全国前六位。特别是，截至 2011 年末，在西部十二省、市、自治区当中，内蒙古自治区 GDP 总量排名第二，人均 GDP 排名第一。而相应的内蒙古自治区金融业发展水平，无论从总量上还是结构上，均处在西部地区中等水平，与其经济发展水平严重不符，金融发展滞后现象非常突出，见表 1-4、表 1-5、图 1-8、图 1-9。同时，内蒙古自治区是西部地区十二省、市、自治区当中，唯一一个存、贷款余额均低于当地 GDP 的地区，见图 1-10、图 1-11，说明内蒙古自治区的金融相关率较低，相对于经济发展水平而言，金融发展相对滞后，金融阻碍了经济的发展。其原因在于，内蒙古自治区 GDP 形成当中投资占比过大，收入分配过程中居民可支配收入占比过小，而居民收入水平不高的现实直接影响了存款的形成。

表1-4 我国西部十二省、市、自治区存款余额变化情况　　　　单位:亿元

地区名称	2000年	位次	2006年	位次	2007年	位次	2008年	位次	2009年	位次	2010年	位次	2011年	位次
内蒙古自治区	1270	8	4037	7	4954	6	6341	6	8374	6	10279	6	12064	6
四川省	4513	1	11802	1	13980	1	18661	1	24976	1	30300	1	34735	1
陕西省	2663	2	7453	2	8501	2	10791	2	13860	2	16456	2	19227	2
云南省	2466	3	6131	3	7171	3	8419	3	11120	3	13414	4	15364	4
重庆市	1905	5	5520	4	6577	4	8022	4	10933	4	13455	3	15833	3
广西壮族自治区	2269	4	4972	5	5750	5	7024	5	9583	5	11747	5	13453	5
新疆维吾尔自治区	1864	6	4041	6	4615	7	5399	7	6850	7	8870	7	10387	7
甘肃省	1403	7	3317	8	3747	9	4729	9	5882	9	7115	9	8394	9
贵州省	1107	9	3300	9	3826	8	4737	8	5898	8	7364	8	8743	8
宁夏回族自治区	397	10	1131	10	1279	10	1591	10	2058	10	2574	10	2967	10
青海省	280	11	897	11	1093	11	1384	11	1786	11	2320	11	2826	11
西藏自治区	145	12	545	12	642	12	828	12	1027	12	1296	12	1661	12

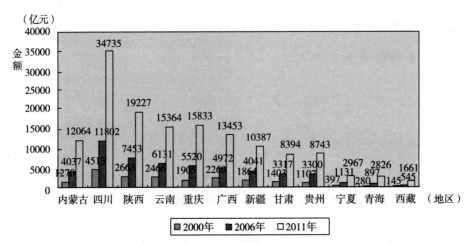

图1-8 2000年、2006年和2011年西部省、市、自治区存款余额变化比较

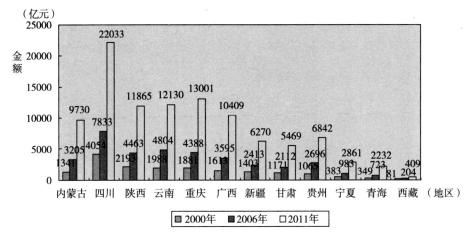

图 1-9 2000 年、2006 年和 2011 年西部省、市、自治区贷款余额变化比较

表 1-5 我国西部十二省、市、自治区贷款余额变化情况　　　　单位:亿元

地 区 名 称	2000 年	位次	2006 年	位次	2007 年	位次	2008 年	位次	2009 年	位次	2010 年	位次	2011 年	位次
内蒙古 自治区	1341	7	3205	6	3768	6	4528	6	6293	6	7919	6	9730	6
四川省	4054	1	7833	1	9201	1	11163	1	15680	1	19130	1	22033	1
陕西省	2193	2	4463	3	5121	4	6057	4	8277	4	10033	4	11865	4
云南省	1988	3	4804	2	5672	2	6594	2	8780	3	10571	3	12130	3
重庆市	1881	4	4388	4	5132	3	6321	3	8766	3	10888	2	13001	2
广西壮族 自治区	1613	5	3595	5	4288	5	5067	5	7268	5	8868	5	10409	5
新疆维吾 尔自治区	1403	6	2413	8	2685	8	2827	8	3788	8	4973	7	6270	8
甘肃省	1171	8	2112	9	2404	9	2732	9	3650	9	4433	8	5469	9
贵州省	1065	9	2696	7	3129	7	3569	7	4656	7	5748	9	6842	7
宁夏回族 自治区	383	10	983	10	1185	10	1403	10	1917	10	2399	10	2861	10
青海省	349	11	723	11	873	11	1026	11	1399	11	1823	11	2232	11
西藏自 治区	81	12	204	12	224	12	219	12	248	12	301	12	409	12

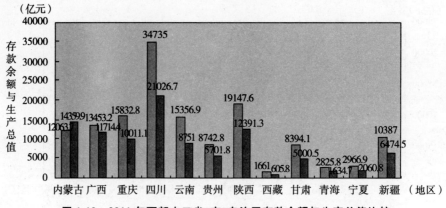

图 1-10　2011 年西部十二省、市、自治区存款余额与生产总值比较

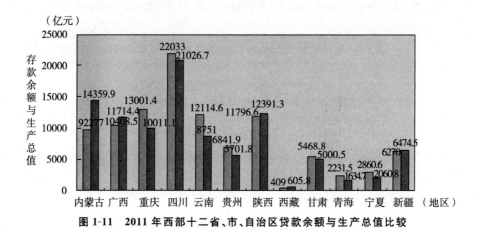

图 1-11　2011 年西部十二省、市、自治区贷款余额与生产总值比较

（二）金融体系仍不够完善，本地金融机构偏少

目前,内蒙古自治区金融机构仍以商业银行为主,证券公司、期货公司等其他类型金融机构相对偏少。尤其是本地法人金融机构相对较少,市场份额低,内蒙古自治区本土的金融机构在全国的影响力非常有限。缺乏本地法人保险公司、汽车金融公司、消费公司等金融机构,见表 1-6。现有金融机构多数为入驻内蒙古自治区的分支机构,本地银行业金融机构改制难度较大,融资担保体系建设不充分,为中低端客户服务的地方法人金融机构力量薄弱,县域经济发展缺乏强有力的金融支持。

表1-6　**2011年末内蒙古自治区法人金融机构占全国比重**

金融机构	全国数量（个）	自治区数量（个）	占比（%）
股份制商业银行	12	0	0.0
外资银行	40	0	0.0
城市商业银行	147	4	2.7
新型农村金融机构	395	52	13.2
农村商业银行	85	3	3.5
农村合作银行	223	7	3.1
旗县统一法人社	2646	81	3.1
信托公司	63	2	3.2
人寿保险公司	36	0	0
财产保险公司	38	0	0
证券公司	109	2	1.8
期货公司	163	1	0.6
证券投资基金管理公司	66	0	0

（三）金融业总量规模偏小，影响力有限

内蒙古自治区金融业营业规模有限，近年来虽有较快的发展，占全国的比重也有所提高，但所占比重小、影响力有限的总体形势仍然没有改变。内蒙古自治区存款余额不到全国的1.5%，贷款余额不到全国的1.8%，远低于内蒙古自治区GDP占全国的比重，见表1-7。内蒙古自治区证券业发展规模在全国靠后，不管上市公司数量还是首发融资额、再融资额等均不到全国的1%，上市公司数量在全国仅位列第26位，在西部位列第8位，总数是广东省的1/18，上市公司资源的偏少，影响了当地企业的发展壮大（见表1-8）。

表 1-7 2000～2011 年内蒙古自治区存款、贷款余额及占全国的比重

项目 年份	存款余额(亿元)		比重(%)	贷款余额(亿元)		比重(%)
	全国	内蒙古		全国	内蒙古	
2000	123804.4	1270.1	1.03	99371.1	1340.7	1.35
2001	143617.2	1498.8	1.04	112314.7	1470.7	1.31
2002	170917.4	1735.3	1.02	131293.9	1649.8	1.26
2003	208055.6	2090.9	1.00	158996.2	1924.1	1.21
2004	241424.3	2576.4	1.07	178197.8	2239.8	1.26
2005	287169.5	3298.2	1.15	194690.4	2588.6	1.33
2006	335459.8	4036.6	1.20	225347.2	3205.2	1.42
2007	389371.2	4953.7	1.27	261690.9	3767.7	1.44
2008	466203	6341	1.36	303394.6	4527.9	1.49
2009	597741	8373.7	1.40	399684.8	6292.5	1.57
2010	718233	10278.7	1.43	479196	7919.5	1.65
2011	809369	12064	1.49	547945	9730	1.78

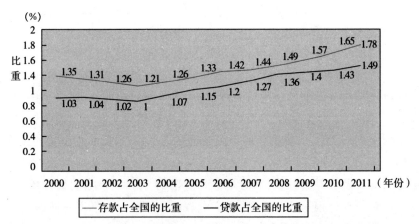

图 1-12 2000～2011 年内蒙古自治区存贷款余额及占全国比重变化情况

表 1-8　2011 年末内蒙古自治区金融业经营规模占全国的比重

项目	全国	内蒙古自治区	占比（％）
人民币存款余额（亿元）	809369	12064	1.49
人民币贷款余额（亿元）	547945	9730	1.78
银行业金融机构资产总额（万亿元）	113.28	1.63	1.44
银行业金融机构净利润（亿元）	10412	265.34	2.54
2011 年末上市公司数量（家）	2342	22	0.93
2011 年企业境内融资（亿元）	7942	31.7	0.39
2011 年 IPO 企业数量（个）	282	2	0.71
保费收入（亿元）	14339.3	229.8	1.60
赔付（亿元）	3929.37	71.2	1.81
保险密度（元/人）	1197.2	926.0	——
保险深度（％）	3.4	2.0	——

（四）融资结构失衡

内蒙古自治区直接融资规模与当地经济规模和综合实力不相称,多层次资本市场尚未形成。"十五"以来,内蒙古自治区间接融资、直接融资额比例一直保持在9:1,经济增长呈现出较为明显的信贷推动特征,见表1-9。直接融资中股票融资比例不高,上市公司数量明显偏少,而间接融资中又以短期融资为主。与资本市场相关的中介服务机构发展滞后,具有证券业务资质的本地会计师事务所、律师事务所和评估机构偏少,各类股权交易、产权交易平台等区域性多层次资本市场没有形成,企业融资渠道相对狭窄,仍然高度依赖银行信贷融资。

表 1-9　2001～2011 年内蒙古自治区非金融机构融资结构表

年份	融资量（亿元人民币）	比重（％）		
		贷款	债券（含可转债）	股票
2001	166.4	77.3	2.4	20.4
2002	200.1	91.0	0.0	9.0

续表

年份	融资量 (亿元人民币)	比重(%)		
		贷款	债券(含可转债)	股票
2003	274.2	97.1	0.0	2.9
2004	389.5	86.2	9.3	4.6
2005	464.4	92.5	6.5	1.0
2006	664.8	94.0	6.0	0.0
2007	690.0	81.6	3.8	14.6
2008	1025.5	85.9	7.9	6.2
2009	1935.9	95.0	5.0	0.0
2010	1776.1	90.5	9.2	0.3
2011	2108.0	89.2	9.4	1.5

资料来源:根据中国人民银行呼和浩特中心支行公布数据整理。

(五)金融产品结构单一

内蒙古自治区银行业务高度依赖存贷款业务,贷款种类和品种偏少,缺乏针对当地产业特色的贷款品种,中间业务发展不足,利差收入依然是银行业金融机构的主要收入来源。

(六)地区发展水平不平衡

内蒙古自治区金融业存在地区之间发展不平衡,相对于西部地区而言,东中部地区金融发展水平和层次较低。以信贷投放为例,"呼包鄂"地区的各项贷款占了全区的59.7%,而东部地区的兴安盟各项贷款仅占全区的1.8%,经济发展不平衡导致金融发展不平衡,金融发展不平衡又反过来制约经济的发展,成为恶性循环,见表1-10、图1-13、图1-14。另外,内蒙古自治区中心城市和广大县域之间金融发展不平衡,出现了明显的金融城乡二元结构。

表 1-10　2010 年末内蒙古自治区各盟市存贷款余额比较　　　　单位:亿元

地区	各项存款余额	新增额	各项贷款余额	新增额
呼和浩特市	2562.9	585.1	1539.4	347.79
包头市	1705.6	209.4	1037.3	223.24
乌海市	411.5	80.8	279.6	62.05
赤峰市	879.4	159.0	465.9	70.4
呼伦贝尔市	762.3	114.1	430.5	103.09
兴安盟	234.4	46.0	124.1	3.22
通辽市	479.4	87.4	464.0	59.82
锡林郭勒盟	355.5	81.5	308.8	76.54
乌兰察布市	426.3	75.9	241.1	30.43
巴彦淖尔市	459.3	64.9	346.4	65.44
鄂尔多斯市	1754.8	409.4	1562.0	359.02
阿拉善盟	148.3	23.3	137.2	21.68

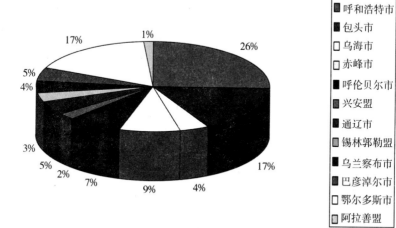

图 1-13　2010 年内蒙古自治区各盟市存款余额

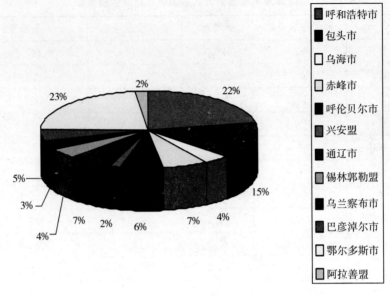

■	呼和浩特市
■	包头市
□	乌海市
□	赤峰市
■	呼伦贝尔市
▨	兴安盟
■	通辽市
▨	锡林郭勒盟
■	乌兰察布市
▨	巴彦淖尔市
□	鄂尔多斯市
▨	阿拉善盟

图 1-14   2010 年内蒙古自治区各盟市贷款余额

(七)金融创新步伐缓慢

内蒙古自治区由于本地金融机构偏少,全国性金融机构在内蒙古自治区设立的分支机构大多不具有设计开发金融产品的权限。全国性金融机构相对集中的业务管理体制、业绩考核机制又制约了基层单位、人员工作的积极性和创造性,使得基层金融机构在金融产品、授信服务和贷款担保等方面的创新动力不足、步伐较慢,现有金融产品很难满足客户,尤其是中小企业、个体工商户和农牧户的金融服务需求。内蒙古自治区是全国四大牧区之一,但针对畜牧业特征开发的金融产品和服务非常少,影响了牧区经济的发展。

(八)金融业社会贡献度不高

内蒙古自治区金融业整体规模偏小,对经济的贡献度依然不高。截至 2011 年末,金融业增加值仅占全区 GDP 的 3.1%,占服务业增加值的 8.2%,远低于国内东部地区的平均水平,也低于西部地区的重庆、四川、陕西等兄弟省市。按目前的基础和发展速度,内蒙古自治区金融业增加值完成国家《金融业发展和改革"十二五"规划》所确立的金融业增加值占 GDP 的 5% 的目标难度不小。

(九)民间借贷有待规范

近年在内蒙古自治区个别地区民间借贷非常活跃,其中,鄂尔多斯地区尤为突出。据多个研究机构和部门调查测算,鄂尔多斯民间借贷规模超过了 2000 亿元,成为西北地区重要的民间借贷集散地。鄂尔多斯民间借贷出现的最大风险隐患在于贷款期限短、利率高,且大量贷款资金流向房地产行业,致使鄂尔多斯地区房价持续高涨,集聚了大量的价格风险。另外,在内蒙古自治区广大农村牧区普遍存在民间借贷现象,民间借贷虽然解决了农村牧区的资金需求,但也存在借贷行为不规范,利率过高,增加了贷款人的还款压力,个别地区引发了贷款纠纷产生的群体性事件,成为影响社会稳定的因素。

三、内蒙古自治区金融业发展的目标和对策建议

虽然内蒙古自治区金融业进入"十一五"以来,出现了跨越式的发展,但总量仍然不够大,结构仍然不够合理,距实体经济发展对金融服务的要求,还有不少差距。本书结合《内蒙古自治区"十二五"金融业发展规划》(以下简称《金融业发展规划》),针对全区金融业发展中存在的问题,提出了若干对策和建议。

(一)金融业发展的目标

《金融业发展规划》明确提出,"十二五"期间内蒙古自治区将发展金融业作为推动经济结构调整、加快经济发展方式转变、实现全面协调可持续发展的重要途径,坚持金融改革创新,优化金融结构,合理规划布局,进一步完善金融服务体系和机制,提高金融服务的供给能力和水平,提高金融业在服务业中的比重,构建布局合理、充满活力、特色明显、优势互补的金融业发展格局。

《金融业发展规划》提出了如下目标:"十二五"时期内蒙古自治区金融发展主要目标概括起来为:实现"四个突破",完成"三个提高",完善"两个体系",打造"一个中心"。

"四个突破"。即到 2015 年金融业增加值突破 1000 亿元,各项贷款余额突破 2 万亿元,保费收入突破 600 亿元,直接融资突破 1000 亿元。

"三个提高"。即到 2015 年金融业占第三产业的比重提高到 12%左右,地方性金融机构占全部金融机构资产的比重提高到 40%左右,实现中小企业贷款余额占到全部贷款余额的 50%左右。

"两个体系"。即完善农村牧区金融普惠服务体系,基本实现农牧民金融基本服务全覆盖,实现90%以上农牧民得到贷款支持和保险服务;完善中小企业金融服务体系,壮大小额贷款公司和融资性担保机构实力。

"一个中心"。即加快"呼包鄂"经济金融一体化进程,加速金融产业集聚,把"呼包鄂"地区建设为区域性金融中心。

上述目标的提出是在充分分析国内外金融形势、自治区经济与金融发展的总体趋势的前提下,根据内蒙古自治区经济社会发展对金融业发展的需求而制定的。但进入2011年以来,在美国次贷危机和欧债危机的叠加影响下,国内产能过剩、劳动力等要素成本提高等国际国内因素的影响下,对内蒙古自治区能源、资源需求开始下降,经济面临巨大的下行压力。与此同时,股票市场行情疲软,影响了直接融资,国家开始控制小额贷款公司、村镇银行、资金互助社的审批等,这些因素从多个方面影响了内蒙古自治区金融业的发展,使得完成"十二五"规划目标的难度加大。因此,需要自治区政府及相关部门出台更多支持地方金融机构的政策措施,推动金融业的发展,继而实现总体规划目标和金融支持地方经济发展的最终目的。

(二)金融业发展的对策建议

发展金融业,构建现代金融服务体系是一项系统性工程。本书从银行、保险、资本市场、投融资体系、区域金融中心以及优化金融服务环境五个方面提出了进一步发展全区金融业的对策建议。

1.打造灵活高效的银行业服务体系

(1)扩大经营规模。通过加快引进金融机构,扩大银行类金融机构经营规模。支持城市商业银行、股份制商业银行到各盟市设立分支机构,继续加大引进外资银行和股份制银行到内蒙古自治区增设机构的工作力度。推动银行业开发和开展适合于本地区产业和客户特征的金融业务,扩大经营空间,不断提高信贷资金集聚辐射力,提升银行业自身的规模和综合竞争力,实现经济与金融发展的良性互动。鼓励和引导银行业金融机构通过争取总行直贷、组织联合贷款和银团贷款、转让信贷资产等多种方式,有效增加资金供给,保持信贷投入较快增长。

(2)优化信贷结构。围绕自治区经济和社会发展重点,加快信贷结构调整优化步伐,积极构建与现代产业体系相配套的信贷结构,全方位支持经济和社会发展中各个领域融资需求。一是加强窗口指导,加大对重点企业、战略性新兴产业、现代服务业、节能减排、生态和环境保护以及民生项目的信贷支持力度。二是健全银企合作长效机制,强化产业政策与信贷政策的协调配合。三是改善和扩大个人信贷服务,支持城乡居民扩大消费和自主创业。四是加大对中小企业、个体工商户、农牧户的信贷投放,确保对弱势信贷增幅不低于各项贷款平均增幅。

(3)加快改革创新。深化银行管理体制和经营机制改革,提高信贷风险管理水平,降低不良资产率,不断优化资产结构,完善内控制度,增强企业发展活力。加快业务创新和服务方式创新,不断丰富信贷产品,使产品种类系统化、市场化、服务方式多样化、便捷化,有效满足不同主体的信贷需要,不断提高金融服务的水平。

(4)发展表外业务。大力推动银行业金融机构表外融资业务发展,积极拓展银行承兑汇票、信用证、保函、保理等表外业务。充分发挥信托投资公司和资产管理公司作用,创新信托产品,拓宽融资渠道,扩大融资规模。积极推广银行卡的使用,提高银行卡发行的数量质量、先进性与安全性。

(5)加大对县域经济的金融支持力度。立足县域经济发展实际,结合自身发展规划,增加县域地区的网点布局。扩大县域分支机构信贷管理权限,优化审贷程序,简化审批手续,完善信贷投放正向激励机制,调动基层分支机构工作人员的积极性。积极开展县域内农村牧区金融产品和服务方式创新,开发更多适合农村牧区实际需求特点的金融产品。

(6)支持地方银行机构做优做强。在自治区政府的统一协调下,加快处置农村信用社历史遗留的不良贷款,优化股权结构,完善公司治理,提高管理经营能力,推动产权制度改革,在3~5年内将农村信用社和农村合作银行全部转制为农村商业银行。加快完善地方金融机构,支持、鼓励地方银行机构通过设立分支机构、参股组建村镇银行等方式,扩大信贷规模和市场占有率,增强盈利能力,实现跨区域发展。组织全区优势企业,对内蒙古银行进一步增资扩股,尽快完成全区分支机构布局;积极推动包商银行上市,向全国性股份制商业银行迈进;支持鄂尔多斯银行和乌海银行在区内设立分支机构,成为区域性商业银行。争取建立金融租赁公司、汽车金融公司、住房金融公司等金融机构,在条件成熟时,有效整合地方金融资源,研究成立金融控股公司。

2. 打造竞争有序的保险业服务体系

(1)积极培育保险主体。积极培育和引入新的保险市场主体,逐步形成多种所有制结构并存,专业化公司与综合性公司并存,公司业务与政策性业务并存,各类保险经营机构良性互动、有序竞争的市场体系。鼓励保险机构健全服务网络,拓展服务领域,扩大保险覆盖面,合理布设经营服务网点,缩小地区差距,完善市场竞争格局,实现全区范围内保险业的协调发展。完善保险中介市场体系,培育一批信誉良好的保险中介机构。

(2)扩大保险规模。积极引导保险机构推进市场细分化、产品差异化、服务标准化、条款通俗化创新。鼓励保险公司与银行机构加强业务合作,发展"信贷＋保险"业务。大力发展个人、团体养老和医疗健康保险业务,积极参与社会医疗卫生体制改革,建立与医疗服务机构更深层次的合作,丰富健康保险的服务内容。充分发挥保险资金融通功能,以参与设立产业发展基金、投资入股等多种形式支持通辽重点项目、高新技术产业和基础设施建设。

(3)大力发展农村、牧区保险市场。开发农村、牧区保险市场,加快发展农牧业保险。加快农牧业保险制度建设,把农牧业保险纳入农牧业经济发展的总体规划。鼓励支持开展特色农牧业保险,扩大政策性农牧业保险试点品种和覆盖面,对参加保险的农牧户实行保费补贴。支持商业性保险机构开发"三农"、"三牧"特色保险业务,鼓励农村牧区金融机构代理"三农"、"三牧"保险业务。进一步扩大农牧业政策性保险范围,把全区主要农畜产品如马铃薯、肉牛、肉羊、绒山羊纳入保险补贴范围。加快发展农牧民小额人身保险、农村牧区住房保险、农牧机具保险、农民养老和健康保险及农牧民意外伤害保险等"三农"保险业务。

3. 发展多层次资本市场

(1)推动企业改制上市。加大对企业改制上市的指导力度,积极筛选和培育优质后备企业资源,实行分类指导、动态管理,不断提高上市后备企业的质量。完善全区上市后备企业数据库信息,将优秀的上市后备企业推荐给相关的金融机构和中介服务机构,搭建证企对接平台。积极鼓励和扶持民营中小企业、优质企业进入资本市场融资。积极推动拟上市企业到境外资本市场上市,或通过兼并收购、买壳等方式实现间接上市。

(2)发展债券市场。积极争取国家有关部门支持,推进符合条件的企业通过发行公司债券、可转换债券及城市公用设施项目债券筹集资金,丰富债券市场品种,满足企业融资需求,使不同发展层次的企业都能有效地利用资本市场加快自身发展。鼓励企业灵活运用短期融资券、中期票据、集合债券、集合票据等融资工具实现融资目标。

(3)培育股权投资体系。探索建立股权交易市场,着重为改善企业的公司治理结构、培育优质上市资源、提高资产管理水平等提供服务,促进股权流动、优化资源配置,为企业搭建股权交易的平台。鼓励市内外各种投资主体和民间资本成立股权私募基金和风险投资基金等,支持有发展前景的优质中小企业。建立政府引导基金,通过参股、融资担保等方式扶持股权投资机构的设立和发展。

(4)构建多层次资本市场体系。探索建立包括股权、产权、资产交易等在内的综合交易市场,进一步拓展企业产权、股权和资产交易的范围和领域。抓住国家建立多层次资本市场的有利时机,争取在内蒙古自治区批准建立区域性产权交易市场或引进设立全国性产权交易市场地区分布。发展资产交易市场,推动能源资源等资产要素交易的集中化、标准化和电子化,逐渐发展特色生产要素交易市场,逐渐发展金融资产交易,条件成熟时,推出金融资产交易市场。在现有的稀土、羊绒、黄牛肉、煤炭商品交易市场的基础上,发展电子化交易和商品连续交易,为建立商品期货交易市场和煤炭能源期货交易市场的建立打基础。

发展环境能源交易市场,实现节能减排、环境保护与能源领域的权益交易,二氧化硫、化学需氧量、二氧化碳等排放权益交易,以及矿产、煤炭资源、电能、水能资源等能源交易综合性环境能源权益交易平台,探索发展草原碳汇交易等特色交易品种。

4.建立多种成分并存的投融资体系

加快政府性融资平台的市场化运作方式改革,提高平台的融资能力,增加城市基础设施建设投入以及支持重点产业发展。发挥政府的政策导向与资金支持功能,做大做强现有担保公司,建立农业担保机构,推进多层次、广覆盖的融资性担保机构建设,鼓励担保机构扩大业务领域,丰富担保品种。

充分发挥典当行业在中小企业融资中的作用,鼓励典当企业增资扩股,采用生产资料质押、动产质押等灵活方式为中小企业融资。组建由金融机构、财政性资金、民营资本等多种成分参股的村镇银行,为"三农"、"三牧"提供多样化的金融服务。

鼓励农牧业龙头企业、农牧民专业合作社及农牧业专业协会、农牧户等采用多种方式成立农村牧区资金互助社,扩大"三农"、"三牧"融资渠道。在加强监管和保证资本金充足的前提下,引导民间资本组建小额贷款公司,规范、扶持其健康发展。

5.优化金融发展环境

(1)建设金融中心区。在呼和浩特市如意总部基地高起点规划建设一个布局合理、配套完善的金融中心区,分阶段、有重点地引导新的金融机构或推动现有金融机构进驻金融中心区,为金融业发展提供良好的有形载体,利用集聚效应发展金融产业。在鄂尔多斯建立民间资金借贷服务中心,逐渐把鄂尔多斯市打造成为西部地区民间金融服务中心城市。

(2)建设数字金融。加强金融系统内部的信息化建设,完善区域内的票据清算系统和同城电子转账系统。在政府有关部门、金融监管部门和各金融机构之间搭建渠道通畅、传递高效的金融信息网络,形成有效的信息双向交流。建立内蒙古自治区金融地理信息系统。

(3)推进社会信用体系建设。加强对社会信用体系建设的整体规划,不断完善企业和个人征信体系建设。落实全区信用体系建设联席会议制度,明确人民银行、政府部门、金融机构、中介组织的职责分工,协同推进信用体系建设。加强信用信息的归集、管理工作,提高社会信用信息化系统的覆盖率。建立健全信用信息公开、使用和保护制度,引导企业建立信用自律机制。建立健全信用法规体系和行业标准,强化失信惩戒制度,综合运用行政和市场手段,处罚违规失信行为。

(4)规范民间借贷,维护金融安全。规范和引导民间借贷健康发展,鼓励民间资金参股农村信用社改制、私募股权投资基金设立等,使民间借贷资金流向实体经济领域。依法严厉打击非法集资以及地下钱庄、制贩假币、洗钱等非法金融活动,维护良好的金融秩序。严厉打击恶意逃废金融企业债务行为,强化对涉及金融债权案件的审理和执行,切实维护债权人、投资人的合法权益。强化金融机构内控制度,严防操作风险。

(5)发挥行业协会的职能作用。支持金融行业协会的建设,充分发挥金融行业协会在自我约束、利益协调、信息沟通交流、人才培训、协助监管、改善服务等方面的作用。

(6)提高中介服务水平。规范发展会计师事务所、律师事务所、评估机构、信用资信评级机构以及各中介行业组织,为金融交易提供完善的服务,降低金融交易成本和风险。同时,加强对各类中介机构的管理,增强行业自律,规范执业行为,坚决打击虚假中介行为,完善执业标准体系。

6.加强组织领导,推动区域金融中心建设

树立金融产业观,把建设金融强区作为内蒙古自治区经济发展的重大战略予以推进。切实加强对金融工作的领导、组织和服务,充分发挥政府对金融业发展的推动作用,研究制定并协调落实支持金融业改革发展的有关政策和扶持措施,协调处理全区金融改革发展的重大问题。牢固树立人才是金融发展第一资源的理念,实施人才强金融、人才强区战略,完善人才政策体系,创造有利于吸引人才、培养人才、使用人才、留住人才的社会环境。

改进银企合作方式,支持银行与企业间建立定期交流制度,把银企项目综合性对接、区域性对接、网上对接以及行业对接等形式结合起来,有效缓解中小企业贷款难与银行机构难贷款的突出矛盾。

加强政府部门与金融管理部门的沟通协调,完善对金融机构的考核机制,建立新型银政、银企关系,力争实现多赢。加大宣传力度,扩大内蒙古自治区金融业的影响力。通过多种途径,引导金融进一步发挥对经济社会发展的支撑带动作用。

第二章

内蒙古自治区固定资产投资分析报告

　　2011年,内蒙古自治区围绕"富民强区"总目标,以固定资产投资和重大项目建设作为"调结构、惠民生、强基础"的重要抓手,致力于投资环境的改善和优化,加大招商引资力度,加快推进项目前期工作,全年投资呈现平稳快速增长态势,实现了"十二五"良好开局,促进了全区经济社会平稳健康发展。

一、内蒙古自治区固定资产投资运行基本情况及特点

2011 年,内蒙古自治区固定资产投资出现了规模不断扩大,结构不断优化,质量和效益不断提高,投资积极性不断增强,投资渠道不断拓宽的良好局面。

(一)投资规模不断扩大,投资增速平稳

2011 年,内蒙古自治区投资面临多重机遇,"十二五"规划全面启动、西部大开发深入实施以及"国发 21 号文件"政策效应的逐步释放,全年投资需求较为旺盛,固定资产投资规模总量实现了新的突破,总额超过了万亿元,达到 10900.1 亿元,居全国第 12 位,比上年增长 21.5%。其中,全区 50 万元以上项目固定资产投资额完成 10787.9 亿元,比上年增长 21.5%。从运行态势上看,全区固定资产投资总体呈低开高走态势,投资总量逐步攀升,增速平稳增长(见图 2-1)。

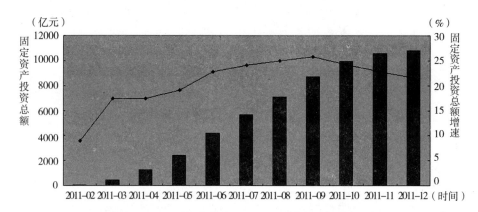

图 2-1　2011 年内蒙古自治区固定资产投资走势

(二)三次产业投资结构不断优化,投资质量和效益逐步提高

在不断扩大投资规模的基础上,内蒙古自治区着力推动产业结构调整,促进传统产业转型升级,大力培育和发展服务业和战略性新兴产业,投资结构调整步伐明显加快,投资质量和效益有所提高。2011 年,全区居民对文化、体育、教育娱乐以及服务消费需求比往年有较大提高,带动了相关服务业投资的增长,第三产业投资额首次超过了工业,完成 5153.76 亿元,增长 27.9%;在新农村新牧区建设以及沙

源治理、农业综合开发、禁牧舍饲、养殖基地、京津风沙源治理、天然林保护、退耕还林还草、三北防护林四期、植树造林、封山育林等项目的推动下,农林牧渔业投资呈现较高增长态势,第一产业完成投资 477.2 亿元,比上年同期增长 18.4%,高于第二产业 2.4%。第二产业投资在工业的带动下继续保持了良好的增长态势,全年完成投资 5156.94 亿元,增长 16%。

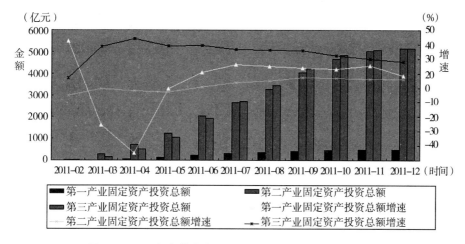

图 2-2　2011 年内蒙古自治区三次产业固定资产投资走势

(三)工业转型升级加快,战略性新兴产业投资较快增长

2011 年,在"国发 21 号文件"和西部大开发政策效应不断加大等一系列积极因素的影响下,区内外各类投资纷纷涌入,全区工业固定资产投资情况持续看好,从第三季度开始增速始终保持在 16% 以上,全年工业固定资产投资突破 5000 亿元大关,累计达到 5035.2 亿元,同比增长 16.28%。其中,六大优势特色产业依旧是全区工业投资的绝对主力。六大优势特色产业累计完成投资额 4651.68 亿元,同比增长 15.23%,占全区工业固定资产投资比重为 92.38%。继续加强对战略性新兴产业的投资力度,一批新能源、装备制造业项目建设投产,有力地促进了内蒙古自治区工业投资快速增长,并对加快工业转型发挥了先导作用。从行业看,高新技术行业、机械装备制造业、化工行业投资增势强劲,分别增长了 101.39%、50.12% 和 42.17%。其中,制造业投资继续保持快速增长,投资总量最大,已成为全区投资第一大行业,制造业完成投资 2833.8 亿元,占工业固定资产投资完成额的

56.3%,同比增长44.84%,显示了制造业发展的生机与活力。

表 2-1　2011 年内蒙古自治区六大优势特色产业投资完成情况

行业	投资额(亿元)	同比增速(%)	占全区工业固定资产投资比重(%)	较去年同期提升(%)	占六大优势特色产业比重(%)	较去年同期提升(%)
高新技术行业	176.54	101.39	3.51	1.48	3.8	1.62
机械装备制造业	646.98	50.12	12.58	2.9	13.91	3.23
化工行业	659.3	42.17	13.09	2.38	14.17	2.69
冶金建材行业	1183.12	36.1	23.5	3.42	25.43	3.9
农畜产品行业	382.96	32.54	7.61	0.93	8.23	1.08
能源行业	1602.76	−15.48	31.83	−11.96	34.46	−12.52
累计	4651.68	15.23	92.38	—	—	—

(四)亿元以上项目投资总量大,大项目带动作用增强

2011 年,在充分发挥政府投资引领作用下,进一步优化政府投资投向,优先确保重大工业项目、基础设施和民生公益项目建设。在内蒙古大唐托克托电厂三期和四期、内蒙古国电能源准大发电厂、内蒙古上都电厂、北方联合电力有限公司各地电厂以及唐山永丰实业集团有限公司、内蒙古蒙华海勃湾电厂、内蒙古凉城岱海电厂、内蒙古华电卓资发电有限公司、内蒙古华电乌达热电有限公司和鄂尔多斯电力冶金有限责任公司等一批大项目引领下,带动了全区固定资产投资的快速增长。全区新开工亿元以上工业项目 623 项,累计完成投资 1983.92 亿元。从地区看,亿元以上投资项目进一步向蒙西地区倾斜,西部七盟市新开工亿元以上工业项目 384 项,占全区新开工项目数的 61.64%;累计完成投资 1205.98 亿元,占全区的 60.78%。同期,东部盟市亿元以上投资项目建设步伐加快,其中,通辽市和赤峰市分别以 76 项、73 项位居全区第二位和第四位,这些大项目的建设对内蒙古自治区及各盟市全年固定资产投资的拉动起着举足轻重的作用。

(五)地方投资积极性高涨,成为推动投资高增长的主导力量

2011 年,中央项目投资 815.4 亿元,增幅较去年同期大幅下降 23.8%;地方项目投资 9972.5 亿元、增长 25.4%,增幅比去年同期提高 5.3%。从中央与地方项目投资增速变化看,进入第二季度,地方项目增速进一步加快,远高于中央项目增速,尤其是进入 6 月以后,与 2010 年同期相比,地方项目均提高了 5%~10%,而中央项目持续回落。这表明,2011 年以来投资的较快增长主要得益于地方项目的推动。

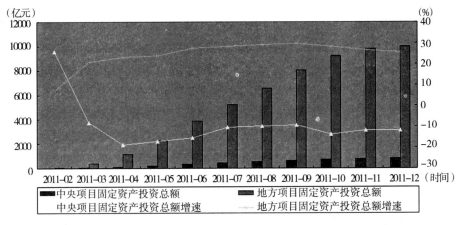

图 2-3　2011 年按隶属关系划分内蒙古自治区固定资产投资走势

(六)投资内生机制增强,融资渠道进一步拓宽

2011 年,央行共 3 次加息,受此国家宏观调控政策的影响,全区用于固定资产投资建设项目的国内贷款明显减少,国内贷款全年仅到位 1269.37 亿元,同比增长 14.6%,增速比 2010 年同期降低 29.9%,全年国内贷款增速均低于投资增速。但同期,随着以市场为取向的投融资体制改革不断深入,内蒙古自治区加大了政府部门对非公有制企业在注册、经营、增项、转业等各方面的审批管理,放宽社会资本的投资准入领域,投融资活动的市场化程度进一步提高,全区投资资金来源渠道改变了过去主要依靠国家预算内资金和银行贷款的模式,更加强化了以自筹资金为主要渠道的融资方式。再加上全区各地狠抓软环境的治理整顿,开展多种多样的招商引资活动,为扩大固定资产投资需求提供了有力的资金保障。全区自筹资金本年到位 8933.37 亿元,增长 25.2%,自筹资金占本年度资金来源的比例高达 83.5%,全年自筹资金增速均高于投资增速。特别是在外商投资企业资本增幅显著提高的带动下,欧世蒙牛乳业、联邦制药、华润电力、华润雪狐啤酒等知名外资企业均扩大在内蒙古自治区公司的投资规模,全年内蒙古自治区利用外资取得突破,固定资产

投资资金来源中利用外资累计增速高达 75.2%,高于上年 128%。

(七)基础设施建设投资快速增长,城镇化稳步推进

2011 年,为突出良好的区位优势,进一步提升城镇化水平,强化交通枢纽、金融、商贸、物流等集聚辐射能力和综合服务水平,内蒙古自治区不断投资发展交通、能源、城市基础设施及以邮电通信为主的基础设施建设,城镇面貌得到了极大改善,城市功能不断增强。全年交通运输和邮电通信业完成投资 1021.76 亿元,占全区完成投资的比重为 9.4%。重点加快建设了境内国道线高速公路、省际通道、高等级公路、国省干线公路、县际公路等在建项目建设的进度,开工建设国道 207 线、208 线、210 线、国道丹—拉国道主干线和阿布海—通辽等高速公路、国道 301 线、呼准铁路和桑张铁路等。另外,全区特别加强了水利建设,水利、环境和公共设施管理业完成 887.96 亿元,增长 35%,较上年大幅提高 27.5%,为全区工业可持续发展及城镇化水平的进一步提升奠定了良好基础。

(八)东部地区投资比重继续提高,区域投资协调性逐步加强

随着西部大开发、振兴东北等战略实施以及重化工业、新能源等新兴产业的发展,内蒙古自治区东部地区进入了新一轮产业结构调整升级阶段。当前,能源化工、原材料工业布局正逐步向内蒙古自治区东部地区转移,未来东部地区将成为内蒙古自治区乃至全国重要的重化工业基地,其投资规模必将不断扩大。2011 年,东部五盟市增速同比增长 20.61%,超过全区平均水平 4.33%,超过西部七盟市平均水平 6.95%,完成工业固定资产投资 1976 亿元,占全区工业固定资产投资额的 39%。其中,通辽市累计完成工业固定资产投资 593.96 亿元、赤峰市 550.02 亿元,分别居全区第三位和第四位。东部五盟市中除锡林郭勒盟外,其他四盟市的投资增速均超过全区平均水平,其中通辽市达到 56.01%、兴安盟为 40.19%,远高于全区及西部盟市平均水平。

二、内蒙古自治区固定资产投资发展存在的问题

随着宏观经济下行压力的增加和长期以来依靠固定资产投资推动经济发展所带来的环境、能源压力的不断提高,内蒙古自治区固定资产投资出现了发展速度下降,发展空间收窄,资金到位率下滑等现象,应引起关注和亟待加以研究解决。

（一）固定资产投资的高增长率将难以持续

当前，我国已进入了增长阶段的调整期，发展速度正在由高速向中速转换。过去 30 多年，我国经济保持年均 10% 的高增长，随着经济的快速发展，经济发展的后发优势、廉价劳动力等形成的比较优势渐渐丧失，面临的资源和环境压力、经济结构失衡的压力、自主创新能力不足和产业升级遭遇瓶颈的压力越来越大。2011 年以来，东部地区经济增长速度开始明显回落，基础设施投资增长放缓，这些迹象表明，我国经济增长阶段的转换过程已经开始，潜在增长率将在今后几年下一个台阶，经济增速可能维持在 7%～8%。

与全国一样，内蒙古自治区经济经过多年持续高速增长，在经济总量显著扩大的同时，经济形态也发生了重大变化。未来，内蒙古自治区资源、环境已难以承受以能源高消费为特点的粗放型高增长，其也越来越成为内蒙古自治区经济可持续发展的障碍。随着经济发展方式从规模速度型向质量效益型转变，内蒙古自治区经济也势必面临与全国类似的发展瓶颈问题，经济增速也必将经历一个由高速向中速转化的过程，并最终稳定在中速发展阶段。未来内蒙古自治区经济发展目标应随着外部经济的动态变化及自身经济发展阶段的不同做适度回归。对投资而言，从国际和国内的经验来看，一个国家或地区很难在长期内维持超过 25% 的投资增长率，对于内蒙古自治区也是这样。2002 年以来投资的高增长主要是依靠对内蒙古自治区能源的大量需求，这是重化工业发展的初级阶段的特征之一。但从长期看，对资源的需求是一个逐渐下降的趋势。在这样的背景下，高投资率是无法长期维持的，需要寻找新的增长动力来支持经济增长。

（二）经济增长方式存在隐患

当前，内蒙古自治区 GDP 构成中投资贡献比例过大，长期超过 70%。这种结构反映出经济增长方式存在问题。特别是在当前政府主导的背景下，投资对于 GDP 的高贡献率使得各级地方政府对吸引投资的热情难以消退，政府长期热衷于招商引资使得政府很难在转型的路上走出实质性的步伐。从国民收入的构成来看，投资直接构成当期的 GDP。但是当投资转化为生产力之后，能否实现销售和盈利是无法保证的。如果不能实现生产和销售，那么，这样的投资就无法成为持续的 GDP 增长动力。但是在当前以政府任期为周期的经济增长模式中，未来的长期可持续增长难以成为各级政府的工作重点，而短期见效的招商引资成为维持政府政绩的主要手段。这样的经济增长方式是不可持续的。在这样的增长模式中，前期的投资极有可能转化为下一期的产能过剩,这也是我国经济为何长期在过热与过冷的交替中徘徊的一个制度上的原因。

(三)受产能过剩影响,固定资产投资增长空间收窄

在国务院公布的 21 个产能过剩行业中,不仅涉及钢铁、水泥、有色、煤化工等全区特色产业,就连内蒙古自治区大力发展的风电设备、多晶硅等新兴产业也出现了严重的产能过剩。再加上国家加大对能源重大项目审批调控的力度,规范煤化工产业有序发展,抑制钢铁、水泥、平板玻璃、多晶硅等产能过剩行业过快增长,制约了内蒙古自治区对这类产业投资的增长。受其影响,2011 年,这类产业的投资出现下滑,并且在短期内制约了全区产业投资空间的有效放大。另外,招商引资是促进内蒙古自治区投资增长的主要力量之一,但受产业配套能力限制,内蒙古自治区不能大规模承接国家鼓励发展的战略性新兴产业和非煤类产业,导致投资项目数量回落、大项目规模下降和整体投资规模增速放缓。未来投资持续、快速增长压力加大。

(四)投资资金保障趋紧

2011 年,国家货币政策调整缩减了内蒙古自治区投资资金中来自于金融贷款的规模,加剧了内蒙古自治区投资资金供需矛盾。尽管从 12 月 5 日起央行下调了存款类金融机构人民币存款准备金率 0.5%,但依然处在 21% 的高位,对缓解内蒙古自治区投资资金紧张作用有限。截至 10 月末,全区金融机构贷款余额增长19.5%,同比回落 2.2%,贷款、融资难度明显加大,导致项目配套资金筹措更加困难,部分项目虽已开工建设,但工程进度缓慢。同时,较高的贷款利率也增加了内蒙古自治区企业借贷成本,加之企业融资能力有限,普遍存在贷款难、资金短缺的问题,直接导致新建、技改扩建项目投资建设步伐慢。中小企业“融资难、贷款难”现象更加普遍,在很大程度上制约了企业特别是中小企业自有资金投入增长,对民间借贷无序发展产生了一定的助推作用。

(五)大项目对投资支撑力度逐步减弱

“十一五”期间,内蒙古自治区投资的快速增长,很大程度上得益于能源矿产类产业、基础设施等重大项目的投入。“十二五”期间,国家产业政策在促进内蒙古自治区能矿类产业投资有序增长的同时,也限制了能矿类大项目的发展。国家不可能再启动以铁路、公路、机场等基础设施为主的 4 万亿投资计划,这将影响交通基

础设施类大项目对内蒙古自治区投资的支撑。从 2011 年第三季度情况反映出全区新开工项目总规模仅同比增长 9.8％,新开工项目平均规模仅为 2010 年同期的 85％,新开工项目投资规模和数量"双降"将制约投资增长后劲。

(六)配套资金难以及时到位,影响项目进度

内蒙古自治区部分地区面对大批项目的集中实施,难以确保项目配套资金及时到位,造成建设资金严重短缺,致使部分政府投资项目推进慢。如安居富民、定居兴牧、保障性住房等民生工程建设,虽有国家、自治区金支持,但很大部分资金要求各地方配套及农牧民自筹,配套资金难以及时到位,成为影响开工率和工程进度的主要原因。

(七)民间融资非理性增长不容忽视

受中央紧缩银根政策的影响,金融借贷成本不断攀升,增加了企业尤其是中小企业的融资成本,加大了资金链条中断的风险。同时,银行贷款收紧加剧了资金供需矛盾,对民间借贷产生了一定的助推作用,民间融资活动在缓解正规金融体系信贷资金压力、拓宽中小企业融资渠道等方面发挥了积极作用,但是对民间融资监管缺失及所具有的隐蔽性和非规范性,使得民间融资组织结构、运作模式中蕴含的问题和风险不断加大,在紧缩的货币政策下,引发了对民间融资的过旺需求,不但进一步抬高了民间融资利率,加大了中小企业资金负担,而且更助长了民间融资的投机性,由此极易引发一系列的社会风险、政策风险、市场风险、道德风险及金融风险,不但对整个民间融资链条产生较大冲击,更会影响全区固定资产投资的稳定性和持续性。

(八)投资质量和效益并未与经济增长实现同步

突出地表现在依靠高投入的数量扩张来支撑经济的快速增长,2001 年以来,每增加 1 亿元 GDP 所需固定资产投入由 2.84 亿元增加到 4.64 亿元,增长 63.38％,比同期全国平均水平高 26.49％。尤其是能源工业井喷式的投资更是成为推动资源性产业快速扩张的主导力量,2010 年能源工业投资占全部投资的 24.33％,比 2001 年增加了 12.7％,占工业投资的比重达到 49.2％。但从投资效果看,发展质量和效益与高增长并未形成比较好的良性互动,2010 年内蒙古自治区固定资产投资绩效为 1.18 元 GDP/元,居全国第 25 位,其投资绩效指数为 37,居全国第 26 位。"十五"以来,内蒙古自治区固定资产投资总额就高于固定资本形

成总额,并且差距越来越大,投资高速增长并没有带来固定资本形成的扩张。以资源型产业为主导的结构面临着较大的产业风险和市场风险,2010 年,内蒙古自治区矿产开采、能源、冶金等产业的总产值占全部工业总产值的 64.36％,比 2001 年提高 17.9％。

(九)建设用地紧张问题凸显

2011 年,随着项目资金投入力度的加大,项目建设用地紧张的问题凸显,特别是城市内新建项目土地供需矛盾突出,直接制约着新建项目的开工建设。部分项目须按照上级部门规定的要求单独划拨土地、依照统一的工程施工图建设,致使部分地区原本建设用地紧张问题更加突出。

三、内蒙古自治区固定资产投资发展的对策建议

今后一段时期,是内蒙古自治区全面建成小康社会的关键时期,必须根据党的十八大、国务院关于进一步促进内蒙古自治区经济社会又好又快发展的若干意见和自治区第九次党代会精神,坚持富民与强区并重、富民优先,加快经济结构调整和发展方式转变,大力发展县域经济和非公有制经济,扩大民间投资规模,努力构建投资合理、稳定、可持续增长的内生机制,为全面推进新型工业化、信息化、城镇化和农牧业现代化提供重要的支撑。

(一)围绕着提高投资质量和效益,加快推进由政府主导经济向由市场主导经济转型

明确政府和市场的功能定位。建立完善的社会主义市场经济体制,关键是政府正确扮演其在经济发展中的角色,在保持宏观调控的科学性和有效性的前提条件下,着力强化政府中长期经济战略职能、市场监管职能,正确协调好公有制与非公有制经济的关系,通过建立公平使用生产要素的环境,能够充分调动各种所有制经济的积极性,才能确保经济的可持续发展。进一步理顺资源价格形成机制,建立比较完善的政府、企业、居民三者的收益分配关系。放宽市场准入,强化征信体系建设,营造全民创业的和谐环境。完善政绩考核体系,严格按照国家和自治区主体功能区规划要求,明确各功能区发展定位,制定不同的考核办法。转变投资增长方式,进一步提高投资效益,优化投资结构促进投资效益提高,加快转变粗放型投资增长方式;提高投资效果,避免重建设轻管理的错误做法,充分发挥好土地、资金等

有限资源的作用。加强项目管理、提高建设速度、缩短建设工期,减少建设成本。

(二)围绕着拓展资金来源渠道,促进民间投资健康发展

转变观念,多方位筹集资金,继续争取国家资金支持,保持全区投资增长的连续性和稳定性。加大招商引资力度,着力培植投资的内在增长机制,大力启动民间资本,拓宽投资渠道。深化投资体制改革,进一步完善市场准入标准,强化技术标准;建立健全适应市场竞争的产业分类、综合监管体制;进一步开放投资领域,竞争性领域的投资由企业承担,充分发挥企业的投资主体作用;合理界定政府投资范围,划分各级政府的投资事权,针对不同的资金类型和资金运用方式,确定相应的管理办法,使政府投资的建设程序和资金管理规范化、制度化。完善市场化融资体系,发展地方金融机构,努力改善投融资环境,吸引外资银行在内蒙古自治区落户;鼓励社会资金参与区内金融及投资机构的重组改造,拓展信托投资、金融租赁、风险投资等金融业务;积极争取上市融资,支持优势企业发行企业债券,适时发行建设债券。在间接融资方面,应鼓励发展面向中小企业融资的民间银行,同时鼓励大型商业银行增加对民营业务的融资服务。在直接融资方面,应支持中小企业进行内源性融资,进而向社会定向募集股份和发行债券,支持发展私募股权投资基金,为中小企业提供融资平台。

(三)围绕着提高投资增长支撑力,推进重点项目建设

紧紧抓住国家积极稳妥推进城镇化和农业转移人口市民化的重要机遇,充分考虑内蒙古自治区城镇化发展阶段对基础性、公共性资源的供给需求,围绕提高城镇化质量,强力抓好重大基础设施、市政设施、社会公共设施、园区配套设施、居民社区综合服务设施、现代服务设施等各领域的项目储备。多渠道筹措项目建设资金,切实抓好《国务院关于鼓励和引导民间投资健康发展的若干意见》的落实和执行,重点是做好服务工作。加快组织策划一批适合民间投资、成熟度高的中小项目,减少民间资金的投入成本及各类不可控风险。健全地方政府债务管理制度,利用好政府融资平台,争取政策性银行贷款支持,以政府融资平台承贷进行基础设施建设。加强债券融资服务工作,帮助有条件的企业做好债券发行的前期准备和争取工作,引导中小企业联合发行集合债券。积极争取国家把内蒙古自治区列入中小企业私募债券融资试点省区。抓好跟踪落实,提高项目开工率。对已审批、核准备案的项目,完善建设条件,缩短施工准备时间,确保新开工项目按计划开工建设。对已开工重点建设项目倒排工期,加大投入强度,确保项目按期按质完成建设

任务。

(四)围绕着提升消费水平,加强消费性设施投入力度

增强住房消费对全社会消费的带动作用。以满足全区居民住房刚性需求为出发点,加强分类管理和分类指导,加快推进保障性安居工程建设和管理,加快水、电、路、气、通信等配套设施建设,提高保障房入住比例。扩大合理购房需求,增加中小套型、中低价位普通商品住房供给,通过鼓励居民团购商品房、提高住房公积金最高贷款额度、减免房地产交易手续费等政策促进房地产市场销售。增加旅游公共服务设施建设的资金投入,全面落实职工带薪休假制度,积极探索发展福利旅游、减免部分景点门票,刺激休闲旅游消费。围绕培育旅游、文化、体育健身等消费热点,加强旅游、文化、体育基础设施建设,完善特色旅游专线,全面推进图书馆、博物馆、体育场等各类文体场馆的免费开放,积极引进中外优秀剧节目,精心打造具有地域特色旅游、文化品牌,提升旅游、文化消费层次。改善消费配套设施,加强商业网点、电子商务及无线网络建设,减少消费的时空制约。扩大银行卡使用范围,方便刷卡消费。加快推动"万村千乡市场工程",降低农牧民消费成本。

(五)围绕着优化投资结构,保持合理投资规模和增长速度

依据国家产业政策制定好投资规划。逐步提高六大优势特色产业的投资比重和增长速度;集中力量扶持科技含量高、带动作用大、有利于产业升级的高新技术产业和加工制造业项目建设。进一步加大基础设施建设的投入,改善人居环境。针对目前房地产开发中商业营业用房空置面积上升较快的现象,采取切实可行的措施,加大调控力度。同时要加大经济适用房、廉租房建设,努力搞活住房二级市场,规范房地产市场秩序。加大对农村电网、水利、道路、通信、教育、医疗等基础设施的投入力度,加快农村牧区基础设施建设,实现城乡一体化。

中篇　行业报告

第三章

内蒙古自治区银行业总体发展报告

　　金融是现代经济的核心,银行体系是现代金融体系的重要组成部分,长期以来发挥着重要的作用,内蒙古自治区银行业金融机构经过多年发展已经形成了大型国有商业银行、股份制商业银行、城市商业银行、农村信用社(含农村商业银行、农村合作银行)以及其他银行类机构所组成的现代银行体系。

一、内蒙古自治区银行业总体发展状况

经过多年的不懈努力,内蒙古自治区银行业得到了长足的发展,在稳健的货币政策和国家产业政策指导下,内蒙古自治区银行业以促进地区经济发展为己任,稳步推进金融改革,不断提高经营和管理水平,存贷款规模逐年提高,有力地支持了地方经济的发展。

(一)中小银行业机构规模扩张步伐加快,机构结构更趋合理

伴随着内蒙古自治区经济的快速发展,内蒙古自治区银行业也得到了同步的扩张。截至2011年末,内蒙古自治区银行业金融机构及营业网点4691家,从业人员达到85250人。其中,中国工商银行、中国农业银行、中国银行、中国建设银行、交通银行五家国有商业银行在内蒙古自治区的分支机构1593个,从业人员40076人;中信银行、中国光大银行、华夏银行、招商银行、浦发银行、兴业银行、民生银行七家股份制商业银行在内蒙古自治区的分支机构44个,从业人员1810人;内蒙古银行、包商银行、乌海银行、鄂尔多斯银行四家城市商业银行在内蒙古自治区内外分支机构240个,从业人员8839人;农村信用社1891个,从业人员22162人。特别是作为地方性法人金融机构的包商银行,坚持"取之于地方,用之于地方"的服务理念,已在内蒙古自治区内外设立了14家分行、28家村镇银行和1家贷款公司,内蒙古银行首次在哈尔滨设立分行,实现跨区域发展新突破,中小商业银行机构规模扩张步伐加快,见表3-1。

表3-1 2011年末内蒙古自治区银行业机构情况表

机构类别	机构个数(个)	比重(%)	从业人数(人)	比重(%)
国有商业银行	1593	33.96	40076	47.00
股份制商业银行	44	0.94	1810	2.12
城市商业银行	240	5.12	8839	10.37
农村信用社	1891	40.31	22162	26.00
其他银行类机构	923	19.67	12363	14.51
合计	4691	100	85250	100

资料来源:内蒙古自治区统计局.内蒙古统计年鉴(2012)[M].北京:中国统计出版社,2012.

从趋势上看,随着国有商业银行股份制改革和农村信用社改革深入推进,内蒙古自治区银行机构总数由 2006 年的 5288 个下降到 2011 年的 4691 个。具体来看,国有商业银行机构数量由 2006 年的 1717 家,下降到 2010 年的 1576 家后,2011 年上升为 1593 家,机构数量开始逐步回稳并有所上升;股份制商业银行、城市商业银行发展迅速,分别由 2006 年的 3 家和 181 家,上升到 2011 年的 44 家和 240 家;随着农村金融改革的不断深化,部分信用社改组为农村合作银行和农村商业银行,农村信用社由 2006 年的 2584 家下降到 2011 年的 1891 家,但农村合作银行、村镇银行等其他地方性中小银行机构发展迅速,由 2006 年的 803 家上升到了 2011 年的 923 家。

从结构上看,无论是机构网点还是人员构成,内蒙古自治区国有商业银行和农村信用社都占主要份额,但随着国有商业银行机构整合、撤并工作的逐步完成以及农村信用社改革的进一步推进,比重有所下降;而发展较快的股份制商业银行、城市商业银行及其他地方性银行机构占比不断上升,且未来还有很大的发展空间。因此,在银行业机构总数下降的情况下,内蒙古自治区银行业机构结构更趋合理,见表 3-2、图 3-1。

表 3-2 2006～2011 年内蒙古自治区银行业机构情况表 单位:个

年份 机构类别	2006	2007	2008	2009	2010	2011
国有商业银行	1717	1649	1585	1578	1576	1593
股份制商业银行	3	7	14	22	32	44
城市商业银行	181	184	186	199	224	240
农村信用社	2584	2384	2199	1974	1962	1891
其他银行机构	803	881	367	776	833	923
合计	5288	5105	4351	4549	4627	4691

资料来源:内蒙古自治区统计局.内蒙古统计年鉴(2007～2012)[M].北京:中国统计出版社,2007～2012.

(二)银行业存贷款规模不断上升,促进了地方经济发展

2011 年末,内蒙古自治区人民币各项存款余额 12063.7 亿元,存款同比增速

达 17.4%,新增存款 1785.0 亿元;从分类来看,个人存款、单位存款和财政性存款新增额占比呈"一升两降"态势。存款变化的主要原因:2011 年上半年,受上调存款准备金率和存贷款基准利率的影响,居民储蓄意愿有所增强,2011 年下半年,物价持续上涨,股市楼市持续低迷,居民投资购买黄金、白银等金融理财产品意愿明显上升。同时,2011 年第三季度正值生产旺季,企业用款需求增多,财政对民生领域投入加大,导致企业存款和财政存款同比少增。

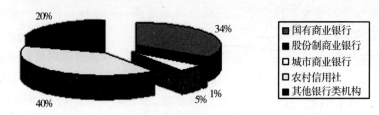

图 3-1 2011 年末内蒙古自治区银行业机构比重

2011 年末,内蒙古自治区人民币各项贷款余额 9727.7 亿元,同比增速达到 22.83%,新增贷款 1808.2 亿元。信贷投向基本体现出有扶持、有调控,结构逐步优化。新增中长期贷款占比为 50.0%,同比下降 23.2%,期限结构改善有利于避免短存长贷风险。围绕内蒙古自治区"四大基地"和"双百亿工程"建设,继续加大对非资源型产业和战略性新兴产业的信贷支持,第三产业贷款增长 22.9%。灵活运用支农再贷款、再贴现等工具,有效满足"三农三牧"合理资金需求,涉农贷款和县域贷款分别增长 27.8%和 18.6%。以"促进中小企业政策落实年"各项活动为契机,积极改善中小企业金融服务,中小企业贷款增长 41.2%,新增中小企业贷款占比为 64.2%。大力发展民生金融,充分发挥金融对保障性安居工程建设的支持作用,保障性住房贷款增长 26.1%。稳步推进"小额贷款+创业培训+信用社区"长效联动机制建设,完善对返乡农牧民、高校毕业生、大学生"村官"、零就业家庭的金融服务,配合"富民强区"战略实施。

从趋势上看,内蒙古自治区金融机构存款和贷款余额分别从 2006 年的 4036.56 亿元、3205.19 亿元上升到 2011 年的 12063.72 亿元、9727.70 亿元,呈逐年上升的态势,内蒙古自治区银行业存贷款规模不断上升有力地支持了地方经济的发展,见表 3-3。

表 3-3　2006～2011 年内蒙古自治区银行业金融机构存贷款余额及增长情况表

项目 年份	存款余 额(亿元)	存款增 长(亿元)	存款增 长率(%)	贷款余 额(亿元)	贷款增 长(亿元)	贷款增 长率%
2006	4036.56	——	——	3205.19	——	——
2007	4953.70	917.14	22.72	3767.74	471.55	14.71
2008	6341.03	1387.33	28.01	4527.86	760.12	20.17
2009	8373.70	2032.67	32.06	6292.52	1764.66	38.97
2010	10278.69	1904.99	22.75	7919.48	1626.96	25.86
2011	12063.72	1785.03	17.37	9727.70	1808.22	22.83

资料来源:内蒙古自治区统计局.内蒙古统计年鉴(2012)[M].北京:中国统计出版社,2012.

(三)贷款利率总体走高,定价能力稳步提升

2011 年,受中国人民银行六次上调存款准备金率、三次上调存贷款基准利率等因素的影响,市场资金趋紧,贷款利率总体走高,内蒙古自治区金融机构贷款加权平均利率为 9.3%,同比上升 1.6%。金融机构综合考虑贷款成本、收益和风险及市场供求关系,实行差别定价的能力进一步增强,执行利率上浮的贷款占比为 67.2%,同比上升 9.4%,见表 3-4。具体可以看出,执行利率上浮的贷款占比:国有银行为 52.0%,股份制商业银行为 80.6%,城市商业银行为 93.6%,农村信用社为 92.8%,中小商业银行浮动的范围大且区间更高,定价更加灵活。随着利率市场化进程的不断推进,金融机构积极扩大内部定价与 SHIHOR 的综合运用范围,利率定价机制建设逐步完善。

(四)跨境贸易人民币结算稳步扩大,参与主体不断增加

截至 2011 年末,内蒙古自治区累计办理跨境贸易人民币结算业务 15521 笔,结算金额为 158.8 亿元,有 319 家进出口企业参与跨境人民币结算业务,覆盖辖区 12 个盟市,13 家商业银行的 68 个分支机构办理了跨境人民币结算业务,与内蒙古自治区内企业发生跨境人民币结算业务的境外区域已拓展至 25 个国家和地区。其中,蒙古国为内蒙古自治区最大跨境人民币结算国,对蒙古国结算量占比达 77.9%。

表 3-4 2011 年内蒙古自治区银行业金融机构各利率浮动区间贷款占比表 单位:%

浮动区间	占比	国有商业银行	股份制商业银行	城市商业银行	农村信用社
合计	100	100	100	100	100
0.9~1.0	7.0	10.4	4.5	0.8	5.7
1.0	25.8	37.6	14.9	5.7	1.5
小计	67.2	52.0	80.6	93.6	92.8
1.0~1.1	13.7	26.4	30.2	3.0	0.4
1.1~1.3	11.6	19.8	37.2	7.7	0.7
1.3~1.5	5.9	4.8	12.5	14.6	2.4
1.5~2.0	12.9	0.9	0.7	33.5	28.6
2.0 以上	23.0	0.0	0.0	34.7	60.7

资料来源:《内蒙古自治区金融运行报告》(2011)。

(五)金融改革不断深化,形成了多元化、多层次的银行业金融机构体系

伴随着内蒙古自治区经济的快速发展,内蒙古自治区金融业也得到了同步的扩张,金融与经济的相互渗透、融合进一步加强,内蒙古自治区银行业金融机构体系日趋完善。截至 2011 年末,内蒙古自治区银行业法人金融机构共有 144 家,其中,城市商业银行 4 家;农村合作金融机构 93 家;信托公司 2 家;财务公司 1 家;新型农村金融机构 52 家,包括村镇银行 49 家、贷款公司 1 家、农村资金互助社 2 家。内蒙古自治区初步形成了以国有商业银行为主体,包括股份制商业银行、城市商业银行、农村信用社、农村商业银行、农村合作银行、村镇银行、贷款公司、农村资金互助社等在内的种类齐全、功能互补的多元化现代银行业组织体系和多层次融资需求的银行业服务体系。

二、内蒙古自治区银行业发展中存在的问题

内蒙古自治区银行业金融机构体系的构建,为地方实体经济的发展提供了全

方位、多功能的综合性银行服务,改善了企业的经营环境,促进了地区经济的发展。尽管内蒙古自治区银行业发展取得了一定的成效,但还是存在以下主要问题:

(一)存贷款规模低于西部发达省区,金融发展水平严重滞后

随着内蒙古自治区经济的快速发展,内蒙古自治区银行业得到了长足进步,已经成为现代市场经济的血脉。尽管纵向来看,内蒙古银行业呈现快速发展态势,银行业金融资产总量逐年增长,各种社会资源以货币形式进行优化配置。但横向比较来看,总量仍然处于较低水平。2011年末,内蒙古自治区金融机构存款、贷款规模,低于同属西部地区的四川省、陕西省、广西壮族自治区、重庆市等省、自治区和直辖市,见图3-2。

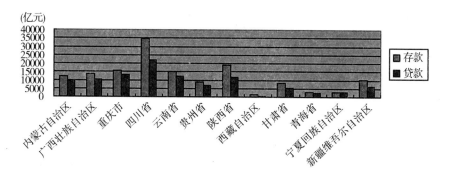

图 3-2　2011 年末西部地区金融机构存贷款分布

从金融发展水平来看,地处中西部地区的内蒙古自治区近几年经济高速增长,到2011年末GDP达14359.9亿元,但金融相关比率仅为1.52,在西部12个省区中内蒙古自治区处于最低水平,见表3-5。内蒙古自治区金融发展水平明显滞后于西部其他省区,与经济的高速增长极不协调,因此,如何协调经济增长和金融发展的关系,是摆在我们面前的重大课题。

表 3-5 2011 年西部省、市、自治区存贷款、GDP 及金融相关比率

项目 西部省区	存款余额(亿元)	贷款余额(亿元)	存贷款余额(亿元)	GDP(亿元)	金融相关比率(%)
内蒙古自治区	12063.7	9727.7	21791.4	14359.9	1.52
广西壮族自治区	13453.2	10408.5	23861.7	11714.4	2.04
重庆市	15832.8	13001.4	28834.2	10011.1	2.88
四川省	34735.0	22033.0	56768.0	21026.7	2.70
云南省	15356.9	12114.6	27471.5	8751.0	3.14
贵州省	8742.8	6841.9	15584.7	5701.8	2.73
陕西省	19147.6	11796.6	30944.2	12391.3	2.50
西藏自治区	1661.0	409.0	2070.0	605.8	3.42
甘肃省	8394.1	5468.8	13862.9	5000.5	2.77
青海省	2825.8	2231.5	5057.3	1634.7	3.09
宁夏回族自治区	2966.9	2860.6	5827.5	2060.8	2.83
新疆维吾尔自治区	10387	6270.0	16657.0	6474.5	2.57

资料来源:内蒙古自治区统计局.内蒙古统计年鉴(2012)[M].北京:中国统计出版社,2012.

(二)存款和贷款增长放缓,存贷比例不够合理

尽管近年来内蒙古自治区银行业存款、贷款总额不断上升,但增幅有所放缓。具体来看,存款、贷款增长率由 2007 年的 22.72% 和 14.71% 上升到 2009 年最高水平,分别为 32.06% 和 38.97%,此后存、贷款增长逐年放缓,到 2011 年分别为 17.37% 和 22.83%,见图 3-3。

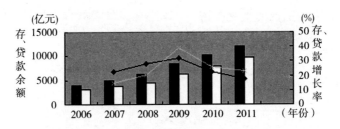

图 3-3 内蒙古自治区金融机构存款、贷款余额及增长率

随着存款和贷款增长逐年放缓,2009 年开始存款的增长落后于贷款的增长,导致内蒙古自治区银行业存贷款比例逐年上升。由 2009 年的 75.12％上升到 2011 年的 80.64％,见图 3-4。内蒙古自治区银行业存贷款比例高于监管标准比例 75％,银行业流动性风险加大。

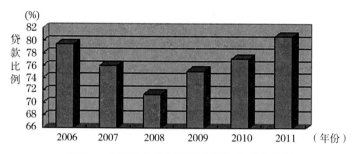

图 3-4　内蒙古自治区银行业机构存贷款比例

(三)市场竞争加剧,业务同质化严重

随着内蒙古自治区金融体制改革的不断深化和金融市场的逐步对外开放,股份制商业银行、外资银行纷纷入驻,地方性中小金融机构不断涌现,各家商业银行纷纷采取措施扩大市场份额,竞争日益加剧。

由于受传统文化的影响,目前来看,内蒙古自治区银行业存在无论从理念上、目标上、形式上,都想做大做强的现状。客观地分析,内蒙古自治区大多数商业银行的业务由于创新不足,事实上处于产品、服务同质化的状态。商业银行只考虑现在有多大的市场份额,但对自己有多大能力、在哪些方面占有优势则考虑不深,也就是说在对接市场时未能很好地评估自己的能力,都想在地方银行业占领先地位,导致业务同质化严重,竞争处于恶性化的状态,经营成本不断上升。如果各家商业银行都定位在做大做强,实际是对银行资源和社会资源的极大浪费。因此,如何正确引导商业银行在不同的目标层面上不断创新树立自己的品牌优势,在不同的细分市场有效地分配和利用银行资源,推出创新的产品和服务,是提高内蒙古自治区银行业综合竞争力的关键。

(四)间接融资比重大,银行体系风险上升

内蒙古自治区地处中西部地区,资本市场发展相对发达地区滞后。2007 年,

内蒙古自治区非金融机构通过贷款、债券和股票共融资690.0亿元,间接融资与直接融资比约为81:19,到2011年,总融资额上升到2108.0亿元,间接融资与直接融资比上升为约89:11。虽然直接融资额不断上升,但间接融资占比也逐年上升,导致金融风险积聚在商业银行体系中,不利于商业银行的稳健经营。

(五)信贷投放地区间不平衡,不利于地区经济均衡协调发展

2011年末,呼和浩特市贷款余额为2035.22亿元、包头市贷款余额为1279.62亿元、鄂尔多斯市贷款余额为1961.30亿元,分别占内蒙古自治区贷款余额的24%、15%和23%,也就是说,内蒙古自治区近几年经济发展较快的呼和浩特市、包头市、鄂尔多斯市"金三角"地区的贷款,占到了内蒙古自治区贷款总额的62%,其余地区仅占38%,见图3-5。贷款明显向优势地区、优势产业集中,且集中度较高,地区间发展不平衡,不利于内蒙古自治区各地区经济的均衡协调发展。

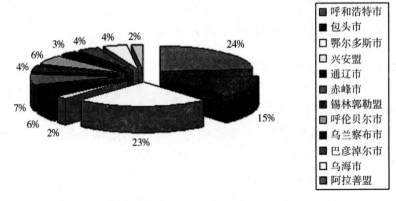

图3-5 2011年末内蒙古自治区各盟市金融机构贷款分布

(六)民间融资活跃,监管难度大

2011年,在信贷资金趋紧的形势下,内蒙古自治区民间借贷保持活跃,借贷总量持续扩大,借贷利率呈走高态势,且利率偏高的行业集中于煤炭、房地产、化工等领域。根据对990户农牧户和企业监测显示,民间借贷加权平均利率为26.6%,远高于同期商业银行机构的利率,在外部调整经济结构的大环境中,中小企业效益下滑,民间资金的监管难度大。

三、内蒙古自治区银行业发展对策建议

作为金融市场中机构主体的内蒙古自治区银行业,在加强内部管理的同时,还要不断加强外部环境的建设,为其健康发展提供良好的外部保障条件。

(一)明确各类银行市场定位,不断提高经营管理水平

银行业是一个高度专业化的行业,不同的银行应针对自己的细分市场去投入,做自己擅长的事。银行业应针对现有的资本实力和服务方式及在市场中所处的位置,考虑到现有客户的需求特点,开发出能代表银行形象的金融产品和服务,向客户展示银行的鲜明个性,从而在目标市场上确立自己的适当位置。大银行以规模见长,中小银行以经营见长。因此,内蒙古自治区银行业要进一步细分市场,准确市场定位,大银行要采取综合化的策略,小银行则要采取专业化的策略,进而不断提高各自的经营管理水平,充分发挥竞争优势。首先,银行业要牢固树立经营管理新理念。转变、摒弃旧的经营观念,加强对经营管理的组织领导工作,全行要统一思想认识,不断加快经营结构调整和转型步伐。其次,要明确经营管理发展目标。按照银行制定的新经营绩效管理办法,在充分论证市场、客户、产品资源的基础上,理顺经营发展的工作思路,确定经营发展战略目标,紧紧围绕中心工作,有计划、有组织地开展市场营销,不断开拓新的业务领域和市场。最后,要建立健全经营管理体制。对确定的经营管理发展目标实行精细化管理,依据经营周边的环境资源和特点,进行目标分解和落实,并制定基层行经营绩效管理办法,将经营管理发展目标纳入绩效考核,实行经营管理目标问责制,确保经营持续、快速发展。

(二)积极防范和减少金融风险,培养银行业金融机构有序竞争

加入 WTO 后,商业银行服务部门放松管制、加强竞争是当前的发展趋势。随着一些股份制商业银行、外资银行的入驻及地方性中小银行机构不断组建,已经打破国有银行的垄断格局,因此,内蒙古自治区银行业要积极防范和减少风险,培育不同所有制商业银行机构的良性竞争机制。首先,银行要结合自身优势,合理进行市场定位,不搞盲目追风,重视风险防范。其次,银行要规范竞争行为,改变银行机构的市场营销策略,通过细化市场、错位竞争,防止恶性价格战重演,促进商业银行充分竞争和发展。最后,银行机构必须加强行业自律,坚持依法合规经营、有序竞争,强化相互监督和自我约束机制,共同维护金融秩序,着眼长远发展,克服短期

行为。

(三)大力培养金融人才,建立科学完善的人力资源管理机制

金融活动的日趋复杂化和信息化对商业银行从业人员提出了很高要求,银行服务传统上属于劳动密集型产业,现代银行服务业正逐渐变成知识密集和人力资本密集的产业。人力资本的密集度和信息资源的多寡在现代金融业中基本决定着金融企业创造价值的能力,以及金融企业的生存和发展前景。人才是未来金融服务领域竞争的焦点所在,随着内蒙古自治区银行业的逐步开放及竞争的加剧,金融人才缺乏已成为制约银行服务业未来发展的主要因素之一。因此,内蒙古自治区银行业有必要继续推行金融人才战略,多渠道加强金融人才能力的培养和建设。加强对金融从业人员的定期培训,鼓励和督促员工不断进行观念和知识更新,培育结构合理的人才队伍。同时,改革现行人事管理制度、业务考核办法和收入分配制度,使其与市场规则和国际惯例靠拢,建立一个有利于培养、发现、吸引和留住人才的环境。

(四)加快利率市场化进程,建立金融产品价格市场形成机制

内蒙古自治区银行机构之间同业往来和债券回购市场的利率已经放开,存款利率、贷款利率围绕基准利率,可以实行一定范围的浮动。但这样的利率放松无论是在范围还是幅度上都离真正的利率市场化相距甚远。因此,内蒙古自治区银行业应逐步全面实现利率市场化,使利率能够真实地反映市场资金供求,并通过利率变化来正确引导资金的流向,实现资金的优化配置;通过利率市场化为金融市场的参与者提供公平的竞争环境,同时也为民营银行的进入和发展提供宽松、公平的市场环境。

(五)维护商业银行经营自主权,加强市场监管

随着改革的深化,内蒙古自治区政府不再指定项目让银行发放贷款,而是向银行提供信贷信息服务,或者是搭建一种良好的舞台,维护商业银行经营自主权,加强市场监管。首先,在尽可能不受地方政府干预的前提下,银行和企业按照"独立自主、自负盈亏"的原则双向选择。银行根据自己的经营原则和对企业项目的审核结果,自己决策是否提供相应的贷款。参加项目投资的企业自我约束、自担风险,站在一个全球竞争格局和产业的发展动态当中,科学地决策是否进行投资以及如何进行融资。银行和企业根据各自风险管理的要求,对投资项目进行科学的决策,

可以改变以前非常被动的服从政府的意图和政府的安排状况,在一定程度上避免投资的随意性和低效率对经济运行带来不良好的影响。其次,地方政府要监督管理市场的正常运作,维护市场秩序。要协调有关部门严肃查处金融违法犯罪和违规违纪案件,打击违法行为,保护市场的完整与统一,保护市场规则,保护正常竞争,保护银行的合法经营。最后,地方政府应作为保护者,尊重金融债权并自觉维护金融机构债权,遏制并打击一切逃废金融债务的不法行为,使金融机构免除债权不被尊重,甚至被恶意逃废的后顾之忧,更积极、大胆地筹集资金,发放贷款,支持企业和地方经济发展。

(六)加快信用体系建设,进一步改善社会信用环境

由于银行业是一个高风险行业,随着金融、经济全球化进程的推进,银行业的稳健、可持续经营就显得非常重要,进而一个良好的信用环境也就成为确保地区经济、金融可持续发展的前提。

1.建立社会诚信体系,为金融机构经营提供良好的信用环境

(1)要充分发挥地方政府在治理诚信缺失中的主导作用。一方面要加强政府自身的诚信建设,要建立法治政府、廉政政府、高效政府和诚信政府。另一方面,通过政府的主导作用治理企业和个人失信行为,提高社会信用度,使诚实、守信成为社会风气和行为规范。

(2)建立多种形式的信用征信和评价体系,重点是加强企业和个人的征信系统建设。要充分整合各种信息资源,建立以政府主导、市场化运作、社会化服务的信用评价机构,完善信用评价机制、体系和方法。要按照完善法规、特许经营、商业运作、专业服务的方向,稳步推进企业和个人信用服务体系建设。加快银行信贷登记咨询系统建设,建立和完善信用信息基础数据库。推动建立并完善人民银行、银监局、证监局、保监局等部门参加的联席会议制度,加强监管政策和信息的交流,促进辖区金融稳定和安全。金融部门要积极协助地方政府及有关部门,从组织机构、制约机制、社会舆论等多方面入手,搞好金融生态和信用环境建设,搭建政府、银行、企业之间的信息沟通平台。定期召开经济金融形势分析会,了解经济金融运行中存在的问题。建立债权人联席会议制度,解决建立良好的信用环境问题,维护银行的权利。认真实施《内蒙古自治区信用信息管理办法》,完善信用信息数据库,建立信用激励惩戒机制,大力开展信用评级服务。认真贯彻执行自治区加快发展第三产业和非公有制经济中针对金融业的税费减免政策。严厉打击洗钱活动、非法集资、非法发行证券、非法逃废金融债务以及金融诈骗等破坏金融秩序的行为。进一

步落实制裁逃废金融债务行为的各种办法,充分发挥金融部门的整体优势,加大对逃废金融债务行为的打击力度,对恶意逃废金融债务行为的企业,认真落实"不贷款、不开户、不提供结算、不提供现金"的联合制裁措施。对企业借改制之机,恶意逃废和悬空银行债务或故意不履行合同的,金融机构要运用法律手段维护金融债权的安全,依法追究逃废债单位和个人的法律责任。各级政府要高度重视金融生态环境建设,加大执法力度,支持金融部门依法贷款收息,认真解决个别地区和部门中存在的违法行政、司法不公和判决执行难的问题。对金融工作应坚持正面宣传,为金融机构增加信贷投入创造良好的环境。

(3)加强对内蒙古自治区各类信息资源的横向联网,建立起一个能够对企业完税状况、守法状况、财务管理状况、产品质量状况和盈亏状况等各方面进行完整记录并提供查询服务的企业信用数据库,逐步形成一个包括企业信用记录、信用征集、信用评价在内的面向全社会、跨部门的信息评估、发布、查询、交流和共享的社会信用服务体系。

(4)地方政府要在加强全社会诚信教育、规范企业个人经营行为上加大工作力度,全面提升企业和个人的诚信意识,加强社会舆论监督,切实加大司法、执法的力度,保护债权人的合法利益。

2.培育信用中介服务机构,为建设信用社会提供良好的配套服务

在现代经济社会中,中介型组织是整个经济体系不可缺少的重要一环。目前国内及内蒙古自治区的信用中介服务机构还处于起步阶段,不仅市场规模小,业务发展缓慢,而且还存在着包括资信评估公司、信用担保公司、信用咨询公司等社会信用中介服务机构的属性不明,也没有相应的管理办法和规定来明确其"是什么、做什么、怎么做、谁来管、怎么管"的问题。社会信用中介服务的缺失,不利于建立健全社会信用体系。因此,建设信用社会必须要有健全的信用中介服务机构,加强在征信、咨询、评估等方面的工作,为社会提供高质量的信用管理服务。

(1)要对信用中介服务机构实行特许经营,严格监管建立市场准入、退出机制,切实做到"疏两头、活中间"。

(2)在国家和金融监管部门有关法规暂不能及时出台的情况下,借鉴上海等城市征信市场的做法,制定有关工作指引和管理规则,规范信用中介机构从业行为,建立信用中介机构执业标准。

(3)积极推动信用中介机构完善法人治理结构,拓宽信息来源,丰富服务产品,提高服务质量。

(4)牵头成立地方行业协会,加强行业自律。

第四章

内蒙古自治区国有商业银行发展报告

　　2006～2011 年,在中国经济运行先快后慢与宏观政策先松后紧的背景下,中国工商银行、中国农业银行、中国银行、中国建设银行、交通银行五大国有商业银行内蒙古分行资产、负债规模的增速也呈现出先快后慢的态势,但仍然保持了较快的平均增长速度,抵御风险的能力稳步增强,产品创新逐步推进。

一、内蒙古自治区国有商业银行分行发展状况

2011 年,五大国有商业银行内蒙古分行适应区内外及国际复杂多变的经济形势,紧紧抓住中国经济加快结构转型及内蒙古自治区经济迅猛发展的大局,突出银行业自身的发展方式转变,加大调整结构力度,巩固了支持地区经济建设"领头羊"的地位,保持了持续稳定增长的良好格局。五大国有分行业务发展呈现如下特点:

(一)资产、负债规模持续快速增长,增幅先快后慢

2011 年,内蒙古自治区五大国有分行在经营发展中,利用资产业务相对有利的"卖方市场"经营环境,资产规模继续快速增长。同时利用外汇占款较多、企业资金使用受到一定限制的有利条件,推动存款规模增速快于资产增长。五家分行资产规模、负债规模的增速均高于全国 GDP 的增速(见表 4-1、表 4-2)。

表 4-1　2006～2011 年内蒙古自治区国有商业银行分行资产规模

银行名称	资产总额(亿元)	增长率(%)					
		2011 年	2010 年	2009 年	2008 年	2007 年	2006 年
工商银行	3201	11.30	15.18	20.94	12.48	19.26	18.78
农业银行	2343	12.75	16.38	25.44	20.49	18.56	16.33
中国银行	2423	12.86	15.48	22.79	11.24	15.97	19.25
建设银行	2656	12.33	14.68	27.56	14.61	20.18	19.41
交通银行	738	17.66	19.31	23.49	22.54	—	—

资料来源:各行财务报告。

表 4-2　2006～2011 年内蒙古自治区国有商业银行分行负债规模

银行名称	负债总额(亿元)	增长率(%)					
		2011 年	2010 年	2009 年	2008 年	2007 年	2006 年
工商银行	3007	12.39	14.20	22.37	12.57	19.76	18.38
农业银行	2098	13.25	14.46	22.59	16.38	17.87	15.36
中国银行	2315	14.66	19.21	27.00	16.01	16.18	15.84
建设银行	2380	13.23	11.53	27.88	14.77	21.91	19.32
交通银行	733	18.56	19.67	22.98	21.78	—	—

资料来源:各行财务报告。

(二)贷款增长较快,结构呈差异化、多元化趋势

2011 年,五大国有分行的贷款与垫款的增长仍然非常迅速,平均增速为 17.6%。既快于资产总规模 13.4% 的平均增速,也高于内蒙古自治区 GDP 在 2011 年 13.7% 的增速,更远高于全国 2011 年 GDP 9.2% 的增速。

2011 年贷款(包括贷款与垫款)业务的发展仍是各家银行资产的主体,但其中极为显著的变化趋势是收益率更高的贷款品种的增长明显快于低收益品种的增长,"走出去"业务普遍受到各行的重视。具体来看,呈现出以下特点:

首先,在贷款与垫款总额中,贴现份额上升,贷款份额下降。在五大分行中,这一变化最小的是建设银行,票据贴现所占比重由 2.7% 上升至 5.4%,上升了 2.7%;变化最大的是工商银行,票据贴现所占比重由 1.9% 升至 18.6%,上升了 16.7%。

其次,个人贷款比重上升幅度高于公司贷款。在五家分行中,除交通银行个人贷款比重为 17.9% 外,其他四家分行个人贷款比重均提高到 20% 以上。从个人贷款的结构分析,按揭贷款占据 2/3 以上的局面仍然没有太大变化。

再次,各家分行区外贷款比重明显上升,区内贷款比重相应下降。除交通银行外,其他分行的区外贷款在贷款与垫款总额中的比重均有所提高。其中,工商银行提高了 1.2%,农业银行提高了 0.9%,建设银行提高了 0.8%,中国银行提高了 0.7%。

最后,公司贷款的行业结构变化不大。对交通运输、仓储和邮政业、电力、供水、房地产业等行业的贷款占比仍占主要地位。

表 4-3　2011 年内蒙古自治区五大国有商业银行分行贷款结构变化分析　单位:%

| 银行名称 | 2011 年 | | | | | | 2011 年 | | | | | |
| | 合计 | 区内各类贷款所占比重 | | | | 区外各类贷款所占比重 | 合计 | 区内各类贷款所占比重 | | | | 区外各类贷款所占比重 |
		区内合计	公司贷款	票据贴现	个人贷款			区内合计	公司贷款	票据贴现	个人贷款	
工商银行	100	95.0	52.0	18.6	24.4	5.0	100	96.2	69.1	1.9	25.2	3.8
农业银行	100	97.2	62.6	12.4	22.2	2.8	100	98.1	71.7	9.9	16.5	1.9
中国银行	100	93.4	64.5	8.6	20.3	6.6	100	94.1	72.0	1.7	20.4	5.9
建设银行	100	94.8	68.2	5.4	21.2	5.2	100	95.6	69.5	2.7	23.4	4.4
交通银行	100	92.6	63.9	10.8	17.9	7.4	100	92.4	72.1	6.9	13.4	7.6

资料来源:各行财务报告。

(三)存款稳步增长,活期化特点进一步显现

积极拓展存款既是解决存贷比、缓解人民银行提高法定存款准备金率政策压力的需要,也是直接利用银行间市场开展资金运作创造利润的另一个重要来源。2011年,五大分行进一步强化了存款业务的发展。具体特点是:第一,在内蒙古自治区整个银行体系中,五大分行存款所占比重高达63.8%,高于其贷款所占比重(59.3%)。第二,从银行之间横向对比来看,交通银行增速最快,其次是中国银行。第三,存款活期化的总体特征比较明显。活期存款占比进一步提高,活期存款增速明显快于定期存款。第四,从存款的地区结构来看,中西部经济发展较快地区与其他地区人均存款的差别并不明显。

表4-4 2006~2011年五大国有商业银行分行存款变化情况 单位:亿元,%

银行名称	存款总额及增幅					
	2011 年	2010 年	2009 年	2008 年	2007 年	2006 年
工商银行	2809 13.72	1067 14.73	930 18.32	1779 36.11	1307 23.19	1061 20.42
农业银行	1863 17.54	1585 19.71	1324 24.09	1067 14.73	930 18.32	786 21.11
中国银行	2016 11.88	1802 13.19	1592 32.23	1204 28.77	935 26.35	740 17.27
建设银行	2033 12.88	1801 14.42	1574 28.38	1226 44.24	850 23.01	691 22.52
交通银行	546 19.47	457 21.54	376 36.73	275 51.10	182 —	—

资料来源:各行财务报告。

表 4-5　2006～2011 年五大国有商业银行分行定期存款余额变化情况　单位:亿元,%

银行名称	定期存款余额及增幅					
	2011 年	2010 年	2009 年	2008 年	2007 年	2006 年
工商银行	1079 9.89	982 10.27	891 16.46	765 31.45	582 17.83	493 16.24
农业银行	511 11.27	459 11.63	411 17.99	349 26.43	276 15.88	238 15.74
中国银行	546 10.21	495 10.69	447 19.22	375 16.48	322 18.21	272 17.13
建设银行	535 11.18	481 11.31	432 21.96	355 37.86	257 10.26	233 16.52
交通银行	177 16.89	151 18.75	128 51.02	85 64.72	51 —	—

资料来源:各行财务报告。

表 4-6　2006～2011 年五大国有商业银行分行活期存款余额变化情况　单位:亿元,%

银行名称	活期存款余额及增幅					
	2011 年	2010 年	2009 年	2008 年	2007 年	2006 年
工商银行	1730 16.28	1488 17.36	1268 24.96	1014 39.85	725 27.69	568 24.37
农业银行	1352 20.02	1126 23.32	913 27.30	718 9.68	654 19.24	548 23.73
中国银行	1470 12.43	1307 14.18	1145 38.05	829 35.31	613 28.75	476 19.29
建设银行	1498 13.47	1320 15.65	1142 30.97	871 46.87	593 29.34	458 25.87
交通银行	369 20.72	306 23.34	248 30.63	190 44.33	131 —	—

资料来源:各行财务报告。

(四)营业收入和税后利润持续迅猛增长

1.总量分析

就总量而言,五大分行的营业收入和利润增长迅猛。尽管五大分行2011年新增贷款的增幅有所下降,但利润增幅却持续走高,五家分行的利润增长率都高达20%以上,尤其是农业银行利润增长率高达46%。这主要是因为:①2011年,国家多次上调存贷款利率,使息差有所扩大;②由于经济发展的惯性拉动,2011年信贷增长仍然较快;③大型银行机构扩张的成本压力相对较轻,规模经济效应明显。

2.收入结构分析

就收入结构进行分析,手续费及佣金收入的增长远快于利息收入的增长。其中,农业银行中间业务收入在营业收入中的比重最高,达到26%,工商银行为25%,中国银行为19%,建设银行为17%。这说明:中间业务收入对保持银行相对较高的总体业绩增速非常重要。

3.支出分析

就费用支出而言,五家国有商业银行总行上市后,五家分行的业务及管理费用明显增长。这主要是由于我国"入世"后对银行业五年保护期结束,市场竞争日趋激烈所造成的。

4.利润分析

就利润情况进行分析,农业银行和中国银行更多地采用了"规模取胜"的经营策略,工商银行、建设银行更多地采用了内涵型增长的策略。交通银行则在这两方面兼顾的比较好。

表 4-7　2006～2011 年五家国有商业银行分行营业收入增长情况　　单位:亿元,%

银行名称	营业收入及逐年增长率					
	2011 年	2010 年	2009 年	2008 年	2007 年	2006 年
工商银行	77.58	62.70	50.95	49.78	41.07	34.65
	23.73	23.06	2.36	21.21	18.54	12.51
农业银行	59.13	47.39	36.27	34.47	29.25	25.70
	24.76	30.66	5.24	17.83	13.84	10.39
中国银行	58.26	50.04	41.98	40.87	34.76	30.01
	16.43	19.21	2.71	17.56	15.83	12.79

续表

银行名称	营业收入及逐年增长率					
	2011 年	2010 年	2009 年	2008 年	2007 年	2006 年
建设银行	64.68	55.16	45.56	44.62	36.61	31.21
	17.25	21.07	2.12	21.89	17.32	13.57
交通银行	19.84	16.20	12.58	11.91	9.68	—
	22.47	28.78	5.58	23.01	—	

资料来源:各行财务报告。

表 4-8 2006~2011 年五家国有商业银行分行利息净收入增长情况

单位:亿元,%

银行名称	利息净收入及逐年增长率					
	2011 年	2010 年	2009 年	2008 年	2007 年	2006 年
工商银行	61.06	49.86	40.35	40.57	34.62	28.94
	22.47	23.57	−0.54	17.18	19.63	18.57
农业银行	47.31	38.53	28.90	29.08	23.62	20.45
	22.79	33.31	−0.63	23.10	15.49	14.92
中国银行	40.78	34.34	28.13	28.85	27.04	23.42
	18.76	22.08	−2.49	6.67	15.45	13.77
建设银行	49.80	42.66	35.94	36.52	31.30	26.69
	16.73	18.70	−1.58	16.67	17.28	19.18
交通银行	15.87	13.06	10.23	10.08	8.19	—
	21.54	27.69	1.41	23.13	—	

资料来源:各行财务报告。

表 4-9 2006~2011 年五家国有商业银行分行手续费及佣金净收入增长情况

单位:亿元,%

银行名称	手续费及佣金净收入及逐年增长率					
	2011 年	2010 年	2009 年	2008 年	2007 年	2006 年
工商银行	14.73	11.73	8.88	7.08	6.17	5.22
	25.62	32.08	25.33	14.71	18.61	14.77

续表

银行名称	手续费及佣金净收入及逐年增长率					
	2011 年	2010 年	2009 年	2008 年	2007 年	2006 年
农业银行	9.32 25.78	7.41 29.43	5.72 49.76	3.82 3.49	3.69 4.13	3.55 3.87
中国银行	11.54 18.15	9.77 18.41	8.25 15.19	7.16 12.42	6.37 16.94	5.45 13.16
建设银行	12.39 16.98	10.59 37.61	7.70 25.00	6.16 22.78	5.02 17.30	4.28 9.75
交通银行	3.57 23.89	2.88 27.02	2.27 28.99	1.76 22.94	1.43 —	—

资料来源:各行财务报告。

表 4-10　2006～2011 年五家国有商业银行分行业务及管理费增长情况

单位:亿元,%

银行名称	业务及管理费及逐年增长率					
	2011 年	2010 年	2009 年	2008 年	2007 年	2006 年
工商银行	25.89 16.72	22.18 14.63	19.35 11.14	17.41 2.78	16.94 5.32	16.08 19.83
农业银行	24.74 18.27	20.92 16.96	17.88 1.45	17.62 57.16	11.21 13.84	9.85 11.45
中国银行	19.89 17.37	16.95 16.63	14.53 12.67	12.90 9.96	11.73 15.62	10.14 17.35
建设银行	20.34 18.29	17.20 15.81	14.85 6.98	13.88 4.23	13.32 4.73	12.72 5.22
交通银行	6.17 23.08	5.01 24.54	4.02 8.38	3.71 18.87	3.12 —	—

资料来源:各行财务报告。

（五）五家国有商业银行分行抗风险能力明显提高，但资本压力犹存

2006～2011年，五家国有商业银行分行在资产和负债业务方面迅速发展的同时，始终十分重视风险防范和化解，相关风险指标均大幅改善，风险抵御能力显著增强，但与监管层根据《巴塞尔协议Ⅱ》、《巴塞尔协议Ⅲ》提出的资本要求相比，各行资本补充的压力均较为突出。

首先，多数分行不良贷款余额与不良贷款率持续显著下降。工商银行、中国银行、建设银行、交通银行四家分行资产质量稳定改善，不良贷款率均下降到1％左右。农业银行不良贷款余额和不良贷款率大幅降低，降低幅度超过其他四家银行。在贷款规模持续猛增、宏观政策逐渐收紧、利率水平处于上升通道等对风险资产管理明显不利的条件下，五家分行仍能维持不良贷款余额逐年下降的局面，说明其风险防范和化解水平得到了一定的提升。

其次，五家国有商业银行分行拨备覆盖率大幅提高，总体抗风险能力有所提高。例如，工商银行2011年不良贷款拨备覆盖率达到267％，2010年为228％，2009年为164％，2008年为130.15％，呈现出逐年提高的态势。

最后，尽管五家国有商业银行分行的资本充足率指标从2005年的不达标改善为2011年的全部达标，但仅仅略高于监管要求，资本补充压力仍然很大。按照目前的要求，五家国有商业银行分行的资本充足率应达到11.5％。而2006～2011年，工商银行的资本充足率分别为14.05％、13.09％、13.06％、12.36％、12.29％、13.17％。农业银行的资本充足率不足12％，与监管标准基本接近。这说明，这些银行未来发展的最大约束之一就是资本压力。

表4-11　2006～2011年五家国有商业银行分行不良贷款余额变化情况　单位：亿元

银行名称	不良贷款余额					
	2011年	2010年	2009年	2008年	2007年	2006年
工商银行	13.37	14.65	11.60	14.80	16.26	17.23
农业银行	17.36	20.08	24.04	26.80	163.75	131.69
中国银行	11.41	12.49	14.94	17.49	17.75	18.22
建设银行	11.77	12.94	14.43	16.78	17.04	14.59
交通银行	4.38	4.69	5.11	5.20	4.66	——

资料来源：各行财务报告。

表4-12　2006～2011年五家国有商业银行分行不良贷款率变化情况　　单位:%

银行名称	不良贷款率					
	2011年	2010年	2009年	2008年	2007年	2006年
工商银行	0.99	1.08	1.54	2.29	2.74	8.32
农业银行	1.54	2.03	2.81	4.22	23.57	23.43
中国银行	1.00	1.10	1.52	2.65	3.12	4.99
建设银行	0.88	1.14	1.50	2.21	2.60	4.94
交通银行	0.85	1.12	1.36	1.92	2.06	—

资料来源:各行财务报告。

表4-13　2006～2011年五家国有商业银行分行拨备覆盖率情况　　单位:%

银行名称	拨备覆盖率					
	2011年	2010年	2009年	2008年	2007年	2006年
工商银行	266.92	228.20	164.41	130.15	103.50	70.56
农业银行	263.10	168.05	105.37	63.53	6.04	5.08
中国银行	220.75	196.67	151.17	121.72	108.18	96.00
建设银行	241.44	221.14	175.77	131.58	104.41	82.24
交通银行	256.37	185.84	151.05	117.10	95.63	—

资料来源:各行财务报告。

表4-14　2006～2011年五家国有商业银行分行资本充足率情况　　单位:%

银行名称	资本充足率					
	2011年	2010年	2009年	2008年	2007年	2006年
工商银行	13.17	12.29	12.36	13.06	13.09	14.05
农业银行	11.94	11.59	10.07	9.41	不适用	未公布
中国银行	12.97	12.58	11.14	13.43	13.34	13.59
建设银行	13.68	12.68	11.70	12.16	12.58	12.11
交通银行	12.44	12.36	12.00	13.47	14.44	—

资料来源:各行财务报告。

表 4-15　2006～2011 年五家国有商业银行分行核心资本充足率情况　　单位：%

银行名称	核心资本充足率					
	2011 年	2010 年	2009 年	2008 年	2007 年	2006 年
工商银行	10.07	9.97	9.90	10.75	10.99	12.23
农业银行	9.50	9.75	7.74	8.04	不适用	未公布
中国银行	10.07	10.09	9.07	10.81	10.67	11.44
建设银行	10.97	10.40	9.31	10.17	10.37	9.92
交通银行	9.27	9.37	8.15	9.54	10.27	—

资料来源：各行财务报告。

二、内蒙古自治区国有商业银行发展中存在的问题分析

五大国有商业银行分行是内蒙古地区金融业的主体，更是内蒙古地区银行业的主体和中坚，在全区国民经济和社会发展中具有举足轻重的地位。但是，必须要看到，国有商业银行存在的问题还相当突出，主要表现如下：

（一）经营管理模式尚未得到根本改变，财务管理理念亟待更新

国有商业银行营运模式是以内部账户管理为主和以业务处理为重点，不能有效注重对客户关系和市场等外部信息的管理。在运用现代商业银行经营管理方法、方式上还很落后，管理会计和成本会计核算体系运用处于起步阶段，没有建立起以业务经营部门为利润中心的经营责任制，分产品、分客户的盈利性分析还没有建立起来，经营和财务目标多元化，管理者对财务风险意识淡薄，对银行财务管理的认识相对滞后，财务管理基础建设落后。

（二）国有商业银行长期处于垄断地位，适应市场竞争能力差

内蒙古自治区五大国有商业银行分行中除交通银行外，其余四家都是由计划经济"大一统"的国家银行改组而来的，其单一的国家资本结构和性质并未改变，保留了政府对银行财产的直接分配权、行为目标的社会性以及政府承担无限责任的基本特征，政府对银行的垄断经营，造成国有商业银行无法适应市场竞争的激烈冲击。从银行业提供的服务种类和金融产品的数量来看，内蒙古自治区国有商业银

行仍处于十分传统的经营范围之中,受管理体制和经营体制的制约,国有商业银行的市场意识、风险意识、创新意识还很淡薄。

(三)整体经营管理水平较低,降低了市场竞争力

目前,内蒙古自治区国有商业银行主要采取的是一种外延型、粗放型的经营模式,业务经营偏重于数量、指标、规模,追求速度的发展。有的国有银行在金融创新过程中不计成本,盲目引进并不适宜当地环境的金融产品。有的国有银行的经营管理制度尤其是内部控制制度的基础薄弱,制度建设普遍缺乏长远设计,已有的制度不起作用,不能有效防止经营漏洞和风险。随着商业银行战略方向的深度发展、商业银行产品开发能力弱、资本金实力弱、吸储能力弱的现实将使这种经营模式越来越不适应市场经济的需要,从而可能导致国有商业银行经营效益滑坡,不良资产沉淀日益加剧,一些风险度高的商业银行将有可能面临退出市场的境地。

(四)符合现代商业银行要求的激励约束机制尚未建立

近年来,国有商业银行在激励约束机制改革上做了一些探索,但符合现代商业银行经营管理需要的新的用人机制和有效的激励约束机制尚未建立:一是行政化的人事管理制度与商业银行经营管理要求相矛盾,管理人员能上不能下;二是传统用工制度尚未打破,员工能进不能出;三是现行的工资总量计划管理方式不适应企业化经营原则的要求;四是员工个人收入分配上的“大锅饭”问题仍很突出;五是福利分配平均化、隐性化问题仍未得到解决,且对优秀员工缺乏长期激励。

三、内蒙古自治区国有商业银行发展展望

内蒙古地区经济高速增长的宏观基础和五大国有商业银行分行在内蒙古自治区金融系统中的重要地位,决定了未来几年五大国有商业银行分行的经营情况总体仍将保持相对平衡。但作为全区最重要的商业银行,监管机构在资本充足等方面的约束将更为严格,五大国有商业银行分行仍面临种种挑战。

第一,五大国有商业银行分行资产、负债仍将保持增长态势,但增速会回归常态。各家分行经营活力继续增强,在金融体系中将继续保持较有利的竞争地位。但从资产、负债绝对额的增长来说,未来几年增速很可能将逐步减少,在银行体系中的比重也可能逐步降低。

第二,五大国有商业银行分行未来几年的新增贷款规模将有所下降,各行收益

率较低的票据贴现在贷款总额中所占的比重也将下降。出于争取客户的需要,个人贷款在贷款中所占的比重将显著下降。在人民银行、银监局等机构引导下,五家分行的信贷结构将持续优化,对"三农"和中小企业的信贷支持进一步增强,个人住房贷款增长和房地产开发贷款将进一步回落。绿色信贷将蓬勃开展,能效贷款、环保设施贷款将明显增加,并严格控制对高能耗、高排放和产能过剩行业的授信。

第三,预计未来几年,五大国有商业银行分行存款的增幅将进一步下降。中西部地区存款对各家分行发展的影响将更显著。随着银行业竞争的进一步白热化,五大国有商业银行分行对存款的争夺将更趋激烈。

第四,未来几年,五大国有商业银行分行的利润将继续保持稳定增长趋势。其原因在于大型银行的贷款议价能力强,银行贷款利率上浮幅度将有较大增长。间接融资对直接融资的渗透将进一步增强,中间业务收入很有可能继续增长。

第五,未来几年,各行的资本补充、风险防范压力将继续存在。由于核心资本占总资本的比重提高了 25%,各行采用次级债扩充资本的难度增大,预计各行将更多地通过银行间市场开展资金运作,通过对直接融资的渗透谋求发展,以缓解资本约束压力。

第六,未来几年,各行将被迫转变增长方式。在过去几年,各行靠规模扩张、利率管制维持高增长。在未来,这样发展模式可能会遇到越来越大的阻力。资本约束不断强化,筹资难度也越来越大,资本损耗型的规模扩张将难以为继。同时,利率市场化的推进以及市场竞争的不断升级,也会导致利差空间的收窄。各家银行将审时度势,顺应发展变化进一步优化收入结构,增加中间业务和表外业务收入占比。

第五章

内蒙古自治区股份制商业银行发展报告

自改革开放以来,我国股份制商业银行经历了从无到有、从弱到强的发展历程,日益成为我国银行体系中的主力军,为银行业改革发展和经济社会建设作出了重要贡献。"十一五"期末,股份制商业银行总资产超过 14 万亿元,约为"十五"期末的 3.3 倍,在银行业中的占比超过 15%,比"十五"期末高出 3.7%。总资产平均增速达到 27%,高出全部银行业机构的 6.8%。不良贷款余额 566 亿元,为"十五"期末的 38%;不良贷款率 0.7%,比银行业整体低0.4%,比"十五"期末下降了 3.52%。在这样迅速发展的背景下,股份制商业银行已经不再把自身束缚在几个大城市之间,而是逐步走上了向全国各地不断快速扩张的发展之路。

一、内蒙古自治区股份制商业银行发展现状

全国性的股份制商业银行近些年也正在逐步进驻内蒙古自治区,开始在内蒙古自治区各主要城市,如呼和浩特、包头、鄂尔多斯等城市铺设网点。虽然股份制商业银行还没能够打破四大国有商业银行在内蒙古自治区的主导地位,但是它们的迅速扩张必然会给内蒙古自治区金融业的发展注入新的动力。

(一)全国性的股份制商业银行相继进驻内蒙古自治区

内蒙古自治区幅员辽阔,但是由于历史发展、资源禀赋、自然条件、人口、政策等因素的影响,各盟市经济发展水平存在很大差异,区域经济发展水平呈现出不平衡的状态。总体而言,自改革开放以来内蒙古自治区的经济飞速发展,尤其是近几年的经济增长增幅连续居全国首位,使世人瞩目。

与此同时,内蒙古自治区金融市场竞争也日趋激烈。越来越多的股份制商业银行相继进入内蒙古自治区开展业务,为内蒙古自治区的经济发展带来了新的生机。截至 2012 年,内蒙古自治区已经有多家全国性股份制商业银行。其中,作为第一家入驻呼和浩特市的股份制上市商业银行,华夏银行呼和浩特分行于 2005 年 2 月 28 日正式开业。此后,招商银行(以下简称招行)呼和浩特分行于 2007 年 4 月 13 日开始筹备,9 月 19 日正式开业,成为招行第 33 家一级分行。开业以来,招行呼和浩特分行结合内蒙古自治区"十一五"发展规划纲要,以"呼包鄂"金三角地区为核心市场,营业网点逐步向全区推开。2007 年 8 月 21 日,上海浦东发展银行(以下简称浦发银行)正式落户于内蒙古自治区,成立呼和浩特分行。中信银行呼和浩特分行于 2006 年 12 月 31 日获中国银监会批准成立,2007 年 9 月 29 日在呼和浩特市新华大街 68 号正式挂牌营业,成立了中信银行在内蒙古自治区的一级分行。另外,兴业银行于 2010 年 2 月 9 日正式入驻内蒙古自治区,并在呼和浩特市成立省级分行。2010 年 6 月 12 日,光大银行也在呼和浩特成立分行。2011 年 11 月 29 日,中国民生银行(民生银行)呼和浩特分行也挂牌成立。

通过以上各个股份制商业银行进驻内蒙古自治区的情况,不难发现近些年来内蒙古自治区的经济发展正受到各大股份制商业银行的关注,内蒙古自治区的经济还有巨大的发展潜力和空间,这也必然带来股份制商业银行在内蒙古自治区的进一步扩张。未来也必将有更多的全国性股份制商业银行陆续进驻内蒙古自治区。

(二)规模和市场占有率逐步增大

根据近些年的统计数据可知,内蒙古自治区的股份制商业银行在机构个数、从业人数、资产总额上都稳中有升。表5-1、表5-2分别列示了2006～2011年内蒙古自治区股份制商业银行和内蒙古自治区银行类金融机构总的机构个数、从业人数、资产总额变化情况。

表5-1　内蒙古自治区股份制商业银行机构个数、从业人数、资产总额

年份	2006	2007	2008	2009	2010	2011
机构个数(个)	3	7	14	22	32	44
从业人数(人)	127	432	652	917	1408	1810
资产总额(亿元)	90.1	184.8	368	711	931	1436

资料来源:《内蒙古自治区统计年鉴》,内蒙古银监局。

表5-2　内蒙古自治区银行类金融机构总的机构个数、从业人数、资产总额

年份	2006	2007	2008	2009	2010	2011
机构个数(个)	5288	5105	4351	4549	4627	4691
从业人数(人)	63354	65371	66106	74809	83386	85250
资产总额(亿元)	5052.3	5909.6	8015.89	10752	13435	16301

资料来源:《内蒙古自治区统计年鉴》,内蒙古银监局。

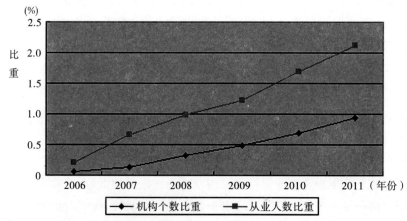

图5-1　内蒙古自治区股份制商业银行机构个数及从业人数占整个银行类金融机构的比重
资料来源:《内蒙古自治区统计年鉴》,内蒙古银监局。

自 2006 年以来,随着内蒙古自治区金融业的进一步发展,多家全国性的股份制商业银行纷纷进入内蒙古自治区,并且不断增加营业网点。因此,股份制商业银行在内蒙古自治区的规模不断扩大。根据表 5-1 和图 5-1 的数据可以看出,内蒙古自治区的股份制商业银行无论是机构个数还是从业人数都在不断扩张,并且在内蒙古自治区银行业中所占的比例也在不断扩大。其中,股份制商业银行的机构个数由 2006 年的 3 个增长到 2011 年的 44 个,占内蒙古自治区全部银行类金融机构个数的比重也由 2006 年的 0.06% 上升到 2011 年的 0.94%,比重增长了 15 倍之多。同时,股份制商业银行的从业人数也由 2006 年的 127 人增加到 2011 年的 1810 人,占内蒙古自治区全部银行类金融机构从业人员总数的比重由 2006 年的 0.2% 上升到 2011 年的 2.12%,比重增长了 10 倍多。

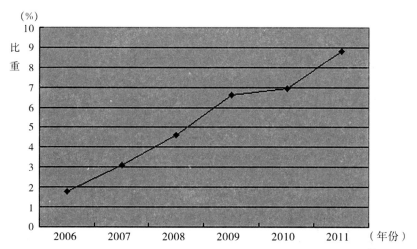

图 5-2　内蒙古自治区股份制商业银行资产总额在银行类金融机构中所占比重
资料来源:《内蒙古自治区统计年鉴》,内蒙古银监局。

此外,表 5-1 和图 5-2 数据变化说明内蒙古自治区股份制商业银行资产总额在银行类金融机构中所占比重也在逐年增大。2006 年,内蒙古自治区的股份制商业银行的资产总额为 90.1 亿元,仅占内蒙古自治区全部银行类金融机构资产总额的 1.78%。然而,2007 年该比重就增长为 3.31%,是 2006 年的将近 2 倍。此后,该比重继续保持逐年上升趋势。截至 2011 年底,股份制商业银行的资产总额增长为 1436 亿元,已经占内蒙古自治区全部银行类金融机构资产总额的 8.81%,该比重大约是 2006 年的 5 倍。

内蒙古自治区的股份制商业银行不仅机构个数、从业人数以及资产总额的绝对值不断增加,而且在内蒙古自治区银行类金融机构中所占的比重也都逐年成倍增长。这说明近些年股份制商业银行在内蒙古自治区的规模迅速扩大,市场占有率也不断扩张。因此,股份制商业银行已经成为内蒙古自治区金融体系中不可缺少的重要组成部分。内蒙古自治区经济的迅速发展,也为股份制银行的扩张提供了良好的空间和市场。

(三)近两年贷款利率总体走高,定价能力稳步提升

根据可得数据显示,受 2008 年多次下调存款准备金率和存贷款基准利率的影响,银行流动性转为宽松,对客户的竞争进一步加剧,导致金融机构执行上浮利率贷款占比下降,执行下浮和基准利率的贷款占比上升,利率水平整体走低。2009年,内蒙古自治区各股份制商业银行执行上浮利率贷款的仅占 27%。然而,从 2009 年第四季度开始,由于受到加息预期的影响,贷款利率略有回升。2010 年,受央行六次上调存款准备金率、两次上调存贷款基准利率等因素的影响,银行流动性从“宽松”转为“适度”,利率水平整体走高。各股份制商业银行执行上浮贷款利率的占比也扩大到 58.3%,比 2009 年增长了 31.3%。2011 年,央行在原有基础上再一次上调存贷款基准利率,市场资金趋紧,贷款利率总体走高。包括股份制商业银行在内的各金融机构综合考虑贷款成本、收益和风险及市场供求关系,实行差别定价的能力进一步增强。股份制商业银行执行利率上浮的贷款占比为 80.6%,比前一年上升了 22.3%,随着利率市场化进程的不断推进,股份制商业银行积极扩大内部定价与上海银行间同业拆放利率(SHIBOR)的综合运用范围,利率定价机制建设逐步完善,见表5-3。

表5-3　股份制商业银行贷款利率浮动区间贷款占比表　　　　单位:%

年份 上浮水平	2009	2010	2011
合计	100	100	100
[0.9~1.0)	46.5	23.0	4.5
1.0	26.5	18.8	14.9
小计	27.0	58.3	80.6

年份 上浮水平	2009	2010	2011
(1.0~1.1]	8.9	19.6	30.2
(1.1~1.3]	17.0	36.5	37.2
(1.3~1.5]	1.1	1.9	12.5
(1.5~2.0]	0.0	0.3	0.7
2.0 以上	0.0	0.0	0.0

资料来源:内蒙古自治区金融运行报告,货币政策分析小组,中国人民银行呼和浩特中心支行,2011。

(四)股份制商业银行具有其自身的竞争优势

虽然内蒙古自治区的股份制商业银行在现实竞争力上还是落后于已经在内蒙古自治区生根发芽的四大国有商业银行,但是其具有不容忽视的潜在竞争力。20多年来,全国性的股份制商业银行之所以能够从零做起,逐渐做大做强,直至今天成为我国银行体系中一个重要的组成部分,与其顽强的生命力和强劲的竞争力是分不开的。这些年纷纷进入内蒙古自治区拓展市场的全国性股份制商业银行都继承着股份制商业银行的优良传统,在经营的安全性、流动性、盈利性和对客户的优质服务等方面都表现出了良好的竞争力。

内蒙古自治区的股份制银行与占主导地位的国有商业银行的差异体现在以下几个方面:在经营模式上,股份制商业银行更具有灵活性,更适合科学的市场资源配置机制。由于股份制商业银行并非是实行单一的国有产权制度,这就使其现行的经营机制和利益机制更能按照市场化要求运作。股份制商业银行的发展打破了计划经济体制下国家专业银行的垄断局面,促进了银行体系竞争机制的形成和竞争水平的提高,带动了整体商业银行服务水平、服务质量和工作效率的提升。在管理模式上,股份制银行管理层的权责是相对称的,并不会出现国有银行权力大而责任小,风险低而报酬高的现象。在经营机制上,国有商业银行由于产权的原因,贷款会受到地方政府的干预,但是股份制银行却可以本着流动性、盈利性、安全性的原则进行决策经营。在组织机构的设置上,股份制银行主要采取扁平化的管理模式,分为总行—分行—支行,这种快捷的管理模式与国有银行的总分行制是完全不同的。在激励机制上,股份制商业银行采取多劳多得、上不封顶的分配方式,收入构成也更加灵活,时刻追求的是利润最大化。相比之下,股份制商业银行的激励机制比国有商业银行更为健全和有效。在企业文化上,股份制银行能够真正地做到员工与文化融合在一起,但国有银行虽然有自己成熟的企业文化品牌,但却都停留在口头和形式上。股份制商业银行成立的初衷就决定了其与国有银行在经营行为和经营效率上将会存在巨大的差异。而且从我国各个商业银行的发展状况来看,股份制商业银行与四大国有银行相比,在运行机制、市场弹性、经营效率等许多方面都有着一定的优势。这也是股份制商业银行能够在内蒙古自治区快速发展并且具备潜在竞争力的原因。

此外,在内蒙古自治区,股份制商业银行的主要竞争对手除了中国建设银行、中国工商银行、中国银行和中国农业银行这四大国有银行之外,还有交通银行以及内蒙古自治区当地的城市型商业银行和农村信用合作社等金融机构。这些金融机构具有进驻时间久、资金实力雄厚、网点分布广和业务开展全面等许多优势。面对这一系列的压力,股份制商业银行通过先进的经营发展理念、对客户良好的服务态度、各种强有力的宣传攻势和强大的资金支持在内蒙古自治区的金融市场中占据了一席之地。例如,民生银行在成立呼和浩特分行之前,已经与自治区在诸多领域开展了项目合作,投放贷款 300 多亿元,发行企业债券 57 亿元。分行成立后,民生银行在自治区的贷款额度已经达到了 400 多亿元。民生银行呼和浩特分行将秉承总行"做民营企业的银行,做小微企业的银行,做高端客户的银行"的战略定位,深入贯彻落实自治区第九次党代会精神,围绕实现"两个同步"、"两个达到"的重要目标,力争在内蒙古自治区打造品牌,做出特色,着力助推自治区经济建设。在重点支持地方基础设施建设、大中型国有企业融资的同时,优先支持民营企业、中小企业和微型企业发展。开业当日,民生银行呼和浩特分行向呼和浩特土默特中学捐款 20 万元,充分体现了民生银行"服务大众,情系民生"的经营宗旨,忠实履行了企业公民应尽的社会责任。因此,全国性股份制商业银行在内蒙古自治区的迅速发展,在一定程度上填补了国有商业银行收缩机构造成的市场空白,较好地满足了中小企业和居民的融资和储蓄业务需求,大大丰富了对城乡居民的金融服务,方便了百姓生活。

二、内蒙古自治区股份制商业银行发展中存在的问题

内蒙古自治区的股份制商业银行在快速发展的过程中,也存在着一些问题。

着眼于全国,"十二五"期间是我国全面建设小康社会的关键时期,是深化改革开放、加快转变经济发展方式的攻坚时期。经济决定金融,经济领域的深刻变化必将对商业银行的发展产生深远影响。股份制商业银行既面临难得的历史机遇,也面临诸多新挑战。另外,内蒙古自治区经济和金融业的发展相对滞后于沿海经济发达地区,并且金融业的发展滞后于经济发展速度。这就必然使股份制商业银行在内蒙古自治区的发展受到大的经济环境的制约,从而产生了一系列的问题和困境。

(一)在内蒙古自治区内的网点分布不尽合理

股份制商业银行在内蒙古自治区的机构网点大多集中于呼和浩特、包头和鄂尔多斯等经济发展相对较快的地区,区域分布非常不均匀。其中,作为第一家进入内蒙古自治区的股份制商业银行——华夏银行,经历了大约 7 年的发展,虽然其业务范围覆盖全区,但营业网点分布仍然集中在少数经济活跃城市。华夏银行在内蒙古自治区的分支机构主要分布在"呼包鄂"地区。到 2012 年,华夏银行在呼和浩特市设立了包括分行在内的 5 个营业网点,在包头和鄂尔多斯分别成立了 1 个异地二级分行,但是在内蒙古自治区都还没有设立机构网点。招行在区内的营业网点也同样集中在金三角(呼包鄂)地区。而与招行同时在 2007 年进驻内蒙古自治区的浦发银行,其营业网点也仅设立了呼和浩特市的 3 家和包头市的 1 家。此外,中信银行、兴业银行、光大银行和民生银行等,均只在呼和浩特市或包头市设立了营业网点。各家股份制商业银行在内蒙古自治区成立之初就纷纷把"呼包鄂"地区作为核心区域,是因为这一金三角地区经济活跃,投资需求相对旺盛,给它们的进入和发展提供了广阔的市场空间。然而,由于股份制商业银行多注重对中小企业的金融服务,营业网点在其他城市和地区的缺少会导致这些城市和地区的企业和个人的融资需求得不到及时的满足。在全区资金供求紧张,特别是中小微企业贷款供求矛盾突出的现实情况下,只有通过各股份制商业银行在区内其他地区的进一步合理均匀扩张,营业网点在更多其他主要城市的建立,才能更好地满足企业和个人的需要,才能进一步促进经济和金融的协调发展。

(二)金融创新不足、过度依赖利差

内蒙古自治区包括股份制商业银行在内的金融机构都存在这样一个问题:主要以传统存贷款业务为主,其他金融产品较少或尚未开展,不能很好地满足企业多元化的融资需求;银行中间业务品种少,范围窄,仍然集中于传统的结算、汇兑、代收代付以及信用卡、信用证等产品,咨询服务类、投资融资类及衍生金融工具交易等高技术含量、高附加值的中间业务发展不足,覆盖面窄。银行中间业务占比与全国平均水平仍存在较大的差距。由于过度依赖利差收入,随着利率市场化的推进、融资脱媒化的发展和金融监管的日益严格,股份制商业银行与其他商业银行一样将面临较大的冲击。

首先,日益严格的金融监管必将使得主要依靠存贷利差的盈利模式难以为继。《巴塞尔新资本协议Ⅲ》是针对金融机构在资本结构、数量和质量上提出的更高要求。通过对一级核心资本充足率、一级资本充足率、资本充足率、资本留存率、杠杆率、拨备率和流动性等一系列监管指标的更高要求,监管机构最终可能将商业银行的资本充足率提高至 15％～16％。有理由相信,在后危机时代,对商业银行资本金的严格监管趋势会在很长时期内持续下去,主要依靠存贷利差,大量消耗资本金的传统盈利模式将难以为继,商业银行将会在相当长一段时期内集体性陷入严重的资本约束困境。中国绝大多数的股份制商业银行资产规模都远超过 5000 亿元,都将进入更为严格的监管范围。同时,由于客户基础不平衡、资产规模增长较快、股东结构分散以及资本筹集能力较弱等问题,股份制商业银行更具有资本消耗快、核心资本筹集难的特征。所以,股份制商业银行的资本金约束在未来一段时期更为严重。

同时,在全国,包括内蒙古自治区,不断加强的金融脱媒化趋势将导致利差缩小。数据显示,2005 年至 2010 年 9 月底,除央行票据和金融债外,我国债券一级市场累计发行各类债券从 4000 亿元快速增长至 3.61 万亿元,年复合增长率有望达到 50％以上;新发行企业债券总额从 2005 年的 1000 亿元增长至 2009 年的 1.2 万亿元,短期融资券从 2005 年的 3000 亿元增长至 2009 年的 4600 亿元,分别增长了 320％和 53％;中期票据发行量从 2008 年的 1700 亿元增长至 2009 年近 7000 亿元。与此同时,股市市值的全球排名从 2006 年的第 13 位跃升至 2009 年的第 3 位。此外,如阿里巴巴、淘宝网及中国移动等种类繁多的第三方支付平台也在蚕食着银行的传统市场。脱媒化使银行的负债业务开展更加困难。股份制商业银行受制于规模相对较小、网点相对较少和业务偏向对公的特点,负债业务成本更高,资金来源更为不稳定;在资产方面,脱媒化将导致企业直接融资比重上升,银行去中介化趋势不断加强,资产业务的逆向选择风险加大。国际经验也表明,金融脱媒还会带来同业竞争加剧和利差的大幅下滑。股份制商业银行普遍存在较高资本回报率的要求,资产业务的去中介化以及负债资金成本的上升也将会使股份制商业银行面临更为严厉的资本充足率和盈利能力的双重考验。

此外,利率市场化一般会造成存贷利差缩小。例如,日本从 2.0％缩小到

1.6％,韩国从7％缩小到4.5％,澳大利亚从4％缩小到3.3％。商业银行严重依靠息差的盈利模式将逐渐受到挑战。到2012年,除了存贷款利率受到部分管制以外,其他诸如票据贴现率、转贴现率和同业拆借利率都实现了市场化。虽然国家引导型的经济发展都存在利率管制的过程,完全的利率市场化尚需时日,但利率终将实现市场化,我国的利率市场化进程也正在加速。此外,利率市场化除了会带给股份制商业银行更高的逆向选择风险,还将极大刺激金融创新,使股份制商业银行出现储蓄分流,进一步加深金融脱媒化。

(三)缺乏规模竞争力,且原有优势受到威胁

在内蒙古自治区,股份制商业银行进驻较晚,与国有商业银行相比规模小,网点少,负债业务成本更高。如图5-3,到2011年底,内蒙古自治区的股份制商业银行的资产总额仅占金融机构资产总额的大约9％,而国有商业银行则占40％以上。因此,股份制商业银行非常缺乏规模竞争力。然而,区内的国有商业银行规模制胜的特征逐渐显现。当前国有商业银行在业务平台、产品研发、IT系统建设、人才储备、国际化布局等方面形都成了相对的竞争优势,在诸多领域已经确立了领跑者的地位。数量庞大、遍布广泛的门店网络也为国有控股银行提供了大量、廉价的负债资金,贷存比约束不大。另外,"大而不倒"的市场准则在中国可以成立,国家股东的背景在投资者心中发挥了无形的政府担保效应。

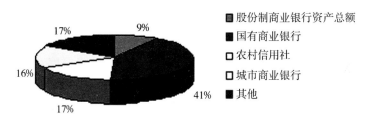

图5-3 2011年内蒙古自治区金融机构资产总额构成

资料来源:内蒙古银监局、内蒙古金融办。

除了国有商业银行外,一批城市商业银行,如内蒙古银行和包商银行等,也在股份制商业银行争夺着市场。2011年,农村信用社和城市商业银行的资产总额在内蒙古自治区金融机构资产总额中所占的比例分别为17％和16％,均超过了股份制商业银行,见图5-3。股份制商业银行早年的诸多优势,如制度灵活、有效激励、

模仿创新等已经完全被城市商业银行效仿并进一步发展。股份制商业银行在人才资源、地域性核心客户争夺、产品创新优势等方面逐渐失去竞争力。此外,近些年一些外资银行,如渣打银行等,也开始进入内蒙古自治区,虽然其规模和市场占有率都尚小,但是其在高端理财领域的竞争力不容忽视。

因此,股份制商业银行缺乏规模竞争力的同时,原有的诸多优势逐渐被其他商业银行效仿。这就意味着,股份制商业银行如果不进一步扩大在内蒙古自治区的规模、增设网点以及积极推进金融创新,改变原有的盈利模式,就有可能逐渐失去在内蒙古自治区金融市场上的竞争力。

三、内蒙古自治区股份制商业银行发展对策建议

在这个所谓的"后危机时代",内蒙古自治区的股份制商业银行的发展受到整体经济环境的制约,金融脱媒和利率市场化趋势的冲击,以及同行业内日趋激烈的竞争等因素的影响。这使得股份制商业银行不得不积极地采取措施,抓住机遇迎接挑战。在此,根据内蒙古自治区股份制商业银行发展的具体情况和存在的问题,提出以下几点建议:

(一)优化布局,推进分销网络的进一步扩张

全国性的股份制商业银行在内蒙古自治区的发展历史尚短,机构网点数量还不充足,在内蒙古自治区内的布局也不尽合理。一方面,由于规模不大,还不能形成规模效益,不利于股份制商业银行与其他银行,尤其是大型国有银行之间的竞争;另一方面,由于分布过于集中在"金三角"地区,省内其他城市和地区的融资需求,尤其是中小微企业的融资需求得不到及时的满足。因此,股份制商业银行应该积极地优化网点布局,推进分销网络的在内蒙古自治区其他地区的进一步扩张。这样才能更好地满足全区企业和个人的融资需求,为内蒙古自治区金融业的发展作出更大的贡献。同时,网点的增多必将导致规模的扩大和客户市场的增加,有利于扩大股份制银行的规模竞争力和市场份额。然而,在规模扩张的同时,还要考虑银行自身以及目标地区的经济金融发展情况,不能盲目扩张,要避免"速度情节"和"规模偏好"。银行资产规模的扩张会带来规模经济效益,但不意味着规模越大越好。过快的不合理规模扩张,会带来资本的快速消耗和风险的不断堆积,反而不利于银行的发展。因此,股份制商业银行应该合理地扩张分销网络,优化网点布局。

（二）转变经营模式，不断创新

创新是股份制商业银行赖以生存和发展的基础，也是应对诸多困境的可靠途径。没有创新，就没有股份制商银行的今天。内蒙古自治区的股份制商业银行应该在未来的发展中以创新为驱动力。这就意味着要降低银行发展对信贷资源投入的依赖，使创新在银行发展中起到更大的推动作用。首先，要积极推动盈利模式的创新，建立资本节约型和信贷资源节约型的发展模式。从对资本的高消耗转变为对资本的合理利用。立足于内部挖潜，尽可能减少业务发展对资本的占用，提高资本使用效率。其次，关键要在产品和业务创新上下功夫，真正做到以客户为中心，适应市场需求，通过加快创新来提升核心竞争力。只有经常在经营业务上进行创新，不断地用最新的金融服务和金融产品满足不同客户的需求，才能扩大银行的客户群体，拓展银行的市场空间。所以，股份制商业银行在内蒙古自治区开展业务的时候，不仅要注重银行传统业务的巩固和发展，还要努力创新，积极开展新兴业务。要不断增强创新意识，完善产品创新机制，处理好创新与合规的关系，充分调动全员创新的积极性。要通过多元化产品和服务向客户提供一揽子的金融解决方案，在核心业务领域取得市场领导地位。所谓的新兴业务包括在办理日常业务中能够为大众提供便利服务的各种中间业务，包括与资本市场相关的经营业务，还包括能够自动规避日常风险的现实可行的业务。最后，还要加快体制机制、管理方式等方面的创新，促进银行提高决策水平、增强响应客户需求的能力。

（三）进一步拓展中小微企业融资业务

客户是商业银行实现利润，保持可持续增长的根本源泉。为了顺应后金融危机时代产业转型的金融需求，中小企业具有广阔的潜在市场空间和发展机遇，更有利于商业银行寻求差异化的竞争定位，寻求新的利润增长点。因此，开拓中小企业业务也是商业银行在多元化竞争格局下的必然选择。

在信贷供给紧张的状况下，内蒙古自治区的中小企业的发展面临着诸多困难。例如，信息不对称银行不敢授信、银行服务有效性不足、经济效益难以体现、社会地位不高的失落感等。因此，股份制商业银行避免资金和资产过度集中于少数大型企业。同样应该服务好小客户，拓展市场覆盖面。深度挖掘中小企业优质客户资源，大力支持科技型中小企业和文化创意型中小企业，做大规模、做出特色、形成亮点。大型优质企业客户的交易成本和经营风险都相对较低，但是其盈利空间正在压缩。虽然中小企业客户的风险较高，但银行的议价能力强，收益也高。通过相应的定价手段转移和控制风险,银行可以找到风险和收益的合理平衡点。因此,内蒙古自治区的股份制商业银行应该在加强自身创新的同时,充分发挥小微企业融资的主渠道作用。

(四)加强风险管控能力

次贷危机引发的大量海外银行的倒闭和投资银行的崩溃的教训,值得股份制商业银行引以为戒。内蒙古自治区的股份制商业银行在努力获得高盈利的同时,应该以保持良好的流动性和安全性为前提。具体地讲,银行业面临的风险不仅仅是一般意义上的客户风险或者债项风险,还包含了金融市场和实体经济全面下行所带来的系统性风险。应对系统性风险,必须要拓宽视野,在加强基础性风险管理和内控的同时,顺应逆周期监管的要求,实施战略应对。做强做大各项业务,增强综合实力。从区域、行业、产品、客户等多个维度加强各个经营领域之间的组合管理。强化以资本约束为基础的全面风险管理。改进风险管理的技术水平,从被动防御风险向主动经营风险、创造风险收益转变。

(五)建立和完善金融保障体系

由于股份制商业银行长期以来一直缺乏国家信用的担保,为了增强存款人对股份制商业银行的信心,改善其吸收存款过程中的弱势地位,稳定存款来源,首先,存款保险制度应该尽快地建立起来,这样才能促进股份制商业银行的良性发展。其次,企业信用和个人信用构成的社会信用体系不健全,是阻碍股份制商业银行发展的一个重要因素。因此,应该建立健全社会信用体系。最后,要逐步完善内蒙古自治区中小企业的信用担保体系。长期以来,内蒙古自治区的中小企业融资困难与其信用风险较高是存在很大关系的,这就使得股份制银行担心风险而放弃该业务的开展。因此,针对这个问题,政府应当努力规范和完善中小企业信用担保体系,降低股份制银行的贷款风险,从而提高股份制银行的贷款积极性。

因此,总体上股份制商业银行对内蒙古自治区金融业的发展作出了重要贡献,已经成为内蒙古自治区金融体系中不可缺少的一个组成部分。虽然其总体规模和机构数量都远远小于国有商业银行,但是在内蒙古自治区有着广阔的发展空间和发展潜力。在这个既有机遇又有挑战的后危机时代,股份制商业银行要想在内蒙古自治区更快更好地发展,就必须要积极地促进金融创新,推进经营模式的转变。同时,做好自己的市场定位,增强风险控制能力。大力拓展中小微企业融资业务,实现双赢。

第 六 章

内蒙古自治区城市商业银行发展报告

　　从1995年第一家城市商业银行成立至今,经过16年的发展,城市商业银行逐步壮大,为地方经济发展提供了有效的金融服务,被称为四大国有股份制商业银行和12家全国性股份制商业银行之后的"第三梯队",已经成为我国银行体系的重要组成部分。内蒙古辖区内共有4家城市商业银行,即包商银行、内蒙古银行、鄂尔多斯银行和乌海银行。这四家城市商业银行在地方政府和监管机构的支持指导下,资产规模稳步增加,信贷结构控制良好,盈利水平不断提高,风险状况得到明显改善,经营管理品质大幅提升,市场影响力显著增强。

一、内蒙古自治区城市商业银行发展状况

2011年,内蒙古城市商业银行在国际国内经济复杂多变的形势下,巩固了应对国际金融危机影响的成果,保持了持续稳定增长的良好格局,分支机构和人员继续稳步增加,资产负债规模持续快速增长,盈利水平及成本控制能力进一步提升,不良贷款率继续下降,资产质量持续改善,抗风险能力不断增强。

(一)分支机构稳步增加,从业人员数量快速增长

目前,辖内4家城市商业银行在区内外设立了200多家分支机构。包商银行、内蒙古银行已突破地域限制走向全国,由地方性商业银行发展到全国性商业银行,鄂尔多斯银行、乌海银行已经由地方性商业银行发展为区域性商业银行。截至2011年末,4家城市商业银行机构总数由上年的224个增加到240个,新增机构16家,从业人员由6434人增加到8839人,增加了2405人。

1. 包商银行

包商银行在自治区内的包头、赤峰、巴彦淖尔、通辽、鄂尔多斯、锡林郭勒、呼伦贝尔、呼和浩特、兴安盟、乌兰察布设有10家区内分行,在区外的宁波、深圳、成都、北京设有4家区外分行,共105个营业网点,员工6000多人。此外,还成立了1家贷款公司,即达茂旗包商惠农贷款公司,并发起设立了北京昌平、天津津南、大连金州、湖南武冈、山东鄄城、江苏南通等28家村镇银行。

2. 内蒙古银行

内蒙古银行现辖1个营业部,8家分行,即包头、乌海、乌兰察布、锡林郭勒、呼伦贝尔、通辽、兴安盟7家区内分行和哈尔滨1家区外分行,共70个营业网点,员工1600多人。此外,北京分行的申请筹建工作正在进行。截至2011年末,内蒙古银行发起设立的村镇银行共42家。其中,区内32家,区外10家。已批准开业的30家,批准筹建12家,涉及自治区12个盟市和全国9个省市地区。在区外发起设立的村镇银行主要集中在环渤海经济区、长三角地区、东北老工业基地,力争打造3个农村金融圈。

3. 鄂尔多斯银行

2011年末,鄂尔多斯银行下设法人机构分支机构38家,小企业信贷中心1家,2家区内分行,即呼和浩特市分行、锡林郭勒分行,全行从业人员1037人。此外,由鄂尔多斯银行发起设立的5家村镇银行,即山西兴县汇泽村镇银行、山西吕梁汇

泽村镇银行、河北唐县汇泽村镇银行、鄂尔多斯市康巴什村镇银行、鄂托克旗汇泽村镇银行已经开业,运营良好。同时区外的山西柳林县上海宝山区村镇银行和区内乌拉特后旗、兴和县、正蓝旗等地区村镇银行筹建工作正在进行。

4. 乌海银行

截至 2011 年末,乌海银行共有 23 家支行,其中包括阿拉善盟乌斯太镇和鄂尔多斯棋盘井镇 2 家跨行政区域经营的支行,从业人员 286 人。此外,乌海银行还在海南省文昌市、琼海市以及内蒙古鄂尔多斯市杭锦旗、巴彦淖尔市乌拉特前旗、广东省始兴县设立的 5 家村镇银行相继开业。

(二)资产负债规模再上台阶,存贷款仍保持增长态势

截至 2011 年末,辖内的 4 家城市商业银行在继续快速发展的同时,经管规模也在进一步扩大,总资产规模在 1000 亿元以上的有 1 家,即包商银行,其余 3 家资产规模都有大幅度增长,均在 100 亿元以上。从资产负债方面来看,2011 年末,辖内 4 家城市商业银行资产总额 2730 亿元,比年初增加 882.49 亿元,同比增长 47.77%,占全区银行类金融机构总资产的 16.75%,负债总额 2582.06 亿元,比年初增加 855.07 亿元,同比增长 49.51%,占全区银行类金融机构总负债的 16.56%。

表 6-1 2007~2011 年内蒙古自治区城市商业银行资产和负债情况一览

	项目 \ 年份	2007	2008	2009	2010	2011
总资产	余额(亿元)	746.20	947.29	1351.38	1847.51	2730
	比上年同期增长(%)	45.77	26.84	42.66	37.48	47.77
	占全区银行类金融机构比例(%)	12.63	12.75	12.5	14.07	16.75
总负债	余额(亿元)	734.73	930.96	1308.85	1726.99	2582.06
	比上年同期增长(%)	45.12	26.71	40.59	36.45	49.51
	占全区银行类金融机构比例(%)	12.49	12.61	12.34	13.57	16.56

资料来源:中国银监会。

截至 2011 年末,辖内 4 家城市商业银行各项存款余额为 1931.04 亿元,同比增长 22.5%,占全区银行类金融人民币存款余额的 16.07%;各项贷款余额为 842.64 亿元,同比增长 29.12%,占全区银行类金融人民币贷款余额的 8.69%,占比均有不同程度的上升。

表 6-2　2011 年 4 家城市商业银行资产和负债情况一览

银行名称	项目	总资产	存款	贷款及垫款
包商银行	余额(万元)	18194056	11706795	4844080
	同比增长(%)	58.42	24.25	38.43
内蒙古银行	余额(万元)	4693761	3464098	1611515
	同比增长(%)	51.23	27.05	20.73
鄂尔多斯银行	余额(万元)	3111135	2655345	1310831
	同比增长(%)	13.50	7.37	38.58
乌海银行	余额(万元)	1733747	1484167	660004
	同比增长(%)	38.27	31.33	18.73

资料来源:各行财务报告。

(三)盈利水平显著提高,成本控制能力进一步提升

2011 年,辖内 4 家城市商业银行盈利水平稳步提高,全年实现净利润总额 36.45 亿元,比年初增加 3.50 亿元,同比平均增幅为 39.26%。从回报率来看,2011 年,城市商业银行的平均资产净收益率为 7.42%,平均资本净收益率为 24.01%。

表 6-3　2011 年 4 家城市商业银行盈利水平指标

银行名称	项目	净利润 (万元)	资产净收益率 (%)	资本净收益率 (%)	成本收入比 (%)
包商银行	年末值	209360	13.11	12.81	39.47
	同比增长	48.52	−7.26	−5.23	−1.26
内蒙古银行	年末值	59781	12.12	9.07	40.40
	同比增长	45.03	−3.13	−5.75	0.33
鄂尔多斯银行	年末值	59661	2.04	29.35	26.52
	同比增长	19.26	0.09	−3.29	−3.95
乌海银行	年末值	35666	2.42	44.80	10.02
	同比增长	44.22	0.05	1.15	−4.79

资料来源:各行财务报告。

2011 年,辖内 4 家城市商业银行盈利水平的稳步提高主要源于净利息收入的快速增长、中间业务的快速发展,以及成本的有效控制。净利息收入方面,受贷款规模继续扩大等因素推动,城市商业银行净利息收入保持快速增长态势,实现的净利息收入同比增长 16.65%。受信贷调控政策影响,2011 年城市商业银行在开展跨区域经营做大规模的同时,积极推动经营转型,努力提升中间业务收入占比,其手续费及佣金净收入都出现了大幅度的增长,手续费及佣金净收入平均同比增长 100.03%。与此同时,城市商业银行整体的成本控制能力进一步提升,经营效率显著提高,平均成本收入比实现平稳下降,较上一年同比下降 2.42%,仍继续保持在较低的水平。

(四)资产质量持续改善,抗风险能力进一步增强

2007～2010 年,城市商业银行在继续加快发展的同时,积极采取切实有效的措施,努力提高风险管理水平,加大风险化解力度,出现了不良贷款率的连续下降,以及资产质量的持续改善。2011 年,由于国际经济持续低迷、国内经济下行压力增大,前期原材料价格和劳动力成本上涨以及紧缩政策的滞后效应,工商企业特别是中小企业经营环境进一步恶化,信用风险水平提高。对于以中小企业或小微企业为主要服务对象的城商行而言,未来一段时期,不良贷款形势可能会逐步恶化。但每家银行的情况又不尽相同,具体来看,包商银行不良贷款率仍然保持以往的下降趋势,但不良贷款余额下降的趋势结束;乌海银行的不良贷款余额、不良贷款率一直保持着持续下降的"双降"的态势;而内蒙古银行与鄂尔多斯银行的不良贷款余额均有不同程度的增加,不良贷款率上升。但 4 家城商行的平均不良贷款率为 0.78%,仍低于全区银行类金融机构平均 1.9% 的不良贷款率水平。

表 6-4　2007～2011 年 4 家城市商业银行不良贷款情况

银行名称	项目 \ 年份	2007	2008	2009	2010	2011
包商银行	不良贷款余额(万元)	12644	12169	14369	15843.56	20852
	不良贷款率(%)	0.71	0.53	0.52	0.46	0.43
	拨备覆盖率(%)	186.71	221.84	229.15	242.30	322.20
内蒙古银行	不良贷款余额(万元)	30798	26371	24109	14554	18113
	不良贷款率(%)	3.99	3.17	2.21	1.09	1.13
	拨备覆盖率(%)	50.21	145.56	204.1	330.74	379.93

续表

年份 项目 银行名称		2007	2008	2009	2010	2011
鄂尔多斯银行	不良贷款余额(万元)	736	853	14547	11887	18858
	不良贷款率(%)	0.34	0.18	1.92	1.26	1.44
	拨备覆盖率(%)	597.43	737.16	156.74	213.74	429.29
乌海银行	不良贷款余额(万元)	1072	1358	1042	944.77	887.34
	不良贷款率(%)	0.51	0.42	0.23	0.17	0.13
	拨备覆盖率(%)	162.50	132.84	167.86	588.25	930.19

资料来源:各行财务报告。

2011 年,城市商业银行的风险抵御能力进一步增强。2011 年底,4 家城市商业银行平均拨备覆盖率为 515.40%,高于 2010 年底的 343.76%,远超过同期商业银行总体的 278% 和大型商业银行的 250%;风险集中度方面,银行的最大单一客户贷款占比(最大单一客户贷款余额/银行净资本额)和十大客户贷款占比(十大客户贷款余额/银行资本净额)反映了银行贷款的集中度,是衡量银行潜在风险的重要指标。从表 6-5、表 6-6 中可以看出,4 家城市商业银行除鄂尔多斯银行外,最大单一客户贷款比例和最大十家客户贷款比例均实现有效下降;从资本充足率来看,4 家城市商业银行的资本充足率均保持在较好水平,核心资本充足率均保持在 8% 以上。

表 6-5   2011 年 4 家城市商业银行风险集中度情况   单位:%

项目 年份 银行名称	最大单一客户贷款比例		最大十家客户贷款比例	
	2010	2011	2010	2011
包商银行	8.96	3.66	35.89	18.71
内蒙古银行	8.66	3.64	9.07	5.77
鄂尔多斯银行	1.72	4.52	17.20	31.17
乌海银行	5.67	5.04	37.40	30.33

资料来源:各行财务报告。

表 6-6　2010～2011 年 4 家城市商业银行资本充足率情况　　　单位:%

项目 年份 银行名称	资本充足率		核心资本充足率	
	2010	2011	2010	2011
包商银行	11.34	14.36	9.72	13.35
内蒙古银行	14.29	19.75	14.11	19.88
鄂尔多斯银行	12.09	12.02	11.95	11.86
乌海银行	15.03	15.46	14.24	14.54

资料来源:各行财务报告。

(五)存贷比基本保持稳定,整体流动性水平较高

截至 2011 年底,4 家城市商业银行的整体存贷比基本保持稳定,平均存贷比为 45.81%,同比上升 1.85%,较全国城市银行业金融机构 58.40% 的存贷比低12.59%;平均流动性比例为 42.56%,同比下降 8.19%,较全国城市银行业金融机构 54.30% 的流动性比例低 11.74%。

表 6-7　2010～2011 年 4 家城市商业银行存贷比和流动性比率　　　单位:%

项目 年份 银行名称	存贷比		流动性比率	
	2010	2011	2010	2011
包商银行	37.14	41.38	55.30	37.08
内蒙古银行	48.95	46.52	48.03	41.71
鄂尔多斯银行	38.25	49.37	45.28	41.35
乌海银行	51.48	45.96	54.39	50.11

资料来源:各行财务报告。

二、内蒙古自治区城市商业银行发展特点及其存在的问题

下面主要分析内蒙古自治区城市商业银行在其发展过程中的特点以及在发展

过程中存在的主要问题。

(一)内蒙古自治区城市商业银行的发展特点

2011年,内蒙古自治区城市商业银行继续快速发展,并在发展中呈现出以下一些明显特点:

1.差异化和特色化发展态势初步显现

现阶段,中国经济发展方式正面临重大调整,银行业发展格局也发生了较大改变,传统发展模式下城市商业银行的竞争压力日益加大。在此背景下,在2010年召开的全国城市商业银行发展论坛第十次会议上,与会的144家城市商业银行对走差异化、特色化发展道路达成广泛共识,城市商业银行发展转型的步伐正在加快。在走差异化、特色化发展道路的实践中,辖内的4家城市商业银行进行了许多有益的探索,取得了一定成效。

(1)做大做强传统优势业务。内蒙古自治区城市商业银行在长期坚持"服务地方、服务市民、服务中小企业"的定位下所形成的一些业务特色,为走差异化、特色化发展道路奠定了良好的基础。如根据中小企业和个体工商户使用资金急、使用时间短、资金需求频繁性的特征,鄂尔多斯市银行创设了"短、频、快"加全程服务的产品服务组合,实现了银行和客户间的互动,帮助客户以最短的时间、最小的成本顺利获得贷款。

(2)通过创新业务模式,解决原先困扰市场和客户的难题,促进业务发展。如针对中小企业普遍存在"轻资产、缺担保、无抵押"的贷款难题,内蒙古银行推出了呼和浩特市地区的第一个特色小企业金融服务品牌"金伙伴"——金色之路,永远相伴,该品牌致力于为小企业打造量身定做的金融服务解决方案,以"快速、专业、灵活、全面"为服务目标。同时还开发出以应收账款、股票、有价证券等为质权的质押贷款,推出了"最高额授信"、"捆绑授信"、"循环授信"等业务,较好地解决了中小企业的融资难题。

(3)瞄准一些新兴产业或受关注程度较低的潜在业务领域,开辟蓝海,形成先发优势。如包商银行的"微小贷"业务,在借鉴国际先进信贷理念和技术的基础上持续创新,形成了独具特色的业务体系和信贷文化,形成了一定的市场影响力。

2.更名和跨区域发展持续推进

城市商业银行发展到一定阶段,并具备了一定规模后,往往面临提升跨区域服务能力的现实需要,更名和跨区域成为实现这一目标最直接和有力的方式。据统计,截至2010年末,辖内4家城市商业银行顺利完成了更名。通过更名,提升了城市商业银行的品牌影响力,促进城市商业银行在管理水平、资产质量、风险管控、经营效益等方面迈上新的台阶,也为进一步加快建设具有竞争优势的区域性银行奠定了基础。

表6-8　4家城市商业银行更名情况一览

编号	成立时间	更名前	更名时间	更名后
1	1998年12月	包头市商业银行	2007年9月	包商银行
2	1999年11月	呼和浩特市商业银行	2009年9月	内蒙古银行
3	2007年8月	鄂尔多斯市商业银行	2010年1月	鄂尔多斯银行
4	2006年9月	乌海市商业银行	2010年1月	乌海银行

2011年,内蒙古自治区城市商业银行跨区域发展步伐进一步加快,据统计,4家城市商业银行共设立了25家跨区域分支机构,并在推动异地分支行培育业务特色、加强风险管控、延伸服务网络等方面的力度不断加大,跨区域发展正逐渐走向深入。与此同时,辖内4家城市商业银行跨区域发展也出现了一些新的变化:一是开展省内扩张,完成全区域覆盖;二是摒弃一味追求大城市的做法,转而结合自身的发展定位、经营特点、经济和产业状况、竞争环境等因素进行综合考虑,将其布局重点放在一些二线城市;三是国际化战略稳步推进,积极酝酿海外布局。如包商银行与蒙古贸易发展银行开展全面合作,成为国内首家与蒙古国银行签约的法人金融机构;内蒙古银行五年(2011～2015年)发展战略规划中明确表明:未来利用地域优势,依托口岸经济,争取五年内在蒙古、俄罗斯开办子行。

3.发展创新不断取得新突破

内蒙古自治区城市商业银行不断深化改革,发展创新,通过设立少数民族地区的首家专营"三农"贷款业务的商业银行子公司、设立小企业专营机构、发起设立村镇银行等方面的探索,努力打造经营优势,增强综合竞争力。在监管机构的大力引导下,截至2011年末,内蒙古银行成立了特色小企业金融服务中心;包商银行成立了1家贷款公司,即达茂旗包商惠农贷款公司;鄂尔多斯银行成立了1家小企业信贷中心。此外,城市商业银行在走向异域、实现跨区域发展的同时,更多地走向县域、走向了农村,成为服务"三农"生力军,是发起设立村镇银行的主力。到2011年末,辖内4家城市商业银行发起设立的村镇银行达到68家。

(二)内蒙古自治区城市商业银行发展过程中存在的问题

近年来,辖区4家城市商业银行在支持自治区中小企业和农村牧区经济发展过程中发挥着重要的作用,但在快速发展、不断壮大的同时,存在经营区域过于集中、经营管理水平较低、产品创新不足、内部治理结构不完善、信贷规模限制影响发展规模和收益水平、抗风险能力较弱等问题,可持续发展任重道远。

1.经营区域过于集中

目前,城市商业银行虽然实现了跨区域发展,但主要还是在当地城市经营,这极大地限制了城市商业银行的发展和其作用的发挥。一方面,单一城市经营势必使城市商业银行的业务集中在该区域的优势产业上,造成贷款的行业集中度、客户集中度偏高,经营风险增加;另一方面,随着企业规模和市场的扩大,企业的区域扩张要求商业银行能够按照空间布局提供金融服务,而经营区域的集中限制了企业扩张的信贷需求。

2.人才缺乏,员工素质相对较低,经营管理水平不高

一方面,银行业作为特殊的经营货币的企业,和其他行业的企业相比,其产品不具有物质上的形态,因而在固定资产上的投入较少,人力资源是银行第一资源。而城市商业银行的员工大部分是原先城市信用社的留用人员,尽管熟悉传统的存、贷、汇业务,但现代银行业需要的高技能人才缺乏,如掌握现代风险管理知识和技能的风险经理、能熟练应用金融工具进行产品开发的产品经理和掌握现代经济学理论的宏观经济研究人员。高级人才的匮乏致使城市商业银行在产品创新、风险管理等方面被国有股份制商业银行、股份制商业银行远远抛在后面,而高级人才长期供应不足,会严重制约城市商业银行的发展。另一方面,内蒙古自治区的城市商业银行由于发展时间短,历史包袱重,整体经营管理水平比较低,市场竞争力较弱,与全国性的城市商业银行相比有较大差距。如个别城市商业银行仍然停留在粗放型、外延型的经营模式,忽视自身的比较优势,竞争主要是靠拼人力、拼关系、拼费用,片面追求数量、规模和速度,人均利润、人均存款较低。

3.产品服务创新不足

目前,通过为广大客户提供理财咨询、投资顾问等中间服务,国有股份制商业银行和股份制银行的非利息收入比例均呈上升趋势,而城市商业银行客观上受经营区域单一、经营网络过小等因素的限制,不能大力拓展中间业务,只能从传统的存贷业务中求生存,靠存贷款利差来创造利润。中间业务的缺乏,不能满足客户高效、快速、多样化的金融服务需求,必然降低竞争力,制约业务的发展。此外,城市

商业银行由于在金融技术方面的"瓶颈",金融创新过程中往往过分强调传统业务领域,开发与传统业务相关联的新金融产品,"拿来主义"比较普遍,忽视了对现有金融产品进行深加工、精加工,以提高金融产品的功能与价值,即提高产品的附加价值。

4. 内部治理结构不完善

城市商业银行未能根据经营管理需要建立完善的规章制度。尤其是在公司治理结构、内部控制方面缺乏有效的制度约束,造成公司治理结构不完善,内部控制薄弱,业务拓展和创新能力相对较弱。另外,城市商业银行还存在股东大会、董事会、管理层、监事会职责不明确,无法达到有效制衡等问题。城市商业银行在跨区域经营后,业务的发展和监管政策发生了根本性的转变。地域环境、市场环境、客户关系、监管环境和管理模式等因素都发生了很大的变化,管控能力受到了新的挑战。

5. 抗风险能力较弱

城市商业银行由于其历史发展基础、法人治理结构、风险防控水平以及发展规模和实力等因素的制约,相对于大型银行而言,存在的问题和风险隐患比较突出,总体抗风险能力和应对突发事件的能力较弱。

(1)信用风险。信用风险方面主要是贷款行业集中度较高,潜在风险不容忽视。截至 2011 年末,内蒙古银行信贷投向的前五大行业贷款余额合计 1132124 万元,占各项贷款余额的 70.25%;鄂尔多斯银行的五大行业贷款占贷款总额的比率为 62.55%,同比提高 6.1%;全部关联度为 14.91%,较上年末上升了 14.91%;乌海银行贷款前五大行业贷款余额占各项贷款余额的 72.73%,最大十户贷款余额的增速高达 314.15%,贷款增速明显偏高。

(2)操作风险。截至 2011 年末,辖区 4 家城市商业银行均无重大操作风险损失事件发生,没有形成重大损失事件。但在实际工作中,各家行在操作风险管理方面仍存在一些不容忽视的问题,如办理业务时,逆流程操作,违规违章办理业务,对制度在具体执行过程中出现偏差等。

(3)融资平台风险。城市商业银行在地方政府融资平台贷款存在的问题主要表现在:①担保结构单一。从担保结构来看,"土地质押"或"财政担保、土地质押"占比较高。②资金使用缺乏监督,贷款风险缺乏制约。由于地方政府通过政府融资平台介入信贷,使商业银行与地方政府相比,处于相对弱势地位,不仅银行对于地方政府及其融资平台的资本金难以监控,对资金的运用难以监控,而且难以全面掌握政府的总体负债状况和偿还能力。③财政还债压力大。由于政府背景融资的还款方式绝大部分为"财政还款",以小财政撬动大城建的现象普遍存在,地方政府将面临巨大的还债压力。加之地方政府项目贷款多为中长期,偿还期限长,此间如有政府换届或政策不连续,将会加大贷款风险。④银行间存在不正当竞争。由于政府背景的融资平台多为政府全资公司,融资项目可以得到政府信用支持,因此项目贷款大部分是由财政直接担保,有些虽然不是财政直接担保,但大多都有政府财政潜在担保的性质,因此各家城市商业银行纷纷进入该领域,且信贷业务竞争日趋激烈,部分银行弱化了风险防范措施。此外,财政部等五部委相关规定要求地方财政不得对银行贷款提供担保,因此项目担保的合法性问题也普遍存在着风险,单家平台公司从多家金融机构贷款的多头授信风险也值得关注。

(4)其他风险。在资本构成方面,整体来讲,单一资本金来源状况得到改善,但资本结构依然不均衡,表现为:①资本金绝大部分都是核心资本,附属资本占比较小;②在核心资本中实收资本占比高,而留存收益占比低。

三、内蒙古自治区城市商业银行可持续发展的政策建议

内蒙古自治区城市商业银行经过多年的发展,在业务发展、资产负债规模以及资产质量等方面成效明显,但在发展过程中也暴露出许多不足和问题,为进一步促进其可持续发展,提出如下政策建议:

(一)加快跨区域发展步伐

跨区域经营有利于城市商业银行扩大规模,分散经营风险,降低其受地方经济水平的制约程度、加快业务和产品创新步伐,提升城商行的盈利能力;同时跨区域经营也是城商行上市发行的必经之路,要想把城商行推向上市,就必须要跨区域,否则市场就难以支持上市公司的需求。因此要鼓励城商行根据内控能力和人才支持水平"走出去"发展,吸引更多的资金投入到辖区经济建设中来。但对于城商行异地分行目标城市的选择上,要遵循因地制宜、动态平衡等原则。在城市化进程中新形成的诸如"长三角"、"珠三角"、"环渤海"、"长株潭"、"大武汉"等城市群应当是城商行异地分行布局的重要目标区域,而在具体的目标城市选择上,要考虑城市的人口特征、工业结构、商业结构、政府机关及事业单位数量、现有银行市场结构情况等。

（二）改进人力资源和薪酬管理制度

一方面要引进国内外优秀管理人才和专业技术人才，积极创造"鲇鱼效应"，在员工内部按照岗位不同实行定期考核制度，激发员工的工作积极性和主动性。在开设异地分行时还应充分挖掘当地人才，除了有利于消除地域性特征，迅速融入当地外，还能带来大量客户资源。另一方面要建立合理的薪酬机制，按照工作性质确定岗位收入，构建科学的业绩考评指标体系，真正将薪酬与业绩结合起来，逐步实现分配的内部公平，并综合考虑市场竞争因素，吸引和留住关键岗位的人才。注重长效激励，引入员工持股、管理层持股和股票期权的薪酬激励机制，将银行经营管理者及员工的切身利益与银行经营业绩好坏紧密联系起来，形成利益共同体。

（三）加大科技投入和业务创新

一方面要大力开发电子银行。区内城商行的发展历史只有十多年，机构网点数量无法与国有股份制银行相比，跨区域经营后同样不可能依靠扩张规模走高成本、低效率的发展道路，必须运用高新科技手段争取客户、赢得市场。电子银行突破了资产规模、机构网点数量、地域优劣的限制，通过网络技术的运用，一样能为客户提供优质金融服务，且具有投资少、维护费用低、辐射范围广、信息传递快捷等优势。城商行应把传统银行与电子银行并行发展作为长期发展战略，逐步形成传统银行业务和网上银行业务"两条腿"走路的格局，从而提高银行整体的效率。另一方面要大力推动产品研发与业务创新。围绕目标市场满足客户个性化需求，高起点规划，高标准开发，快人一步、先人一筹，进行业务与产品的开发与创新。总行应充分授权各地分行，调动其积极性和主动性，针对各地实际情况，大胆创新，建立以市场为导向、以客户为中心的发展模式。

（四）落实国家宏观调控政策，合理把握市场定位

在积极落实国家各项宏观调控政策的前提下，应根据经济发展变化趋势和地区经济发展的重点，结合自身经营优势，合理把握市场定位、制定发展战略。城市商业银行与地方政府联系密切，可以利用信息优势、地缘优势以及决策快捷优势，大力开发特色产品，为地方经济发展提供高效、便捷的金融服务。城市商业银行对本地中小企业比较熟悉，易于了解其经营状况，可以最大限度地降低贷款风险。随着地区经济的快速发展，个人金融业务增长较快，城市商业银行可以在这一领域有所作为，将优势变成特色，特色变成品牌，实现错位经营。即在当下强调细分市场

的时代,只有设法填补本地金融服务行业的空档以实现错位经营,城市商业银行才能赢得并巩固自身的竞争制高点。

(五)引入战略投资者,拓宽资本补充渠道

引入战略投资者对于改善城市商业银行的法人治理结构、强化业务能力、提升管理水平、树立品牌形象具有深远意义。目前,在我国的一些沿海城市,无论是城市商业银行还是农村合作金融机构与战略投资者合作都有成功范例,引进战略投资者也将会成为辖区城市商业银行发展的一种重要趋势。在引入战略投资者时,一方面要借鉴国内外的成功经验;另一方面要结合自己的实际情况合理引入。如城商行在异地设立分行后,由于自身的资本实力较为薄弱,不可能对异地分行投入太多,需要异地分行短时间内(一年)就能实现盈利,鉴于此,城商行的异地分行一般以公司业务为突破口,从而快速实现自给自足的目标。在开展公司业务的过程中,城商行可以吸引当地资本实力雄厚、产业链较长的、在当地有较大影响力的企业投资入股,一方面城商行可以借助于异地股东的影响力迅速开展公司业务,另一方面进一步壮大了城商行的资本实力,资本越充足,抗风险的能力就越强,资产规模进一步扩张的可能性就越大,盈利增长的可能性也就越高。与此同时还优化了股权结构,改善了城商行的公司治理结构,有助于解决长期以来地方政府一股独大的问题。

(六)切实完善各项风险管理措施

城市商业银行应按照监管要求,积极主动地加强风险管理和内部控制,确保各项经营管理活动安全、有序开展。

1. 信用风险管理

应全面贯彻落实"三个办法、一个指引",从制度修订、流程改造、IT调整、人员培训等多方面大力组织实施,努力推动贷款管理模式由粗放型向精细化转变。密切关注房地产信贷风险,严格执行国家房地产调控政策,审慎、稳健地开展相关业务。大力开展政府融资平台贷款的自查和清理工作,积极防范和控制地方政府的代偿性风险。

2. 市场风险管理

结合自身发展实际,着重解决市场风险管理的一些基础性问题,如不断加强对经济金融形势的研究与判断,提高应对市场波动的能力;持续优化市场风险计量方法,加强市场风险管理技术的实际应用和持续改善。同时,城市商业银行还重视建

立健全市场风险与各业务条线和风险模块的沟通协调机制,增强市场风险管理的准确性和全面性。

3.流动性风险管理

针对流动性压力不断增大的特点,一方面应不断加强资产流动性和融资来源稳定性管理,提高资产负债期限的匹配程度。另一方面,持续完善流动性监测体系,严密监测流动性风险变化趋势,主动分析货币政策调整带来的冲击影响,积极开展流动性风险压力测试和预案管理。

4.操作风险管理

针对操作风险所具有的全面性、严重性、隐蔽性等特点,城市商业银行在提高认识水平和重视程度、明确管理架构和流程、制定相关制度和政策、完善检查和考核体系、强化科技手段运用等方面,全面加强操作风险管理机制建设,逐步形成操作风险管理的内生动力,推动操作风险管理朝着持续化、常态化的方向发展。

四、内蒙古自治区城市商业银行的未来发展展望

经过2011年的快速扩张,受宏观经济和监管环境的变化以及自身发展进入新的阶段,2012年,内蒙古自治区城市商业银行在整体仍将保持平稳发展的基础上,发展速度预期将有所放缓。

(一)总体仍将保持平稳发展,但将面临较大压力

2012年,国际经济形势继续恶化,外需不足的矛盾比较突出,再加上国内房地产等宏观调控措施还在继续实施,内需有一些趋缓,导致我国经济增速继续回落,但是国家实施积极的财政政策和稳健的货币政策,加大政策预调微调力度,使得国民经济运行总体平稳,经济发展稳中有进。在宏观政策进一步回归常态、加快转变经济发展方式、监管政策更趋严格等因素的影响下,城市商业银行在发展的同时也面临一定的发展压力,预计城市商业银行的存贷款规模增长将放缓,资产负债增速和利润增长将趋于平稳。

(二)监管新政出台,资本补充压力将持续

近两年的信贷投放对城市商业银行的资本充足率造成了较大的压力。与此同时,在全球金融监管机构纷纷加强对银行资本监管的情况下,中国银监会在2012年6月8日发布《商业银行资本管理办法(试行)》(以下简称《资本办法》)。《资本

办法》在资本要求、资本定义、风险加权资产计量和全面风险治理等各方面都保持与国际新资本监管标准的基本一致,即进一步提高了资本充足率、杠杆率、流动性、贷款损失准备等监管标准,并提出将于2013年1月1日起开始实施。可以预见,城市商业银行未来仍将面临较大的资本补充压力。

(三)注重稳健发展,跨区域与风险管理将并重

2011年,城市商业银行跨区域发展步伐进一步加快,但同时也暴露了快速扩张背后的一系列问题,如2010年末的"齐鲁银行伪造票据案"。鉴于此,监管机构已明确表示将会对城市商业银行异地扩张采取更加审慎的监管要求。因此,经过几年来的快速扩张,城市商业银行跨区域发展将进入一个平缓的阶段,与此同时,城市商业银行的风险管理工作将得到重点加强。

(四)城市商业银行或将迎来上市重启契机

自2007年北京银行、宁波银行、南京银行3家城市商业银行上市后,城市商业银行的A股IPO就被搁置,此后的3年内无一家成功上市。直至2010年,农业银行分别在上海和香港两地成功上市,光大银行A股成功上市,自此,股份制商业银行大部分已上市。同年9月,财政部联合人民银行、银监会、证监会和保监会发布《关于规范金融企业内部职工持股的通知》,解决了困扰城市商业银行上市的内部职工持股问题。鉴于此,预计城市商业银行上市或将迎来重启契机。

(五)差异化、特色化发展格局将进一步强化

差异化、特色化是城市商业银行未来的发展方向,也是城市商业银行在激烈的市场竞争中实现突破的必然选择。经过近几年的努力,一些城市商业银行围绕市场定位,通过细分市场,挖掘并发挥比较优势,形成了一系列具有自身特色的产品和服务,特色化、差异化发展之路初步确立。可以预计,随着中国经济从快速增长转向常规增长、经济结构转变不断推向深入,以及银行业竞争的不断加剧,城市商业银行将进一步强化从无差异的全方位发展转向特色化、差异化发展。

第七章

内蒙古自治区农村信用社发展报告

内蒙古自治区农村信用社成立于 1951 年,是由农牧民、农村牧区工商户和各类经济组织入股,为农牧民、农牧业和农村牧区经济发展服务的地方金融机构。60 多年来,内蒙古自治区农村信用社经历了曲折的发展历程:1958 年农村信用社和银行营业所合并,人事权和资金权下放给人民公社管理;1959 年下放给生产大队,工作人员由生产大队管理,业务由生产大队和银行营业所共同领导;1969 年交给人民公社,实行贫下中农管理;党的十一届三中全会以后,明确了农村信用社既是集体金融机构,又是国家银行基层机构的地位和性质,加强了国家银行对农村信用社的领导和管理;1982~1996 年,归属中国农业银行管理,在中国农业银行的领导下,对农村信用社进行了一系列改革;1997 年初内蒙古自治区农村信用社与农业银行脱离行政隶属关系,由人民银行负责行业管理和监管;2003 年末,中国银行业监督管理委员会成立后,内蒙古自治区农村信用社由银监会管理;2004 年,内蒙古自治区被列为全国深化农村信用社改革第二批试点地区,按照国务院关于"国家宏观调控、加强监管,省级政府依法管理、落实责任,农村信用社自我约束、自担风险"的改革要求,内蒙古自治区农村信用社交由内蒙古自治区人民政府管理;2005 年 8 月,内蒙古自治区农村信用社联合社作为内蒙古自治区人民政府对全区农村信用社管理的一个平台正式成立。

经过 60 余年的曲折发展,内蒙古自治区农信社已成为内蒙古自治区金融机构中的一支重要力量,为内蒙古自治区经济社会的发展作出了巨大贡献。特别是 2002 年以来,随着内蒙古自治区经济的高速增长[①],内蒙古自治区农信社改革逐步走向深入,体制机制建设成效显著,服务"三农"功能明显增强,为推动内蒙古自治区农村经济社会发展提供了强大动力。截至 2012 年 9 月末,内蒙古自治区农村信用社共有 93 家旗县级法人机构,其中统一法人联社 81 家,农村合作银行 5 家,农村商业银行 7 家;机构网点 2276 个,职工总数 27061 人;各项存款 2135 亿元,各项贷款 1621 亿元,资产总额 3020 亿元,是内蒙古自治区机构网点人员最多、服务覆盖面最广、资产规模最大的金融机构。

---

① 2002~2011 年我国经济年均增长速度为 16.5%,同期内蒙古经济年增速达到 24.9%,内蒙古 GDP 增速比全国平均水品高 8.4%;2011 年之前,内蒙古经济增速连续八年名列全国首位。

一、内蒙古自治区农村信用社发展状况

在内蒙古自治区党委、政府的领导下,在人民银行和银监会等部门的支持下,经过几代人的不懈努力,内蒙古自治区农村信用社从无到有,从小到大,不断深化改革,加快发展,创造性地开展工作,各项业务实现了又好又快的发展,已经成为内蒙古自治区农村金融的主力军和联系农牧民的重要金融纽带。截至 2011 年 12 月 31 日,内蒙古自治区农村信用社(含农村商业银行和农村合作银行)资产总额达到 2663 亿元,连续两年保持全区银行业首位,比年初增加了 680 亿元,增长 34.3%。存款、贷款余额分别达到 1975.59 亿元、1225.08 亿元,比年初分别增加 466 亿元、255 亿元,分别增长 31%、26%,存贷比 62%,所有者权益总额 166.17 亿元,资本充足率 11.81%。不良贷款余额 56.59 亿元,比年初下降 0.9 亿元;不良贷款率 4.6%,比年初下降 1.9%。实现各项收入 180 亿元,较 2010 年增加 55 亿元。全区 93 家旗县级联社全部实现盈利,利润总额达到 61 亿元,较上年增加 24 亿元,增长 65%。处理历年亏损挂账 1.3 亿元(历年亏损挂账已全部核销)。提取呆账准备金 18 亿元,呆账准备金余额达到 54 亿元,核销呆账贷款 5 亿元。拨备覆盖率 95.09%,比年初增加 26%。拨贷比 4.4%,比监管基本标准的 2.5% 超出 1.9%。2005 年以来累计实现税前利润 148.88 亿元,其中,2011 年全年实现税前利润 61.31 亿元。

(一)机构网点遍布城乡,职工队伍不断壮大

近年来,内蒙古自治区农村信用社规模有所缩减,机构数量由 2006 年的 2584 家减少为 2011 年的 1891 家,见图 7-1,农村信用社机构数的减少主要是由于 2007 年以来,内蒙古自治区一批农信社纷纷改制成为农村合作银行和农村商业银行。2011 年末内蒙古自治区农村信用社 1891 家机构中[①],旗县级法人机构 83 家(统一法人联社 78 家,两级法人联社 2 家,单一法人社 3 家),非法人机构 1808 家(信用社和信用社分社 1623 家,储蓄所 185 家),基本实现了农村信用社覆盖每个乡镇苏木,各个行政村、嘎查均有农信社服务网点。目前,全区有农牧民聚居的地方就有

---

① 内蒙古农村金融机构主要以农村信用社为主,2011 年内蒙古共有农村金融机构 2334 家,其中农村信用社 1891 家,在农村金融机构中所占比重为 81%,位列第一;除农村信用社外,农村合作银行、农村商业银行、村镇银行、贷款公司以及农村资金互助组的机构数分别为 256 家、129 家、55 家、1 家和 2 家,农村合作银行、农村商业银行、村镇银行在农村金融机构中的占比分别为 10.9%、5.5% 和 2.4%。

农村信用社的机构网点,有农牧民生活的地方就有农村信用社职工提供服务,农信社已成为内蒙古自治区农牧民生产生活中重要的金融支柱。

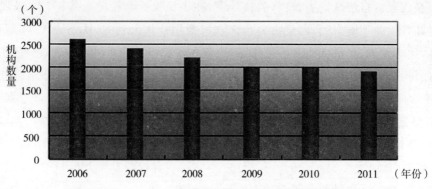

图 7-1　2006～2011 年内蒙古自治区农村信用社机构数量

农村信用社以其良好的服务态度、灵活的服务方式成为目前内蒙古自治区广大农牧民生产、生活不可缺少的金融支柱。随着内蒙古自治区农信社产权改革的逐步推进、农村信用社规模的逐步扩大、机构网点的数量不断增加,一支政治、业务素质过硬,作风严谨,团结拼搏,能适应改革和发展需要的职工队伍正在形成。2006 年以来,农信社从业人员数量总体上呈逐年上升的趋势,见图 7-2,2011 年底,内蒙古自治区农村信用社从业人员达 22162 人,尽管与 2010 年相比有所下降,但比 2006 年增加了3937 人;农村金融机构中农村信用社从业人员所占比重达 77.7%,位居首位。

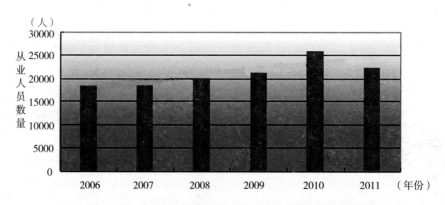

图 7-2　2006～2011 年内蒙古自治区农村信用社从业人员变化

(二)逐步健全风险防控机制,风险防控能力明显提高

内蒙古自治区农村信用社联合社自成立以来,始终坚持风险防范和业务经营两手抓、两手硬,使历史风险和现实风险得到释放,行之有效的风险防控机制正在逐步建立。随着信用社规模的扩大和业务范围的拓展,内蒙古自治区农村信用社在风险防控方面做了大量工作,效果明显。一是成立了自治区联社理事会风险管理委员会和稽核监督委员会,组建了自治区联社稽查大队,在旗县联社设立了稽查特派员,为风险防范提供了组织和人力保障。二是组织制定了160多项管理制度,构建起了科学严密的制度体系。三是全面推行"阳光信贷"管理模式,实行大额贷款咨询备案制,建立信贷风险定期通报制度,强化贷款风险的管理、监控和提示。四是实施了资产五级分类,真实反映资产状况。五是全面推行了不良资产集中管理模式,采取债权转让等市场化手段对不良贷款进行处置,并推行会计委派制,提高委派会计监督的独立性和权威性。截至2010年9月,累计投入3.2亿元对安防设施进行改造,提高营业网点物防、技防能力。加大稽核检查和整改工作力度,共组织各类专项检查44次,纠正违规问题17.2万个,挽回损失48亿元。

(三)资金实力明显增强,信贷支农力度加大

内蒙古自治区农村信用社始终坚持立足县域、服务"三农三牧"、支持中小企业的市场定位,不断深化改革,强化管理,严控风险,近年来保持了持续健康发展的良好势头,为自治区经济社会发展提供有力的金融支撑。2011年内蒙古自治区农村信用社全年存、贷款增量分别为466亿元、255亿元,均居全区金融机构之首。截至2011年末,各项存款余额为1976亿元,居全区金融机构第一位;各项贷款余额为1225亿元,居全区金融机构第二位。

同时,内蒙古自治区农村信用社认真落实宏观调控政策,积极调整信贷结构,坚持"保三农、保民生、保证小微企业"的贷款投放原则,优先保证涉农资金需求。大力压缩非农贷款,全力支持"三农三牧"发展。2012年上半年,内蒙古自治区农村信用社累计发放各项贷款945亿元,其中累计发放农牧业贷款581亿元,占累放额的63%,同比增加68亿元;各项贷款余额1553亿元,比年初增加327亿元,增长26.73%,同比多增29亿元,多增贷款额度占到全区银行业金融机构上半年同比多增额的42%。其中涉农贷款余额978亿元,比年初增加225亿元,农牧业贷款增速30%,高于各项贷款平均增速3.1%。在加大信贷投入的同时,农村信用社积极调整优化贷款结构,在城郊、工矿区重点支持高科技、产业化、外向型的农牧业综合开

发、龙头行业的发展和小城镇建设及"菜篮子"工程；在农村牧区重点支持春耕生产、农田草牧场基本建设、农副产品生产基地建设和商品流通；在贫困地区重点支持农牧民抗旱救灾、春耕、保育和扶贫；同时不断改进服务方式，不仅继续发扬背包下乡、走村串户的优良传统，而且不断改进服务方式，组织开展农户小额信用贷款和创建信用村、镇活动，较好地解决了农牧民贷款难的问题。

专栏 7-1

内蒙古农信社落实国家扩大内需、促进经济增长战略部署，出台6项措施支持农牧区发展。这6项措施是：①满足农村牧区生产性资金需求，重点围绕自治区政府确立的乳、肉、绒（皮革、皮毛）、粮油、马铃薯（蔬菜、瓜果）、饲料饲草（沙产业及特种生物资源）六大主导产业，集中开展信贷服务；②稳步拓展消费信贷，重点满足农牧民子女教育、购房、大型农机具购置和其他高档耐用消费品的信贷需求；③支持农牧业产业化升级，加大对现代农牧业生产的信贷资金投入，特别是加大对粮食、蔬菜规模化种植，奶牛、肉牛、肉羊等规模化养殖专业户、农民专业合作社、农牧业产业化企业等规模经营主体的信贷支持力度；④做好小企业金融服务，推广小企业信用贷款、联保贷款、循环贷款、整贷零偿贷款、融通仓贷款、动产和保单质押等信贷品种，加大对从事农畜产品收购、加工、仓储及运输的新型农村小企业的信贷支持力度；⑤支持民生工程，继续积极支持关系物价、民生的"菜篮子"生产项目，对蔬菜生产、生猪养殖、肉牛育肥等项目，优先保证资金供应；⑥继续做好特殊群体的金融支持，积极发放生源地助学贷款、下岗职工再就业贷款，支持农村牧区贫困学生接受大学教育、职业技能教育和培训，支持贫困家庭解决就业困难；⑦开展多元化金融服务，积极开办代收、代付、代理和银行卡业务，做好财政补贴农牧民资金"一卡通"服务，保障资金及时划拨到位。

（四）自有资金逐年增加，信息化建设步伐加快

到2010年底，内蒙古自治区农村信用社资本金额达到108.9亿元，其中股本金达到62亿元，自我积累明显增加。与此同时，内蒙古自治区农村信用社按照量力而行、量入而出的原则，有计划、有步骤、积极稳妥地加强基础设施建设，促进农村信用社信息化建设的步伐和安全保卫设施的达标升级工作。为了提高业务效率和质量、提升服务地方经济发展水平，内蒙古自治区农村信用社积极推进信息化建

设,短短几年时间,全区农村信用社走过了国有商业银行20年的信息化建设之路,农村信用社现代科技手段实现了从无到有,并在局部领先的转变。综合业务系统全面上线,建成并上线运行银行卡系统、信贷管理系统等22个子系统。发行了金牛借记卡,并相继推出"惠农一卡通"、"富民一卡通"、"手机支付通"等一系列特色银行卡品种,全面受理农牧民工银行卡特色服务。现代科技手段的研发、推广和应用,彻底结束了50多年来全区农村信用社业务手工操作、单机运行的历史,联结城乡、汇通天下的现代化农村金融服务信息系统已经初步建成,有力地增强了全区农村信用社的核心竞争力和服务能力,为有效改善农村牧区支付结算环境、实现普惠金融创造了有利条件。

2011年全区旗县以下农村牧区新增ATM机396台,布放量同比增长172%,POS机新增1152台,同比增长128%。同时,支付清算系统在农村牧区的网络延伸也取得重要进展,农牧民工银行卡特色服务实现了乡镇全覆盖,截至2011年底,业务量累计41万笔,金额突破6亿元;通过惠农卡和"惠农一卡通"发放的财政补贴资金达到181.41亿元,涉及38类140余项补贴,436.08万户、3303.41万(人、次)城乡居民受益;农村信用社在全区范围内发行兼具小额循环信贷及借记功能的"福农卡"22万张,贷、还手续更为简便,突破了地域限制,方便了农牧民。截至2011年底,全区农村牧区银行业网点总数2353个,接入人民银行支付系统1960个,县城乡镇合计接入比率83.3%,是2009年的2.91倍;农信银支付清算系统县城乡镇合计接入比率为100%,支付系统直通旗县乡镇工作取得明显成效。农村信用社基层服务网点全部安装防弹玻璃、监控设备、空调等设备,极大地改善了办公条件和基础设施。

二、内蒙古自治区农村信用社发展中存在的问题

随着国家对各地农村信用社改革的逐步推进,内蒙古自治区农村信用社也在积极探索改革的有效途径,但是由于历史原因,目前内蒙古自治区农村信用社仍面临较为突出的问题,诸如产权关系不清晰,法人治理结构不完善;经营管理水平不高,利率市场化程度低;风险管理意识淡薄,内控制度乏力;中间业务产品单一,创新缺乏激励机制等。

(一)产权关系不明晰,法人治理结构不完善

产权关系是建立现代企业的核心和主要内容,近年来,尽管内蒙古自治区农村

信用社积极推进产权制度改革,但仍未摆脱"弱小生产者联合体"的现状,其产权关系表面上是明确的,一般认为其是"法人产权",由社员入股组成,但实质上,农村信用社产权一直未得到明晰,法人产权的概念也比较模糊。以法人为单位的农村信用社产权制度改革,核心问题是将信用社作为市场主体,按照"谁出资、谁管理、谁负责"的原则,实现对农村信用社的市场化管理,但内蒙古自治区农村信用社由于历史原因,自成立以来,其改革、运行仍然以政府为主导,市场机制的作用未得到充分发挥;社员增加的资本投入,其表决权和管理权未得到体现,进一步增资的动力不足。

农村信用社改革的目标之一是使农村信用社能够真正成为自主经营、自我约束、自我发展、自担风险的市场主体,实现这一目标的关键是完善法人治理结构,转换经营机制,但几轮改革的效果并不理想。其原因一是改革动机的偏差,目前农村信用社改革的直接目的是为了获得人民银行的专项资金支持,这与政府"花钱买机制"的改革初衷是有偏差的,进而导致了把国家的资金扶持等同于国有商业银行的不良资产核销的错误认识;二是信用社高管人员权力过度集中,按照国务院办公厅关于农村信用社改革的总体要求,法人治理的核心内容是"三权分离、委托管理、授权经营",而现在内蒙古自治区农村信用社的高级管理人员,特别是主要负责人集三权(决策权、经营权、人事权)于一身的现象仍然存在,作为改革的主要推动者和组织者,部分"理性的"高管人员对自己手中的权力却难以割舍;三是农信社所有权缺位,近年来内蒙古自治区农村信用社通过增资扩股,募集了大量股金,外部股东的比例有所增加,但外部股东持股比例小,分散的股东权力使得农信社"内部人控制"的态势未得到根本扭转。此外,外部股东入股的主要目的是为了更加便利地获得信贷支持,对农信社的法人治理结构的真正转变关注度不高,因此,其参与农信社决策与管理的积极性有限。

(二)经营管理水平不高,利率市场化程度低

利率市场化是培育内蒙古自治区农村牧区金融市场的重要途径,在利率市场化进程中,要求农村信用社具备自我约束、自负盈亏、自我发展的机制,作为一个独立成熟的市场主体而存在。虽然内蒙古自治区农村信用社经过多年的改革,已基本具备存贷款浮动利率的改革条件,但从目前内蒙古自治区农村信用社的发展现状来看,与利率市场化改革的总体要求还有差距,其原因主要在于农村信用社产权不明晰,治理结构残缺,经营理念陈旧,经营自主性差。内蒙古自治区大部分农信社目前处于被动地接受利率改革的状态,尚未形成自身完善的资金定价体系,如果

利率完全市场化,在充分竞争的资金市场中,利率频繁波动成为必然。而内蒙古自治区农村信用社整体经营管理水平与资产和负债在总量与结构上不完全匹配的现状,势必导致如下问题:首先,存款利率较大幅度低于贷款利率,农信社收益状况受到影响;其次,利率调整时,存款人或贷款人提前取款或提前还款,也可能使信用社遭受损失。目前,内蒙古自治区农村信用社经营水平不高,主要开展传统的存贷款业务,中间业务占比较小,存贷款利差是主要的利润来源。在此背景下,如果放开利率市场,农村信用社仍然面临巨大的压力:如果利率上浮过高,则贷款数量将相应减少,进而使利息收入大幅减少;如果利率上浮过低,则存款数量减少,资金成本增加,进而增大了农信社经营风险。

(三)风险管理意识淡薄,内控制度乏力

风险管理应该作为全过程管理理念贯穿于农村信用社经营管理过程中,但目前内蒙古自治区农信社风险管理存在一定的滞后性,部分农村信用社信贷发放未严格执行信贷发放操作程序,贷款发放把关不严。一般借款自上而下,先取得上级贷款意向,再向下逐级办理,致使基层信用社信贷人员错误认为既然上级已经有贷款意向,我们遵照办理。这种与商业银行自下而上实行贷款营销的逆程序操作使相当一部分信贷管理人员淡薄了风险意识,甚至会出现第一手调查材料就存在虚假、谎报、瞒报等不真实反映的瑕疵行为。

此外,部分农信社还存在贷款管理不严、内控制度乏力的问题,主要表现在以下方面:一是贷前调查不够深入,对借款人第一还款来源分析不准,重视不够,只片面注重第二还款来源(即借款抵押物的变现处理);二是贷时审查与贷款审批有待加强,部分信用社、旗县联社信贷岗位人员既是贷款审查岗,又是贷款审批岗,而参与贷审会人员对借款人的基本情况所知甚少,难免会造成决策失误,存在未严格执行审贷分离制度的现象;三是疏于贷后管理,重放轻收轻管理思想严重,农村信用社由于贷款笔数多、金额少,信贷员未实行客户经理制,有些大额贷款发放后根本无人问津,对借款人的经营、资金使用情况不了解,一旦贷款形成风险,不能得到及时发现和预防;四是信用社各岗位之间,旗县联社职能部门之间缺乏有效的监督和制约,会计、稽核人员在行使监督职权上缺乏独立性、权威性。

(四)中间业务产品单一,创新缺乏激励机制

中间业务是社会经济和信用关系发展的必然产物,它与资产业务、负债业务构成农村金融机构的三大基本业务。发展中间业务是农村信用社拓宽业务领域、优

化资源配置、适应市场竞争的需要,也是农信社实现收入多元化、风险分散化和获取利润最大化的有效途径。面对存贷利差日益缩小和同业竞争日趋激烈的严峻形势,中间业务已成为内蒙古自治区农信社追逐和争取的业务重点,但目前内蒙古自治区农村信用社业务开展主要以传统的存贷款业务为主,中间业务产品品种太少,收入占比太低。

创新激励机制相对缺乏是导致目前内蒙古自治区农信社中间业务产品单一的重要原因。农村信用社作为最贴近农村牧区经济的金融机构,在农牧区经济发展日新月异的同时却没有创造出相应的特色品牌。一方面是由于近几年来网点建立较多,相对来说,网点人才更新较慢,另一方面是由于缺乏合理的激励机制,无法充分调动职工的创新积极性,以创造出适合农村牧区经济发展和农牧民特殊需求的特色产品。

三、内蒙古自治区农村信用社的发展对策

回顾过去,成就辉煌;展望未来,任重道远。随着经济一体化、金融全球化进程的不断加快,内蒙古自治区农村信用社面临无限机遇与诸多不确定因素,因此需要进一步深化体制改革,创新经营机制,明确市场定位,制定长期规划,加快业务创新,积极开拓市场,突出特色业务,深化结构调整,强化风险管理,优化资产负债结构,打造品牌和特色,坚持以人为本,立足科学发展,提升竞争力和综合实力,使内蒙古自治区农村信用社真正成为自主经营、自我约束、自我发展和自担风险的市场主体,真正成为服务于"三农"、服务于内蒙古区域经济发展的社区性地方金融企业。

(一)深化产权制度改革,完善法人治理结构

健全的产权制度,完善的法人治理结构是内蒙古自治区农村信用社有效运行的前提,也是农信社持续、稳定发展的必然要求,因此,内蒙古自治区农村信用社应在现有的产权制度框架下,进一步改革产权制度,明晰产权关系,建立合理、科学、有效的法人治理结构。具体措施包括:首先,进一步完善股权设置。结合内蒙古自治区经济发展现状和现实条件,以现已取得的产权制度改革成果为基础,合理确定入股起点,积极吸收内蒙古自治区农村牧区种植大户、养殖大户、私营业主以及企业法人等有能力、有愿望参与农村信用社管理的投资者入股,不断提高农村信用社的决策和管理能力。但在实际工作过程中,要因地制宜,审时度势,既要防止因股

权过于集中被少数大股东控制,又要防止因股权过于分散被内部人控制。其次,按照现代企业制度的要求,进一步健全农信社法人治理结构,健全"三会"和管理人员聘任机制,明确职责分工,形成决策、执行、监督相互制衡的治理结构。此外,要进一步加强制度建设,科学合理地制定有关工作程序和议事规则,增加决策透明度,提高内蒙古自治区农村信用社的运行效率与绩效。

(二)进一步提升风险防控能力,推动农信社持续健康发展

风险防控是农村信用社发展中的永恒主题。要坚持防风险与促发展并重,加大风险防控力度,推动农村信用社持续健康发展。一是要加快风险管理机制建设步伐。按照一年打基础、两年促提高、三年见成效的工作目标,稳步推进风险管理机制建设工作,落实风险管控责任。二是要提升精细化管理水平,严格防控经营风险。进一步健全完善现有制度体系,打造"流程银行",规范业务经营管理行为。三是要继续深入开展案件防控治理工作。深化稽查管理体制改革,设立规范盟市稽查特派办事处,提升稽查队伍的独立性、权威性。加大对重点机构、重点业务、重点岗位和重点人员的稽核监督力度,完善稽核评价制度,严格责任追究,有效提升制度执行力,消除各类风险隐患。继续推进员工经济联保责任制,开展"案防成果巩固提升年"活动,加强全员风险排查,形成案件治理群防群治的良好局面。开展安全保卫服务中心管理试点,完善突发事件应急处置预案,改进人防、物防、技防手段,全面增强安防能力,确保农村信用社安全稳健运行。

(三)加大业务创新力度,不断创新金融产品

农村信用社经营产品和服务对象的特殊性决定了其赖以生存和发展的基础是市场的"差异化",而要在差异化的市场上寻求竞争优势,只有创新,用新的金融产品和服务满足特定客户的需求,发现新的市场空间,形成特色,才能与国内外大银行相抗衡。因此,加大业务创新力度、提供差别化服务是逐步提高内蒙古自治区农信社综合竞争力、适应未来发展的关键;加快业务创新,提供个性化服务,向创新要效益,在创新中求发展已成为经济转型期内蒙古自治区农村信用社发展中首要解决的问题。业务创新过程中具体的措施包括:整合传统业务、发展票据业务,以联社为单位创造条件进入同业拆借市场;促进业务经营多元化,充分发挥体制优势,根据市场需要,依托农村社优势条件,开发新的市场资源,开辟新的融资和投资渠道,提高市场竞争力;根据市场需求,大力发展中间业务,在继续代理农业银行、提高市场农业发展农村保险业务和代理乡镇国库业务的同时,广泛开展代缴代付、代

理代办等业务等。此外,内蒙古自治区农村信用社应以目前的存贷款为主的经营模式为基础,逐渐向"以存贷款为主、多种经营共同发展"的经营模式转变,围绕客户需求开展新的农村金融产品,提供新的金融服务,大力开发银行卡等现代支付工具,不断探索代理保险、证券、委托理财、信息咨询服务等新的金融支农方式。加快电子化、网络化建设步伐,积极开发中间业务,创办个人理财、代理、结算等业务品种和其他表外业务,以适应农村各类经营者对结算票据流通、资金融通、金融中介服务等方面的更高要求。根据客户需要设立综合性、高效性的金融产品,寻找新的利润增长点,提高经营效益。

(四)推进利率市场化,扩大存贷款利率浮动范围

利率控制不仅会造成资金使用价格的扭曲,导致资金的不合理配置,而且会影响农村信用社在农村金融市场上的收益和持续发展。官方利率的严格推行会阻碍农村信用社系统和小额信贷的发展。近几年中国人民银行在全国各地进行的利率市场化改革的试点表明,适当扩大利率浮动范围,可以显著提高信用社筹资能力和盈利能力,并在一定程度上抑制农村牧区地下金融活动。因此,内蒙古自治区农村信用社应以市场需求为基础,实行更大范围的利率浮动,逐步放开利率管制,以适应商业性金融机构在农村牧区金融市场上从事金融活动的需要。但利率市场化是一把双刃剑,在利率市场化进程中,其负面作用也不容忽视,依然需要提高认识,多角度全方位地制定措施,以确保利率市场化顺利进行。

(五)地方政府准确定位,避免过度干预改革

信用社作为农村金融机构,与地方组建的股份制商业银行有着本质区别,因为其服务的对象是弱质低效的农业、经济落后的农村牧区和收入水平较低的农民,因此其业务的政策性较强,并且所提供的金融产品具有较强的公共产品属性,在此背景下,政府介入成为必然。从内蒙古自治区农村信用社改革的实践来看,历次大大小小的改革无不在政府的主导下进行,农村信用社的改革具有极强的自上而下的强制性制度变迁的特征,地方政府过分的干预不利于农信社各项改革工作的顺利开展。因此,地方政府首先要准确定位,做好农村信用社的领队,为农村信用社提供良好的共同关系和外部生存环境,应当顺应市场规律促进农村信用社的发展而不是强加干涉农村信用社的具体改革;其次,紧密联合人民银行和银监局,形成合力,地方政府作用的发挥离不开相关部门的配合和支持,只有发挥整体联动效应,才能切实为农村信用社的发展壮大创造一个良好的环境。

第八章

中国农业发展银行内蒙古分行发展报告

　　中国农业发展银行作为我国唯一的农业政策性金融机构,是在党的十四大提出建设社会主义市场经济体制、深化金融体制改革、加强对农业支持的背景下成立的。中国农业发展银行经历了三个发展阶段:第一阶段全方位支农阶段:1994年6月至1998年4月;第二阶段收购资金封闭管理阶段:1998年5月至2004年7月;第三阶段按现代银行要求打造农业发展银行阶段:2004年8月至今。中国农业发展银行成立以来,在提高粮食生产能力、维护粮棉油市场稳定、促进粮食流通体制改革、保护农民利益、确保农村稳定等方面发挥了重要作用。中国农业发展银行实现从传统的政策性银行向现代农业政策性银行转型,是市场经济发展的必然要求,也是建设社会主义新农村背景下强化支农功能,实现我国农业、农村经济可持续发展的内在要求。农业、农村和农民"三农"问题关系我国改革和现代化建设的全局,本报告主要分析农发行内蒙古分行的发展现状与机遇、面临的问题和发展对策。

一、中国农业发展银行内蒙古分行的发展现状与机遇

中国农业发展银行(以下简称农发行)内蒙古分行在服务"三农三牧"、加强风险管控、改善经营绩效等方面取得了积极的成效,同时,在国家大力支农政策、地方融资平台以及按现代银行改革的机遇指引下,为业务发展和促进内蒙古自治区"三农三牧"的可持续发展奠定良好的基础。

(一)中国农业发展银行内蒙古分行的业务发展现状

"十一五"期间,贷款平稳增长,存款逐年增长,不良贷款"双降",中间业务增幅较大,财务状况稳中向好,考核绩效逐年提高。其间,累放贷款 1190 亿元,贷款余额比 2005 年末增加 277.7 亿元,翻了一番多;存款余额比 2005 年末增加 159.9 亿元,翻了两番多;不良贷款实现"双降";账面利润比 2005 年末增加 4 亿元,增长80%。2011 年,农发行内蒙古分行紧紧围绕"抓机遇促发展,严管理控风险,大力支持新农村新牧区建设"的全年工作主线,加大政策性金融服务力度,强化经营核算,突出风险防控,业务经营呈现良好发展态势。

1. 支农力度加大

农发行内蒙古分行在支持内蒙古自治区"三农三牧"取得了积极成效,主要表现为:一是确保支持粮油收储不出问题。全力支持政策性粮油收储工作,在风险可控前提下,支持企业开展自主收购,保证了粮油收购的顺利开展和收储计划的顺利实施。2011 年农发行内蒙古分行以支持政策性粮油收储为重点,投放粮油贷款130.2 亿元,支持收购粮油 122.7 亿斤。至 2012 年 6 月的近三年中农发行内蒙古分行已经累计在内蒙古发放粮油贷款 453 亿元,支持企业在内蒙古收购粮油 479亿公斤。为内蒙古连续 8 年粮食稳产增产作出了贡献。二是支持产业化龙头企业发展。支持产业化龙头企业及加工企业,累计发放贷款 74.8 亿元。促进了内蒙古自治区粮食稳产增产。三是加大农牧区基础设施建设信贷支持力度。农发行内蒙古分行大力支持以农牧业、农牧区重点领域和薄弱环节为重点的中长期贷款项目,将其作为内蒙古分行信贷支农的增长点。截至 2011 年,内蒙古分行累计发放贷款144.2 亿元,支持贷款项目 84 个,其中支持水利贷款 16.2 亿元。四是加大对新农村建设的信贷支持。2011 年,投放土地储备整理、农牧民集中住房、棚户区改造等新农村建设贷款 85.9 亿元。五是支持农牧业的发展。投放农牧业综合开发等贷款 42.1 亿元。

2. 风险管控强化

农发行内蒙古分行在支持内蒙古自治区"三农三牧"发展的同时,不断加强风险管控,主要表现在:一是强化办贷环节责任落实,完善客户经理尽职记录,进一步规范他项权利证书管理。加强对准政策性贷款的风险管控,实施"名单制"管理。加强融资平台贷款管理,防控融资平台贷款风险。调整客户结构,稳妥退出客户。推进信贷电子化建设,信贷管理系统应用水平有所提高。二是加强风险监测分析,全面开展信贷督导检查和贷款客户风险排查。落实不良贷款清收领导责任,加强现场督导协调清收,加大财务费用与清收不良贷款挂钩力度。以农发行内蒙古牙克石市支行为例,截至 2012 年 11 月,该行累计清收不良贷款 5358 万元,实现了不良贷款清零的目标。三是完善不良贷款责任追究制度,实行不良贷款容忍度管理,对新增不良贷款责任人进行责任追究。

3. 员工素质提升

全面启动员工素质提升三年计划,各级行加强组织领导,精心安排部署,全员积极参与,多层次、全方位地开展学习培训、专题教育、考察学习、实践锻炼等各类活动,大力推进员工素质提升工作。以内蒙古农发行营业部为例,提升员工素质主要采取的措施有:一是抓好集中培训学习。有针对性地举办了贷款审查审议、CM2006 系统、财会、综合办公等各类业务培训,保障了业务的正常运行。二是适时外派学习考察。2011 年以来,该部共参加自治区分行外出学习考察 9 人次,自身组织考察学习 3 次,参加人数 66 人次,撰写考察学习报告 8 份。三是组织开展工作展示。利用会议进行 PPT 幻灯片工作展示,其主要做法是营业部领导主题辅导、中层干部专题讲座、业务骨干重点工作和一般员工岗位工作展示四个层次。四是推行岗位轮换互学。以培养专业骨干为目标,大力开展岗位轮换互学,逐步培养和造就一批多专多能的复合型业务骨干。五是快速提升青年员工素质。对全辖 35 周岁以下员工列入培训对象,拟订了青年成才目标、措施和步骤,采取营业部调训、老职工传帮带、拜师学艺等形式,助力青年成长成才。六是借助载体推进提升。为了进一步规范员工的服务行为、强化对专业知识的学习和提升员工的综合素质。通过演讲比赛、服务礼仪大赛、知识竞赛等系列活动,营业部机关及支行 7 个代表队 40 多人参加了比赛,进一步增强了学习力、凝聚力。

4. 经营绩效改善

农发行内蒙古分行经过"十一五"的积极工作,在经营绩效的改善方面取得了成效,表现在:一是 2011 年 6 月末,内蒙古分行贷款余额 584.4 亿元,比年初增加 46.3 亿元,同比增加 100 亿元,同比多增 36.53 亿元,累计投放贷款 211.94 亿元,同比多投 130.77 亿元。二是 2011 年 6 月末,内蒙古分行各项存款余额 176.95 亿元,同比增加 25.79 亿元。三是 2011 年 6 月末,内蒙古分行实现中间业务收入 1772.72 万元,同比增加 1483.27 万元。四是 2011 年 6 月末,内蒙古分行不良贷款余额和占比均实现"双降",没有出现新的不良贷款。五是 2011 年 6 月末,内蒙古分行各项收入 14.96 亿元,各项支出 10.67 亿元,收支相抵账面盈利 4.29 亿元,同比增加 3.13 亿元。

(二)中国农业发展银行内蒙古分行的发展机遇

农发行内蒙古分行的发展在国家、地方政策的支持下,通过地方政府融资平台系统的对接,经过按现代银行的全方位改革,其服务地方经济的作用会进一步显现。主要表现在:

1.国家政策支持

自 2004 年起,中央连续的一号文件都以农业和农村经济发展为主题,充分表明党和国家对农业和农村经济发展的高度重视。国家明确了要加大对农业的投入,并把农村水利基础设施建设作为投资的重点,这对于农发行来说,是一个绝好的机遇。内蒙古自治区政府也加大了对农业、农村及农村金融发展的扶持力度。加快体制机制创新,统筹推进城乡基础设施和公共服务均等化,着力发展现代农业和适合内蒙古农村牧区特点的各类产业,大幅度增加农牧民收入,切实保障农牧民权益,推动农村牧区经济社会又好又快发展。同时,还出台了引导和鼓励金融机构支持新农村建设的政策措施,就提高涉农贷款补贴标准、加大政策性农业保险推广力度、加强农村征信体系建设等方面加大支持力度。

2.政府融资系统平台规范

内蒙古自治区金融办开发建立的内蒙古融资服务系统基本建成。该系统立足于企业融资实际,将各金融机构的金融产品全方位推荐给企业,使企业的融资需求信息实时与各金融机构通过系统平台进行无缝对接。这为农发行内蒙古分行的业务发展带来了机遇。

3.综合改革力度加大

2004~2011 年是农发行的跨越发展时期,农发行认真贯彻落实国务院的政策,坚持按现代银行要求打造农发行,全面推进内部综合改革,初步建立了现代银行框架体系,支农作用日益凸显,内部活力显著增强,整体实力大幅提升。

农发行内蒙古分行按照总行的统一部署,结合内蒙古实际,在落实农发行改革措施的同时,并出台相应配套措施,并已取得初步成效。一是业务运行机制更加灵活,内控机制逐步健全。初步构建信贷、财会等管理制度体系,实行审贷分离、前后台制约;建立贷前调查评估、贷中审查审议、贷后监测清收三个中心;设立信贷独立审查官,实行关键岗位轮岗和强制休假;实行财会主管委派制、县级支行报账制和综合柜员制等。二是绩效挂钩考核体系更加完善。初步实现干部能上能下、员工能进能出、收入能增能减,建立全行统一的薪酬制度,实行岗位绩效考核;建立市场化用工机制,实行全员聘用合同制管理;领导干部年度民主测评,中层干部、专业技术骨干竞聘上岗,二级分行副职和县级支行正副职竞争上岗,建立业务岗位管理制度等。三是建立分工合理、有效制衡、精简高效的组织体系。设立贷款审查、财务审查、信贷资产保全、内部监督四个专门委员会;建立分支机构动态管理机制;打造二级分行经营管理基础平台:贷款营销评估平台、贷款审查审议平台、风险案件管控平台、资源配置考核平台、员工队伍建设平台;强化县级支行业务经营职能。四是金融服务产品不断丰富。开办了网上银行业务和国际业务,同时与工行联合发行了牡丹金山卡,开办了保函业务、银行承兑汇票等业务。农发行内部综合改革多措并举,在建立和完善现代银行体制方面迈出了重要步伐,促进了农发行的有效发展。

二、中国农业发展银行内蒙古分行发展中面临的问题

农发行内蒙古分行尽管在支持内蒙古自治区"三农三牧"的发展上取得了一定成效,也有国家政策支持和全面改革发展中的机遇,但面临着外部挑战的加大与内部各环节的不协调,都会影响其未来的发展。

(一)外部挑战增大

农发行内蒙古分行在风险管理、金融市场竞争、社会投资环境方面的挑战都不同程度地在增大,具体表现在:

1.面临风险管理压力

农发行内蒙古分行面临的风险管理压力主要表现在:一是农村信用体系建设不完善,涉农企业规模相对较小,自身经营管理不规范、抵押物品质量不高及缺乏等原因导致信贷市场风险偏高。二是风险担保机制不健全,尤其是县级地区缺乏专项贷款担保公司,且由于注册资金规模偏小、运作比较简单,业务覆盖面狭窄,只能解决微小企业的贷款担保需求。甚至部分担保公司对外担保金额已远远超出注册资金,难以提供更多的担保;在农发行内蒙古分行专户存储的政府风险担保金,

随着贷款风险的补偿逐步减少,使得该种模式存在政策风险。

2.面临金融市场竞争压力

目前,国家开发银行加大了对新农村建设的支持力度;农业银行服务"三农"总体实施方案已付诸实施,将会是农发行内蒙古分行的主要竞争对手;农村信用社早已被定位为"农村金融的主力军和排头兵";邮储银行被定位为社区银行,其网点遍布城乡,结算渠道通畅;新型农村金融机构试点逐步推广,多家村镇银行已相继开业,2009年内蒙古成立了多家村镇银行、小额贷款公司以及部分农村资金互助社;股份制商业银行、外资银行也逐步在农村布局网点。从总体上看,上述金融机构重返、布局内蒙古农村地区,其目标将主要定位于政府涉农项目、产业化龙头企业等,而这些恰恰是农发行优质项目和客户。

3.面临社会投资环境制约

目前,外部环境从以下几方面制约了农发行信贷支持"三农"功能的发挥:一是地方保护主义仍然存在;二是部分地方政府存在短期行为;三是少数政府职能部门履行职责不规范;四是少数社会中介机构运作不规范;五是农业保险不发达、不配套;六是社会信用体系建设仍处于起步阶段。

(二)业务发展不尽合理

农发行内蒙古分行的业务发展不尽合理,主要表现在:

1.不良贷款率较高

农发行内蒙古分行近年为实现不良贷款"双降"做了大量工作,不良贷款余额大幅下降,但不良贷款率偏高,不良贷款清收、处理任务艰巨。不良贷款的占比在一定程度上影响了信贷资产质量的提高,特别是损失类贷款给信贷资金造成了直接损失,削弱了农业政策性银行的支农功能。同时部分不良贷款不能按期收回利息,增加了成本支出,影响经营效益的提高。

2.业务结构不合理

农发行内蒙古分行信贷资金投向集中、地区分布不均衡。2006年7月业务范围进一步扩大拓展,但资金主要投向还是粮棉油收购等传统信贷业务,农村基础设施建设和农业综合开发贷款只对农村路网、水网、电网、信息网,以及能源建设和生态建设的一部分给予了支持,农村文、教、卫也仅仅是进行了试点。

3.中间业务占比较小

农发行从2004年起办理中间业务,力度逐年加大,发展中间业务在实际操作中存在一些困难和问题:一是业务品种少,服务手段较单一。二是业务发展不平衡,呈区域性差异。三是业务效益低,占营业收入比重较小。2009年,农发行内蒙古分行中间业务收入占全行营业收入1.48%,远低于其他商业银行。2011年1～8月实现中间业务收入2464.18万元,同比增加2036.03万元。

(三)信贷风险管理面临挑战

由于农业本身属高风险行业,农发行信贷业务风险较高,产业政策调整、自然条件等因素均会对借款人正常生产经营产生巨大影响,进而影响贷款的安全性。农发行内蒙古分行虽然已在信贷风险预警、监测、管理方面制定了较为完善的信贷风险管理制度,但不少支行未能对上级行相关制度有效执行,未能有效建立贷款风险预警机制,部分信贷员贷后管理不能及时、充分跟踪,造成贷款风险较大。从新发生的不良贷款的情况来看,农发行内蒙古分行信贷风险呈现多方面扩张的态势。价差损失的市场风险和恶意挤占信贷资金或逃废银行债务、企业或银企内外勾结骗取贷款等道德风险突出,信贷风险防范面临严峻形势。

1.贷前调查不充分

主要表现在:一是调查方法存在缺漏。通过客户营销,银行对符合贷款条件的借款人开列调查清单,由借款人准备资料,编写借款申请书,客户经理在借款申请书等资料基础上编写贷款调查报告。没有针对不同客户作出重点调查和分析,一个模式的贷款调查报告在同类贷款中完全可以套用,调查报告可以流程化生产。二是对借款人资产的真实性缺乏准确的判断。一些借款人为创造借款条件,虚增资产,并要求中介机构按申请人的要求出具验资或财务报表审计报告。调查人对中介机构出具的文件,不加以分析,予以默认。三是调查人的态度问题。认为贷款由县支行和地市分行联合调查,县支行要发展业务只能从满足贷款条件方面去采集资料;地市分行认为只有把材料做好上级行审查才能通过,对采集资料的真实性把关不够。这些都对贷款构成了潜在的风险隐患。

2.贷款制度执行不准确

主要表现在:一是不能准确理解收购贷款到期清场制度。粮食收购贷款到期清场是根据粮食购销特有规律制定的,一些基层行在实践操作中往往把收购贷款到期日都设定在一个相同的时段,而不是依据粮食入库以后加工转化、逐步销售的客观实际安排贷款期限,造成贷款到期过度集中,到期清场面临很大压力。二是贷款期限设置不合理。贷款期限设置主要从贷款人的立场出发,从借款人生产经营周期考虑较少。三是贷款额度确定不合理。发放贷款不是立足于借款人主营业务创造的现金流,而是更多关注借款人的第二还款来源;贷款额度确定不是依据借款人合理需求,而以借款人提供担保抵押物为上限,不得超过抵押物设定的价值。

3. 贷款监管不到位

主要表现在:一是对贷款的资金去向监督不严,具体用途不清楚,甚至处于失控状态。二是对企业经营活动分析研究不够,早期风险预警信号未能引起足够重视。三是企业销售货款归行率偏低。四是信贷检查监督重形式、重流程多,对贷款物质保证、企业经营活动等影响贷款质量的实质性检查分析少。

(四)业务拓展难度大

由于信贷政策不够完善,信贷市场化运作困难,农发行内蒙古分行的业务拓展难度加大。

1. 信贷政策不够完善

近年来,内蒙古自治区政府财政资金加大了对全区农村基础设施建设的支持力度,一大批大型涉农项目相继立项,吸引了包括四大国有银行、国家开发银行、农村信用联社等多家银行机构的竞争,部分银行给出了利率下浮、信用贷款、资金一周到账等多项优惠政策,而农发行现行信贷政策缺乏灵活性,使农发行内蒙古分行竞争大型涉农项目的优势未得到有效发挥。

2. 业务拓展难开展

主要表现在:一是信贷客户数量和规模仍偏小,特别是缺乏市场知名度高、产品覆盖面大的龙头企业。当前内蒙古农业产业化龙头企业与基地、农户之间的联系基本属于松散型,真正形成利益共同体的少,对农户的引导、对种养基地的带动作用没有充分发挥出来。二是产业化发展体制改革仍比较滞后,在吸引工商资本进入农业产业化领域及激活民间资本等方面未取得实质性进展。

3. 信贷监管难到位

主要表现在:一是在信贷市场化运作项目出现风险等问题时,农发行是按照市场运作原则果断引入退出机制,还是为实现"政府目标"给予继续支持,成为两难处境。二是人员配置难以满足业务发展要求。由于人员编制等因素的制约,基层农发行信贷监管也存在一定难度。以内蒙古自治区分行营业部某支行为例,2010年末该行各项贷款12亿元,全行人员15人,其中客户经理6人,管理16个信贷客户,最多的一个客户经理管理4个信贷客户,涉及贷款4.87亿元,客户经理每天要做好各个信贷客户的维护工作,掌握信贷客户营运情况,还要随时按照上级行要求填报各类信贷资料及报表,在监管上难免顾此失彼。

4.贷款担保难操作

主要表现在：一是有效资产不足。由于国情和农业行业特点，目前一些涉农企业对征用的集体用地没有产权，无法按照法律办理相关手续，加上农业投入大、周期长、回报率低等因素，有效资产无法达到银行抵押贷款的要求。二是抵押手续烦琐。企业办理一笔财产抵押，需办理财产评估、登记、保险、公证等手续，涉及许多职能部门，并要提供多种相关资料，手续相当烦琐。三是担保公司数量少、费用高。目前，企业向担保公司办理抵押担保手续，还要向担保公司支付银行贷款利息总额50%以上的担保费用，企业所承担的成本过大，且抵押登记和评估费用高、随意性大，而银行对企业的贷款抵押率较低，企业通过抵押实际得到的贷款数额相对较小，企业大多不愿意与担保公司建立关系。一方面急需银行信贷资金，另一方面却是抵押担保难，农业中小企业融资可以说是举步维艰。

（五）人力资源结构不合理

农发行内蒙古分行面临的突出问题之一是人员的整体状况迫切需要改善，主要表现如下：

1.业务量增加与人力资源不足矛盾突出

近年来，农发行内蒙古分行业务量大幅增长对人力资源产生了更大的压力。人员总数从农发行内蒙古分行成立的1995年到2010年底，15年中只增加了218人，仅增长9%；而贷款余额从1995年的243亿元，增加到2010年的538.1亿元，增长了221%。部分县支行人员基本维持在农发行成立之初的状况。

2.人员结构与业务发展需要存在较大差距

农发行内蒙古分行的人员素质尽管有了较大提升，但其发展与业务发展需要相比还有较大差距。

（1）高层次专业技术人才偏少。高、中级专业技术人员大多数集中在省分行和地市分行，直接从事业务经营与操作的县级支行却少有高级、中级专业技术人员，尤其是在中长期贷款项目管理上缺乏相应的专业人才。现有人员年龄断档、素质断层，其操作技能和管理经验远远满足不了业务发展的需要。目前项目评估大都是套用一般性的项目指引，有些基层行主要是通过对借款企业的调查了解来判断项目是否可行，对潜在市场的分析较少，与项目评估所必需的专业知识、操作技能和管理经验相比远远不够，从而导致项目评估不深入、不细致，极易形成贷款风险隐患。对于急需的高级经营管理人才、业务创新策划人才、市场营销人才、项目信用评估人才、精通法律等新型人才无法及时得到满足，处于一种内部培养跟不上、外部引进又困难、同时面临流失的尴尬局面。

(2)年龄结构老化严重。由于人员流动性缓慢,40 岁以下的人数占比呈逐年减少趋势,40 岁以上的人数则呈逐年上升趋势,员工的年龄结构整体偏大。一些支行由于多年基本没有引进新人,造成青年断层和老化严重。随着业务电子化步伐的加快,原来只能进行传统手工操作和简单电脑操作的部分年龄偏大员工,已难以适应日益发展的新业务、新技术运用的需要。基层行信贷人员断层严重,在老员工即将退休的情况下,信贷后备人员的招聘与培养十分迫切。

(3)业务人员素质有待提高,主要表现在学历水平偏低,知识结构有待进一步优化,工作规范程度不高,难以适应业务发展的需要。

3.工作效率与工作要求差距大

有些基层行业务管理和拓展不能适应市场发展的要求,风险控制流于形式,日常管理基础薄弱,学习、创新、执行等方面的能力较差,工作效率和质量难以满足业务迅速发展的需要。人是生产力最重要的因素,人力资源运用和管理存在的不足,是形成这些问题和解决这些矛盾的首要因素。

(六)经营管理效率不高

由于考核体系的不太完善,服务网点的不足,致使农发行内蒙古分行服务效率的不高。

1.考核体系有待完善

一是员工考核评价管理体系有待进一步完善。绩效考核对基层行客户经理的激励存在制度缺陷。二是绩效考评体系有待进一步完善。随着农发行业务的不断扩大,区域经济的不同特点导致粮棉主产区行与非主产区行之间的业务发展状况、盈利水平差距日益扩大,目前的考核办法缺乏灵活的激励机制。一方面山区行信贷资源相对匮乏,客户效益欠佳,缺乏新的利润增长点,不利于发挥其发展新业务积极性。一方面现行考核办法未凸显主产区行的主要职能是支持粮棉油收购、确保国家粮棉安全这一特点,不利于主产区行集中精力做好主体业务。一方面考核利润指标权重过大,会导致部分行偏重眼前利益,忽视长远发展,不利于农发行可持续发展。

2.服务网点不足

目前农发行的营业网点建设主要是按照行政县市机构设置,实行一县(市)一机构,一些业务量小的县只设置业务组或信贷组,或挂靠在邻近县(市)行。据调查,目前信贷客户主要反映农业发展银行营业机构少、网点少,办理业务不方便。

如某市某集团控股公司反映,每年他们的销售收入达2个亿,因考虑在其他商业银行要收跨行费,办理业务要到离公司20公里外的农发行营业机构办理,再者因很多往来客户又不在当地的农发行营业机构开户,往来结算带来诸多不便。

3. 服务效率有待进一步提高

在信贷品种增多、业务量上升较大及客户需求变化的情况下,现有贷款手续还需进一步优化和完善。手续烦琐主要表现在:各种审批表(单)等过多,有些可以合并或不必重复填写;各类贷款合同差异不大,过于复杂;审批手续多、耗时长。一方面在基层信贷人员极为紧张的情况下,额外增加了工作量;另一方面因为审批手续多、耗时长,削弱了竞争力,丧失了一些优质客户。另外,结算服务功能不健全,与国有商业银行对比,农发行在结算品种、服务方式、服务质量、服务水平上目前尚有差距。

三、中国农业发展银行内蒙古分行发展的对策

针对上述问题,农发行内蒙古分行应着重从以下八个方面积极开展工作,发挥其在业务发展、服务地方经济等方面的特色作用。

(一)坚持政策性办行方向

农发行内蒙古分行要始终坚持把支持粮棉油购销储作为核心业务来抓,始终把执行国家政策放在办行的首位,把支持粮棉油收购作为业务工作的重中之重和农发行内蒙古分行的特色之根、发展之源、立行之基。

1. 重新界定贷款结构

突出政策性、准政策性业务的主体地位。一是要拓展政策性、准政策性信贷业务范围。将由县级政府兜底储备或调控市场发放的粮食贷款,由国家和各级政府补贴、兜底发放的重要农产品储备和农业生产资料的储备贷款,为平抑农产品市场供求发放的贷款等纳入政策性、准政策范围。二是调整贷款结构,将新业务中由国家、省、市政府纳入建设计划、享受财政贴息的贷款都纳入政策性或准政策业务范围。政策性业务应维持有效增长的态势,保持政策性业务的主体地位,农发行才能办成真正意义上的农业政策性银行。

2. 大力发展政策性业务

农发行内蒙古分行应大力发展政策性业务。一是在防控风险的基础上,将认真贯彻执行国家的粮油收购和调控政策,确保中央粮油储备的增储、轮换和临储计

划顺利实施,并且大力支持地方政府充实粮油储备。二是适应新农村建设需要,接受政府等部门委托,开办新的农业政策性贷款业务。三是根据受委托的政策性贷款情况,遵循"谁交办、谁补偿"的原则,与有关单位协商和确定风险补偿机制和内容,促进政策性业务可持续发展。农发行内蒙古分行还应坚持"保收购、保优质企业、不保劣质企业"的原则,实行"名单制"管理,保证风险可控,审慎支持开户企业市场化收购,优先支持中央和自治区政府纳入粮油保供稳价体系、承担调控任务的骨干企业,择优支持"机制好、资信好、效益好"、抗风险能力强、在区域市场有影响力的龙头加工企业和收储企业,巩固和发展核心客户群体。

(二)坚持商业化经营目标

农发行引入市场化运作模式,适度开办商业性业务;管理减少行政色彩,以市场手段为主。即一方面要严格贯彻执行国家相关的方针、政策,另一方面要运用市场化运作模式经营,加强核算,实现效益,确保信贷资金投放后能收得,促进可持续发展。

1.审慎开办商业性业务

农发行内蒙古分行将突出调整优化结构,有保有压,择优支持,维护服务好老客户,审慎发展新客户,坚决退出低端客户。在风险可控前提下,农发行内蒙古分行将满足新增贷款需求。同时,适当发展农牧业科技贷款客户。但是,农发行内蒙古分行将适当控制非粮油涉农企业贷款投放,严格限制对"两高"、产能过剩行业的信贷支持,逐步完成调整贷款期限结构任务。

2.信贷市场化运作方式

农发行对农业政策性信贷市场化运作,不能按照商业银行贷款管理办法来进行管理。对牵涉国计民生的粮棉油政策性收购、储备信贷业务等政府指令性的政策性信贷业务应严格按照政策性信贷要求操作,对政府指导性的政策性信贷业务,则应运用市场化运作手段来完成。

一是按照现代银行要求,以市场化手段进行信贷客户营销。农业政策性银行的银行属性,决定了信贷市场化运作的必然性。不管政策性银行承担的政策性职能有多大,作为银行都要按照银行的一般规律进行经营管理,都要通过贷款投放、本金返还、利息回报的良性循环,实现资金的安全性、流动性和效益性。引入市场化运作模式,必须树立以客户为核心、以市场为导向的理念。

二是夯实中长期项目贷款管理,提升可持续发展能力。中长期贷款是以落实国家产业政策和宏观调控政策为目标,在贷款的投向上要充分体现出政府的决策意图,通过政府合作,整合资源,把现代农业与农村基础设施建设统筹起来,制定规划,由政府搭建融资平台,政府、客户和其他利益相关者共同承担风险,从而实现政府目标,降低农发行经营风险。具体操作上可借鉴国开行的"政府信用,统一借贷,财政担保,企业还款"的模式。

三是加强短期流动资金贷款管理,提升业务经营效益。短期流动资金贷款是贷款期限在一年以内(含一年)的流动性贷款,是为满足客户在生产经营过程中临时性、季节性的资金需求,保证生产经营活动的正常进行而发放的贷款。对各类农业产业化龙头企业、加工企业、农业小企业,要把好贷款准入关。

(三)构建支农全面发展平台

农发行内蒙古分行围绕增加农民收入,以逐步实现城乡经济社会统筹发展为目标,实现农发行内蒙古分行业务由单一支农向"支持城乡一体化"的重大战略转变;要结合区域经济客观实际,做到突出服务创优、突出特色支农、突出结构调整、突出产品创新,在做好粮棉油收购贷款业务的基础上,把贷款向城乡统筹项目倾斜,积极支持农村基础设施建设、农业综合开发、产业化龙头企业特别是农业小企业的发展,促进农村产业结构调整,实现城乡协调发展。

1.办好粮棉油收购贷款主体业务,夯实业务发展基础平台

加强粮棉油收购资金供应管理,对保证粮食安全、配合国家宏观调控、稳定粮棉市场和确保农民收入具有重要意义,也是农业政策性金融核心价值所在。因此,农发行要始终坚持把支持粮棉油购销储作为核心业务来抓,始终把执行国家政策放在办行的首位,把支持粮棉油收购作为业务工作的重中之重和农发行内蒙古分行的特色之根、发展之源、立行之基。要进一步优化粮棉油贷款客户群体,在有效防控风险的前提下,支持多渠道收购,鼓励农业产业化龙头企业和加工企业参与粮棉油收购。

2.以支持产业化龙头企业为支撑,打造特色业务平台

要高度重视建立产业化龙头企业贷款业务优势和特色,建立并完善与全面推进产业化龙头企业金融服务相适应的体制机制;要以支持农业产业化龙头企业发展为重点,积极支持生态农业、观光农业、现代农业、加工农业、服务农业等;以特色农业商圈、农村综合市场、现代农业产业链条为重点,建立集创新研发、具体实施于一体的综合性、全面性、系统性金融服务模式,打造农发行内蒙古分行具有独特优势的特色市场和业务品牌;重点支持农村流通和市场体系建设,积极发展农村批发市场以及物流等农发行内蒙古分行的优势领域,提供"菜单式、模块化"的全面金融

服务。

3.发挥农发行系统独特优势,打造同业合作平台

充分发挥农发行系统优势,推进与工商银行、国家开发银行、农村信用社等金融机构的业务合作,在资金业务、综合结算、银团贷款以及产品创新等方面开展合作,积极发展网银、业务产品开发等合作,实现协同效应;形成优势互补,提高农发行内蒙古分行运作大项目以及与政府对接的能力;加强与保险公司的合作,积极开展代理政策性农业保险业务,不断提升金融服务水平。本着有进有退、有所为有所不为的业务战略,对于工作量大的农业小企业贷款业务,通过与农村新型金融机构合作,在积极支持的同时有效减轻农发行内蒙古分行业务压力,借助新型金融机构的组织优势和机制优势,开展专业化的综合金融服务。

(四)调整业务结构

农发行内蒙古分行应通过调整业务结构,促进自身业务发展与完善,更好服务"三农三牧"。

1.坚持"区别对待、分类管理",确定区域信贷发展重点

针对内蒙古自治区区域经济发展不平衡的特点,继续实行差异化政策,引导平原区行优化发展、山区行加快发展、城区行又好又快发展,并对不同类型地区行给予不同的信贷资源配置。同时,这些地区农业产业化发展程度较高,要重点营销产业化龙头企业,支持其做大做强。山区行粮棉油主体业务很小,有的地方甚至没有,因此应重点营销政府主导的农村公路建设、农田水利建设等农业基础设施建设项目和山区特色农业产业化中小企业。对尚未涉足的业务范围,积极探讨实施办法。

2.调整结构,合理配置资源

农发行内蒙古分行面对的客户群体和贷款对象是农副产品、加工转化企业和农业、农村基础建设投资,一般都是投资大、周期长。应调整现有贷款品种结构,增加中长期贷款的比重,要增加用于固定资产投资的中长期贷款种类,还要增加用于流动资金周转的中长期贷款种类。

3.加强客户营销

不断优化信贷投向和客户结构,坚持"有保有压、有进有退、有先有后、有所为有所不为"的原则,对不同行业、不同区域、不同客户进行分类支持,制定科学的客户发展战略,树立维护好老客户、择优发展新客户的理念。在老客户维护上要坚持有保有压、有进有退的信贷策略,在新客户的营销上要坚持广泛营销、认真筛选、入

库考察、择优支持。巩固和发展基本客户群,即政策性、准政策性贷款客户群;维护中间客户群,即按客户风险分类排队情况,整合资源,突出重点,择优限劣;打造黄金优质客户群,大力营销和培养对农发行具有社会影响力和贡献度的优质黄金客户。

4.加强不良贷款管理

正确认识和分析不良贷款,采取各种有效手段,盘活不良资产尤为重要。一是建立激励机制。对不良贷款防控效果好、清收力度大的行在业务管理费的分配上予以倾斜,对作出积极贡献的员工予以奖励。二是健全考核机制。将不良贷款清收管理计划纳入经营目标考核体系。三是严格责任追究制。对由主观原因造成的新增不良贷款的责任人,进行严厉的责任追究和处罚。四是多途径清收盘活。

(五)实施全面风险管理

为了更好开展业务,服务地方经济发展,农发行内蒙古分行应不断加强全面风险管理。

1.建立风险监测中心,强化风险预警及监控机制建设

要实现风险管理重心由事后处置向事前预警转变。各市分行风险管理部负责人和一名风险经理均为监测中心成员,具体负责全面推进和落实总行风险管理各项制度,全面建立了风险预警及防控的组织体系。

2.整合风险管理办法及流程,强化风险预警及监控机制建设

主要表现在:一是要将风险预警制度覆盖贷前调查、贷时审查、审议及贷款审批发放各流程,任何一个环节出现预警风险将导致无法进行下一个环节。二是在实现监测重心垂直管理的基础上,建立各级行风险预警反馈机制,做到上级行及时掌握及时反映。三是充分利用信贷、会计、统计等各种信息系统资源中汇总的企业报表数据,对借款人的信用状况、财务状况、现金流状况、担保状况以及经营风险、管理风险、道德风险、行业风险等进行非现场监测分析,实现资源整合、信息共享。

3.现场与非现场监管双管齐下,强化风险预警与监控机制建设

在非现场监管方面,基层行客户经理负责按月收集所辖企业贷款风险预警信号,多渠道收集贷款企业的信用状况、财务状况、现金流状况、担保状况等各方面信息,并将信息及时、准确地输入 CM2006 系统。在现场检查方面,为防范信贷风险,保证贷款的"优良品质",管理行应每月选择两个以上有一定代表性、出现风险信号或风险形成概率相对较大的信贷企业进行风险预警现场检查并将检查情况进行了单独汇报,切实做到风险信号早发现、早防范、早处置、早化解。

4.提高业务人员风控技能和水平,从操作上强化风险预警及监控机制建设

主要表现在:一是加强对基层信贷业务人员风险管理理念和文化的培育,提高信贷人员对信贷风险预警工作的重视。二是组织业务人员学习农发行各项规章制度和操作流程,掌握信贷业务拓宽后风险预警及监控管理的新要求,提高业务人员的综合素质。三是有针对性地加大业务培训力度,尤其是把商业性项目评估、企业偿债能力评估、企业现金流量表的编制与分析、新会计准则作为培训重点。

(六)实施人才兴行战略

人才是事业发展的根本,根据上述人才结构面临的问题,农发行内蒙古分行应积极优化人才结构,提升人员素质,激励人员潜能的发挥。

1.系统健全岗位职责,注重绩效考核

目前,农发行内蒙古分行最现实的手段是以落实岗位职责为目标的岗位绩效考核和激励机制。全行正在实施全员聘用合同的签订工作,可以此项工作为契机,进一步明确单位和部门的工作职责和考核指标,修订完善员工的岗位职责、绩效考核指标、激励办法,全面实行尽职管理。健全岗位职责,还要在完善业务岗位人员职责方面下功夫,特别是要有效发挥不兼任管理岗位的中、高级业务岗位人员的职能作用,切实落实岗位职责,加强管理和考核,解决有岗无事、有事无责等业务岗位虚化、待遇化的问题,防止现有的人力资源浪费。

2.完善人力资源动态管理机制

不断完善人力资源动态管理,促进活水流动。结合员工的职业发展规划,根据部门、岗位需要、人员结构等因素,将员工交流、岗位轮换作为一项重要的员工管理手段。坚持专业人才与管理人才区别对待、综合衡量、一人一议的原则,保持适度的员工交流人数和频度。建立起相应的交流考评机制,确保交流轮岗都能达到较好的效果。

3.加大改革与创新力度

进一步深化县级支行绩效考核和员工双向选择竞争上岗的改革,积极实施二级分行经营管理平台打造工作,不断巩固和深化改革,在人力资源挖掘上敢于打破陈规,敢于突破尝试,大胆引入现代人力资源管理的手段,运用一切积极手段来配置和挖掘人的资源。

4.丰富约束激励管理手段

一是丰富激励手段。在合理的物质激励基础上,强化精神激励,坚持以人为本,以增强员工对企业的归属感、认同感。二是细分受众群体,进行有针对性的激

励。新入行员工,实行到基层行工作的原则,注重正面引导和激励。对中青年员工的主要激励机制,要充分运用好管理岗位、业务岗位作为员工职业发展的进步通道。基层行员工可以到省分行学习实践,省分行员工可以到基层行挂职锻炼,同时选送优秀员工到党校、高校脱产学习。通过对个体的有效激励实现整体的进步。

5.加强教育培训,满足各层次人才需求

农发行内蒙古分行教育培训工作尚存在培训注重组织目标需求、对员工个人发展考虑较少,培训内容比较注重技能培训、对员工素质培训和潜能开发较少,培训效果评价体系不健全等问题。根据中国农业发展银行《关于2009~2011年培训工作的指导意见》,既要加大中高级管理人员培训力度,培养复合型高级管理人才,更要注重对一线员工的岗位技能培训。首先要下大力气让那些最应该接受培训的一线基础岗位人员普遍具备岗位应有的技能和素质,才能从中选择培养更多的业务骨干,从业务骨干中培养更多的专业人才,进而让更多的高层次人才成长起来。

(七)大力发展中间业务

中间业务是现代银行发展中的重要组成部分,大力发展中间业务对推动农发行内蒙古分行各业务协调发展至关重要。

1.统一认识,加强对中间业务工作的重视

农发行加快中间业务发展步伐,有利于提高业务经营综合效益,有利于提高金融服务水平,有利于扩大农发行社会影响力,从而更好地在社会主义新农村建设中发挥骨干支柱作用。各级行要充分认识到该项工作的重要性,要把该项工作当成工作的重点来抓,精心组织,认真考核,制定近期目标和中长期发展规划,积极推进。

2.加大信贷支农力度,实现主营业务与中间业务收入双增长

要根据农发行自身特点,把市场定位为中、小企业,适当调低企业开户门槛,增加开户企业的数量;在防范风险的前提下,简化贷款发放审批手续,加大贷款投放的力度。要把中间业务与贷款投放捆绑销售、捆绑考核,实现主营业务与中间业务收入双增长。

3.优化中间业务产品,提高收益

主要表现在:一是对支付结算类业务,要不断提高服务质量、改善结算方式,促进结算业务收入的增长。二是对代理类中间业务,要进一步扩大代理业务的种类,增加代销代管、代收代付、代理理财、代理保险业务险种和范围等业务。三是对担保类中间业务,争取准入政策,在控制风险的前提下办理银行承兑汇票、信用卡、信

用证等业务。四是对交易类中间业务,可以申请办理票据贴现业务。五是对咨询评估类业务,进一步加强和开拓。

4. 完善中间业务市场营销体系

主要表现在:一是大力宣传农发行中间业务产品及其优势,帮助客户了解和掌握农发行中间业务的特点和使用方法,消除公众和企业对农发行业务经营的误解。二是牢固树立以客户为中心的经营理念,建立客户信息库,培植诚信度好、信用等级高的优质客户群,利用现有的网络营销自己的产品和服务。三是建立前后台分离的营销体系。前台负责中间业务品种的设计、营销和推广;后台则负责对本行中间业务的发展进行监督管理、风险评价和检查考核。四是建立科学的考评体系。对不同地区、不同层面的行进行分类考核,分类指导。五是加快电子技术的推广、普及运用步伐,创新金融产品,创新服务手段,提高农发行中间业务可持续发展水平。六是加强培训,提高中间业务从业人员素质。

(八)提升服务效能

银行业作为服务行业,服务效能的提升对银行业的有效发展有着重要的意义,为进一步提升服务效能,农发行内蒙古分行应积极开展如下工作:

1. 进一步提高授信效率

鉴于农发行内蒙古分行业务量大、笔数多、地域广、与政府合作紧密、要求服务便捷与快速等特点,在风险可控和责任落实的前提下,继续保留各级行信贷业务的授权与转授权,提高业务办理的灵活性和时效性。针对农发行内蒙古分行部分贷款手续多、合同表格烦琐的问题,本着科学合理、优化流程、简化手续、防范风险的原则尽快予以解决;对国家和地方财政等政策性支持的重点企业和大型涉农项目,采取"区别对待、特事特办"的原则,实行利率优惠政策,在确保法律要素齐全的前提下,尽量简化贷款手续,缩短贷款审查时间,提高审批效率,提高竞争力。

2. 进一步完善担保机制

由于农发行开展商业性业务起步较晚,农村大部分金融资产已被商业银行占用,农发行内蒙古分行商业性贷款大部分都是信用贷款和担保贷款,抵押物不足,风险较大。因此,要密切关注林权和允许农民以多种形式流转土地承包经营权后新变化,研究林权、承包经营权抵押的具体操作办法,扩大有效抵押品的范围,逐步将林权、土地承包经营权等可用金融资产归集到农发行;要规范发展应收账款、仓单质押贷款业务。进一步强化与农委、财政、担保公司进行协调与合作,探讨建立由农委推介项目,财政提供担保资金并由担保公司按照一定比例放大提供担保,农

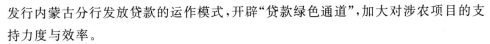

发行内蒙古分行发放贷款的运作模式,开辟"贷款绿色通道",加大对涉农项目的支持力度与效率。

3. 进一步推进"信用工程"

进一步加强与当地银监局、农委、地方金融证券办以及各级政府的密切合作,部门联动,齐抓共管,充分借助政府的力量,共同推进"信用工程"建设。在完成评级授信工作的基础上,应注重信用评定质量,完善评级授信工作后评价机制,定期进行复核,确保"信用工程"建设能够动态开展。各级行在发放贷款时,应充分考虑企业的信用状况,对被评为"AA"级以上的客户,可适当增加贷款额度,给予适当利率优惠,在授信及其他金融服务上给予倾斜政策。

4. 进一步改善金融服务手段

学习、借鉴先进银行成功的经验,加强金融特色服务,加强大额贷款项目贷后管理与服务,对审批贷款金额在 5000 万元以上非经营性项目和 2000 万元以上经营性项目成立金融服务小组,确定贷后监管重点,制定个性化金融服务方案,配备专职客户经理,实现信贷监管与服务有效结合。认真落实银监会关于加强农业小企业金融服务的要求,制定实施意见,设置农业小企业贷款金融服务岗,创新小企业流动资金还款方式。借鉴他行的成熟做法,研究解决分支行反映客户办理承兑汇票门槛高、难操作的问题,加大科技投入,提高服务手段技术含量,提升服务水平,满足市场和业务发展的需求。尤其是要进一步推广网银业务和银行卡业务,大力推行收购资金非现金结算,做好中储粮系统资金集中管理银企直联试点工作。

总之,农发行内蒙古分行将围绕城乡发展一体化政策,加大中长期信贷支持力度,重点支持水利建设,加大对农田水利、防洪工程、水资源配置工程、水生态保护等信贷支持力度。重点支持新农村建设,加大对城市周边农村土地整治和收储整理的信贷支持,对有重大带动和辐射作用的县域经济积极支持。择优支持农村交通建设,重点是以能源外运通道和旅游通道建设为主的收费公路项目。择优支持现代农业基地、农村生态环境、高标准农田等建设。加大财政贴息的农业农村基础设施建设项目支持力度。此外,该行将积极支持国家和自治区化肥、绒毛、肉、糖等重要农产品专项储备,促进保供稳价。择优支持具有明显带动作用的非粮棉油龙头或加工企业,推动现代农牧业产业体系建设。

第九章

国家开发银行内蒙古分行发展报告

　　我国国家开发银行成立于 1994 年 3 月 17 日,成立初始是国务院直属的政策性金融机构。1998 年之后,国家开发银行逐步过渡为开发性金融机构。作为开发性金融机构,国家开发银行坚持与时俱进,把融资优势与政府组织优势相结合,用市场建设的方法实现政府的发展目标,构建支持中国经济发展的体制动力。

　　2008 年 12 月,国家开发银行股份有限公司在京挂牌成立,成为第一家由国务院下设政策性金融机构转变为了自主经营、依靠市场机制运行的商业银行,标志着我国政策性银行的改革取得了重大进展。

　　"十二五"规划指出,要继续"深化政策性银行体制改革。"国家开发银行开始从政策性金融机构向商业化运作。在开发性金融改制之后的发展过程中,国家开发银行取得了很多成就,很好地做到了经济效益与社会效益的有机结合。当然,由于受多种因素的影响,在开发银行的改革与发展过程中,必然面临很多阻碍健康发展的问题和挑战。这些问题能否得到有效解决,不仅关系到国家开发银行改革与发展的本身,同时对于整体深化政策性银行体制改革的战略构想,也具有重要的借鉴意义。本报告以国家开发银行内蒙古分行为例进行分析。

一、国家开发银行内蒙古分行支持地方经济发展状况

国家开发银行(以下简称国开行)内蒙古分行成立于 1999 年 12 月,自成立以来,以"增强国力,改善民生"为使命,坚持"政府热点、雪中送炭、规划先行、信用建设、融资推动"的开发性金融路径,紧紧围绕内蒙古自治区党委政府提出的"富民强区"发展战略,大力推行金融实践和金融创新,在促进内蒙古经济社会又好又快发展的同时,自身也进入了健康跨越式发展的轨道。

(一)支持基础领域,助力内蒙古自治区经济快速发展

国开行内蒙古分行从支持地方发展战略大局的高度出发,以"工业化创造供给、城镇化创造需求"的思路,以"产业多元化和公共基础设施"为重点,积极支持当地发展非资源型产业,支持资源型城市走可持续发展的路子。截至 2012 年,国开行内蒙古分行累计向鄂尔多斯、包头、乌海等资源型城市和地区发放贷款 1259 亿元,支持当地产业转型升级、基础设施建设、中小企业发展及民生项目建设。

国开行内蒙古分行从地区实际出发,依托当地优势和发展特点,采取差别化信贷政策措施,支持地区产业多元化发展。此外,通过国开行资金引导大量社会资金投入,形成合力支持地区经济转型和可持续发展。

近年来,国开行与地方政府部门加强合作,整合各方资源,为城市基础设施项目融资。截至 2012 年,国开行内蒙古分行累计发放贷款 183 亿元,支持了一批资源型城市基础设施建设项目,涵盖城市道路、给排水、供暖、污水垃圾处理等多个城建领域,弥补了资源型城市和地区多年的基础设施建设欠账。

(二)金融扶贫,助力内蒙古自治区经济发展

近年来,国开行内蒙古分行探索以普惠制金融模式,变"输血式扶贫"为"造血式扶贫",在内蒙古自治区范围内开展了产业化扶贫贷款服务,取得了社会效益和经济效应双赢。截至 2011 年底,国开行内蒙古分行的贷款项目覆盖了内蒙古自治区 11 个盟市的国家级和自治区级扶贫重点旗县,贷款余额达到 180.89 亿元,占同期贷款总余额的 15%。

1.支持贫困地区公共基础设施建设

近年来,国开行内蒙古分行还以适度超前的融资规划,引导地方完善公共基础设施,将有限的资金投入到亟须发展的领域,支持了贫困地区城建、医疗、教育等领

域的发展，提高了投资效率，改善了贫困地区的基本生产生活条件，起到了间接扶贫开发效果。截至 2011 年末，贷款余额 103.69 亿元，项目贷款覆盖全部贫困地区。

2012 年，国开行内蒙古分行还继续支持水利、公路、危旧房改造、医疗、教育等基础设施建设项目，改善贫困地区基本生产生活条件。同时关注电力、煤炭、公路等重大项目，通过支持当地重大项目的建设，带动当地财政收入的增加，达到间接扶贫的目的。

2. 支持贫困大学生完成学业，积极推动助学贷款

作为内蒙古自治区内助学贷款发放力度最大的金融机构，过去几年来，国开行内蒙古分行联合自治区财政厅、教育厅、银监局、人民银行等部门推进助学贷款业务，以"开门办行"的思路，依托内蒙古自治区助学中心为管理平台，累计发放助学贷款 11.42 亿元，覆盖自治区 101 个旗县，资助学生 215343 人，其中向全区 57 个贫困旗县发放助学贷款 8.16 亿元，占助学贷款发放额的 71%，资助贫困地区学子 150772 人，占全部资助人数的 70%。

3. 支持贫困地区的中小微企业发展

为了支持贫困地区的中小微企业发展，2012 年，国开行内蒙古分行继续向贫困地区推广分行现有中小企业贷款模式，一个盟市一般选择 1～2 个统贷平台，条件较好的旗县也可考虑建立一个平台，同时积极开展与贫困地区农信社、村镇银行等中小金融机构的业务合作，做好机制建设，扩大中小企业贷款的覆盖面。

总之，"十一五"以来，国开行内蒙古分行通过生猪产业化融资项目发放贷款 0.98 亿元，帮助相关旗县形成了集生猪繁育、养殖、防疫、加工、销售为一体的完整产业链。此外，国开行内蒙古分行发放妇女微贷款 1926 万元，发放下岗失业小额贷款 1.66 亿元，分别支持了农牧区 2354 名妇女和 8000 名下岗失业人员创业。国开行内蒙古分行还累计发放中小微企业贷款 83.3 亿元，支持中小微企业、个体工商户及自然人 7 万余户，创造就业岗位 22 万个；累计发放保障性住房业务贷款 103.37 亿元，解决 24 万余户家庭住房问题。通过实施以上直接扶贫贷款项目，截至 2011 年底，国开行内蒙古分行的直接扶贫贷款余额已经达到了 69.04 亿元，覆盖了内蒙古 57 个旗县。

（三）积极支持内蒙古自治区农牧业发展

发展现代农业是建设社会主义新农村的首要任务和重要基础。近年来，国开行内蒙古分行坚持开发性金融先行，紧紧围绕"十二五"现代农业发展目标任务，将

内蒙古自治区政府的组织协调优势和国开行"融智"、"融资"服务优势相结合,按照"规划先行、机制建设、政府主导、市场运作"的原则,结合自治区"富民强区"战略,秉承因地制宜、一地一策的思路,不断加大对自治区农牧业产业化发展的支持力度,取得了良好的社会和经济效应。截至 2012 年 10 月末,国开行内蒙古分行累计发放涉农贷款 230 多亿元,覆盖农牧业基础设施建设、龙头企业、中小企业等多个领域。

1.强基固本,加大农牧业基础设施建设支持力度

农业基础设施建设是现代农业发展的"硬件"基础。为带动农牧区资源开发,促进资金、物资、人力等劳动资源的流动,提升当地自我发展能力,国开行内蒙古分行积极支持农村牧区基础设施建设。以 2009 年国开行内蒙古分行支持鄂尔多斯市现代农牧业大型喷灌工程项目建设为例,发放外汇贷款 2000 万美元,覆盖当地七个旗县、29 个苏木镇。该项目建成后极大改善了灌区灌溉条件,有效节约了灌溉用水,保护了生态环境,帮助缓减黄河流域水资源紧张、解决下游地区工农业用水短缺,对于促进鄂尔多斯市社会经济科学发展起到了极大的作用。

此外,国开行内蒙古分行通过支持乌梁素海等湖泊湿地治理、库布其沙漠等生态建设,以及海拉尔、科右中旗等地草原沙化治理等,有力地改善了农牧业发展环境;通过对农村电网、公路、人畜饮水安全等的支持,进一步优化了农牧民生产条件和生活环境。

2.大力扶持龙头企业,积极支持农牧业产业化

龙头企业在促进地区农牧业规模化发展方面有着较强的带动作用。国开行内蒙古分行以信贷支持农牧业龙头企业发展为切入点,取得了实实在在的成效。近年来,乌兰察布市马铃薯产业初具规模,国开行内蒙古分行与乌兰察布市政府合作,积极向当地龙头企业民丰薯业公司提供 11900 万元贷款,支持马铃薯种子工程项目。在分行贷款支持下,目前,民丰薯业已发展成为专业从事种薯生产的民营企业,拥有国内最大的产、学、研项目基地,民丰薯业产业园已发展成为名副其实的"薯都核心"。

同时,为提高农牧产业化发展上水平、上效益,走系统科学发展之路,国开行内蒙古分行围绕自治区农牧产业发展规划,从产前、产中、产后服务入手,延伸开展农牧业种植、养殖和加工产业链贷款,在农牧业种植、养殖和加工产业链上匹配金融支持链,重点扶持了东达蒙古王、科尔沁牛业、蒙鹅鹅业、四季青农业等一批成长性好、带动能力强的农牧业龙头企业发展。通过积极支持"一村一品、一乡一业、一旗一特"的农牧业专业化生产,以龙头企业为带动,提升企业品牌价值和产品附加值,

助推农牧业产业化经营及产业链整合,带动农民致富。

3.金融助力"造血"扶贫,构建农村牧区普惠制融资服务体系

国开行内蒙古分行不断创新融资模式,加大金融支持农牧民发展力度。向产业化融资项目发放贷款9800万元,打造完整扶贫产业链;发放妇女微贷款1926万元,累计支持兴安盟17个乡镇苏木2354名妇女,惠及900余名留守儿童,受益人口达7300余人;发放农牧民扶贫微贷款7002.48万元,累计支持兴安盟11850户农牧民发展种植业、养殖业;通过向阿拉善左旗、奈曼旗、阿鲁科尔沁旗、宁城县等地发放农民工培训基地建设贷款,积极打造劳动力转移平台,年培训农民工5万余名,为破解农牧民转移就业找出路的难题奠定了基础。

4.支持农村流通体系建设,盘活农牧区流通网络

建立流通体系是建设社会主义新农村的重要内容。国开行内蒙古分行积极支持二连浩特市益德物流园区、巴彦淖尔市五原鸿鼎物流中心等项目建设,推动农村牧区流通体系的构建。其中贷款4亿元支持的赤峰市松山物流园区项目已经发展成为蒙东地区重要的农用机械、农牧业生产资料、农畜产品中心之一,连接东北、华北的重要商品集散地和蒙东地区出区达海物流枢纽,有力地带动了当地农牧业和流通产业的健康发展。

5.发挥支农应急贷款作用,保障农牧业稳健发展

国开行内蒙古分行密切关注支持自治区农牧业灾情,及时启动应急预案,累计发放各类应急贷款10.16亿元,其中向巴彦淖尔、乌兰察布等地发放抗涝应急贷款4.2亿元,向包头、通辽等地发放抗旱应急贷款3.41亿元,向呼伦贝尔、兴安盟等地发放雪灾应急贷款2.55亿元,为当地农牧民灾后重建、及时恢复灾后生产发挥了积极作用,以健全的应急贷款预案体系构筑了一道保障农牧业健康发展的屏障。

农业丰则基础强,农民富则国家盛,农村稳则社会安。国开行内蒙古分行将继续紧密围绕党中央、国务院、自治区党委、政府关于农牧业工作的各项部署,以深入贯彻党的十八大精神为着力点,与内蒙古自治区相关政府部门、企业、同业金融机构保持密切沟通、深化合作,积极支持全区水利工程、"米袋子"和"菜篮子"工程以及流通项目建设,服务农牧区民生事业发展,全力助推自治区建设成为国家重要的农畜产品基地、北方重要的生态屏障和民族示范自治区。

(四)助力科技型产业快速发展

科技进步是第一生产力,是经济社会发展的根本动力。长期以来,国开行内蒙古分行积极贯彻科教兴国和建设创新型国家的战略部署,以开发性金融积极服务

国家科技发展,通过创新授信模式,拓展融资路径,大力支持科技型企业发展,推动加快科技成果转化和技术创新,取得了良好效果。

1. 加强银政合作,探讨金融支持科技发展的路径

2006 年,国家开发银行与科技部签订《"十一五"支持自主创新开发性金融合作协议》,协议对双方在"十一五"期间共同以开发性金融深入推进自主创新的合作方式、合作领域等内容进行了部署。2009 年,科技部、财政部、教育部、国务院国资委、全国总工会与开行又联合印发了《国家技术创新工程总体实施方案》。根据该方案内容,国开行内蒙古分行积极与自治区科技、财政等部门联系,共同商讨金融支持自治区科技事业发展的有效路径。

为解决内蒙古自治区科技中小企业融资难问题,充分发挥开发性金融的融资推动作用,使科技中小企业成为推动内蒙古自治区经济发展和科技进步的重要动力,2007 年 7 月,国开行内蒙古分行与内蒙古自治区科技厅签订了《支持自治区自主创新和科技发展合作备忘录》,科技厅推荐其下属事业单位内蒙古自治区生产力促进中心为平台,作为与分行合作开展自治区科技中小企业贷款的合作机构,支持 2 户科技型中小企业发展,累计发放贷款 2500 万元。

2. 推动产业升级改造,加大企业自主创新支持力度

一直以来,国开行内蒙古分行将支持国家级、自治区级科技创新型企业发展,作为开发性金融支持地方科技发展的首要工作。在支持科技发展过程中,突出以企业为主体,支持企业开展自主创新,实施自主品牌和知识产权战略。国开行内蒙古分行贷款支持的自主研制的世界最大的 3.6 万吨黑色金属垂直挤压大口径厚壁无缝钢管工程项目、欧 IV 发动机等,填补了国内空白,有力提升了企业的竞争力。到 2012 年,已累计发放贷款 21.15 亿元,先后支持了北方重工、呼和浩特众环集团、北方创业专用汽车、新疆天山专用汽车等一批科技型企业自主创新项目,国开行内蒙古分行的贷款支持,坚定了科技创新型企业走自主研发创新之路的信心,有力地推动了地区工业的转型升级。

3. 全面推进高新技术产业开发区建设,增强科技发展载体功能

国开行内蒙古分行积极支持作为高科技项目实施重要载体的高新技术产业开发区基础设施建设,取得显著成效。以包头为例,国开行内蒙古分行贷款 7.3 亿元,重点支持了包头高新园区基础设施建设,完善了园区公共基础服务功能,在此基础上,国开行内蒙古分行以内蒙古高新控股为平台,累计投放贷款 13.11 亿元,支持了一批园区科技型中小企业,有力地增强了包头高新园区的科技发展能力和实力。

4.构筑"四台一会"融资模式,实现高新区中小企业融资

近年来,国开行内蒙古分行认真探索破解中小企业融资瓶颈的有效模式,通过"开行＋统贷平台＋管理平台＋担保平台＋社会公示平台＋信用协会＋中小企业"的"四台一会"融资模式,充分发挥政府的组织协调优势和开行的融资优势,实现政府和银行间优势互补,以批发的方式,大额、集中、高效、快捷地解决高新区中小企业,特别是科技型中小企业的融资难题。2012年,国开行内蒙古分行已累计为园区内166户中小微企业发放贷款6.6亿元,重点支持了一大批稀土产业类、高新技术型中小企业,实现了对园区中小企业的培育、扶持和引导。

(五)助推供销社服务"三农三牧"

国开行内蒙古分行一直致力于积极探索与内蒙古自治区供销社深化合作,自2009年以来,先后编制了《国家开发银行内蒙古分行支持内蒙古自治区供销社专题研究材料》、《开发性金融支持内蒙古自治区供销合作社联合社"十二五"发展规划实施方案》、《支持县域经济及中小企业发展贷款合作协议》。根据协议,国开行内蒙古分行将与内蒙古供销社密切、系统合作,发挥国家开发性金融机构的融资优势和内蒙古供销社组织协调的作用,"组织化、系统化、专业化、批发式"地支持内蒙古供销社下属企业发展,以融资强化供销系统服务功能,构建新型农业社会化服务体系,支持内蒙古供销社加强农资、棉花、再生资源、日用消费品、农副产品经营服务网络建设以及为农服务金融业务的发展。

为进一步加大对"三农三牧"社会化服务体系的支持力度,充分发挥供销合作社的组织、网络优势,国开行内蒙古分行采取以建设"借款平台、担保平台、公示平台"为核心,以借款平台统借统还的模式支持内蒙古供销社的中小微企业生产经营活动,以流动资金贷款形式向内蒙古供销社借款平台内蒙古汇特投资公司授信1亿元,解决内蒙古供销社重点企业市场交易中的流动资金融资难问题。截至目前,国家开发银行内蒙古分行已向内蒙古供销社累计发放流动资金贷款7500万元,共惠及内蒙古民隆农贸批发市场有限责任公司、阿拉善盟龙源泰实业有限责任公司、扎兰屯市浩泽农副产品开发有限责任公司、阿荣旗特农惠白瓜籽加工有限责任公司、内蒙古牧王畜产品股份有限公司、内蒙古绿泰源农产品开发股份有限公司6户中小企业,解决企业瓜籽、玉米、茶叶等农副产品收购过程中营运资金周转融资难的困境。

二、国家开发银行内蒙古分行的发展能力分析

关于国开行内蒙古分行的发展能力分析,主要从资产及财务状况、风险状况以及人力资源状况三方面进行分析与判断。

(一)资产及财务状况分析

受国家宏观调控影响,国开行内蒙古分行的管理资产适度增长,由2007年增长21.18%至2012年增长18.68%,管理资产增长拉动利润的较快增长,由2009年实现利润15.71亿元,到2010年实现21.23亿元,2011年实现26.02亿元,2012年实现32.99亿元。资产利润率和贷款利润率适度增长。

1. 管理资产和表内贷款较快增长

国开行内蒙古分行连续多年管理资产和表内贷款余额增长较快,截至2012年底,国开行内蒙古分行管理资产余额达1751.88亿元,同比增长18.69%,其中表内贷款余额为1401.94亿元,同比增长15.82%,见表9-1、表9-2。

表 9-1 国家开发银行内蒙古分行管理资产余额表

年份	2010	2011	2012
管理资产余额(亿元)	1244.82	1481.12	1751.88
实际增长率(%)	—	18.99	18.69

资料来源:国开行内蒙古分行资料。

表 9-2 国家开发银行内蒙古分行表内贷款余额表

年份	2010	2011	2012
贷款发放(亿元)	1010.35	1210.41	1401.94
实际增长率(%)	—	19.80	15.82

资料来源:国开行内蒙古分行资料。

2. 实现利润较快增长

国开行内蒙古分行的利润增长情况表现在:一是拨备前利润增长较快。截至2012年底,内蒙古分行的拨备前利润为32.99亿元,同比增长26.79%。二是人均

利润较多,增长较快。截至 2012 年底,内蒙古分行人均利润为 0.24 亿元,同比增长 19.88％。三是资产利润率适度,增长率先低后高。内蒙古分行资产利润率增长率呈现先低后高的状况,且差距较大,2011 年的资产利润率为 2.07％,同比增长只有 3.5％,而 2012 年的资产利润率则为 2.98％,同比增长 43.96％,见表 9-3。

表 9-3　国家开发银行内蒙古分行利润与利润率表

年份	2010	2011	2012
拨备前利润(亿元)	21.23	26.02(拨备前)	32.99(拨备前)
利润增长率(％)	—	22.56	26.79
人均利润(亿元)	0.17	0.2002(拨备前)	0.24(拨备前)
人均利润增长率(％)		17.76	19.88
资产利润率(％)	2	2.07(拨备前)	2.98(拨备前)
资产利润率增长率(％)	—	3.5	43.96
贷款利润率(％)	5.83	6.56	—
贷款利润率增长率(％)		12.52	

资料来源:国开行内蒙古分行资料。

(二)风险状况分析

国开行内蒙古分行在管理资产余额增长的同时,风险状况总体保持基本稳定状态,不良贷款及不良贷款率较低。国开行内蒙古分行深入推进信用风险、操作风险和合规风险"三大风险管理",做到业务发展和风险防范并重,实现全面风险管理的新提升。

1.一类、二类贷款占比较高,不良贷款占比较低

国开行内蒙古分行资产质量较高,表现在近年来一类贷款和二类贷款合计占比都超过了 99％,其中,2010 年为 99.39％,2011 年为 99.56％,2012 年为 99.68％,见表 9-4。不良贷款较低,2010 年、2011 年和 2012 年的不良贷款占比分别为 0.60％、0.44％和 0.32％。

表 9-4　国家开发银行内蒙古分行资产质量表

贷款类别	2010 年		2011 年		2012 年	
	贷款发放 (亿元)	占比(%)	贷款发放 (亿元)	占比(%)	贷款发放 (亿元)	占比(%)
一类贷款	788.83	78.07	1013.12	83.70	1272.67	90.78
二类贷款	215.43	21.32	191.97	15.86	124.76	8.90
不良贷款	6.10	0.60	5.315	0.44	4.515	0.32
合计	1010.35	100	1210.41	100	1401.94	100

资料来源:国开行内蒙古分行资料。

2.不良贷款率较低

国开行内蒙古分行的不良贷款率,2010 年为 0.0015%,2011 年为 0.0012%,见表 9-5。

表 9-5　国家开发银行内蒙古分行不良贷款率

年份	2010	2011	2012
实际不良贷款(亿元)	0.02	0.015	—
实际不良贷款率(%)	0.0015	0.0012	—

资料来源:国开行内蒙古分行资料。

(三)人力资源状况分析

国开行内蒙古分行的人力资源状况主要表现在:

1.管理机制完善,人才发展渠道畅通

近年来,国开行内蒙古分行建立、完善了人力资源管理的各项工作制度,包括招聘机制、培训机制、晋升机制、考核机制等一整套制度,为分行的制度化、规范化、科学化奠定了良好的发展基础。通过管理职务、专业职务、专业技术职务三线并行的方式,拓宽人才成长机制。

2.员工队伍知识结构、学历结构和年龄结构较合理

目前,青年员工占员工总数的 60% 以上,研究生及以上学历占 54% 以上,进一步改善了员工队伍知识结构、学历结构和年龄结构。青年员工有开拓精神,学习能力强,掌握新知识、新业务快,已成为国开行内蒙古分行的业务骨干,成为推动业务发展的主力军。

总之,国开行内蒙古分行作为国家开发银行在自治区境内唯一的分支机构,虽然员工只有百多人,但分行着眼大局,主动融入自治区经济社会发展主流,创造了目前的"贷款余额超千亿"、"中长期贷款余额同业第一"、"贷款自治区全覆盖"等优秀业绩。这些成绩的取得,主要源于国家开发银行内蒙古分行有一支积极向上、甘于奉献的一流团队,而这支团队的塑造主要源于内蒙古分行始终坚持"抓好党建、办好银行、支持发展"的办行方针,始终坚持发挥党建对队伍的统领优势和对业务的指导优势。

三、国家开发银行内蒙古分行发展中存在的问题

国开行内蒙古分行发展中存在的问题主要表现在:

(一)金融运作模式问题

全面推行商业化运作,主要从事中长期业务,对政策性业务要实行公开透明的招标制。招标制的实施,意味着无论是开发性金融还是商业性金融,都将站在同一起跑线上,任何业务领域的选择都将按照市场化原则来。当然,这样做,可以消除开发性金融"不正当竞争"的形象,但是招标制的实施还是有很多不足之处。主要表现在:

(1)公开招标制使一些政府主导型的业务存在一定局限性。由于开发性金融兼具行政性和市场性,开发性金融的主权级业务不能商业化,而商业性金融的逐利性和自营性,使得开发性金融的部分业务不能由商业性金融所替代。为此,在可公开招标的政策性业务上,该业务应该兼具政策性和商业性。这就意味政府主导型的业务不能带有过强的政治意图和要留有一定的盈利空间。

(2)公开招标制的可行性操作尚不明确。由于开发性金融的融资对象除了"两基一支"外,目前需要更多地关注非国有经济领域。为了提升核心竞争力,开始转变传统的经济发展方式,鼓励具有比较优势和自主知识产权的企业快速发展,重点发展有市场前景的行业(如战略性新兴产业)。而这些行业囿于市场的现期需求,经营业绩在初期可能不是很客观,而商业银行从审慎原则的角度考虑,可能不愿冒大风险来承担这些任务,最终还是由开发性金融来承担。

(3)公开招标制提出了监管难题。由于我国相关立法的缺失,造成了开发性金

融监管难题,从监管的角度来看,开发性金融若按照银监会的监管模式,则不符合其开发性业务的微利性的特点;若商业性金融进入到政策性业务领域,势必造成其利润下降,增大了其运行风险,同时也提高了其监管难度。

(二)业务领域的竞争问题

在业务领域,国开行内蒙古分行在传统的"两基一支"等业务领域已经受到商业银行的竞争,而开展新的市场领域行政审批则十分困难。国开行内蒙古分行的经营业务领域涉及信贷业务、资金筹集业务、资金交易业务、投资业务和投资银行业务等,并严格按照人民银行核定的贷款规模和监管部门要求,根据项目实施进度按季分月统筹发放贷款。国开行内蒙古分行面临各种类型商业银行对优质大客户的竞争,使得内蒙古分行不得不以优惠利率和信用贷款等方式应对,降低了内蒙古分行的竞争能力。

(三)贷款行业集中度较高,产业领域有待加强

国开行内蒙古分行八大行业的贷款集中度相对较高。尽管近年来八大行业集中度有所下降,但仍在90%以上。八大行业中,贷款主要集中在电力、公路和公共基础设施三大行业,其余行业集中度明显偏低,反映行业结构不均衡、产业领域介入较少的特点。此外,国开行内蒙古分行还应充分发挥规划在业务发展中的引领作用,积极开拓产业领域的发展,重新认识"两基一支",在产业结构和发展方式转变中积极开拓市场,降低集中度风险。

(四)机构网点少,银行功能尚不完善

国开行内蒙古分行是总行在内蒙古自治区一级分行,也是国开行在自治区设置的唯一一家分支机构。目前,国开行内蒙古分行主要业务品种为项目中长期贷款,票据业务、银行结算业务等开展的较少;分支机构网点少,产业结构较为单一,银行功能需进一步完善。

(五)盈利能力受信贷规模影响大,收入结构单一

国开行内蒙古分行的收入中贷款利息占比较大,需增加业务品种,拓宽收入渠道,逐步改善收入结构。资金来源渠道单一,筹资成本较高,需通过增加筹资种类,才能增加资金来源。

四、国家开发银行内蒙古分行可持续发展的思路和对策

本部分主要从两个方面进行分析:一是国开行内蒙古分行发展的目标与思路;二是国开行内蒙古分行可持续发展的对策。

(一)国家开发银行内蒙古分行发展的目标与思路

国开行内蒙古分行的发展目标是:围绕满足区内各类各户需求为主线,提供全面化和精品化相结合的金融服务,打造制度健全、品牌突出、机构完善的现代金融企业,成为内蒙古自治区内以开发性金融为特点的综合化银行。

国开行内蒙古分行发展的思路是:坚持开发性金融的理念和方法,加强规划引导,把握自治区发展战略重点和长远规划,以产业结构调整和加快经济发展方式转变为中心,除了服务内蒙古城市化发展、民生领域和中小企业外,要积极培育发展战略性新兴产业,以中长期投融资助力自治区经济平稳较快发展。具体思路为:

(1)继续推动城市化发展,把城市基础设施建设作为支持发展的重要领域。主要支持三个方面:一是支持旧城区改造、保障房建设等关系国计民生的城市基础设施建设;二是支持城市间共享共建基础设施项目;三是支持城乡一体化、产业布局一体化、生态一体化的基础设施建设,实现城乡资源整合,推动城乡经济、社会和环境的和谐发展。

(2)要明确自身定位和业务的发展方向。对于自身定位,国家开发银行并不是普通的商业性银行,而是国家的开发性金融机构。对于未来业务的发展方向,是要在商业化框架下开展开发性金融业务,主要投资于"两基一支"重点项目的建设,支持大中型项目和具备社会福利性质的项目,同时,部分投资于新农村建设、中小型企业贷款等其他有利于经济建设的项目。

(3)开发性金融功能需进一步扩展与强化。在控制城乡差距扩大化这一问题上,开发性金融应该加大对农村地区的信贷支持,培植农业产业化和现代农业模式,减少农产品与市场间的流通环节,最大限度地为农民创富。在产业结构调整方面,由于生产结构过于集中在第二产业,第三产业发展迟滞,使得经济波动频繁。开发性金融应加大对第三产业的投入,保证产业结构趋于合理,保持经济平稳向前发展。在平衡内外需求上,开发性金融应一方面大力支持区内企业走出去,另一方面应加大支持经济发展必需的能源和资源的需求,谋求与国内外进行中长期贷款换能源资源的合作。

（4）进一步完善经营机制。在引入现代公司治理结构的背景下，开发性金融机构将在其业务领域实行"商业化运作"，对其开发领域发挥直接扶植和强力推进功能，依照信用有偿性、公平性的市场原则，逐步将其开发业务领域透明化和市场化，达到将商业性金融和民间资本诱导进入该领域的效果。

（5）完善经营业务领域。在以后相当长的时期内，开发性金融应当重点在城市化建设、中小企业融资、基层民生服务领域、国家战略性新兴产业等领域开展业务。

（二）国家开发银行内蒙古分行可持续发展的对策

如何实现目标和思路，促进国开行内蒙古分行可持续发展，应采取如下对策措施：

1. 实行差异化战略，树立特色品牌优势

主要表现为：一是对客户实行差异化管理，重点是对优质客户和重大项目进行细分，制定差别化管理机制和贷款定价政策；二是与同业差异化竞争，以多种手段为客户提供服务，满足客户多种需求；三是实行差异化发展政策，支持内蒙古通道建设、能源基地建设和民生领域建设等。

2. 发展负债业务，拓宽资金来源渠道

主要表现为：一是加大贷款项下吸存能力，提高贷转存的比率；二是积极拓展重点客户上下游结算单位的存款；三是鼓励非贷款客户的存款；四是建立完善存款激励机制。

3. 优化资源配置，控制信贷节奏

重点支持对内蒙古经济发展方式转变有重大意义的经济结构调整、产业结构调整、自主创新、民生、环保和文化产业等重点领域，优先考虑重点客户、重点项目的融资需求。逐步调整优化资源配置，合理调控信贷结构，严控"两高一剩"行业贷款，实行分类指导，有保有压，有效防范风险。对于不符合产业政策、市场准入条件、技术标准的项目，不提供信贷支持。

4. 推进业务创新，提升核心竞争力

国开行内蒙古分行继续推进金融业务创新，提升核心竞争力：一是根据市场化、融资多元化的特点，加强融资模式、融资方案等创新，弥补自身不足，满足区内发展需求；二是要着力推进非经营性和准经营领域的投融资体制的创新，构建新型信贷结构，促使该领域项目得以市场化运作；三是积极探索产业基金、企业债券等直接融资方式支持区域经济发展的创新发展模式。

5.加强金融合作,提升金融服务能力

加强与内蒙古自治区金融机构的合作,充分利用和整合社会资源,不断丰富业务品种和金融服务功能,满足客户多元化需求,提升竞争力。继续加强在重点项目上与内蒙古自治区商业银行合作组建银团,引导社会资金支持内蒙古自治区经济社会科学发展。继续与内蒙古自治区金融机构进行平台合作建设,扩大国开行内蒙古分行的服务网络和服务能力。

6.加强风险防范,提高可持续发展能力

强化全面风险管理,防范和化解风险,是国开行内蒙古分行进一步发展的重点,具体表现为:一是加强合规文化建设,提高风险防范意识,强化以资产和损益安全性为核心的合规管理,积极关注政策、制度、管理、操作层面的问题和风险,进一步提高风险防范和管理水平;二是进一步完善评审论证会制度,做好客户识别和风险甄别,提前预警,有效处理;三是高度关注政策调整、产业结构调整带来的行业风险、关联交易风险的信贷风险,强化贷后管理;四是积极配合监管部门规范地方政府及其平台公司的举债和担保承诺行为,强化风险管理、资金管理,促进融资平台可持续发展。

第十章

内蒙古自治区证券、期货业发展报告

　　内蒙古自治区从 1992 年第一家证券公司成立、1994年第一只股票发行上市起,资本市场规模不断壮大,直接融资比重不断提高,证券期货经营机构和投资者队伍不断扩大,为促进内蒙古自治区经济社会又好又快发展发挥了重要作用。

一、内蒙古自治区证券、期货业发展情况

2012年,内蒙古自治区证券、期货业总体运行情况良好,证券期货经营机构积极拓展创新业务,上市公司发展持续向好,股票市场交易规模明显增加,证券监管部门不断完善监管制度建设,证券期货行业协会加强市场自律管理工作,全力维护市场秩序,确保了内蒙古自治区证券期货市场的健康稳定发展。

表10-1 2011~2012年内蒙古自治区证券业基本情况

年份 项目	2011	2012
总部设在辖内的证券公司数(家)	2	2
总部设在辖内的基金公司数(家)	0	0
总部设在辖内的期货公司数(家)	1	1
年末境内上市公司数(家)	22	24
当年境内股票(A股)筹资(亿元)	31.71	8.95
当年境内发行H股筹资(亿港元)	0	70.09
当年境内债券筹资(亿元)	197	—
其中:短期融资券筹资额(亿元)	30	—

资料来源:内蒙古证监局、中国人民银行呼和浩特中心支行。

(一)内蒙古自治区证券、期货业总体情况

以下从证券公司、证券投资咨询公司和期货公司三类机构的角度,介绍内蒙古自治区证券期货业总体发展情况。

1.证券公司发展情况

截至2012年10月底,内蒙古自治区共有法人证券公司2家(恒泰证券股份有限公司、日信证券有限责任公司),分公司1家,证券营业部61家,其中年内辖区新设证券营业部8家(恒泰4家,日信2家,长城证券和兴业证券各1家),进一步扩大了辖区证券经营机构的规模。2012年,内蒙古自治区证券营业部已遍及所有盟市,网点布局更趋合理,见表10-2。

表 10-2 辖内证券公司营业部地区分布情况（截至 2012 年 10 月末）

地区	证券公司	营业部数量（家）	地区	证券公司	营业部数量（家）
呼和浩特市	国泰君安	1	包头市	国泰君安	1
	国信证券	1		恒泰证券	4
	恒泰证券	6		华泰证券	1
	日信证券	2		齐鲁证券	1
	申银万国	1		日信证券	1
	兴业证券	1		新时代证券	4
	长城证券	1		银河证券	1
	民族证券	1		合计	13
	银河证券	2	赤峰市	国泰君安	1
	合计	16		恒泰证券	4
鄂尔多斯市	大同证券	1		日信证券	1
	国泰君安	1		合计	6
	恒泰证券	3	呼伦贝尔市	恒泰证券	4
	日信证券	1		日信证券	2
	合计	6		合计	6
通辽市	恒泰证券	1	乌海市	恒泰证券	2
	日信证券	1		日信证券	1
	合计	2		合计	3
巴彦淖尔市	恒泰证券	2	乌兰察布市	恒泰证券	2
	合计	2		合计	2
锡林郭勒盟	恒泰证券	2	兴安盟	日信证券	1
	日信证券	1		合计	1
	合计	3	阿拉善盟	恒泰证券	1
				合计	1

资料来源：根据内蒙古证券期货业协会资料整理。

(1)证券公司资产规模。2012年前三季度,恒泰证券、日信证券2家证券公司总资产规模合计997909.33万元,分列全国114家证券公司的第54位、第92位;净资产规模合计471516.33万元,分列第42位、第101位;净资本规模合计385187.47万元,分列第38位、第103位,见表10-3。

表 10-3 2012 年前三季度内蒙古自治区辖内两家证券公司财务指标情况(一)

单位:万元

证券公司	总资产	净资产	净资本
恒泰证券	849826.16	414064.11	334998.76
日信证券	148083.17	57452.22	50188.71
合计	997909.33	471516.33	385187.47

资料来源:中国证券业协会。

(2)证券公司业务利润变动和收入结构情况。2012年前三季度,辖内2家证券公司实现营业收入61372.41万元,比2011年减少590.59万元;实现净利润9114.83万元,比2011年增加12701.83万元。在营业收入的细项数据方面,2012年前三季度,辖内2家证券公司证券行业代理买卖证券业务净收入达24803.59万元,证券承销与保荐及财务顾问业务净收入7526.48万元,受托客户资产管理业务净收入3168.86万元。经纪、承销保荐及财务顾问业务依然是证券公司主要收入来源,所占比重分别为40%和12%,见表10-4。

表 10-4 2012 年前三季度内蒙古自治区辖内两家证券公司财务指标情况(二)

单位:万元

证券公司	营业收入	净利润	代理买卖证券业务净收入	证券承销与保荐及财务顾问业务净收入	受托客户资产管理业务净收入
恒泰证券	45780.89	9341.87	20581.68	4510.60	3028.79
日信证券	15591.52	−227.04	4221.91	3015.88	140.07
合计	61372.41	9114.83	24803.59	7526.48	3168.86

资料来源:中国证券业协会。

(3)证券公司从业人员情况。2012年末,恒泰证券、日信证券2家证券公司注册从业人员数达到2318人。其中,注册为一般从业人员的1815人,证券经纪业务营销人员162人,证券经纪人62人,证券投资咨询业务(分析师)28人,证券投资咨询业务(投资顾问)215人,证券投资咨询业务(其他)36人。

2.证券投资咨询公司发展状况

2012年,内蒙古自治区引入首家投资咨询机构——天相投资顾问公司呼和浩特分公司。证券投资咨询机构的设立,为实现证券市场资源配置、证券市场纠错及保护投资者权益起着积极而重要的作用。

3.期货公司发展情况

截至2012年第三季度,内蒙古自治区辖内期货公司1家——鑫鼎盛期货经纪公司,注册资本5000万元,辖内期货公司营业部10家。其中,2012年新设期货营业部1家。2012年,内蒙古自治区辖区期货经营机构实现利润总额为196.54万元,见表10-5。

表10-5 2012年内蒙古自治区辖区期货经营机构利润统计表

机构名称	金额(万元)
瑞达期货鄂尔多斯营业部	88.93
民生期货包头营业部	27.29
大华期货呼市营业部	12.20
鑫鼎盛期货呼市营业部	6.64
首创期货包头营业部	1.93
上海中财赤峰营业部	2.28
金鹏期货鄂尔多斯营业部	3.20
国元海勤通辽营业部	3.42
鑫鼎盛包头营业部	8.45
北京中期包头营业部	42.20
合计	196.54

资料来源:内蒙古证监局。

(二)内蒙古自治区证券公司各项业务开展情况

2012 年,内蒙古自治区辖内 2 家证券公司主要开展证券经纪、投资银行、资产管理、投资咨询和融资融券等项业务,具体业务开展情况如下:

1. 证券经纪业务

2012 年,沪、深两市新开 A 股股票账户为 5123 户,增长数量和增长幅度都明显低于 2011 年。

受交易额下降和佣金率持续下滑的影响,2012 年证券经纪业务的收入明显下滑。其中,截至 2012 年 10 月末,辖区内证券公司实现手续费收入 33539 万元,占利润总额的 2.87%。2011 年辖区内证券经纪业务佣金率为 1.8%,相比证券经纪业务较发达地区较高。

2. 投资银行业务

2012 年,辖内 2 家证券公司共完成首次公开发行(IPO)项目 3 家(其中恒泰证券 2 家、日信证券 1 家),募集资金共计 116096.50 万元,占市场 IPO 融资量的 1%,见表 10-6。

表 10-6　2012 年前三季度内蒙古自治区辖内 3 家证券公司投资银行业务数据统计表

证券公司	股票(IPO)主承销家数(家)	股票(IPO)主承销金额(万元)	债券主承销家数(家)	债券主承销金额(万元)
恒泰证券	2	90086.50	0	0
日信证券	1	26010.00	1	150000.00
合计	3	116096.50	1	150000.00

资料来源:中国证券业协会。

3. 资产管理业务

2012 年,辖内 2 家证券公司开展证券资产管理业务,合计管理产品数量 8 只(其中恒泰证券 7 只,日信证券 1 只),若剔除获批准尚未发行的产品,实际产品数量为 5 只,资产份额共计 21.10 亿份,资产规模 22.19 亿元。

2011 年,恒泰证券资产管理业务收入增长率名列行业第一,开始崭露头角;2012 年,又凭借其骄人的投资业绩再次脱颖而出。截至 2012 年末,恒泰证券旗下 4 只产品均保持累计收益正增长,其中恒泰先锋 1 号集合计划年度(成立于 2011 年

6月13日)收益率超过11%,成立以来累计收益率约为6%,自成立以来业绩在同类可比产品中排名第九,超过同期华夏大盘基金绝对收益率18.29%。

4.投资咨询业务

2011年1月1日正式实施的《证券投资顾问业务暂行规定》和《发布证券研究报告暂行规定》,明确将传统的证券投资咨询业务区分为证券投资顾问业务和发布研究报告这两种基本的服务形式,并分别对证券公司和证券投资咨询公司开展证券投资咨询业务的风险控制制度建设、利益冲突防范、流程规范、执业原则和禁止性行为等提出了相应的要求。

(1)投资顾问业务情况。2012年是投资顾问业务快速发展壮大的一年。中国证券业协会专项调查统计表明,内蒙古自治区辖内2家证券公司均已开展投资顾问业务,其中投资顾问岗位从业人员143人。投顾部门普遍承担制定投资顾问管理制度与工作流程、公司投资顾问团队的日常管理、团队建设、考核督导和风险监控等业务管理工作,部分公司的该部门还具备投资顾问业务线的人事任免权与预算管理权。

(2)发布研究报告业务。一是证券公司发布研究报告的情况。根据中国证券业协会专项调查统计,2012年,内蒙古自治区辖内2家证券公司均设有研究所(或研发中心),总共发布研究报告数量为1049篇,比2010年增长23%。

二是证券公司从事发布研究报告业务的人员情况。以辖内日信证券研究所为例,截至2012年底,该研究所拥有近50人的专业化证券研究服务团队,团队成员中博硕占比超过95%,博士比例超过三成,研究领域涵盖中国经济、金融市场、制度变迁、投资策略、行业、上市公司、股票、债券、基金、其他金融产品以及理财产品设计等,形成全覆盖、体系化的证券研究和咨询服务系统。在研究服务深度和广度不断推进的形势下,研究团队仍在继续扩张中。

5.融资融券业务

2010年3月,我国正式推出了融资融券业务。2012年,融资融券业务作为证券公司的常规业务,并呈现出有序增长的态势,业务规模不断增加,市场影响力逐步增强。

2012年3月,内蒙古自治区辖内2家证券公司通过了中国证券业协会组织的券商融资融券业务方案的专业评价,正式启动了融资融券业务。

2012年12月,据深圳证券信息有限公司数据中心统计,内蒙古自治区辖内2家证券公司融资融券交易余额分别为:恒泰证券9934万元、日信证券公司4851万元,其中融资余额分别为9469万元、4851万元,融券余额分别为465万元、0元。根据月度数据比较,恒泰证券公司融资融券余额环比增幅400.71%,融资余额环比增幅 377.27%,位居月度行业第二;日信证券公司融资融券余额、融资余额环比增幅 78.94%,分列月度行业第四、第五。

(三)内蒙古自治区上市公司发展情况

自 2010 年以来,内蒙古自治区企业上市速度不断加快,结束了 2008 年和 2009年连续两年无新增上市企业的历史,基本走出了全球金融危机的阴影,有效提升了自治区直接融资的比例。2011 年,22 家境内上市公司经营状况良好,总市值达到2543.9 亿元,同比增长 15.3%,新增境内 IPO 融资 31.7 亿元。2012 年,内蒙古境内上市公司发展持续向好,A 股总市值为 2801.17 亿元,比 2011 年增长 10.11%,新增境内 IPO 融资 8.96 亿元,海外 IPO 融资 70 亿港元。

1.上市公司数量与股票融资规模情况

截至 2012 年底,内蒙古自治区共有 31 家公司在境内外上市,累计融资额已超过 600 亿元人民币,其中境内上市公司 24 家,见表 10-7;另有 7 家公司在中国香港和美国纳斯达克市场等海外市场上市。2010 年以来,内蒙古企业上市步伐不断加快,2010 年福瑞股份上市,实现了内蒙古自治区首家企业在我国创业板市场上市,IPO 融资额达 5.51 亿元。2011 年,内蒙君正和东宝生物分别在上海主板和深圳创业板上市,总计融资 31.71 亿元,为内蒙古自治区再添一家创业板公司。2012 年,新增 2 家内地上市企业,金河生物和蒙草抗旱分别在深圳中小板和创业板挂牌上市,累计融资 8.95 亿元;海外上市方面,伊泰煤炭通过增发 H 股在中国香港联交所主板挂牌上市,募集资金达 70.09 亿港元,成为内地首家"B+H"股上市煤炭企业,也成为内蒙古自治区有史以来公开发行股票募集资金规模最大的企业。

表 10-7　内蒙古自治区境内上市公司数量发展情况　　　　单位:家

年份	2007	2008	2009	2010	2011	2012
当年上市数量	1	0	0	1	2	2
上市公司总数	19	19	19	20	22	24

资料来源:中国证券监督管理委员会网站和内蒙古证监局网站。

2.上市公司行业分布情况

内蒙古自治区 24 家境内上市公司主要分布在能源、电力、冶金、化工、设备制造、医药生物等行业,其中以自然资源为基础的资源类上市公司有 16 家,突出地反映了少数民族地区资源型区域经济特色,体现了比较集中的特色产业优势,并逐步显示出在各自所属行业内的领先地位。依托优势资源的产业已成为自治区的支柱产业,如包钢稀土、鄂尔多斯等上市公司具有一定资源垄断性和明显的竞争优势,在国内外也占有一定的地位。种植养殖、食品加工以其草原绿色无污染而居于全国先进行列,如伊利股份。资源类上市公司经过几年的技改、转化、整合,其产品的加工深度和综合利用能力以及产品的附加值和科技含量都有了很大的提高,这些上市公司正在由典型的资源型加工企业向高科技型企业转化,从而推动了内蒙古自治区经济由资源优势向产业优势和经济优势的转化。

表 10-8　内蒙古自治区上市公司产业分布情况(2012 年 12 月 31 日)　单位:家

行业	农产品加工	电力	煤炭采选	有色金属	黑色金属(钢铁)	化工制造	机械制造	纺织制造	医药生物	土木建筑
数量	2	1	4	2	2	5	2	1	4	1

资料来源:根据同花顺股票软件统计。

3.上市公司区域分布情况

内蒙古自治区上市公司主要集中在资源相对集中、经济文化都较为发达的呼和浩特市、包头市、鄂尔多斯市等地区,三个地区上市公司总数量为 17 家,占比达到 70.8%。乌海市、赤峰市各有 2 家,乌兰察布市、阿拉善盟和通辽市都只有 1 家,巴彦淖尔市、锡林郭勒盟、兴安盟和呼伦贝尔市至今没有企业上市,见表 10-9。不同地区上市公司产业属性方面,与相应地区资源优势、经济发展特点高度相关,诸如煤炭采选主要分布在煤炭资源富集区——鄂尔多斯市;化工制造和机械制造大多数分布在工业较发达的包头市内;经济文化发展较为全面的呼和浩特市,其上市公司则呈现多元化特征。

表 10-9　内蒙古自治区上市公司地区分布情况(2012 年 12 月 31 日)　单位:家

地区	呼和浩特市	包头市	鄂尔多斯市	乌海市	赤峰市	乌兰察布市	阿拉善盟	通辽市
数量	6	7	4	2	2	1	1	1

资料来源:中国证券监督管理委员会网站和内蒙古证监局网站。

4.上市公司股改情况

与全国股票市场股权分置改革进程同步,在证券监管部门的强力推动下,截至2012年底,内蒙古自治区上市公司顺利完成了股权分置改革,结束了上市公司两类股份、两种价格长期并存的历史,完善了资本市场功能,释放了市场活力,为实现内蒙古自治区区域资本市场的快速和可持续发展奠定了良好的制度基础。2012年底,内蒙古自治区上市公司 A 股流通股本为 187.74 亿股,总股本为 249.38 亿股,流通股本占总股本比值为 75.28%,远远超过 2/3 水平,而在股权分置改革前这一数字仅为 1/3;内蒙古上市公司 A 股流通市值为 2045.17 亿元,总市值为2801.17 亿元,流通市值占总市值的比重为 73.01%,同样,股权分置改革前这一数字也为 1/3 左右。至此,内蒙古自治区股票市场已从部分流通的市场发展成为统一的全流通市场。

(四)内蒙古自治区证券、期货行业自律性组织工作开展情况

2012 年,内蒙古证监局和内蒙古证券期货业协会等部门加强监管和自律,推动业务创新发展,从行业、市场层面为证券期货经营机构发展提供了政策和业务上的支持。内蒙古证监局合理把握"放松管制与加强监管"两者间的平衡,促进证券期货业协会切实履行市场自律管理职能,确保了内蒙古自治区证券期货市场平稳良好的运行秩序。

1.内蒙古自治区证券监管部门推进行业自律性组织开展工作

2012 年,内蒙古证监局加快进行各项基础性工作,为内蒙古自治区证券行业自律性组织开展工作夯实基础。

(1)创新监管方式,积极发挥协会自律作用,着力维护辖区证券经纪业务秩序。①与协会形成定期联席会议制度,每季度对最新监管和自律政策、情况和存在的问题相互通报,对市场中存在的热点问题进行研究讨论,并就会议内容形成会议纪要,下发会长、副会长、秘书长和副秘书长阅知,促进监管和自律。②指导协会开展证券经纪业务佣金自律管理工作。2012 年共检查证券营业部 43 家,从检查结果来看,辖区营销活动逐步规范,市场秩序大为好转。③指导协会进一步健全内部工作制度。制定了秘书处工作细则,进一步明确了秘书长、副秘书长和秘书处各部门的职责分工,促进协会的日常运转更加规范有序。

(2)积极谋划市场发展,促进营业部网点合理布局,扩大市场规模。①谋划市场发展,在全国期货监管会议后组织内蒙古自治区期货机构进行座谈,形成《现阶段内蒙古自治区辖区期货市场发展工作思路》,在此基础上指导协会制定了期货行

业佣金自律公约。②合理布局新证券期货机构,进一步扩大了辖区证券经营机构的规模。③推动营业部丰富业务品种,核准了华泰证券、齐鲁证券等外埠证券公司辖区营业部的 IB(Introducing Broker)业务①和融资融券等新业务。审核指导鑫鼎盛期货、大华期货、首创期货等期货经营机构进行焦炭、甲醇等新产品上市推荐会和投资者教育报告会,提高了受教育居民的理财意识和防风险意识,扩大了期货市场的影响力。

(3)改进完善行政许可工作,健全内部监管工作制度,完善 CISP 系统留痕和诚信系统的使用。①全面系统地改进和完善行政许可工作。2012 年,行政许可、备案审查等行政审批事项 135 项,各经营机构报送材料真实、准确。②进一步健全了机构处日常工作的各项制度和流程。2012 年,内蒙古证监局对原有的 29 项制度进行了修改和完善,进一步贯彻落实证监会关于监管要求公开透明、监管措施公平一致的要求,提高监管工作自身的规范化和透明度,实现精细化监管。③对 CISP系统内的信息予以完善,强化监管留痕。

(4)与内蒙古广电局、新闻出版局开展监管合作,对证券投资资讯节目的规范工作取得了初步效果。2012 年,内蒙古证监局与内蒙古广电局签署合作备忘录,对辖区内广播、电视咨询类节目和广告进行了有效监控;与内蒙古新闻出版局也开展了相关合作,以便更好地对辖区内报纸、杂志上咨询、广告内容,开展联防、联治监管工作。

(5)与行业协会、期货经营机构开展期货投资者教育活动。2012 年,内蒙古证监局利用多种渠道与中国证监会期货二部、中国期货业协会、中金所、大商所、郑商所等部门加强联系,并推动辖区期货经营机构在呼和浩特市、包头市、鄂尔多斯市等地开展期货投资者教育活动,普及期货知识,为地方经济平稳发展提供相关期货工具。

2.内蒙古自治区证券期货业协会工作开展情况

2012 年,内蒙古证券期货业协会继续秉承"自律、服务、传导"的职能定位,顺利完成各项协会工作,正式吸收辖区内新设 3 家证券营业部会员;积极探索开展会员服务工作;继续加强自律,积极维护市场秩序;配合主管部门、中国证券业协会和中国期货业协会工作;加强协会自身建设,充分发挥行业自律组织应有作用。

---

① 证券公司 IB 业务是指证券公司接受期货经纪商的委托,为期货经纪商介绍客户的业务。

二、内蒙古自治区证券、期货业发展的特点及不足

2012 年,内蒙古自治区证券期货行业运行态势良好,但总体来看仍然存在诸多不足,需要进一步改善和提高。

(一)内蒙古自治区证券业发展特点

2012 年,内蒙古自治区证券业继续平稳发展,具体呈现以下特点:

1. 积极引导企业利用资本市场的融资功能,拓宽融资渠道,扩大直接融资规模

自 2012 年开始,内蒙古自治区实施以"积极推介金融市场产品、增强直接融资能力,推进融资方式创新、增大社会融资规模"为主要内容的"双推双增"工程,引导企业通过短期融资券、中期票据、中小企业集合债及企业债等融资工具进行低成本融资,融资规模成倍扩大,实现由信贷支持为主向多元化融资的根本性转变。

2012 年前 9 个月,内蒙古自治区非金融企业通过债务工具和股票融资 487.95亿元,同比增加 264.35 亿元,增长 1.2 倍。其中短期融资券 71.5 亿元,中期票据 91 亿元,公司债券 67.1 亿元,企业债 116 亿元,非公开定向债务融资工具(私募)30亿元,股票 112.35 亿元。①

2. 加大中小企业服务力度,加强对实体经济的服务

2012 年,内蒙古自治区中小企业融资占全年直接融资的 97%,通过中国证监会审核的中小企业(包括深圳中小板和创业板企业)2 家,占全年内蒙古自治区所有通过中国证监会审核 IPO 项目总数的 100%。截至 2012 年底,内蒙古自治区有 5 家中小企业在深圳中小板和创业板上市。

3. 证券市场资源配置功能明显,优化了地区产业结构,带动了地区经济发展

近年来,内蒙古自治区利用资源优势和证券市场相结合,有力地推动了地区经济持续健康发展。特别是通过扩大增量资源和重组存量资源,改善和优化上市公司整体结构,推动国有企业依托资本市场进行改组改制,使优质资源向上市公司集中,支持具备条件的优质大型企业实现整体上市,支持高成长型中小企业在证券市场融资,2012 年实现了沪深主板、深圳中小板和创业板上市公司多板块发展,逐步改善了上市公司整体结构,优化了地区产业结构。尤其是,内蒙古自治区 70%以上的上市公司集中在呼、包、鄂"金三角"地区,凭借着资源、资金、技术、品牌、管理

---

① 中国人民银行呼和浩特中心支行网站,http://huhehaote.pbc.gov.cn,2012-10-24.

优势,不断开发符合市场消费趋向的新产品,已经成为推动产业结构调整的龙头,有力地推动了自治区能源、冶金、化工、农畜产品加工、装备制造和高新技术产业六大支柱产业的形成,并成为内蒙古自治区新的经济增长点和重要的经济集聚区。

4.创新意识增强,初步构建以客户服务为中心的经营模式

2012年,经纪业务逐步由通道创收向服务创收转型;投资银行业务由以项目为主导向以客户为主导转变;资产管理业务注重针对不同客户需求、提供多样化的理财产品。此外,2012年,辖区内证券公司在客户分类分级方面加快了步伐,纷纷成立财富管理部或财富管理中心等机构,综合证券公司经纪、投资银行、资产管理等多方面的专业能力,进一步加强对客户尤其是高端客户的综合服务能力。证券公司通过逐步拓展业务空间、提高服务质量来提升自身核心竞争力,初步构建了以合规经营和控制风险为前提、以市场需求为导向、以客户为中心的经营模式。

5.业务范围扩大,资产管理、融资融券业务等成为新的利润增长点

2012年,辖区内证券公司的业务范围有所扩大,主要包括:融资融券业务由试点转为常规业务;证券自营业务可投资品种范围扩大;证券公司首次公开发行股票并上市(IPO)申请涉及业务范围拓宽;资产管理产品品种日益丰富等。

随着辖内券商集合理财产品上线数量的增加和2012年下半年市场回暖,2家证券公司集合理财产品的投资业绩均有不同程度的增长,资产管理规模也有所扩大;融资融券业务也基本步入有序、稳健发展的轨道,业务发展呈现逐步上升趋势。

6.加强合规与风险管理有效性,为创新服务,管理科学化程度逐步加深

2012年,辖区内证券公司合规与风险管理突出强调了"有效性"的工作重点,合规管理有效性评估和压力测试等管理制度和机制建设逐步深入,合规经营的要求和风险管理的实践正在成为企业内在经营管理不可分割的部分。证券公司合规与风险管理部门积极参与和推动业务创新活动,通过开展合规审核、敏感性分析和压力测试等工作对创新项目进行可行性分析,参与创新项目业务流程和风险控制方案的前期设计,对业务实施过程实施事中监控和事后检查,确保业务创新在良好的内部控制框架下展开。证券公司合规与风险管理技术化、科学化程度也得到提高。信息管理系统在信息隔离、合规监测、净资本管理、风险计量和测算、风险指标监控等工作中应用的广度和深度加大。

7.加强投资者教育和适当性管理,提高对投资者利益的保护力度

2012年,辖区内证券公司积极开展投资者教育和适当性管理工作,将其要求融入日常业务管理流程,在基金产品销售、投资建议提供、创业板市场证券交易等方面有针对性地向投资者提供产品和服务,通过客户分类管理,广泛开展投资者教

育活动。证券公司通过投资者园地建设、专题报告会、讲座、宣传咨询等方式向投资者普及证券基础知识，介绍各种证券投资产品和各项证券业务，宣传金融证券方面的政策法规及市场规则，揭示证券投资风险。证券公司还通过多种形式加强企业文化和社会责任建设，积极妥善管理利益冲突，建立投诉举报受理和处理机制，为投资者参与公司管理提供畅通的沟通渠道，有力地保障投资者的合法权益。同时，各证券公司也根据相关自律规定，积极配合交易所做好自律监管工作，对投资者进行合规教育和风险揭示，引导理性投资；对违反交易所交易规则的账户采取有效措施，维护正常的交易秩序和市场的稳定。

8.内蒙古自治区证券业监管当局积极创新监管理念，努力提高监管效率

2012 年，内蒙古证监局积极创新监管理念，不断加强自治区证券行业监督管理各项工作，成效显著。一方面加强引导辖区上市公司、证券公司、期货公司通过加强公司治理重点环节和重点问题的解决，不断完善公司治理，另一方面严厉打击内幕交易等各类违法违规行为，维护辖区资本市场的良好发展环境。具体工作如下：一是加强对控股股东和公司高管的监管，树立证券业诚实守信的履职标准。二是督促上市公司提高信息披露透明度。三是进一步推进并购重组，加强并购重组中相关承诺事项履约的督导。四是加强对中介机构的监管，充分发挥中介机构的作用。五是充分发挥自律组织的积极作用，形成了行政监管、行业自律和公司自我约束有机结合的监管机制。六是提高行政许可工作的透明度，主动接受申请人和社会公众的监督。七是加强内幕交易的打击力度，净化市场环境。

（二）内蒙古自治区证券、期货业发展中存在的不足

在充分看到成绩的同时，我们也要清醒地认识到存在的差距和不足。总体来看，内蒙古自治区资本市场发展水平远远落后于全国平均水平，证券期货经营机构数量规模及业务水平都还较低；企业融资仍然主要依靠间接融资，直接融资约占全部融资的 10%，比全国平均水平低 15%；上市公司发展速度与内蒙古自治区经济持续高速增长趋势严重背离，上市公司对地区经济的带动作用还十分有限，资源优化配置、产业结构调整升级等功能未能充分有效的发挥。

1.证券期货经营机构发展缓慢，证券投资基金行业尚属空白

内蒙古自治区证券期货经营机构数量较少，资产规模偏小，证券机构盈利模式也较为单一。截至 2012 年 10 月，辖内证券公司仅有 2 家，在全国 114 家证券公司中资产、资本规模排名较后，2012 年前三季度，恒泰证券、日信证券 2 家证券公司总资产规模合计 99.79 亿元，分列全国第 54 位、第 92 位；净资产规模合计 47.15

亿元,分列第 42 位、第 101 位;净资本规模合计 38.52 亿元,分列第 38 位、第 103 位。目前 2 家证券公司主要开展了证券经纪业务、投资银行业务、资产管理业务、融资融券业务和投资咨询业务,企业并购、基金管理、风险投资等创新业务尚未开展。在证券公司的各项业务收入结构中,传统的证券经纪业务仍然占有较高比例,其他业务占比较低。目前辖内期货公司只有 1 家,注册资本 5000 万元,辖内期货公司营业部 10 家。其中,2012 年新设期货营业部 1 家。截至 2012 年底,内蒙古自治区尚未设立证券基金公司,基金行业尚属空白。

2. 上市公司数量偏少,市场规模偏小,带动地区经济发展作用有限

从绝对数量上看,自 2010 年以来,内蒙古自治区上市公司逐年增加,但与全国总量相比,自 2007 年至 2012 年,相对比重逐年下降,见表 10-10。这与内蒙古自治区国民经济持续高速增长的趋势发生明显背离。从上市公司数量的全国排名来看,截至 2012 年底,在 31 个省、自治区和直辖市中,内蒙古自治区排名第 22 位,仅超过西部省区的甘肃省、贵州省、宁夏回族自治区、青海省和西藏自治区。

表 10-10　2007～2012 年内蒙古自治区区域内上市公司与国内境内上市公司数量对比情况

年份	2007	2008	2009	2010	2011	2012
内蒙古境内上市公司数(家)	19	19	19	20	22	24
国内 A 股上市公司(家)	1530	1625	1718	2063	2342	2415
占国内 A 股上市公司比重(%)	1.24	1.16	1.11	0.97	0.94	0.99

资料来源:中国证券监督管理委员会网站和内蒙古证监局网站。

从市场规模来看,上市公司股票总市值占 GDP 的比率较低,2012 年底,内蒙古自治区区域内上市公司 A 股市价总值为 2801.17 亿元,占内蒙古自治区 GDP 总值(15988.34 亿元)的 17.52%,与全国上市公司市价总值(26.67 万亿元)和全国 GDP 总值(51.93 万亿元)的比值 51.36% 相比,低了 33.84%。而从 2012 年底 GDP 指标来看,与 2011 年相比,内蒙古自治区经济增速为 11.7%,高于全国平均水平 3.9%。以上可以充分说明,内蒙古自治区股票市场发展与其经济的高速发展水平极不相符。

3. 上市企业的产业分布不均衡,对产业结构优化升级的促进作用有限

截至 2012 年底,内蒙古自治区 24 家境内上市公司主要集中在能源、电力、冶金、化工、设备制造、农畜产品加工等传统行业,其中有 67% 的上市公司都是资源

类产业；新兴产业上市公司占比极小，其中只有 4 家上市公司属于生物医药行业，1 家上市公司属于节水环保产业，金融服务业以及可再生能源、新一代信息技术产业等新兴产业的上市公司还属空白。可见，内蒙古自治区上市公司主要集中于传统优势产业，只有少数公司属于新兴产业，这种产业分布特点，制约了资本市场推动内蒙古自治区"战略性新兴产业"发展的战略目标，同时，也不利于建立"创新型内蒙古"战略发展目标的顺利实施。

4.上市公司区域分布比较集中，削弱了资本市场的辐射功能和上市公司对地区经济的带动作用

从内蒙古自治区各地区上市公司数量的分布来看，具有明显的不均衡特征。截至 2012 年底，内蒙古自治区 70% 上市公司集中在经济发展水平较高的呼、包、鄂"金三角"地带，经济发展较为落后的巴彦淖尔市、锡林郭勒盟、兴安盟、呼伦贝尔市四大盟市至今没有一家企业上市，尚未实现零的突破，可见，上市公司的分布与地区经济发展密切相关。因此，上市公司的不均衡发展对于内蒙古自治区以地跨三北为特征的区域经济发展的带动作用十分有限，削弱了资本市场的辐射功能和上市公司对地区经济的带动作用，未能很好带动内蒙古自治区整体经济发展。

5.后备资源挖掘不够，企业上市潜力没有充分发挥

内蒙古自治区上市公司培育工作滞后，后备资源不足，2012 年内蒙古自治区仅有 3 家在审企业，4 家企业进入上市辅导期，与江苏省、浙江省、广东省等经济发达地区上百家拟上市公司相比，差距甚远。部分质量较好的优势和特色企业对通过资本市场融资、实现跨越式发展的意识不强，瓶颈效应开始显现，已严重制约内蒙古自治区新股发行上市的推进。

三、内蒙古自治区证券、期货业发展的策略建议

内蒙古自治区经济已连续多年保持高速增长，经济异常活跃，对资金需求旺盛。在此经济发展的重要战略机遇期，应加快发展内蒙古自治区证券业、提高直接融资比重，实现地方资本市场与货币市场并举的多元化金融发展格局，推动金融业加快转型，提升金融服务经济发展水平，实现经济金融协调发展，从而更好地促进内蒙古自治区"十二五"规划发展目标的实现，为地区经济又好又快发展提供强有力的金融保障。

（一）积极推动企业上市融资，提高直接融资比重

以内蒙古自治区"双推双增"融资工程实施原则为指导，在融资工程领导小组的领导组织下，继续推进内蒙古自治区各项直接融资方案的实施。结合内蒙古自治区产业特点，推动支柱产业和特色产业实施股份制改造或启动上市绿色通道。采取境内与境外、主板与创业板并举的方针，建立拟上市企业跟踪管理机制，支持大中型企业利用国内主板市场和境外市场进行直接融资，积极推动自主创新及高科技技术企业通过创业板上市融资。建立上市后备企业资源库，实行分类指导、动态管理，培育和扩大上市后备资源，增加上市公司数量；积极推动上市公司并购重组，鼓励和支持业绩优良的上市公司通过配股、增发新股、发行公司债或可转债等方式，扩大直接融资规模，提高上市公司质量，提升对内蒙古自治区经济增长贡献率的突破。

（二）调整上市公司的区域和产业结构，扩大上市公司的辐射作用

积极调整上市公司的区域和产业结构，统筹内蒙古自治区东西部地区经济协调发展，扩大上市公司的辐射作用。在西部地区，继续重点培育能源、新型化工、装备制造、节能环保、新一代信息技术等产业的上市公司，以支持构建沿黄河、沿交通干线经济带，推进呼和浩特市、包头市、鄂尔多斯市一体化发展，辐射带动内蒙古自治区西部地区率先发展。在东部地区，要加大对各盟市的帮扶和政策支持力度，重点培育煤电、煤化工、有色金属加工、装备制造、农畜产品深加工、旅游服务等产业的上市公司，优化兴安盟、赤峰市、锡林郭勒盟等地区的水煤资源配置，推动内蒙古自治区东部地区的大力度开发开放，以进一步融入东北及环渤海经济区（圈），主动承接辐射带动和产业转移，全面提升经济发展水平，增强区域实力和竞争力。

（三）大力发展债券票据融资，推进债券市场全面发展

坚持全面发展和重点推进相结合的原则，一方面，全面发展企业债券、公司债券、超短期融资券、短期融资券、中期票据、非公开定向债券等债务类直接融资工具，解决好大项目、大企业融资问题；另一方面，重点推进中小企业集合债券、中小企业私募债、集合票据以及其他创新类债务融资工具，缓解中小企业融资难，着力解决弱势群体、弱势行业发展的资金问题。同时，鼓励金融机构积极创造条件申请发行次级债等资本性债务工具和金融债，提高内蒙古自治区辖内金融机构资金运用能力，从而更好地为自治区经济服务。开拓地方政府信用融资渠道，努力争取发

行地方政府建设债券。

（四）大力发展资本市场中介服务机构，增强综合服务功能

积极培育和发展证券中介服务机构，做大做强本土已有证券、期货公司，通过增资扩股和兼并重组等手段，优化整合资源，不断增强其资本实力和抗风险能力，壮大地方证券业实力。积极鼓励现有证券经营机构大力拓展企业购并重组、管理层收购、项目融资、风险投资、基金管理等创新业务，开发适合地方特点的金融产品，提升服务水平，树立行业特色品牌，更好为地方经济服务。继续完善证券期货经营机构公司治理，强化风险管控机制、薪酬激励机制和外部监督机制，不断提升经营管理水平和整体发展质量。积极引进区外证券公司、期货公司和实力雄厚的机构投资者，引进竞争机制，增强市场活力和服务水平。

（五）加快发展股权投资和创业投资，设立各类产业投资基金

研究制定鼓励股权投资发展的政策措施，促进风险投资、产业基金等各类股权投资规范、健康发展。积极推动境内外股权投资基金在内蒙古自治区投资，扩大政府创业投资引导基金规模，认真落实促进创业投资企业发展的优惠政策。积极引导和鼓励民间资本进入股权投资和创业投资领域。

积极发展创业投资基金、产业投资基金、矿产资源开发投资基金、城市发展投资基金，推动设立并购重组基金。着力推动和支持战略性新兴产业基金以及生物产业、新能源和节能环保等创业投资基金的设立和发展。

（六）推动产权交易市场发展，有效推进内蒙古自治区经济结构战略性调整

积极推动内蒙古自治区产权交易市场发展，继续完善产权交易功能，充分利用项目信息统一发布系统，推动和支持产权交易业务创新，积极开展碳排放权、排污权、水权交易试点，着力推进自治区经济"绿色崛起、低碳发展"，大力发展产权交易中介服务。积极推进场外交易市场建设，为符合条件的非上市企业资产和股权转让提供渠道和服务。探索组建内蒙古自治区区域性股权交易市场，促进区域性股权交易市场规范发展。

（七）稳步推进期货市场发展，进一步发挥期货公司服务实体经济功能

积极支持内蒙古自治区的企业运用期货市场的套期保值功能规避市场风险，实现期货与现货互动、商品与金融互动、风险管理与财富管理互动，进一步发挥期货公司服务实体经济的功能,作为内蒙古自治区油菜籽重要生产基地的呼伦贝尔市、兴安盟、通辽市等地区的相关企业,要充分利用油菜籽、菜籽粕等期货品种,进行价格风险管理,更好规避现货市场风险。推动内蒙古自治区特色优势期货品种尽快上市,积极创造条件使内蒙古自治区马铃薯、煤炭等重要大宗产品成为期货交易品种,争取期货交易所在内蒙古自治区设置交割库,实现期货市场与现货市场和实体经济的深度融合。

第 十 一 章

内蒙古自治区保险业发展报告

　　保险业与银行业、证券业共同构成了金融体系的三大支柱。现代保险具有经济补偿、资金融通和社会管理功能，是经济主体进行风险分散和损失补偿的市场化手段，也是金融体系和社会保障体系的重要组成部分，在全面建设小康社会和构建社会主义和谐社会过程中发挥着重要作用。

一、内蒙古自治区保险业发展基本情况及特点

内蒙古自治区保险业起步于中华人民共和国成立初期,在计划经济时期,经历了几起几落的曲折发展历程,直到党的十一届三中全会后才迎来了真正的发展时期。在此后的 30 多年时间里,伴随着内蒙古经济增长和社会进步,内蒙古自治区保险业也实现了快速的发展。

(一)内蒙古自治区保险业发展概况

2007~2011 年,内蒙古自治区保险业取得了巨大的发展成就,主要表现为:

1.保险市场主体不断增加,保险市场体系初步确立

2007 年,全区共有保险公司省级分公司 19 家,其中财产险公司 10 家,人身险公司 9 家;地市级中心支公司(二级分公司)122 家,支公司以下营业性机构 1180 家。2011 年,全区共有 32 家省级保险公司,其中,新开业省级分公司 3 家(另有 2 家批筹),中心支公司 22 家、支公司及以下分公支机构 96 家,全区保险机构达 1765 家,保险从业人员 8.4 万人,五年间保险机构平稳增加,保险市场体系初步形成。

2.保险业务迅速发展,保险业贡献度不断提高

从保费收入来看,原保费收入从 2007 年的 97.75 亿元快速增长到 2011 年的 229.78 亿元,占全国总保费用收入的 1.6%,见图 11-1 和图 11-2。从保险业增加值及所占比重来看,"十一五"以来,保险业增加值绝对量快速增加,由 2006 年的 12.69 亿元增加到 2011 年的 46.96 亿元,增长了近 4 倍。与此同时,相对量也发生

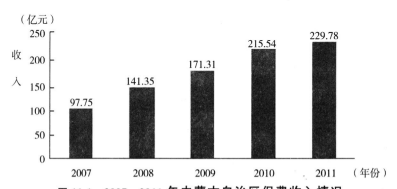

图 11-1　2007~2011 年内蒙古自治区保费收入情况

资料来源:根据内蒙古自治区统计局编,中国统计出版社出版《内蒙古统计年鉴》(2008~2012)整理而成。

着积极变化,保险业贡献度由 2006 年的 2.57‰提高到 2011 年的 3.30‰,增加了 0.73‰,占第三产业增加值的比重由 2006 年的 7‰提高到 2010 年的 9.7‰,增加了 2.7‰。

图 11-2　2007～2011 年内蒙古自治区保费收入情况

资料来源:根据内蒙古自治区统计局编,中国统计出版社出版《内蒙古统计年鉴》(2008～2012)整理而成。

3.资产规模迅速扩大

2007 年底,全区保险公司总资产共计 192.70 亿元,较年初增长 19.33%,占全国保险总资产的 0.66%;负债总计 220.55 亿元,同比增长 19.12%。截至 2011 年末,保险公司总资产达到 416.09 亿元,较年初增长 17.80%。

4.赔款和给付及时,保险功能作用不断增强

2007 年,全区保险业共支付赔款和给付 32.22 亿元,较上年同期增加 15.02 亿元,同比增长 87.39%。其中财产保险赔款支出 19.32 亿元,同比增长 91.78%;人身保险业务赔付支出 12.90 亿元,同比增长 81.19%。2011 年,各类保险金额达到 3.69 万亿元,保险赔款和给付 71.22 亿元,同比增长 19.80%,见图 11-3 所示。

5.保险业对就业的贡献力度不断加大

"十一五"以来,全区保险从业人员从 2006 年的 3.91 万人增加到 2011 年的 8.40 万人,就业贡献率从 2006 年的 1.07%上升到 2011 年的 1.57%,保险业已成为促进社会就业的重要行业。特别是在 2007 年,全球金融危机导致经济发展面临巨大挑战,而保险业在 2007 年和 2008 年净增就业人数分别为 1.09 万人和 2.15 万人,就业边际贡献率分别达到了 34.10%和 6.89%,在缓解社会就业压力方面发挥了积极作用。

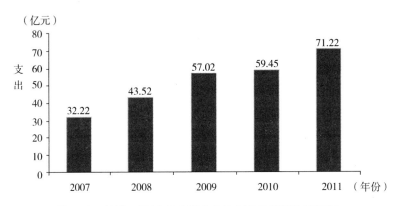

图 11-3　2007～2011 年内蒙古自治区保险赔付支出情况

资料来源:根据内蒙古自治区统计局编,中国统计出版社出版《内蒙古统计年鉴》(2008～2012)整理而成(其中 2007 年数据来自《内蒙古保险市场发展报告》(2008))。

6. 市场秩序有所好转

内蒙古保监局先后出台了《保险公司分支机构开业验收指引》、《行政处罚裁量标准》、《受理保险举报投诉案件调查工作规程》等一系列规章制度,规范监管行为,统一执法尺度;加强消费者权益保护的制度建设。制定辖区保险业信访投诉工作量化考核办法,指导行业协会建立保险合同纠纷仲裁调解机制,加强信访督查催办和调查落实,及时妥善处理保险消费者的合理诉求。着力解决消费者反映的销售误导、理赔难等突出问题。进一步完善车险承保理赔信息客户自主查询制度和理赔服务质量测评制度,指导保险行业协会在全区范围内建立了车险查勘定损人员挂牌、持证上岗制度。全面开展人身保险业务基本服务测评工作,实行人身保险产品销售定期报告制度和在售产品相关信息网上公开披露制度,加强对寿险产品说明会的管理。弄虚作假、不计成本恶性竞争、侵害消费者的问题明显减少,保险企业的业务合规性和数据真实性有了较大提高。

总之,2007 年至 2011 年间,内蒙古保险业发展较快,保险市场保持良好发展势头。目前,保费规模稳步增长,市场结构有所改善,产品业务结构进一步调整,保险深度、密度等指标与全国差距进一步缩小,见表 11-1,行业资产总额超过 400 亿元,监管有度且市场环境有所改观,保险的保障功能日益提高,充分发挥了经济发展的保驾护航功能。

表 11-1   2011 年内蒙古自治区保险业基本情况表

项目	数量
总部设在辖内的保险公司(家)	0
其中:财产经营主体(家)	0
人身险经营主体(家)	0
保险公司分支机构(家)	32
其中:财产险公司分支机构(家)	17
人身险公司分支机构(家)	15
保费收入(中外资,亿元)	230
其中:财产险保费收入(中外资,亿元)	120
人身险保费收入(中外资,亿元)	110
各类赔款给付(中外资,亿元)	71
保险密度(元/人)	926
保险深度(%)	2

资料来源:2011 年内蒙古自治区金融运行报告(内部资料)。

(二)内蒙古自治区保险市场运行的主要特点

随着内蒙古自治区保险市场发展环境的变化,近五年内蒙古自治区保险业迅速发展,保险业在经济和社会发展中的重要性日益显现,在促进经济发展和社会稳定方面发挥着越来越重要的作用。其主要表现为:

1.保险业务规模持续增长,保险业对经济社会的贡献度稳步提高

内蒙古保险业恢复至今发展迅速,在经济生活中发挥着越来越显著的作用。近年间,内蒙古保险市场发展较快,除了 2010 年,其余年份增长速度均高于全国平均水平,见图 11-4。2001 年至 2010 年间,年均增长率达到 26%,全国排名由第 26位升至第 23 位,保险业务规模大幅提高。2011 年全区实现保费收入 229.78 亿元,同比增长 6.61%,高于全国平均水平 7%。其中,财产险保费收入 116.69 亿元,同比增长 21.22%;人身险保费收入 113.09 亿元,同比增长 10.25%。

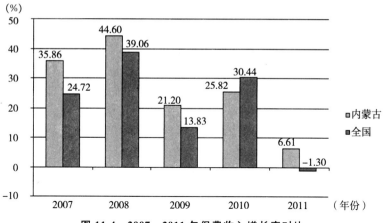

图 11-4 2007～2011 年保费收入增长率对比

资料来源:根据内蒙古自治区统计局编,中国统计出版社出版《内蒙古统计年鉴》(2008～2012)整理而成。

近年来内蒙古自治区保险密度和深度也不断提高,见表 11-2,2011 年,保险密度同比提高 54 元/人,达 926 元/人;保险深度 2.0％。表明内蒙古自治区保险业长足发展,对经济、社会的保障作用日益增强,对人民生活安定和企业正常运作起到了重要的经济补偿与保障作用。

表 11-2 内蒙古自治区保险业发展指标各年度对照表

年份	保费收入(万元)	保险密度(元/人)	保险深度(％)
2006	719505	301.50	1.50
2007	977478	406.43	1.62
2008	858201	585.59	1.82
2009	1713104	707.29	1.76
2010	2155372	872.40	1.84
2011	2297800	926.00	2.00

资料来源:根据内蒙古自治区统计局编,中国统计出版社出版《内蒙古统计年鉴》(2008～2012)整理而成。

2. 经济补偿和风险管理功能逐年攀升,保障服务功能日益增强

近年来,内蒙古保险业对经济社会的贡献度显著提高,保险业支持经济发展的

能力不断增强。"十一五"期间，全区保险业共承担各类风险 13 万亿元，支付赔款和给付 194 亿元，分别是"十五"时期的 5 倍和 2.7 倍。财产险赔款支出从 2006 年的 10.07 亿元，攀升至 2010 年的 42.04 亿元；人身险赔付支出从 2006 年的 7.12 亿元上升至 2010 年的 17.41 亿元。2011 年全区保险业共承担各类保险金额达到 3.69 万亿元，保险业总赔付支出 71.22 亿元，同比增长 19.80%。其中，财产保险赔款支出 51.09 亿元，同比增速 22%；人身保险赔付支出 20.13 亿元，同比增速 16%。

保险赔款与给付的不断增长，表明保险业经济补偿作用的发挥越来越显著，特别是在一些重大灾害事故发生后，保险的及时赔付在灾后重建、恢复正常的生产生活秩序方面发挥了重要作用。

3. 机构延伸步伐加快，市场竞争趋势加强

2011 年，新开业省级分公司 3 家（另有 2 家批筹），中心支公司 22 家、支公司及以下分公支机构 96 家。其中，财产险新开业省级分公司 2 家（另有 1 家批筹），中心支公司 12 家、支公司及以下分公支机构 51 家；人身险新开业省级分公司 1 家（另有 1 家批筹），中心支公司 10 家、支公司及以下分公支机构 45 家。截至 12 月末，全区已开业保险省级分公司 32 家，中心支公司（分公司）211 家、支公司及以下分公支机构 1522 家，全区保险机构共 1765 家，并且新老公司都加快了向各盟市延伸的步伐。市场主体的增加进一步提高了保险网络覆盖面，拓宽了保险服务领域，市场机制逐步形成，竞争效应开始显现。

此外，保险中介制度的实施初见成效。2010 年底，内蒙古有专业中介公司 49 家、保险兼业代理公司 2914 家。形成了种类比较齐全、遍布全区、布局合理、运作规范的中介市场体系。伴随着中介市场的不断发育，一个主体结构比较完善、初具规模与活力的保险市场，也已经在内蒙古自治区逐渐形成。

4. 保险保障功能不断健全，险种结构明显改善

在业务结构方面主要表现为：从财产保险业务为主转向产寿险合理化发展。恢复国内保险业务之初，财产保险一直占据市场主导地位。1996 年按照《保险法》的要求，中国人民保险公司内蒙古分公司实行产、寿险分业经营。这种严格的分业经营极大地刺激了寿险的发展，非寿险业务比重逐渐下降。2011 年，产寿险业务比例为 52∶48，表明业务结构已开始改善，市场适应能力加强，寿险、非寿险业务趋于合理化。

具体来讲，产险公司优化险种结构，降低高风险业务，增加了工程保险，责任保险等效益型险种业务。2011 年，产险公司车险与非车险保费收入分别增长 21.1%

和 21.9％,交强险与商业险保持稳定增长;农业险支农惠农作用进一步增强,保费收入达 17 亿元,排名全国第二,承担风险责任 226.2 亿元,受益农户 268.7 万户。

人身险业务结构调整成效显著,缴费结构趋于合理,渠道结构不断优化,个人代理渠道占比同比提高 3.4％,银邮渠道新单期缴费率达 28.1％。

5.行业风险管理水平有所提升

保费规模的增长以及保险业资产总额的扩张,对保险行业风险管理提出了更高的要求。为此,内蒙古监管局出台了一些措施和文件,引导和促进保险行业的风险管理水平的提高。如完善风险监测预警制度,根据保险业采用新的会计准则及《企业会计准则解释第 2 号》,进一步修订《内蒙古保险业风险监测预警暂行办法》,完善风险监测指标体系和监测标准,按季对辖区保险公司开展风险测评,对市场风险隐患及时进行预警和处置;根据民间借贷市场出现的风险苗头,及时对保险公司保单质押贷款激增情况进行摸底调查,严密防控公司资金风险;按照上下联动原则,密切监控辖区偿付能力不足机构的经营运行情况,将偿付能力监管延伸到基层,加强偿付能力监管和分类监管。

总之,随着保险业的迅速发展,保险业在内蒙古经济和社会发展中的地位日益显现,保险业在促进经济增长和社会稳定方面发挥着越来越重要的作用。

二、人身保险市场发展现状、问题及对策

人身保险是以人的寿命和身体为保险标的的保险,其中包括人寿保险、人身意外伤害保险和健康保险。人身保险通过提供经济给付保障被保险人、受益人等主体的财务安全。

(一)人身保险市场发展基本情况

2007~2011 年,内蒙古自治区人身保险业务保持了较稳健的发展态势,保费规模较快增长、赔款和给付不断增长、业务及产品结构逐步调整、资产规模和市场主体持续扩大,人身保险功能作用有效发挥,服务自治区经济社会的能力不断增强。

1.保费收入

2007 年,全区人身险保险原保险费收入 60.39 亿元(其中包括财产保险公司经营的意外险、短期健康险原保费收入 1.59 亿元),占总保费的 61.78％,同比增长 20.50％,增幅比上年提高了 5.25％。其中,寿险业务实现原保险保费收入 53.50

亿元,同比增长 20.73％;2011 年,全区人身险保险原保险费收入 113.09 亿元,占总保费收入的 48％,如图 11-5 所示。

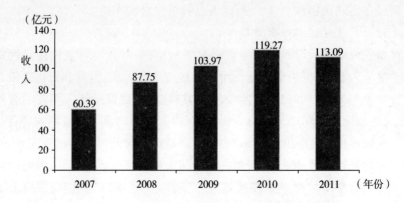

图 11-5　2007～2011 年内蒙古自治区人身保险保费收入情况

资料来源:根据内蒙古自治区统计局编,中国统计出版社出版《内蒙古统计年鉴》(2008～2012)整理而成。

2.赔款和给付支出

人身险赔付支出从 2006 年的 7.12 亿元上升至 2010 年的 17.41 亿元。2007年,全区人身保险赔款和给付支出 12.90 亿元,同比增长 81.19％,其中,寿险业务给付金额为 10.28 亿元,同比增长 110.49％;健康险赔款支出为 1.37 亿元,同比增长 3.81％;人身意外伤害赔款支出 1.25 亿元,同比增长 36.32％。2011 年全区保险业总赔付支出 71.22 亿元中人身保险赔付支出 20.13 亿元,同比增速 16％。保险赔款与给付的不断增长,表明人身保险业经济保障作用的发挥越来越显著,如图11-6 所示。

3.业务及产品结构

2007 年,全区寿险业务实现新单原保费收入 24.50 亿元,同比增长 3.53％;续期原保费收入 28.95 亿元,同比增长 14.49％,合计 2007 年共实现寿险保费 53.5亿元。2011 年内蒙古保险保费收入为 229.8 亿元,其中,寿险保费收入为 116.6 亿元,占总保费用收入的 50.7％;意外险保费收入为 98.1 亿元,占总保费用收入的42.6％;健康险保费收入为 5.5 亿元,占总保费用收入的 4.09％,如表 11-3 所示。

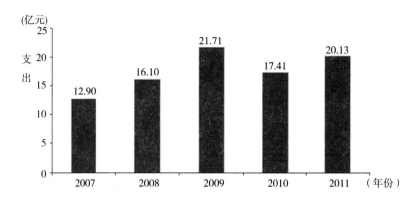

图 11-6　2007～2011 年内蒙古自治区人身险赔付支出情况

资料来源:根据内蒙古自治区统计局编,中国统计出版社出版《内蒙古统计年鉴》(2008～2012)整理而成(其中 2007 年数据来自《内蒙古保险市场发展报告》(2008))。

表 11-3　内蒙古自治区各年度人身险保费收入及构成情况　　单位:万元

年份	人身保险	寿险	意外险	健康险
2007	603910.19	373568.28	535045.75	34397.94
2008	877513.93	535947.94	791475.02	34615.80
2009	1039699.08	673405.08	925089.27	38692.10
2010	1192690.22	962681.94	1065873.63	45016.66
2011	1130859.73	1166917.89	981151.26	55672.64

资料来源:根据内蒙古自治区统计局编,中国统计出版社出版《内蒙古统计年鉴》(2008～2012)整理而成。

4.资产规模和市场主体情况

2011 年,全区保险公司总资产达到 416.09 亿元,较年初增长 17.80%;负债总计 463.41 亿元,较年初增长 18.09%。其中,人身险公司资产总计 371.47 亿元,较年初增长 17.78%;负债总计 429.68 亿元,较年初增长 20.0%。

2011 年,新开业省级分公司 3 家(另有 2 家批筹),中心支公司 22 家、支公司及以下分公支机构 96 家。其中,人身险新开业省级分公司 1 家(另有 1 家批筹),中心支公司 10 家、支公司及以下分公支机构 45 家。截至 12 月末,全区已开业保险省级分公司 32 家,中心支公司(分公司)211 家、支公司及以下分公支机构 1522 家。

(二)人身保险市场发展的主要特点

2007～2011年内蒙古自治区人身保险市场处于较快发展阶段,主要体现在:

1.人身险业务持续较快增长,增速基本保持平稳

2007年,全区人身险业务实现原保费收入60.39亿元(其中包括财产险公司经营的意外险、短期健康险原保费收入1.59亿元),占总保费的61.78%,同比增长20.50%,增幅比上年提高了5.25%。其中,寿险业务实现原保费收入53.50亿元,同比增长20.73%;健康险业务实现原保费收入3.45亿元,同比增长15.62%;人身意外伤害保险业务实现原保费收入3.44亿元,同比增长22.03%。

2011年,全区人身险保险原保险费收入113.09亿元,占总保费收入的48%,保费收入同比有所下降,表明在宏观经济主动调控、经济增长速度放缓、监管政策变化等影响下,人身保险业发展暂时受挫,增长速度有所回落,如图11-7所示。

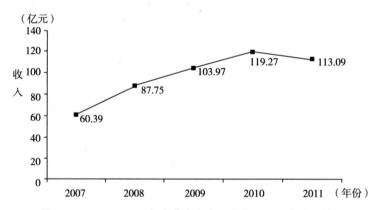

图11-7 2007～2011年内蒙古自治区人身保险保费收入情况

资料来源:根据内蒙古自治区统计局编,中国统计出版社出版《内蒙古统计年鉴》(2008～2012)整理而成。

2.业务结构不断变化,内含价值稳步提升

人身险公司业务结构日益优化,一是标准保费持续增长,人身险内含价值提高。2011年人身险公司结构调整取得进展。内蒙古自治区人身险业标准保费同比增长6.5%,高于2010年同期7.55%,较全国平均增速高8.45%。二是缴费结构改善尤为明显,新单期缴占比54.61%,较2010年同期提高8.5%,较全国平均水平高27%;十年期以上新单期交保费占比67.56%,高于2010年同期5%。三是

产品结构呈现理财趋势,普通型产品占比下降明显,新型产品占比大增。

3.给付支出及时,人身险保障及补偿功能明显增强

人身险给付支出从 2007 年的 12.90 亿元上升至 2011 年的 20.13 亿元,人身保险补偿及保障功能进一步增强,如表 11-8 所示。而且,人身保险在服务构建多层次养老医疗保障体系中的作用越来越突出。近几年来,人身险保障度、商业养老保障度以及健康险保障度明显提高。2011 年,自治区人均拥有人身险保障 6.09 万元,商业养老保障 2.08 元/年,商业健康险保障 8828 元,较 2006 年分别提高了 65%、75% 和 44%,人身保险逐步成为服务民生、改善民生、保障民生的重要手段。随着内蒙古经济社会的快速发展和转型,人身保险业已成为金融体系的重要支柱,成为社会保障体系的重要组成部分和社会管理体系的重要参与者。

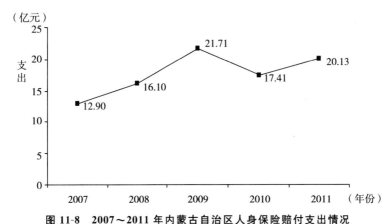

图 11-8　2007～2011 年内蒙古自治区人身保险赔付支出情况

资料来源:根据内蒙古自治区统计局编,中国统计出版社出版《内蒙古统计年鉴》(2008～2012)整理而成(其中 2007 年数据来自《内蒙古保险市场发展报告》(2008))。

4.三大主要销售渠道中个人代理仍占主导地位

2010 年以来,全区各家寿险公司由于受业务结构调整政策和资本市场变化的影响,三大销售渠道的发展情况各不相同。一是个人代理渠道发展突出。2011 年,个人代理渠道占比 73.17%,高于 2010 年同期 3.7%,高于全国平均水平 28.5%。二是银行邮政代理业务受银保监管政策影响,出现短期回落后银邮渠道新单期交率继续提高,达到 28.11%,高于 2010 年同期 1.14%,高于全国平均水平 15.36%。三是直销业务占比仍较小,状态不佳。

(三)人身保险市场发展中存在的问题

尽管近年来内蒙古自治区人身保险业保持了较好的发展态势,但与经济社会发展的要求和人民群众的期望相比,还有很大差距。

1.经济增长速度放缓,寿险增速暂时回落

经济发展是保险业发展的根基。GDP 增长和保费收入之间有一定的相关,见图 11-9。随着经济总量的不断增大,资源的投入和消耗也快速增长,经济发展中的不平衡因素也随之增加,维持经济高速增长面临越来越多的制约因素。因此,经济增长速度呈现出主动放缓的态势。人身险业作为国民经济的有机组成部分,业务发展受到了宏观经济形势的影响,发展速度趋缓,2011 年,全区人身险保险原保险费收入 113.09 亿元,比 2010 年有所减少(2010 年人身险原保费收入 119.27 亿元)。

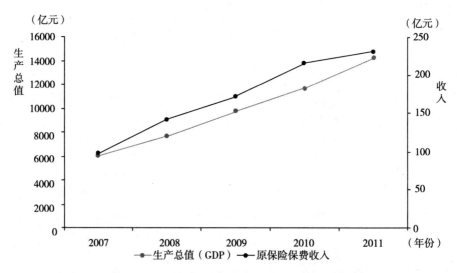

图 11-9　2007～2011 年内蒙古自治区保费收入与生产总值(GDP)对比

资料来源:根据内蒙古自治区统计局编,中国统计出版社出版《内蒙古统计年鉴》(2008～2012)整理而成。

2.金融政策调整对寿险市场带来冲击,导致寿险产品缺乏竞争力

2010 年底,面对持续的物价上涨压力,我国货币政策从"适度宽松"转为"稳健"。2011 年以来,中国人民银行通过 6 次上调、1 次下调存款类金融机构人民币

存款准备金率、3次上调金融机构人民币存贷款基准利率,对人身保险业发展带来了压力。因为,相对其他金融资产而言,投资性的寿险产品变得缺乏竞争力。

近年来,在内蒙古自治区乃至我国人身险保费收入中投资型产品所占的比重迅速走高,多家保险公司都开始力推投资型产品拉升业绩。投资型寿险产品除了保障功能外,还增加了投资功能,保险企业发展该类业务有利于增强资金融通功能。然而该产品要求较高的保费、无预定利率或有较低的预定利率。且此类产品对投资收益和利率变化比较敏感,保障程度偏弱,特别是在资本市场下行、利率走高的环境下,2011年寿险行业整体投资收益都面临较大压力,保险产品的分红水平、万能产品的结算利率会低于客户预期,与同期定期存款、银行理财产品相比,寿险公司主打的分红险、万能险的吸引力进一步降低,难以与其他金融产品形成竞争优势,销售难度进一步增大,导致保费收入增长趋缓。

3.行业内部竞争压力,加大寿险公司经营风险

随着寿险公司主体不断增加,保险市场的竞争进一步激烈,可以预期"十二五"期间随着市场主体的急剧膨胀,内蒙古寿险市场竞争更加激烈。同时,由于寿险公司创新不足,许多公司在销售模式、产品设计等方面均有较强的同质性,竞争手段局限于价格竞争等发展初级阶段的特征较为明显。而低水平上的过度竞争将有可能造成对保险资源破坏性的开发,降低保险业整体服务水平,加大行业的经营风险,最终将影响消费者的利益,进而将阻碍行业长足发展。

4.产品竞争力不强,创新不足,保障功能未能充分发挥

内蒙古自治区人身保险业自身发展的能力,虽然经过"十一五"期间的快速发展,行业能力发展的实力也有明显的增强,但是寿险产品和服务方面还存在不足。在产品结构方面,人身险业务主要靠同质化理财产品的局面已经持续多年,保险业在产品和服务创新方面严重不足,越来越不能满足消费者多样化的保险需求。一是寿险产品定位缺陷。许多寿险产品轻保障,重储蓄投资,与银行储蓄投资产品差别不大,所以宏观形势一变,就可能出现所谓"与银行理财产品竞争乏力"的问题。二是寿险产品设计缺陷。一些应当纳入保障范围的责任没有纳入保障范围,如消费者抱怨意外险的责任免除太多。三是寿险公司服务缺陷。最突出的是销售误导和理赔难,让部分消费者对寿险失去信心。

5.三大销售渠道发展不平衡

十多年来保险业一直采用的个人营销员制度,曾经在提高保险服务效率、推动行业发展方面发挥了积极作用。但随着经济社会的发展,现行体制的弊端也逐步显现,管理粗放、大进大出、素质不高、关系不顺等问题越来越突出。同时,在社会

劳动力成本不断攀升和富余劳动力减少的情况下,大部分营销员收入仍然停留在20世纪末的水平。当前,内蒙古人身险保费收入个人营销占比偏高,在中国经济面临"刘易斯拐点"的长期趋势下,寿险营销队伍发展即将面临"瓶颈",个险渠道增员速度将明显放缓,增员难、留存难,成为影响寿险公司个险业务发展的重要因素。如果寿险公司对这一趋势的发展准备不足,必将影响行业的长足进步。

(四)推进内蒙古自治区人身保险市场发展的主要措施

在新形势下,内蒙古自治区人身保险业应发挥核心竞争优势,回归寿险产品的保障性,鼓励和支持销售渠道、销售模式创新,加强和完善保险市场监管体系,鼓励保险产品和业务创新,争取税收政策支持,释放潜在寿险需求,实现行业稳步发展。

1.发挥核心竞争优势,回归寿险产品的保障性

针对目前寿险产品众多却同质化现象严重,在寿险领域保险产品的定位有错位的现实,在人身保险产品发展上,应以市场需求为导向来进行产品结构调整,在现有有效益和规模的产品基础上,拓宽人身保险市场的覆盖面。具体而言,在寿险产品设计方面,应重点开发抗击通货膨胀能力强、低风险型、保障型产品。

因为,寿险产品的结构及其为客户所提供的各项保障,与当时的社会经济环境是无法分开的,投资联结等新型寿险产品要求相对稳定的资本市场,而这一条件目前在内蒙古乃至全国都并不具备。现阶段资本市场不发达,金融工具有限、保险公司资金运用的规模与灵活性均不够,加上各种法规在完善过程中难免会产生修正问题等,这些情况与变化会给寿险经营带来一定的困难,尤其是投资联结等产品对政策变化非常敏感,当政策法规及税收政策由于宏观经济调整而发生变化时,可能会给此类保险业务带来严重的负面影响,可能会在市场上失去竞争力,造成大量的解约退保,给寿险公司偿付能力带来压力。

此外,寿险公司应改变单一的价格竞争,向价格、服务、品质等竞争转变。随着保费率的市场化取向的改革与推进,精算与市场价格的协调以及管理价格的能力,应成为寿险公司产品价格的关键点。

2.鼓励和支持销售渠道、销售模式创新

进一步完善个人营销制度。个人营销是寿险业核心渠道和重要的价值来源。应从提升素质、提供产能、增加收入、改善形象等方面着手,寿险公司应加大力度探索适合自身情况的营销改革方式和路径;适当调整或放开营销员销售佣金比例限制,提高营销员收入。

寿险公司加大银保深层次合作。促进银保合作向更深层次发展的关键问题是

银行与保险这两类金融机构要有长远发展目标和整体经营思路,必须立足长远,从战略的高度来剖析彼此合作所能带来的规模经济、范围经济的优势效益,而不是将手续费高低视为确定合作的重要条件。这需要保险公司与合作的银行从加深服务深度,提高客户忠诚度等战略发展高度认识,扎实地做好各项基础工作,才能避免因短期效应不明显而中途停止合作的行为。

目前,寿险公司已经通过银行代理的形成成功销售了一些保险产品,但是从总体而言,针对银保合作的创新产品还很不够。现有的保险产品主要适于直销和个人代理销售,适合银行柜台的不多而且开发力度不足,从而影响了银保合作的深度和广度,成为制约其进一步发展的重要障碍。金融创新是金融业之间相互合作的保证,没有适合银行特点的保险产品,就无法有效发挥银行保险业务的优势,因此,在银行和保险共同利益趋向的基础上,开发适于银行销售的新产品已经成为当务之急。银行保险的产品应该简易标准、操作方便,适于柜台销售,同时又要与银行的传统业务相联系,从而增加对银行客户的吸引力,调动银行进行代理的积极性。银行和保险公司应组成市场拓展的专家小组,对银行客户进行市场细分,确定相应的目标市场,根据不同需求层次的客户设计相应的保险产品,制定相应的销售策略,力求在保险产品和客户服务等方面进行创新。

此外,鼓励电销、网销、交叉销售渠道创新。充分发挥新渠道借助电子化手段、经营成本低的特点和优势,促进渠道的多元化发展。

3. 加强和完善保险市场监管体系,鼓励保险产品和业务创新

要加强对保险代理人的监管。保险公司在选择保险代理人时,应该通过颁发《展业证书》的机会选择高素质的人员,通过《保险代理合同》明确双方的委托代理关系,发挥调整代理与被代理关系及约束彼此行为的作用。另外还要坚持政府监管与行业自律相结合。在运用监管机构进行监管的同时,应充实保险行业协会的力量,充分发挥保险行业协会的自律作用,利用制定公约或守则等形式对保险公司的经营行为进行自我约束,以增强保险公司遵纪守法的自觉性和自我约束性。

择机放开传统寿险、健康险、养老险的费率,通过市场竞争机制实现产品的合理定价,让利于消费者,促进保障型产品发展。鼓励保险公司参与养老社区、养老机构、医疗机构的投资建设,搭建养老、健康综合服务平台,发展风险保障型和长期储蓄型产品,实现寿险业从提供单一保险产品的传统经营模式向提供综合保险服务的创新经营模式转变。

4. 争取税收政策支持,释放潜在寿险需求

从成熟寿险市场经验来看,养老、健康险业务的发展离不开税收政策的支持。

在世界主要国家的税法中,对企业补充养老保险的雇主缴费部分大都给予在企业所得税税前列支的优惠,但允许扣除的额度有所不同。同时,大多数国家规定,雇主为职工所做的企业年金计划缴费虽属于一种实物津贴,但它不计入职工当期应税所得缴纳个人所得税。目前,我国仅是在上海提出"适时开展个人税收递延型养老保险产品试点",在整体上还缺乏对商业养老险的税收优惠,在购买环节的税收优惠都比较少,难以刺激企业和个人购买商业养老保险,因而急需政府增加对商业养老保险的税收优惠力度和试点范围,促进商业养老保险的快速发展。

内蒙古自治区人身保险业应紧紧围绕服务"保民生"积极参与社会保障体系建设,大力推动医疗、养老保险发展,争取相关部门支持,推动个人税收递延型养老保险试点成为可能。人身保险业只有不断提高服务经济社会的能力和水平,才能巩固行业发展的基础,实现科学发展。

(五)内蒙古自治区人身保险市场发展前景展望

过去,内蒙古自治区人身保险市场快速发展主要得益于内蒙古经济的快速增长。近年来,全区经济呈现强劲的发展势头,综合经济实力大为增强,城乡居民可支配收入显著提高,对寿险业发展起到了提振作用。未来几年内蒙古经济仍处于平稳快速增长时期,为寿险业发展提供根本驱动力。从人身保险与经济发展之间的关系来看,未来内蒙古人身保险市场仍有很大的发展潜力,近期宏观经济与政策将对人身保险市场产生诸多积极的影响。

1. 转变经济发展方式

温家宝总理在十八大报告中提出"我们一定要保持经济平稳较快发展,并推进改革和结构调整,努力改变经济发展中不稳定、不平衡、不协调和不可持续的问题"。

转变经济发展方式是未来几年经济工作的主线。为逐步实现经济增长方式转变,同时扩大内需战略,政府将出台一系列政策,以提高居民消费率和消费水平、改善消费环境,降低居民储蓄率。虽然保险业近年来稳健发展,但居民保险资产占金融资产比例不足8%。随着经济发展方式的转变,扩大内需战略的推进,政策法律税收等政策的调整,将正面影响消费观念与消费倾向,从而促进内蒙古人身保险市场发展。

2. 收入分配改革

努力扭转收入差距扩大趋势是社会稳定的基础。温家宝总理在讲到"今后五年要抓好三件事"时提出"在经济发展的同时,不断增加城乡居民的收入,完善社会保障体系,逐步缩小城乡和地区发展差距,努力解决收入分配不公的问题"。

改变当前收入分配制度,提高中低收入居民的收入,使消费水平提高、消费结构升级、消费意识增强,将影响人身保险市场的发展。根据 S 曲线可知,当人均 GDP 在 1000~10000 美元时,保险的收入需求弹性最大,保险密度对人均 GDP 的弹性呈现递增趋势,保险的边际消费倾向在提高。从 2000 年到 2009 年,内蒙古自治区 GDP 年均增速达到惊人的 18.7%,2010 年人均 GDP 已经近 7000 美元,此时保险的边际消费倾向大于 1,收入分配的改革使人们收入增加的同时带动了保费的增加。

经济发展的同时收入分配差距增大已成为社会关注的热点。人口老龄化加快、人口负担率上升、家庭规模变小、赡养率下降,养老问题形势严峻;从医疗和农民工保险、城市化进程和民生的重视、GDP 达 3000 多美元后保险需求的增长以及人民币升值和通胀预期等态势看,人身保险需求因上述因素牵引将发生一定的变化。另外,人身保险潜在和现实的消费者,随着保险意识的增强,可支配收入的改善,自身风险管理的需要以及对未来的预期等,对人身保险需求有内在的诉求,这种诉求是人身保险发展需长期关注的对象,也是今后人身保险改革发展中值得考虑的现实问题。

3.城镇化进程

内蒙古自治区近年来稳步推进新农村与新牧区建设,全区城镇化率已经达到 55%,累计新增城镇人口 211 万人,城市建成区面积扩大了 161 平方公里。"十二五"期间内蒙古将继续加快推进城镇化,促进区域协调发展,坚持走多极发展、多中心带动的城镇化路子,力争使城镇化率达到 60%,城镇新增就业人数平均每年超过 25 万人。

城镇化进程的推进将改变城乡收入差距,而随着内蒙古城市化进程的加快,大量农村牧区人口将转变为城镇居民,农村牧区居民城镇化后收入的提升、家庭财产的增加等生活条件的改善和保险意识的强化,将促使潜在市场扩大和现实保险需求增加,农村牧区蕴藏的保险需求在城镇化过程中逐步得到释放,推进拉升总体的保险密度和保险深度。

4.金融政策

目前,宏观经济背景正朝着有利于寿险业的方向变化,2011 年 10 月通胀放缓,消费价格同比增长 1.7%,比 9 月的 1.9% 有所下降,政府将继续实施温和的货币和财政刺激措施。债市有望受益于通胀企稳,为投资者提供合理收益。股市也有望受益于资金配置的正常化,但短期内仍可能承受较大的风险。银行短期理财、高利贷等资金配置,随着监管和治理力度的加大,预计将逐渐回归正常的风险资产配置。整体来看,2012年,"股债双杀"格局将结束,债市、股市都趋于向上,保险投资环境将好于2011年,投资部门应做好相应战略资产配置方案和策略安排。

三、财产保险市场发展现状、问题及对策

财产保险在内蒙古自治区保险业发展中发挥着举足轻重的作用。内蒙古自治区财产保险自中华人民共和国成立初期开办以来,经历了曲折的发展过程,近年来呈现出快速发展势头。

(一)财产保险市场的基本情况

2007～2011年内蒙古自治区财产保险业取得了巨大成就,在促进改革、保障经济、稳定社会、造福人民生活方面发挥了重要作用。

1.保费收入

2007年,全区财产保险保费收入37.36亿元,同比增加15.52亿元,同比增长71.09%,增速全国排名第一位。2011年,财产险保费收入增加到119.82亿元,5年间增长了3倍;2011年财产险公司保费收入同比增加21.05亿元,同比增长21.31%,占总保费收入的52%,如图11-10所示。

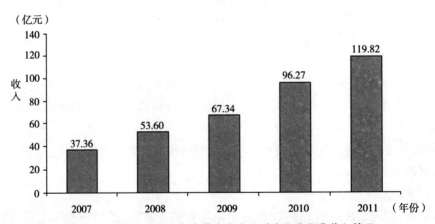

图 11-10　2007～2011年内蒙古自治区财产保险保费收入情况

资料来源:根据内蒙古自治区统计局编,中国统计出版社出版《内蒙古统计年鉴》(2008～2012)整理而成。

2.赔付情况

2007年,全区财产保险赔款支出19.32亿元,同比增加9.24亿元,同比增长91.78%,占全区保险业总赔付支出的60%以上。2011年,全区保险公司累计赔款和给付71.22亿元,比2010年同期增加11.77亿元,同比增长19.80%,低于全国平均增速7.79%。其中,财产险公司赔款支出52.07亿元,比去年同期增加9.07亿元,同比增长21.11%,占总赔付支出的73%。如图11-11所示。

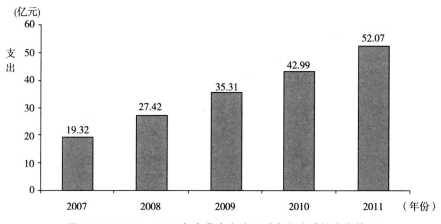

图11-11 2007~2011年内蒙古自治区财产保险赔付支出情况

资料来源:根据内蒙古自治区统计局编,中国统计出版社出版《内蒙古统计年鉴》(2008~2012)整理而成(其中2007年数据来自《内蒙古保险市场发展报告》(2008))。

3.资产及市场主体

截至2007年末,全区财产保险公司总资产共计18.61亿元,较年初增长46.64%,占全国财产保险公司总资产的0.48%,占自治区保险业总资产的9.66%;2011年,全区财产险公司资产总计44.62亿元,较年初增长17.98%,占保险业总资产的11%;负债总计33.73亿元,较年初略降1.80%。

2007年内蒙古自治区新增保险市场主体4家,截至2007年底,全区共有保险公司省级分公司19家,其中,财产险公司10家,地市级中心支公司(二级分公司)122家,支公司以下营业性机构1180家。2011年,财产险新开业省级分公司2家(另有1家批筹),中心支公司12家、支公司及以下分公支机构51家。

4.经营效益状况

近几年,全区财产保险经营情况不断改善,财产险公司承保利润率呈现"U"形发展态势,由 2001~2003 年高盈利至 2006~2007 年微利甚至负增长,近年又稳步提升逐渐回归;2011 年,财产险公司经营效益持续向好,实现承保利润 11.72 亿元,同比增长 102.28%,承保利润率达 11.98%,同比提高 4.6%,高于全国平均水平 7%;综合赔付率、综合费用率均较去年同期不同程度下降,盈利能力持续向好。16 家财产险公司中有 13 家实现盈利,主要险种实现全盈利,12 个盟市实现全盈利。

(二)内蒙古自治区财产保险市场运行的主要特点

2007~2001 年内蒙古自治区财险业务长足发展,对经济、社会的保障作用日益增强,保险主体增加,市场竞争趋势加强,业务结构不断变化,各险种协调发展,农业保障度大幅提升,支农惠农作用发挥显著。

1. 财险业务长足发展,对经济、社会的保障作用日益增强

内蒙古财险业自 20 世纪 80 年代恢复至今发展迅速,在经济生活中发挥着越来越显著的作用。近几年,仍保持了快速发展态势,全区财产保险保费收入从 2007 年的 37.36 亿元增加到 2011 年的 119.82 亿元,5 年间增长了 3 倍,如图 11-12 所示,保险的保障功能日益提高,充分发挥了经济发展的保驾护航功能。财产保障度从 2006 年的 85.51% 上升至 2011 年的 153.06%,这对人民生活安定和企业正常运作起到了重要的经济补偿与保障作用。

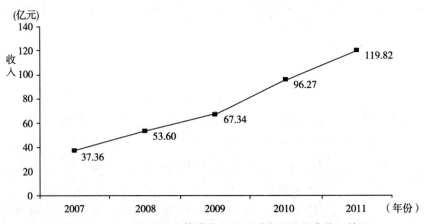

图 11-12 2007~2011 年内蒙古自治区财产保险保费收入情况

资料来源:根据内蒙古自治区统计局编,中国统计出版社出版《内蒙古统计年鉴》(2008~2012)整理而成(其中 2007 年数据来自《内蒙古保险市场发展报告》(2008))。

2.保险主体增加,市场竞争趋势加强

保险市场主体延伸步伐加快,竞争趋势加强。1996 年之前,内蒙古地区保险市场只有中国人民保险公司一家独揽业务,到 2010 年底内蒙古保险市场主体已大幅增加。其中财产保险公司 15 家,并且新老公司都加快了向各盟市延伸的步伐。市场主体的增加进一步提高了保险网络覆盖面,拓宽了保险服务领域,市场机制逐步形成,竞争效应开始显现。此外,保险中介制度的实施初见成效。2010 年底,内蒙古自治区有专业中介公司 49 家、保险兼业代理公司 2914 家。形成了种类比较齐全、遍布全区、布局合理、运作规范的中介市场体系。伴随着中介市场的不断发育,一个主体结构比较完善、初具规模与活力的保险市场,也已经在内蒙古自治区逐渐形成。

3.业务结构不断变化,各险种协调发展

近年来,财产险公司各险种协调发展。一是车险与非车险协调发展。车险业务实现保费收入 86.51 亿元,同比增长 21.07%,非车险业务实现保费收入 33.31 亿元,同比增长 21.93%,占比 28%,较上年同期略有上升。二是交强险与商业车险协调发展。商业车险实现保费收入 62.38 亿元,同比增长 21.42%,略高于交强险 20.17%的增速,占比 72%,基本稳定。三是非车险业务多个险种发展步伐加快,农业保险支农惠农作用进一步增强,保费收入达 17 亿元,保费规模略低于四川省,全国排名第二,承担风险责任 226.2 亿元,受益农户 268.7 万户;非农非车险保费收入 16.31 亿元,同比增长 31.18%,增速明显加快。其中工程险增速达 77.68%,高于去年同期 88%。

4.农业保障度大幅提升,支农惠农作用发挥显著

自国家开展政策性农业保险试点工作以来,内蒙古自治区作为首批试点地区之一,农业保险产品不断创新,承保面不断拓宽,农业保险的保费收入、承保面积、财政补贴金额等多项指标居全国前列,农业保障度不断提高,从 2006 年的 1.27%攀升至 2011 年的 41.30%,保费规模连续数年居全国首位,对落实国家支农惠农政策、促进农业稳定发展发挥了举足轻重的作用。

(三)内蒙古自治区财产保险市场发展的主要问题

伴随着自治区国民经济发展不断迈上新台阶,内蒙古自治区财产保险业呈现出良好的发展态势,但在财产保险业务规模、险种结构、财险市场经营行为及财险产品和服务创新等方面,还有较大的提升空间。

1. 业务规模偏小，不能很好地满足经济社会发展的需要

近年来，随着内蒙古自治区经济社会的快速发展，财产保险业取得了一定成绩，但市场开拓只是刚刚开始，开发的力度仍然不够，与国内各地区比较也存在差距。2007年财产险保险深度0.62%，低于全国保险深度近0.2%，保险密度155.33元/人，在自治区人口密度较低的情况下财产险密度与全国水平基本相似。财产险公司车险业务实现保费收入86.51亿元，同比增长21.07%，非车险业务实现保费收入33.31亿元，同比增长21.93%，占比28%，较上年同期略有上升。交强险与商业车险协调发展。商业车险实现保费收入62.38亿元，同比增长21.42%，略高于交强险20.17%的增速，占比72%，基本稳定。另外，非车险业务多个险种发展步伐加快，农业保险支农惠农作用进一步增强，保费收入达17亿元，保费规模略低于四川省，全国排名第二，承担风险责任226.2亿元，受益农户268.7万户；非农非车险保费收入16.31亿元，同比增长31.18%，增速明显加快。其中工程险增速达77.68%，高于去年同期88%。

2. 保险业务险种结构尚不合理，结构调整需进一步加强

近几年，产险公司做调整，优化险种结构，降低高风险业务，增加了工程保险，责任保险等效益型险种业务。但在产品结构方面，财产险业务主要靠车险的局面已经持续多年，近两年由于农业保险保费大幅增长，机动车辆保险占比较往年有大幅度下降，但财产保险业务险种结构尚不合理，结构调整需进一步加强。

目前，内蒙古自治区财产保险业务中，各保险公司保费收入的主要来源仍是机动车辆保险、企业财产保险和货物运输保险，而责任保险、工程保险、高科技保险等还处于较低的水平。内蒙古各家财产保险公司把业务重点集中在机动车辆保险上，财险市场上依靠高手续费、高返还、贴费等不规范经营行为短期内难以完全消除。

3. 保险市场经营行为仍需规范，经营方式没有根本转变

受初级发展阶段销售模式、考核机制和管理体制等制度性安排和发展思维定式影响。业务发展模式粗放，设机构、铺摊子等传统的外延式发展模式仍在部分公司特别是新进入主题中比较盛行，经营方式没有根本改变。竞争手段单一，业务获取一定程度上依赖于价格和手续费佣金，保险市场价格不时受到扭曲，影响了正常的市场秩序，必然会出现不正当竞争甚至是恶性竞争，从而加剧了保险公司的经营风险，阻碍了财险行业可持续发展进程。

4. 产品和服务创新方面存在不足

近年来，内蒙古自治区各财险公司在产品开发方面作出了积极努力和探索，但

受分支机构建制、发展思路、研发人员等因素制约,产品创新能力较弱,基本上在销售由总公司基于全国保险市场需求设计的产品,从而导致目前内蒙古保险市场上的财险产品众多却同质化现象较严重,真正市场主打的产品有限,没有很好地满足地区特色发展的需要。因此,各财险主体如何创新观念,紧扣地方经济社会发展特点,充分发挥贴近市场、贴近消费者需要,开发适销对路的产品,以优质的产品在竞争中取胜成为当前急需解决的重要课题。

(四)加快内蒙古自治区财产保险业发展的对策

加快内蒙古自治区财产保险业发展应优化市场主体结构,加快产品创新,优化渠道结构,以人为本,实施人才战略,实现财产保险业又好又快发展,从而更好地为自治区经济社会发展服务。

1.优化市场主体结构

市场主体的优化,包括保险人、保险中介人数量和结构的多元化。只有当市场上有足够数量的保险人、中介人时,市场机制才能真正发挥作用。保险监管部门应鼓励刚刚进入内蒙古保险市场的几家保险公司在全区各地、市等地设立分支机构。引导国内外保险公司涉足内蒙古保险市场,增加批准进入保险市场的保险主体,引入竞争机制,这样有利于内蒙古自治区保险市场的进一步开发。一是围绕农牧业产业化经营和专业化生产,适应畜牧业的规模化养殖和集约化经营,培育多元化的农业产业功能,积极开展内蒙古政策性农业保险试点工作,着力培育自治区农业保险法人机构,发挥法人机构资金、人才、技术的聚集效应,逐步在全区范围内建立政策性农业保险的长效机制,降低农牧户经营成本,提高农牧业经营效益。二是适应社会财富日益集中,社会发展日趋多元化,大力发展机动车辆保险公司、责任保险公司、健康保险公司等专业保险公司,丰富市场主体种类,加快相关领域业务的发展,培育新的增长点。三是配合自治区切实加大对北美、南美、欧洲及俄、蒙等市场的开拓力度,培育新的出口增长点,加快形成出口市场多元化格局。争取进出口信用保险公司在内蒙古设立分支机构,适应内蒙古对外贸易快速发展的需要。

2.加快保险产品创新,满足社会对保险的需求

内蒙古自治区财产保险业在今后的发展中,既要借助于全国及国际经济大环境,又不能盲目跟随其他省、市,要依据地区的实际情况,借鉴国外先进经验,把握住消费者的心理与地区特征,根据市场变化灵活地开发适销对路的产品占领市场份额,开发适合的险种,建立适应经济结构的保险市场。

针对目前财险产品众多却同质化现象严重、真正市场主打的产品有限的现实

情况,在产品发展上,实现以市场需求为导向的产品结构调整,即在现有效益和规模的产品基础上,拓宽保险市场的覆盖面。具体而言,在产险中,高科技保险、短期医疗保险、巨灾保险等应加快提到议事日程。服务国家促进旅游业发展战略,大力发展旅游保险。推进环境污染责任保险、安全生产责任保险、医疗责任保险等与公众利益密切相关的责任保险发展。

3.优化渠道结构

引导财险公司合理配置销售渠道资源,巩固个人代理渠道,提升专业中介业务品质,探索和规范电话销售、网络销售等新型销售渠道,逐步形成不同渠道相互补充、共同发展的格局。重点推进银保渠道调整,推动保险公司建立银保业务独立核算制度,加强银保代理网点和销售人员的资格管理。积极稳妥地推进保险营销体制改革试点,维护营销队伍稳定,提高营销队伍素质。鼓励保险公司探索符合自身实际的营销模式。

创新中介机构经营模式,健全和完善中介机构公司治理和内控制度。鼓励中介机构不断创新,突破现有的分工格局,增强核心竞争力。鼓励创新经营模式、鼓励创新合作方式,通过与保险公司签署协议,形成双方在品牌、人才资源、产品开发、市场开拓和客户服务等全方位、多层次的长期战略合作,整合双方资源,实现共赢。

4.以人为本,实施人才战略

保险业真正的竞争不是资产实力上悬殊,而是人才流失的隐忧。保险人才的培养是一个循序渐进的积累过程,只有及早着手、多渠道培养和引进人才,才能尽早解决专业人才不足的问题。对于内蒙古保险业来说,要想在人才争夺战中稳住阵脚,必须实施人才战略——不仅要注重保险人才的培养和引进,还要加强与高等院校的合作,逐步解决保险人才跟不上保险行业发展的问题。

(五)财产保险市场发展前景展望

2012年,内蒙古自治区财产保险业将迎来良好的发展局面。经济社会转型为财险业发展提供广阔空间,产业结构优化升级为财险业提供巨大机遇,新技术推动渠道创新,着力保护保险消费者利益,市场秩序将更加规范。

1.经济社会转型为财险业发展提供广阔空间

数据显示,2000~2009年,内蒙古自治区GDP年均增速达到惊人的18.7%,2010年,内蒙古全区生产总值达11620亿元,迈入GDP"万亿元俱乐部"。内蒙古目前的人均GDP已经接近7000美元,超过了沿海的山东、福建、辽宁,直逼广东。

另外,随着工业化和城镇化快速推进,社会流动速度在加快,社会风险在加速积累,迫切需要市场化、社会化的风险管理方式逐渐取代传统的风险分散模式,保险在社会风险管理中的作用日益突出。因为,随着居民收入水平和社会公众保险意识不断提高,消费结构将不断升级,保险需求更加多样化,居民的消费结构会随着货币财富的增加而变化,一些高额财产、文化娱乐、旅游等精神消费支出的增加而增加,诸如汽车保险、家庭财产保险、旅游保险会随着消费者货币收入的增加而增加。

2.产业结构优化升级为保险业提供巨大机遇

"十一五"期间,内蒙古自治区经济保持了较快发展,产业结构和投资结构更加合理,重大项目和重点工程建设速度加快,优势特色产业的地位更加突出,城乡居民收入不断提高,自治区经济良好的增长态势,是财产保险业发展的坚实基础。"十二五"期间,内蒙古继续保持和促进国民经济快速协调健康发展,综合实力进一步提高。自治区经济发展呈现出总量扩大、结构优化、效益提高、后劲增强的良好态势。

根据自治区社会经济发展规划,"十二五"期间内蒙古新能源、新材料产业发展步伐加快。在促进新能源产业发展,创新发展可再生能源技术、节能减排技术、清洁煤技术,大力推进节能环保和资源循环利用,实现产业结构升级和结构进一步优化过程中,可再生能源的运输和机器安装方面,风力发电机安装和使用等领域对内蒙古保险业提出新的需求,财产保险业发展存在重大机遇。新能源、新材料等战略性新型产业的强力推进、投资规模的扩大和人均可支配收入的进一步增加,必将刺激保险需求,推动财产保险业又好又快发展。

3.新技术推动渠道创新和服务,新渠道快速发展

随着通信技术的日益现代化,金融服务业对新技术的利用业在快速跟进,保险业借助新技术力量正不断提升行业的竞争力。从销售角度看,电话营销、网络营销等新渠道开始启动并形成规模。与此同时,传统营销渠道借助新技术的应用,也可以为客户带来全新的购买体验。从服务的角度看,借助互联网实现随时随地保全、理赔等服务项目,给客户带来更加及时方便的服务体验。

4.着力保护保险消费者利益,市场秩序将更加规范

保险消费者保护是保险业持续发展的基础。保险监管的最大职责是保护保险消费者的合法权益,而不仅仅是推动保险业的发展。保险业对经济社会发展的可能破坏作用,不是体现在保费增速放缓上,而是体现在偿付能力不足、销售误导、理赔纠纷等保险消费者权益侵害问题上。保险监管部门将继续以保护保险消费者利益为目的,加大监管力度,着力解决市场秩序和行业诚信等突出问题,确保行业健

康持续发展。公众保险消费教育是保险消费者保护的重要防线。要用专业知识武
装消费者,让消费者增强自我保护能力。正确把握保险消费者保护与反保险欺诈
的关系。不保护保险消费者中的少数保险欺诈者的"权益",实际是对大多数保险
消费者的保护,今后将加大对重点业务领域和市场违规行为的整治力度,维护良好
的市场秩序。通过进一步加强车险业务监管,促进车险市场有序健康发展。逐步
加强非车险业务监管,规范大型商业项目保险。切实提高公司内控水平,不断增强
财产保险公司防范风险的内在驱动力。加强公司防范风险的机制建设,通过加强
财险公司内部稽核,做到事后审计与事中审计相结合,监督评价与整改处理并重。
监管部门将把促进内控制度建设作为防范化解风险的一项重要任务来抓,建立内
部控制定期检查制度,推动公司夯实基础、稳健经营、提高财险公司核心竞争力。

第十二章

内蒙古自治区信托公司发展报告

内蒙古信托公司发展报告主要包括华宸信托公司和新时代信托公司的发展概况、主要财务指标分析、信托资产的分布与运用分析、信托资产的盈利能力分析、新增信托项目分析、自营资产分布与运用分析、公司收入结构分析、资产质量分析、人力资源分析以及发展对策等方面的分析。

一、内蒙古自治区信托公司发展概况

内蒙古信托公司发展概况主要从其产生与发展历程、企业文化、股权结构及持股比例及人力资源情况四个方面进行介绍。

(一)内蒙古信托公司的产生与发展历程

内蒙古信托公司的产生与发展历程,从华宸信托公司和新时代信托公司分别予以介绍。

1.华宸信托公司的产生与发展历程

华宸信托公司成立于 1988 年,2005 年,成功完成增资扩股工作,2007 年,按照国家银监会的统一部署,顺利完成业务转型审批工作。2011 年注册资本为 5.72 亿元人民币。

"十一五"规划期间,华宸信托公司一方面紧紧围绕中央和内蒙古自治区确定的"保增长、扩内需、调结构、惠民生"的工作重点,积极贯彻适度宽松的货币政策,不断创新金融服务方式,全面加大对经济和社会发展的支持力度,在应对国际金融危机、推动社会经济平稳较快发展中发挥了积极的作用;另一方面不断提升资产质量、资本盈利能力等"硬实力"和法人治理、内控体系及管理手段等"软实力"。

2011 年,在国际金融危机尚未结束,国内推行稳经济、调结构、控通胀的大背景下,公司又面临着股权结构调整的复杂局面。在股东单位和监管机构的大力支持下,在董事会领导下,公司紧紧抓住稳定、发展、创新三大主题,积极配合股权转让和增资扩股工作,加大业务转型和创新力度,努力开创公司各项工作的新局面。公司全年信托业务手续费收入占营业收入比例为 73.44%,比上年上升 22.87%,达到监管要求的最好水平,信托业务名副其实的成为公司的主营业务。公司相继推出的"华宸·鸿泰"基础设施建设系列产品、"华宸·金诚"房地产系列产品和"华宸·紫金"矿产资源开发系列产品等信托理财产品,较好地支持了地方经济和一批优质企业的发展,在推进地区新型工业化进程、改善民生等经济社会发展方面作出了积极贡献,在业内赢得较高美誉度。

2012 年是华宸信托将继续秉承"受人之托、代人理财"的信托宗旨,在专业化、特色化的发展道路上继续前进,为服务地方经济、维护社会和谐作出更大的贡献。

2.新时代信托公司的产生与发展历程

新时代信托公司的前身是包头市信托投资公司,1987 年经中国人民银行批准正式成立,2003 年 12 月经中国银行业监督管理委员会核准重新登记并更名为新时代信托投资股份有限公司。2009 年 6 月,经中国银行业监督管理委员会批准,更名为新时代信托股份有限公司。

新时代证券有限责任公司是全国性综合类券商,注册资本 11.26 亿元,在全国共有 39 家证券营业部。同时,公司通过新时代证券有限责任公司间接控股融通基金管理有限公司。

新时代信托公司自成立以来先后为内蒙古自治区各级政府及大中型企业融资达 350 多亿元人民币,2004 年以来成功发行基础设施建设、证券投资、装备制造业、房地产、商业服务业、教育及医疗卫生事业等众多信托计划,形成"聚财"、"富贵"、"锦程"、"丰金"、"慧金"等系列品牌的信托产品体系。

新时代信托公司业务不仅遍及内蒙古自治区辖内的呼和浩特市、包头市、鄂尔多斯市、乌海市、赤峰市、通辽市,而且在北京、黑龙江、广东、山东、山西、上海、辽宁、宁夏等省市(区)均开展了业务。

新时代信托公司依托内蒙古自治区资源型区域经济优势,发挥煤、气、电、矿等资源项目优势,有效地将金融服务优势和内蒙地区资源优势结合起来,发挥强强效应,逐步形成"金融服务＋资源"、具有公司特色的业务发展方向和模式,形成"立足内蒙古、辐射全国"的业务和发展格局;树立"审慎经营、内控优先"的意识,建立决策科学、运营规范、管理高效的公司组织、制度建设体系,形成完善的员工培育和发展模式,促进员工向个性化理财专家方向发展;始终保持公司持续、稳定、健康发展,为将新时代信托股份有限公司建设成一个全国一流的信托投资公司不断努力。

(二)内蒙古信托公司的企业文化

内蒙古信托公司的企业文化分别从华宸信托公司和新时代信托公司的企业文化及各自的特点介绍。

1. 华宸信托公司的企业文化

华宸信托公司的企业文化主要包括四个方面:

(1)提供专业服务。华宸信托始终致力于为高端客户提供私密、稳健、轻松、优雅的理财环境。华宸信托的发展理念是将以专业的投资专家、专业的理财顾问及专业的客户服务为客户提供价值最大化的第三方理财服务。

(2)铸就诚信品牌。华宸信托始终倡导并践行"诚实、信用、谨慎、有效"的企业理念。"诚实、信用"是市场经济对企业的基本要求,华宸信托视其为立身之本、发展之基、信誉之源。华宸信托奉行全方位的诚信理念,这种理念集中体现在高标准的职业道德和商业道德上。

（3）倡导开放胸怀。华宸信托始终循着中国经济腾飞的脚步，敞开胸怀拥抱世界。华宸信托没有故步自封、夜郎自大，有的只是开放的胸怀、分享的精神和全球化的眼光。

（4）秉持创新理念。华宸信托始终遵循"创新无止境"的价值观念，不断完善自我。创新不是闭门造车、冥思苦想，而是借鉴和超越。华宸信托将借鉴国际以及国内同行的先进经验，少走弯路，力争超越。

2. 新时代信托公司的企业文化

新时代信托公司的企业文化出自《菜根谭》的一句"名誉、富贵，自道德来者，如山林中花，自是舒徐繁衍"。

新时代信托如富贵花绽放，散发出强烈的财富气息，昂扬向上，充满活力，永续绵长；富贵花象征客户因新时代信托的专业奉献和诚信服务而聚集欢呼，并实现财富增值；富贵花既有钱币的纹理，又蕴含花蕊的芳香，正如新时代信托倡导的修心、修行、修文化，修炼成新时代信托独特的企业品格，锻造出客户财富的累累硕果。

新时代信托公司的核心理念是：抱诚守拙，谨行致远。

抱诚守拙：诚，诚信。信托公司是经营信用的机构，诚信当为经营的第一要义。拙，拙朴之道。坚守受益人利益最大化的原则，并追求股东稳定的回报，是信托业不可逾越、不可取巧的拙朴之道。

谨行致远：唯有审慎稳健，持续加强基础管理、质量管理、合规管理和风险管理，唯有前瞻性的决策和判断，我们才能更远更久，历经风雨而基业长青。

新时代信托公司的经营方针是：合规经营，管控风险，有效激励，稳健发展。

合规经营，管控风险：依法合规是公司经营活动的前提和宗旨，管控风险贯穿于经营活动的全过程。有效激励，稳健发展：以富有成效的考核和薪酬体系激励员工和团队的积极性、创造性。公司更加追求的是快速增长和可持续发展之间的均衡状态。

（三）内蒙古信托公司股权结构及持股比例

内蒙古信托公司主要的股东及持股比例比较集中，2011年，华宸信托公司的股东主要集中在内蒙古自治区人民政府国有资产监督管理委员会和湖南华菱钢铁集团有限责任公司两家，分别占到50.2%和48.95%，这两大股东持股比例之和为99.15%；新时代信托公司的股东主要集中在新时代远景（北京）投资有限公司和上海人广实业发展有限公司两家，分别占到58.54%和24.39%，这两大股东持股比例之和为 82.93%,见表 12-1、表 12-2、表 12-3、表 12-4。总的来看,这两家信托公司的股权结构及持股比例较集中。

表 12-1　华宸信托的股权结构及持股比例

股东名称	2011 年的注册资本(万元)	2011 年的持股比例(%)	2010 年的持股比例(%)
内蒙古自治区人民政府国有资产监督管理委员会	28714	50.2	41.96
湖南华菱钢铁集团有限责任公司	28000	48.95	48.95
呼和浩特市财政局	286	0.5	8.74
巴彦淖尔市财政资金管理局	100	0.175	0.175
内蒙古众兴煤炭集团有限责任公司	—	—	0.175

资料来源:2011 年华宸信托公司报告。

表 12-2　新时代信托的股权结构及持股比例

股东名称	2011 年的注册资本(万元)	2011 年的持股比例(%)	2010 年的持股比例(%)
新时代远景(北京)投资有限公司	150000	58.54	58.54
上海人广实业发展有限公司	20000	24.39	—
潍坊科微投资有限公司	10000	14.63	—
包头市鑫鼎盛贸易有限责任公司	10000	2.44	—
重庆四维控股(集团)股份有限公司	—	—	14.63
深圳市金瑞丰实业发展有限公司	—	—	14.63

资料来源:2011 年新时代信托公司报告。

表 12-3　2011 年前两大股东持股比例表

公司名称	华宸信托公司	新时代信托公司
持股比例之和(%)	99.15	82.93
排名	44	35

资料来源:2011 年新时代信托公司报告。

表 12-4　2011 年公司实际控制人及持股比例表

公司名称	实际控制人	持股比例(%)	法人代表	排名
华宸信托	内蒙古国有资产管理委员会	50.2	苏和	41
新时代信托	新时代远景(北京)投资有限公司	58.54	赵利民	34

资料来源:2011 年新时代信托公司报告。

(四)内蒙古信托公司的人力资源情况

内蒙古信托公司的人力资源情况主要涉及人力资源及岗位和人力资源学历分布。

1. 内蒙古信托公司的人力资源及岗位分析

内蒙古信托公司人力资源及增长情况:2011 年,华宸信托公司共有职工 103 人,较 2010 年增 2 人,总人数在全国信托公司中排名第 34 位。2011 年,新时代信托公司共有职工 139 人,较 2010 年增加 19 人,总人数在全国信托公司中排名第 19 位,见表 12-5。

表 12-5　2009～2011 年内蒙古信托公司人力资源统计表

公司名称 ＼ 人数 ＼ 年份		2009	2010	2011	排名
华宸信托	总人数	104	101	103	34
	增员	9	-3	2	48
新时代信托	总人数	113	120	139	19
	增员	6	-1	18	26

资料来源:中国人民大学信托与基金研究所编著.2012 年中国信托公司经营蓝皮书[M].北京:中国经济出版社,2012.

内蒙古信托公司人力资源岗位分布及占比情况:2011 年,华宸信托公司的高管人数 7 人,占比 6.79%;自营人数 11 人,占比 10.68%;信托业务人员 39 人,占比 37.86%。2011 年,新时代信托公司的高管人数 14 人,占比 10.07%;自营人数 2 人,占比 1.44%;信托业务人员 68 人,占比 48.92%,见表 12-6。

表 12-6　2011 年内蒙古信托公司人力资源岗位分布

公司名称	高管人数（个）	高管占比（%）	自营人数（个）	自营占比（%）	信托业务人员（个）	信托业务人员占比（%）
华宸信托	7	6.79	11	10.68	39	37.86
排名	35	—	14	—	36	—
新时代信托	14	10.07	2	1.44	68	48.92
排名	6	—	44	—	19	—

资料来源:中国人民大学信托与基金研究所编著.2012 年中国信托公司经营蓝皮书[M].北京:中国经济出版社,2012.

2. 内蒙古信托公司的人力资源学历分布

内蒙古信托公司人力资源学历分布总体情况是,高学历较低。2011 年,华宸信托公司的高学历人员是 26 人,占比为 25.24%,比全国 2007 年信托公司高学历的平均值占比 28.16% 还低 2.92%,比 2011 年全国信托公司高学历平均值占比 41.82% 还低 16.58%,高学历人数在全国 64 家信托公司中排名第 57 位,见表 12-7。

2011 年,新时代信托公司的高学历人员是 39 人,占比为 28.06%,接近全国 2007 年信托公司高学历的平均值占比的 28.16%,但比 2011 年全国信托公司高学历平均值占比 41.82% 还低 13.76%,高学历人数在全国 64 家信托公司中排名第 50 位,见表 12-8。

表 12-7　2007～2011 年全国信托公司人力资源学历结构统计表

学历	平均值与占比	2007	2008	2009	2010	2011
博士	平均值（人）	1.47	2	2.37	3.09	5
	占比（%）	1.74	2.13	2.80	2.32	3.15
硕士	平均值（人）	22.33	28	36	44.09	57
	占比（%）	26.42	29.79	42.59	33.07	38.67
本科	平均值（人）	40.22	45	50	59.23	69
	占比（%）	47.58	47.87	59.15	44.42	46.74
高学历	平均值（人）	23.8	38	38.37	47.19	62
	占比（%）	28.16	40.43	45.39	35.39	41.82

注:高学历包括硕士和博士。

资料来源:中国人民大学信托与基金研究所编著.2012 年中国信托公司经营蓝皮书[M].北京:中国经济出版社,2012.

表 12-8 2011 年内蒙古信托公司人力资源学历分布统计表

公司名称	华宸信托公司	新时代信托公司
高学历(人)	26	39
占比(%)	25.24	28.06

注:共 64 个信托公司。

资料来源:中国人民大学信托与基金研究所编著.2012 年中国信托公司经营蓝皮书[M].北京:中国经济出版社,2012.

二、内蒙古自治区信托公司经营状况分析

内蒙古信托公司经营状况主要从主要财务指标、信托资产的分布与运用、信托资产的盈利能力、新增信托项目、自营资产分布与运用、公司收入结构六个方面进行分析。

(一)内蒙古信托公司的主要财务指标分析

财务指标是考核信托公司业绩表现的衡量指标,主要包括资本利润率、信托报酬率和人均利润率。以下是内蒙古信托业以及两家信托公司的三项指标分析。

1.资本利润率

2011 年,内蒙古信托业资本利润率比 2010 年、2009 年分别下降 2.4%、2.92%,与全国信托业相比,总体形势不及,2011 年全国信托业资本利润率分别比 2010 年、2009 年增长了 3.64%、5.28%,见表 12-9。

表 12-9 2007~2011 年全国信托公司资本利润率统计表

年份	2007	2008	2009	2010	2011
平均值(%)	24.02	14.53	12.97	14.61	18.25
平均值增长(%)	16.28	−9.49	−1.56	1.64	3.64
公司数目(个)	46	47	49	53	61

注:资产利润率=净利润/所有者权益。

资料来源:中国人民大学信托与基金研究所编著.2012 年中国信托公司经营蓝皮书[M].北京:中国经济出版社,2012.

华宸信托的资本利润率在全国 61 家信托公司的排名是第 29 位,新时代信托是第 46 位;华宸信托的资本利润率增长在全国 61 家信托公司的排名是第 38 位,

新时代信托是第 47 位,见表 12-10、表 12-11。

表 12-10 2007～2011 年内蒙古地区信托公司资本利润率统计表　　单位:%

年份	2007	2008	2009	2010	2011
平均值	—	−5.94	17.16	16.64	14.24
华宸信托	11.51	14.24	14.30	18.08	17.19
新时代信托	—	−26.11	20.01	15.20	11.29

资料来源:中国人民大学信托与基金研究所编著.2012 年中国信托公司经营蓝皮书[M].北京:中国经济出版社,2012.两公司的年度报告。

表 12-11 2007～2011 年内蒙古地区信托公司资本利润率增长统计表　　单位:%

年份	2007	2008	2009	2010	2011
平均值增长	—	—	—	−0.47	−2.40
华宸信托	—	—	0.06	3.87	−0.89
新时代信托	—	—	46.12	−4.81	−3.91

资料来源:中国人民大学信托与基金研究所编著.2012 年中国信托公司经营蓝皮书[M].北京:中国经济出版社,2012;两公司的年度报告。

2.信托报酬率

信托报酬率主要从信托报酬率的整体和不同业务类型报酬率两个方面的指标分析。

(1)信托报酬率的整体分析。2011 年,我国信托行业平均信托报酬率为 1.05%,比 2010 年增长了 0.36%。从 2007 年的 1.29%下降到 2010 年的 0.69%,2011 年信托报酬率开始反弹。从信托报酬率的增长情况看,在这五年中,有三年是负增长,分别是 2008 年的−0.21%、2009 年的−0.22%和 2010 年的−0.17%,见表 12-12。

从内蒙古自治区的两家公司看,信托报酬率的总体情况不及全国平均值,2011 年的信托报酬率比全国低了 0.19%,信托报酬率增长比全国低了 0.24%。与全国其他信托公司相比,新时代信托的信托报酬率排名在第 19 位,华宸信托的信托报酬率排名在第 29 位;在信托报酬率增长方面,新时代信托排名在第 21 位,华宸信托排名在第 27 位,见表 12-13、表 12-14。

表 12-12　2007～2011 年全国信托公司信托报酬率统计表

年份	2007	2008	2009	2010	2011
平均值(%)	1.29	1.08	0.86	0.69	1.05
平均值增长(%)	0.17	−0.21	−0.22	−0.17	0.36
公司数目(个)	47	47	37	42	49

注:信托报酬率＝信托业务收入/实际信托平均余额。

资料来源:2012 年中国信托公司经营蓝皮书。

表 12-13　2007～2011 年内蒙古地区信托公司信托报酬率统计表　　　单位:%

年份	2007	2008	2009	2010	2011
平均值		0.58	0.91	0.74	0.86
华宸信托	1.06	0.72	0.73	0.69	0.75
新时代信托	—	0.44	1.08	0.78	0.96

资料来源:中国人民大学信托与基金研究所编著.2012 年中国信托公司经营蓝皮书[M].北京:中国经济出版社,2012;两公司的年度报告。

表 12-14　2007～2011 年内蒙古地区信托公司信托报酬率增长统计表　　　单位:%

年份	2007	2008	2009	2010	2011
平均值增长	—	—	0.33	−0.17	0.12
华宸信托	—	−0.34	0.01	−0.04	0.06
新时代信托	—	—	0.64	−0.30	0.18

资料来源:中国人民大学信托与基金研究所编著.2012 年中国信托公司经营蓝皮书[M].北京:中国经济出版社,2012.

(2)不同业务类型报酬率。2011 年全国信托行业主动管理型业务中,证券类项目加权平均实际报酬率 0.68%,股权投资类项目报酬率 1.61%,融资类项目 0.80%,事务管理类 0.90%;被动管理型业务中,证券类项目加权平均实际报酬率 0.35%,股权投资类项目报酬率 0.28%,融资类项目 0.32%,事务管理类 0.28%。可见,主动管理型信托项目的信托报酬率普遍高于被动管理型,见表 12-15。

内蒙古信托公司的主动管理型信托项目主要在证券类、股权投资类和融资类,事务管理类还没有涉及,其中,证券类只有新时代信托的报酬率为 2.02%,在全国 47 家信托公司中排名第四;在股权投资类信托报酬率中,新时代信托为 1.43%,全国排名第 22 位,华宸信托为 0.80%,全国排名第 27 位;在融资类信托报酬率中,新时代信托为 1.57%,全国排名第 11 位,华宸信托为 1.52%,全国排名第 13 位,见表 12-16。

表 12-15 2011 年全国信托公司不同业务类型不同项目类型平均信托报酬率对比表

单位:%

项目	证券类	股权投资类	融资类	事务管理类
主动管理型	0.68	1.61	0.80	0.90
被动管理型	0.35	0.28	0.32	0.28

资料来源:中国人民大学信托与基金研究所编著.2012 年中国信托公司经营蓝皮书[M].北京:中国经济出版社,2012.

表 12-16 2011 年内蒙古地区信托公司主动管理型信托项目信托报酬率统计表

单位:%

公司名称	证券类	股权投资类	融资类	事务管理类
华宸信托	0.00	0.80	1.52	0.00
新时代信托	2.02	1.43	1.57	0.00

资料来源:中国人民大学信托与基金研究所编著.2012 年中国信托公司经营蓝皮书[M].北京:中国经济出版社,2012.

3.人均净利润

2011 年,全国信托行业(61 家公司)平均人均净利润为 311.30 万元,比 2010 年增长 32.62 万元,增长率为 11.71%,见表 12-17。

内蒙古信托公司的平均人均净利润为 116.67 万元,比 2010 年减少了 10.53 万元,增长率为 -11%。在人均净利润排名中,2011 年全国 61 家公司中华宸信托排名第 44 位,新时代信托排名第 57 位;在人均净利润增幅排名中,全国 52 家公司中华宸信托排名第 33 位,新时代信托排名第 44 位;在人均净利润增长率中,全国 52 家公司中华宸信托排名第 33 位,新时代信托排名第 49 位,见表 12-18、表 12-19、表 12-20。

表 12-17　2007～2011 年全国信托公司人均净利润统计表

年份	2007	2008	2009	2010	2011
平均值(万元)	394.77	245.74	255.38	278.68	311.30
平均值增长幅度(万元)	275.52	−150.70	9.64	23.30	32.62
平均值增长率(%)	225.98	−38.17	3.92	9.12	11.71

注:人均净利润＝净利润/平均人数;平均值采取年初、年末余额简单平均法。

资料来源:中国人民大学信托与基金研究所编著.2012 年中国信托公司经营蓝皮书[M].北京:中国经济出版社,2012.

表 12-18　2007～2011 年内蒙古信托公司人均净利润统计表　　　　单元:万元

年份	2007	2008	2009	2010	2011
华宸信托	86.51	111.48	102.05	148.44	157.00
新时代信托	—	−194.55	152.65	105.95	76.53

资料来源:中国人民大学信托与基金研究所编著.2012 年中国信托公司经营蓝皮书[M].北京:中国经济出版社,2012.

表 12-19　2007～2011 年内蒙古信托公司人均净利润增幅统计表　　　　单位:万元

年份	2007	2008	2009	2010	2011
华宸信托	—	24.97	−9.43	46.39	8.56
新时代信托	—	—	347.2	−46.70	−29.42

资料来源:中国人民大学信托与基金研究所编著.2012 年中国信托公司经营蓝皮书[M].北京:中国经济出版社,2012;两公司的年度报告。

表 12-20　2007～2011 年内蒙古信托公司人均净利润增长率统计表　　　　单位:%

年份	2007	2008	2009	2010	2011
华宸信托	—	—	−8.46	45.46	5.77
新时代信托	—	—	178.46	−30.59	−27.77

资料来源:中国人民大学信托与基金研究所编著.2012 年中国信托公司经营蓝皮书[M].北京:中国经济出版社,2012;两公司的年度报告。

总之,内蒙古信托公司在资本利润率、信托报酬率和人均利润率三项指标的排名总体在中下,特别是在不同业务类型中,事务管理类业务还没有涉及;在人均利润方面,新时代信托 2010 年、2011 年都是负增长,从历年情况看,内蒙古信托公司的人均利润波幅较大。

(二)内蒙古信托公司信托资产的分布与运用分析

内蒙古信托公司信托资产的分布与运用分析,主要涉及信托资产、负债、权益规模分析,信托资产行业分布分析,信托资产的运用分析三部分。

1.信托资产、负债、权益规模分析

内蒙古信托公司信托资产、负债、权益规模分析主要分三部分:分别是信托资产规模、增幅、增长率分析,信托负债规模、增减幅、增减增长率分析,信托权益、增幅、增长率分析。

(1)信托资产规模、增幅、增长率分析。2011 年,全国 62 家信托公司平均每家公司管理的信托资产的规模为 7576558 万元,比 2010 年平均增长 2797030 万元,增长率为 56.98%,见表 12-21。从内蒙古信托公司的资产规模、增幅、增长率看:

1)资产规模情况。华宸信托信托资产规模 2011 年在全国排第 56 位,新时代信托信托资产规模 2011 年在全国排第 29 位;华宸信托的资产规模只有 1539374 万元,是全国平均值 7576558 万元的 20.3%,新时代信托的资产规模为 5627409 万元,是全国平均值 7576558 万元的 74.3%,都没有达到全国的平均值,还有发展空间,见表 12-22。

2)资产增幅情况。内蒙古自治区的两家信托公司的资产增幅都没有达到全国的平均值,其中,华宸信托的信托资产增幅在 2011 年为 93124 万元,只占全国信托资产增幅平均值的 3.33%,华宸信托信托资产规模增长幅度 2011 年在全国排第 56 位;新时代信托的信托资产增幅在 2011 年为 2625966 万元,占全国信托资产增幅平均值的 93.9%,新时代信托信托资产规模增长幅度 2011 年在全国排第 24 位,见表 12-23。

3)资产增长率情况。华宸信托信托资产规模增长率 2011 年为 6.44%,在全国排第 52 位;新时代信托信托资产规模增长率 2011 年 87.49%,在全国排第 23 位,见表 12-24。

表 12-21　2007～2011 年全国信托公司信托资产规模统计表

年份	2007	2008	2009	2010	2011
平均值(万元)	1937046	2446206	3600569	4989064	7576558
平均值增长幅度(万元)	1243528	558795	1481663	1680681	2797030
平均值增长率(%)	169.79	28.85	60.57	45.84	56.98
公司数目(个)	49	50	51	55	62

资料来源:中国人民大学信托与基金研究所编著.2012 年中国信托公司经营蓝皮书[M].北京:中国经济出版社,2012.

表 12-22　2007～2011 年内蒙古信托公司信托资产规模统计表　　单位:万元

年份	2007	2008	2009	2010	2011
华宸信托	738315	1531132	1228130	1446250	1539374
新时代信托	605381	821630	1546597	3001443	5627409

资料来源:中国人民大学信托与基金研究所编著.2012 年中国信托公司经营蓝皮书[M].北京:中国经济出版社,2012;两公司的年度报告。

表 12-23　2007～2011 年内蒙古信托公司信托资产规模增长幅度统计表　　单位:万元

年份	2007	2008	2009	2010	2011
华宸信托	—	—	—	218120	93124
新时代信托	—	—	—	1454846	2625966

资料来源:中国人民大学信托与基金研究所编著.2012 年中国信托公司经营蓝皮书[M].北京:中国经济出版社,2012;两公司的年度报告。

表 12-24　2007～2011 年内蒙古信托公司信托资产规模增长率统计表　　单位:%

年份	2007	2008	2009	2010	2011
华宸信托	—	—	—	−22.93	6.44
新时代信托	—	—	—	94.07	87.49

资料来源:中国人民大学信托与基金研究所编著.2012 年中国信托公司经营蓝皮书[M].北京:中国经济出版社,2012;两公司的年度报告。

（2）信托负债规模、增减幅、增减增长率分析。内蒙古信托公司的信托负债规模、增减幅、增减增长率为：华宸信托信托负债规模 2011 年在全国排第 8 位，新时代信托信托负债规模 2011 年在全国排第 19 位；华宸信托信托减少 2011 年在全国排第 18 位，新时代信托信托负债减少 2011 年在全国排第 31 位；华宸信托信托负债减幅 2011 年在全国排第 36 位；新时代信托信托资产规模增长率 2011 年在全国排第 56 位，见表 12-25、表 12-26、表 12-27。

表 12-25　2007～2011 年内蒙古信托公司信托负债规模统计表　　单位：万元

年份	2007	2008	2009	2010	2011
华宸信托	922	383	1470	418	1243
新时代信托	39	113	10	75	8360

资料来源：中国人民大学信托与基金研究所编著.2012 年中国信托公司经营蓝皮书[M].北京：中国经济出版社,2012.

表 12-26　2007～2011 年内蒙古信托公司信托负债减少统计表　　单位：万元

年份	2007	2008	2009	2010	2011
华宸信托	—	—	—	−1052	825
新时代信托	—	—	—	65	—

资料来源：中国人民大学信托与基金研究所编著.2012 年中国信托公司经营蓝皮书[M].北京：中国经济出版社,2012.

表 12-27　2007～2011 年内蒙古信托公司信托负债减（增）幅统计表　　单位：%

年份	2007	2008	2009	2010	2011
华宸信托	—	—	—	−71.55	197.22
新时代信托	—	—	—	654.50	10980.15

资料来源：中国人民大学信托与基金研究所编著.2012 年中国信托公司经营蓝皮书[M].北京：中国经济出版社,2012.

（3）信托权益、增幅、增长率分析。内蒙古信托公司的权益、增幅、增长率的情况是：华宸信托信托权益 2011 年在全国排第 56 位；新时代信托信托权益 2011 年在全国排第 29 位；华宸信托信托权益增长 2011 年在全国排第 55 位；新时代信托信托权益增长 2011 年在全国排第 24 位;华宸信托信托权益增幅 2011 年在全国排第 51 位;新时代信托信托权益增幅 2011 年在全国排第 22 位,见表 12-28、表 12-29、表 12-30。

表 12-28　2007～2011 年内蒙古信托公司信托权益统计表　　单位:万元

年份	2007	2008	2009	2010	2011
华宸信托	737393	1530749	1226660	1445831	1538131
新时代信托	605342	821517	1546587	3001368	5619049

资料来源:中国人民大学信托与基金研究所编著.2012 年中国信托公司经营蓝皮书[M].北京:中国经济出版社,2012.

表 12-29　2007～2011 年内蒙古信托公司信托权益增幅统计表　　单位:万元

年份	2007	2008	2009	2010	2011
华宸信托	—	—	—	219171	92299
新时代信托	—	—	—	1454781	2617681

资料来源:中国人民大学信托与基金研究所编著.2012 年中国信托公司经营蓝皮书[M].北京:中国经济出版社,2012.

表 12-30　2007～2011 年内蒙古信托公司信托权益增长率统计表　　单位:%

年份	2007	2008	2009	2010	2011
华宸信托	—	—	—	17.87	6.38
新时代信托	—	—	—	94.06	87.22

资料来源:中国人民大学信托与基金研究所编著.2012 年中国信托公司经营蓝皮书[M].北京:中国经济出版社,2012.

2.信托资产行业分布分析

信托公司的信托资产可以分为基础产业资产、房地产资产、证券业资产、实业资产以及金融机构的五大行业类别。全国信托公司信托资产行业中,2011 年基础产业 1580108 万元,占比 20.79%;房地产 1122519 万元,占比 14.77%;证券业 732216 万元,占比 9.63%;实业 1455973 万元,19.16%;金融机构 939302 万元,占比 12.23%，见表 12-31。

内蒙古信托公司的信托资产分布情况如下：

（1）基础产业。2011 年，华宸信托的基础产业是 401809 万元，占比 26.10%，比 2010 年的 37.70% 下降 11.6%，比全国 61 家信托公司的基础产业平均值占比 20.79% 高 5.31%，在基础产业排名第 45 位，占比排名第 19 位；2011 年，新时代信托的基础产业为 164520 万元，占比 5.83%，比 2010 年的 23.9% 低 18.07%，比全国 61 家信托公司的基础产业平均值占比 20.79% 低 14.96%，在基础产业排名第 53 位，占比排名第 54 位，见表 12-32、表 12-33。

（2）房地产。2011 年，华宸信托的房地产是 350058 万元，占比 22.74%，比 2010 年的 9.02% 高出 13.72%，比全国 61 家信托公司的房地产平均值占比 14.77% 高 7.97%，在房地产排名第 50 位，占比排名第 17 位；2011 年，新时代信托的房地产为 108358 万元，占比 4.02%，比 2010 年的 6.09% 下降 2.07%，比全国 61 家信托公司房地产平均值占比 14.77% 低 10.75%，在房地产排名第 58 位，占比排名第 57 位，见表 12-32、表 12-33。

（3）实业资产。2011 年，华宸信托的实业资产是 509674 万元，占比 33.11%，比 2010 年 37.21% 下降 4.10%，比全国 61 家信托公司的实业资产平均值占比 19.16% 高 13.95%，在全国实业资产排名第 44 位，占比排名第 13 位；2011 年，新时代信托的实业资产为 4828383 万元，占比 83.59%，比 2010 年的 60.24% 高出 23.35%，比全国 61 家信托公司实业资产平均值占比 19.16% 高出 64.43%，实业资产排名第 2 名，占比排名第 1 位，见表 12-32、表 12-33。

（4）证券业。2011 年，新时代信托的证券业资产是 3484 万元，占比 0.03%，比 2010 年的 0.14% 低 0.11%，比全国证券业平均值占比 9.63% 低 9.6%，证券业在全国排名第 48 位，占比排名第 50 位；华宸信托 2011 年无此项业务，见表 12-32、表 12-33。

（5）金融机构。在这一行业，都没有涉及，见表 12-32、表 12-33。

表 12-31　2007～2011 年全国信托公司信托资产行业分布占比

项目　　规模/占比　　年份		2007	2008	2009	2010	2011
1.基础产业	规模（万元）	557705	902770	1652956	1804825	1580108
	占比（%）	26.36	29.90	36.18	28.77	20.79

续表

项目 规模/占比	年份	2007	2008	2009	2010	2011
2.房地产	规模(万元)	124922	212838	364188	820647	1122519
	占比(%)	9.49	11.21	12.04	17.28	14.77
3.证券业	规模(万元)	377635	302918	270654	556738	732216
	占比(%)	13.24	7.76	6.96	9.13	9.63
4.实业	规模(万元)	189322	250738	476385	1035482	1455973
	占比(%)	15.31	14.81	17.02	21.09	19.16
5.金融机构	规模(万元)	—	—	390277	338668	939302
	占比(%)	—	—	10.04	5.82	12.23

资料来源:中国人民大学信托与基金研究所编著.2012年中国信托公司经营蓝皮书[M].北京:中国经济出版社,2012.

表 12-32　2009~2011 年华宸信托公司信托资产行业分布

项目 规模/占比	年份	2009	2010	2011
1.基础产业	规模(万元)	620228	545229	401809
	占比(%)	—	37.70	26.10
2.房地产	规模(万元)	38906	130500	350058
	占比(%)	—	9.02	22.74
3.证券业	规模(万元)	20000	20000	0
	占比(%)	—	1.38	0
4.实业	规模(万元)	309099	538100	509674
	占比(%)	—	37.21	33.11
5.金融机构	规模(万元)	—	—	—
	占比(%)	—	—	—

资料来源:中国人民大学信托与基金研究所编著.2012年中国信托公司经营蓝皮书[M].北京:中国经济出版社,2012;两公司的年度报告。

表 12-33 2009～2011 年新时代信托公司信托资产行业分布

项目 \ 规模/占比	年份	2009	2010	2011
1. 基础产业	规模(万元)	—	717317	164520
	占比(%)	—	23.90	5.83
2. 房地产	规模(万元)	—	182810	108358
	占比(%)	—	6.09	4.02
3. 证券业	规模(万元)	11156	4165	3484
	占比(%)	14.98	0.14	0.03
4. 实业	规模(万元)	—	1808117	4828383
	占比(%)	—	60.24	83.59
5. 其他	规模(万元)	63314	—	—
	占比(%)	85.02	—	—

资料来源:中国人民大学信托与基金研究所编著.2012 年中国信托公司经营蓝皮书[M].北京:中国经济出版社,2012;两公司的年度报告。

3. 信托资产的运用分析

信托资产的运用方式可以分为货币资产、贷款、长期投资以及交易性金融资产等。内蒙古信托公司信托资产运用情况与全国相比如下:

(1)货币资产。2011 年,新时代信托的货币资产为 59583 万元,占比 0.83%,比 2010 年的 1.34%下降 0.51%,比全国 61 家信托公司货币资产平均值占比 13.60%低了 12.77%,新时代信托在货币资产的排名 40 名,占比排名 52 名;2011 年,华宸信托的货币资产没有涉及,见表 12-34、表 12-35。

(2)贷款。2011 年,新时代信托的贷款为 738318 万元,占比 11.17%,比 2010 年的 18.62%下降 7.45%,比全国 61 家信托公司贷款平均值占比 36.76%低了 25.59%,新时代信托在贷款排名第 49 位,占比排名第 58 位;2011 年,华宸信托的贷款为 581216 万元,占比 37.76%,比 2010 年的 37.10%高出 0.66%,比全国 61 家信托公司贷款平均值占比 36.76%高出 1%,华宸信托贷款排名第 50 位,占比排名 29 名,见表 12-34、表 12-35。

(3)长期投资。2011 年,新时代信托的长期投资为 1021872 万元,占比

5.64%,比2010年的4.74%高出0.9%,比全国61家信托公司长期投资平均值占比13.74%低了8.1%,新时代信托在长期投资排名第52位,占比排名第48位;2011年,华宸信托的长期投资为657720万元,占比42.73%,比2010年的57.22%下降了14.49%,比全国61家信托公司长期投资平均值占比13.74%高出28.99%,华宸信托长期投资排名第25名,占比排名第3名,见表12-34、表12-35。

(4)交易性金融资产。2011年,新时代信托的交易性金融资产为3484万元,占比0.03%,交易性金融资产排名第42位,占比排名第46位;华宸信托未涉及,见表12-34、表12-35。

表12-34 2009~2011年新时代信托公司信托资产行业分布占比

项目	规模/占比	2009	2010	2011
1.货币资产	规模(万元)	81470	63976	59583
	占比(%)	—	1.34	0.83
2.贷款	规模(万元)	655958	885787	738318
	占比(%)	—	18.62	11.17
3.长期投资	规模(万元)	418042	294550	1021872
	占比(%)	—	4.74	5.64
4.交易性金融资产	规模(万元)	10826	4165	3484
	占比(%)	—	—	0.03

资料来源:中国人民大学信托与基金研究所编著.2012年中国信托公司经营蓝皮书[M].北京:中国经济出版社,2012;两公司的年度报告。

表12-35 2009~2011年华宸信托公司信托资产行业分布占比

项目	规模/占比	2009	2010	2011
1.货币资产	规模(万元)	—	—	—
	占比(%)	—	—	—

续表

项目 \ 规模/占比 \ 年份		2009	2010	2011
2.贷款	规模(万元)	624259	536526	581216
	占比(%)	—	37.10	37.76
3.长期投资	规模(万元)	368502	827502	657720
	占比(%)	—	57.22	42.73

资料来源:中国人民大学信托与基金研究所编著.2012年中国信托公司经营蓝皮书[M].北京:中国经济出版社,2012;两公司的年度报告。

(三)内蒙古信托公司信托资产的盈利能力分析

信托公司的盈利能力分析涉及信托收入、收入结构、利润、项目收益等几方面的分析。

1.信托收入与结构分析

信托收入与结构分析,主要涉及两公司的信托收入与信托结构两方面。

(1)信托收入分析。内蒙古信托公司的信托收入主要表现为:信托收入、收入增幅与收入增长率在2011年均有所增加,新时代信托公司的信托收入是283225万元,与2010年相比,增幅为138770万元,增长率是96.06%,比全国62家信托公司平均增长率19.20%高出77.14%,新时代信托收入排名第28位,增幅排名第17位,增长率排名第16位,见表12-36。

华宸信托公司的信托收入是174029万元,与2010年相比,增幅为57756万元,增长率是42.73%,比全国62家信托公司平均增长率19.20%高出23.53%,华宸信托的收入排名第37位,增幅排名第30位,增长率排名第25位,见表12-37。

表 12-36　2009～2011 年新时代信托公司营业收入统计表

年份	2009	2010	2011
收入(万元)	40330	144455	283225

年份	2009	2010	2011
收入增长幅度(万元)	—	104125	138770
收入增长率(%)	—	258.18	96.06

资料来源:中国人民大学信托与基金研究所编著.2012年中国信托公司经营蓝皮书[M].北京:中国经济出版社,2012.

表 12-37 2009~2011 年华宸信托公司营业收入统计表

年份	2009	2010	2011
收入(万元)	127068	116273	174029
收入增长幅度(万元)	—	-10795	57756
收入增长率(%)	—	-14.37	42.73

资料来源:中国人民大学信托与基金研究所编著.2012年中国信托公司经营蓝皮书[M].北京:中国经济出版社,2012.

(2)信托业务收入结构分析。本部分只分析新时代信托公司与全国信托公司信托收入结构的比较,见表12-38、表12-39,主要涉及以下方面:

1)利息收入。新时代信托公司2011年的利息收入占比为17.60%,与2010年的60.46%相比低了42.86%,与全国61家信托公司投资收入占比72.48%相比低了54.88%,新时代信托公司的利息收入全国排名第52位,占比排名第61位。

2)投资收入。新时代信托公司2011年的投资收入占比为14.25%,比2010年的1.89%高了12.36%,与全国61家信托公司投资收入占比30.63%相比低了16.38%,新时代信托公司的投资收益排名第38位,占比排名第48位。

3)公允价值收益。新时代信托公司2011年的公允价值变动收益为-284万元,占比-0.10%,比2010年的-0.28%低了0.18%,与全国61家信托公司公允价值变动收益占比-13.65%相比低了13.55%,新时代信托公司的公允价值变动收益排名第28位,占比排名第26位。

表 12-38　2007～2011 年全国信托公司信托结构统计分析表

项目 ＼ 平均值/平均增长 ＼ 年份		2007	2008	2009	2010	2011
1. 利息收入占比（%）	平均值	25.27	81.05	54.21	58.25	72.48
	平均值增长	−17.47	55.78	−26.84	4.04	14.23
2. 投资收入占比（%）	平均值	51.87	−5.83	37.08	35.78	30.63
	平均值增长	19.87	−57.70	42.91	−1.30	−5.15
3. 租赁收入占比（%）	平均值	0.35	0.43	0.26	0.30	0.54
	平均值增长	−0.45	0.08	−0.17	0.04	0.24
4. 公允价值收益占比（%）	平均值	—	—	3.88	1.66	−11.99
	平均值增长	—	—	—	−2.22	−13.65

资料来源:中国人民大学信托与基金研究所编著.2012 年中国信托公司经营蓝皮书[M].北京:中国经济出版社,2012.

表 12-39　2009～2011 年新时代信托公司信托结构统计分析表

项目 ＼ 利息收入/占比 ＼ 年份		2009	2010	2011
1. 利息收入	利息收入（万元）	15079	87337	49861
	占比（%）	—	60.46	17.60
2. 投资收入	投资收益（万元）	17191	2732	40357
	占比（%）	—	1.89	14.25
	投资收入增长（万元）	—	−14459	37625
	投资收益增幅（%）	—	−84.11	1377.09
3. 租赁收入	平均值	—	—	—
	平均值增长	—	—	—
4. 公允价值收益	公允价值变动收益（万元）	52	−410	−284
	占比（%）	—	−0.28	−0.10

资料来源:中国人民大学信托与基金研究所编著.2012 年中国信托公司经营蓝皮书[M].北京:中国经济出版社,2012.

2. 信托利润分析

信托公司的利润分析主要包括每年实现的利润额、利润增长幅度和利润增长率三个方面。内蒙古信托公司信托利润情况如下：

华宸信托公司的信托利润 2011 年为 135239 万元，比 2010 年增长了 48506 万元，增长率为 55.93%，华宸信托在全国 62 家信托公司中，利润排名第 36 位，增幅排名第 23 位，增长率排名第 18 位，见表 12-40。

新时代信托公司的信托利润 2011 年为 222772 万元，与 2010 年相比增长了 114045 万元，增长率为 104.89%，新时代信托公司信托资产利润排名第 29 位，增幅排名第 13 位，增长率排名第 9 位，见表 12-41。

总之，内蒙古信托公司 2011 年的信托利润、增幅、增长率是处于全国 62 家公司中上水平的，特别是新时代信托则处于前 1/3 之内。

表 12-40 2009～2011 年华宸信托公司信托资产利润统计表

年份	2009	2010	2011
信托利润（万元）	102056	86733	135239
信托利润增长幅度（万元）	—	−15323	48506
信托利润增长率（%）	—	−15.01	55.93

资料来源：中国人民大学信托与基金研究所编著.2012 年中国信托公司经营蓝皮书[M].北京：中国经济出版社，2012.

表 12-41 2009～2011 年新时代信托公司信托资产利润统计表

年份	2009	2010	2011
信托利润（万元）	27495	108726	222772
信托利润增长幅度（万元）	—	81231	114046
信托利润增长率（%）	—	295.44	104.89

资料来源：中国人民大学信托与基金研究所编著.2012 年中国信托公司经营蓝皮书[M].北京：中国经济出版社，2012.

3. 信托项目收益率

信托项目收益率主要包括集合类信托项目收益率、单一信托项目收益率和财产管理类信托项目收益率三方面。内蒙古信托公司的信托项目收益率情况如下：

华宸信托公司的集合类信托项目收益率是 8.33%,比全国 60 家信托公司的平均值 6.81% 还高 1.52%,华宸排名第 16 位;单一信托项目收益率是 7.14%,比全国 60 家信托公司的平均值 5.31% 还高 1.83%,华宸排名第 9 位;但财产管理类信托项目收益率则为零,见表 12-42。

新时代信托公司的集合类信托项目收益率是 7.37%,比全国 60 家信托公司的平均值 6.81% 还高 0.56%,新时代集合类排名第 26 位;单一信托项目收益率是 7.12%,比全国 60 家信托公司的平均值 5.31% 还高 1.81%,新时代单一类排名第 10 位;但财产管理类信托项目收益率则为零,见表 12-42。

表 12-42　2011 年内蒙古信托公司加权平均实际年化收益率　　单位:%

项目	集合类信托项目	单一类信托项目	财产管理类信托项目
新时代信托公司	7.37	7.12	0
华宸信托公司	8.33	7.14	0

资料来源:中国人民大学信托与基金研究所编著.2012 年中国信托公司经营蓝皮书[M].北京:中国经济出版社,2012.

(四)内蒙古信托公司的新增信托项目分析

内蒙古信托公司的新增信托项目主要涉及新增信托项目规模和数量比较,新增集合类信托项目情况比较,新增信托单一项目情况比较,新增主动管理型信托资产情况比较。

1.新增信托项目规模和数量比较

新增信托项目包括新增项目金额、平均规模和个数三方面。内蒙古信托公司的情况是:华宸信托公司 2011 年新增信托项目金额 815866 万元,平均规模 15690 万元,新增项目个数 52 个,2011 年新增项目金额排名第 59 位,个数排名第 56 位,平均规模排名第 59 位,见表 12-43。

新时代信托公司 2011 年新增信托项目金额 4212273 万元,平均规模 15776 万元,新增项目个数 267 个,2011 年新增项目金额排名第 32 位,个数排名第 16 位,平均规模排名第 57 位,见表 12-44。

表 12-43 2009～2011 年华宸信托公司新增信托项目规模和数量统计表

年份 项目	2009	2010	2011
新增项目金额(万元)	1176377	928897	815866
平均规模(万元)	17824	15482	15690
新增项目个数(个)	66	60	52

资料来源:中国人民大学信托与基金研究所编著.2012 年中国信托公司经营蓝皮书[M].北京:中国经济出版社,2012.

表 12-44 2009～2011 年新时代信托公司新增信托项目规模和数量统计表

年份 项目	2009	2010	2011
新增项目金额(万元)	1220337	—	4212273
平均规模(万元)	13265	—	15776
新增项目个数(个)	92		267

资料来源:中国人民大学信托与基金研究所编著.2012 年中国信托公司经营蓝皮书[M].北京:中国经济出版社,2012.

2.新增集合类信托项目情况比较

新增集合类信托项目的分析包括集合类项目金额、规模占比和新增项目个数三方面。内蒙古信托公司的新增集合类信托项目的情况如下:

华宸信托公司新增集合类信托项目金额 2011 年是 332038 万元,与 2010 年相比增加了 140441 万元,集合类项目金额排名第 54 位;规模占比 40.70%,比 2010 年的 20.63%增加了 20.04%,规模占比排第 20 位;新增项目个数 18 个,比 2010 年的 13 个增加了 5 个,新增集合类项目个数排名第 56 位,见表 12-45。

新时代信托公司新增集合类信托项目金额 2011 年是 1045009 万元,集合类项目金额排名第 27 位;规模占比 24.81%,规模占比排第 33 位;新增项目个数 156 个,新增集合类项目个数排名第 8 位,见表 12-46。

表 12-45　2009～2011 年华宸信托公司新增集合类信托项目情况表

年份	2009	2010	2011
集合类项目金额(万元)	98690	191597	332038
规模占比(%)	—	20.63	40.70
新增项目个数(个)	15	13	18

资料来源:中国人民大学信托与基金研究所编著.2012 年中国信托公司经营蓝皮书[M].北京:中国经济出版社,2012.

表 12-46　2009～2011 年新时代信托公司新增集合类信托项目情况表

年份	2009	2010	2011
集合类项目金额(万元)	209313	—	1045009
规模占比(%)	—	—	24.81
新增项目个数(个)	21	—	156

资料来源:中国人民大学信托与基金研究所编著.2012 年中国信托公司经营蓝皮书[M].北京:中国经济出版社,2012.

3.新增信托单一项目情况比较

新增单一类信托项目的分析包括单一项目金额、规模占比和新增项目个数三方面。内蒙古信托公司的新增单一信类托项目的情况如下:

华宸信托公司新增单一类信托项目金额 2011 年是 483828 万元,与 2010 年相比减少了 253472 万元,单一类项目金额排名第 56 位;规模占比 59.30%,比 2010年的 79.37% 减少了 20.07%,规模占比排第 27 位;新增项目个数 34 个,比 2010年的 47 个减少了 13 个,新增单一类项目个数排名第 32 位,见表 12-47。

新时代信托公司新增单一类信托项目金额 2011 年是 3167265 万元,单一类项目金额排名第 32 位;规模占比 75.19%,规模占比排第 27 位;新增项目个数 111个,新增单一类项目个数排名第 21 位,见表 12-48。

表 12-47   2009~2011 年华宸信托公司新增单一信托项目情况表

年份	2009	2010	2011
单一项目金额(万元)	1077687	737300	483828
规模占比(%)	—	79.37	59.30
新增项目个数(个)	51	47	34

资料来源:中国人民大学信托与基金研究所编著.2012 年中国信托公司经营蓝皮书[M].北京:中国经济出版社,2012.

表 12-48   2009~2011 年新时代信托公司新增单一类信托项目情况表

年份	2009	2010	2011
单一项目金额(万元)	938024	—	3167265
规模占比(%)	—		75.19
新增项目个数(个)	69	—	111

资料来源:中国人民大学信托与基金研究所编著.2012 年中国信托公司经营蓝皮书[M].北京:中国经济出版社,2012.

4.新增主动管理型信托资产情况比较

新增主动管理型信托项目的分析包括主动管理型信托项目金额、规模占比和新增项目个数三方面。内蒙古信托公司的新增主动管理型信托项目的情况如下:

华宸信托公司新增主动管理型信托项目金额 2011 年是 398338 万元,与 2010年相比减少了 195559 万元,新增主动管理型信托项目金额排名第 57 位;规模占比48.82%,比 2010 年的 63.94%减少了 15.12%,规模占比排名第 40 位;新增项目个数 34 个,比 2010 年的 47 个减少了 13 个,见表 12-49。

表 12-49   2009~2011 年华宸信托公司新增主动管理型信托资产规模情况表

年份	2009	2010	2011
主动管理型项目金额(万元)	693969	593897	398338
规模占比(%)	—	63.94	48.82
新增项目个数(个)	51	47	34

资料来源:中国人民大学信托与基金研究所编著.2012 年中国信托公司经营蓝皮书[M].北京:中国经济出版社,2012.

新时代信托公司新增主动管理型信托项目金额 2011 年是 4212273 万元,新增主动管理型项目金额排名第 19 位;规模占比 100%,规模占比排 14 位,见表 12-50。

表 12-50　2009～2011 年新时代信托公司新增主动管理型信托资产规模情况表

年份	2009	2010	2011
主动管理型项目金额(万元)	579719	—	4212273
规模占比(%)	—	—	100
新增项目个数(个)			

资料来源:中国人民大学信托与基金研究所编著.2012 年中国信托公司经营蓝皮书[M].北京:中国经济出版社,2012.

(五)内蒙古信托公司的自营资产分布与运用分析

自营资产分布与运用分析主要涉及自营资产、净资产、资产负债率,自营资产行业分布,自营资产运用三个方面的内容。

1.自营资产、净资产、资产负债率分析

自营资产、净资产、资产负债率分析包括自营资产规模、自营净资产规模与资产负债率三个指标。

(1)自营资产规模分析。内蒙古信托公司自营资产分析包括自营资产金额、增幅和增长率三部分。其中,华宸信托公司的自营资产金额 2011 年为 138042 万元,增幅为 8953 万元,增长率为 6.94%,自营资产规模排名第 44 位,增长幅度排名第 51 位,增长率排名第 49 位,见表 12-51。

表 12-51　2009～2011 年华宸信托公司自营资产规模情况表

年份	2009	2010	2011
资产总额(万元)	153878	129088	138042
增长幅度(万元)	—	−24790	8953
增长率(%)	—	−16.11	6.94

资料来源:中国人民大学信托与基金研究所编著.2012 年中国信托公司经营蓝皮书[M].北京:中国经济出版社,2012.

新时代信托公司的自营资产金额 2011 年为 99596 万元,增幅为 9549 万元,增长率为 10.60%,自营资产规模排名第 54 位,增长幅度排名第 49 位,增长率排名第 41 位,见表 12-52。

表 12-52　2009～2011 年新时代信托公司自营资产规模情况表

年份	2009	2010	2011
资产总额(万元)	74470	90047	99596
增长幅度(万元)	—	15577	9549
增长率(%)	—	20.92	10.60

资料来源:中国人民大学信托与基金研究所编著.2012 年中国信托公司经营蓝皮书[M].北京:中国经济出版社,2012.

(2)自营净资产规模分析。内蒙古信托公司自营净资产分析包括自营净资产金额、增幅和增长率三部分。其中,华宸信托公司的自营净资产金额 2011 年为 97755 万元,增幅为 5444 万元,增长率为 5.90%,自营净资产规模排名第 51 位,增长幅度排名第 52 位,增长率排名第 49 位,见表 12-53。

表 12-53　2009～2011 年华宸信托公司自营净资产规模情况表

年份	2009	2010	2011
资产总额(万元)	75984	92311	97755
增长幅度(万元)	—	16327	5444
增长率(%)	—	21.49	5.90

资料来源:中国人民大学信托与基金研究所编著.2012 年中国信托公司经营蓝皮书[M].北京:中国经济出版社,2012.

新时代信托公司的自营资产金额 2011 年为 94232 万元,增幅为 10638 万元,增长率为 12.73%,自营资产规模排名第 53 位,增长幅度排名第 46 位,增长率排名第 37 位,见表 12-54。

表 12-54　2009～2011 年新时代信托公司自营净资产规模情况表

年份	2009	2010	2011
资产总额(万元)	70918	83594	94232
增长幅度(万元)	—	12676	10638
增长率(%)	—	17.87	12.73

资料来源:中国人民大学信托与基金研究所编著.2012 年中国信托公司经营蓝皮书[M].北京:中国经济出版社,2012.

(3)资产负债率分析。内蒙古信托公司资产负债率分析包括资产负债率和增长率两部分。其中,华宸信托公司的资产负债率 2011 年为 29.18%,增长率为 0.69%,资产负债率排名第 59 位,增长率排名第 36 位,见表 12-55。

表 12-55　2009～2011 年华宸信托公司资产负债率情况表　　　　单位:%

年份	2009	2010	2011
资产负债率	50.62	28.49	29.18
增长率	—	−22.13	0.69

资料来源:中国人民大学信托与基金研究所编著.2012 年中国信托公司经营蓝皮书[M].北京:中国经济出版社,2012.

新时代信托公司的资产负债率 2011 年为 5.39%,增长率为 −1.78%,资产负债率排名第 23 位,增长率排名第 14 位,见表 12-56。

表 12-56　2009～2011 年新时代信托公司资产负债率情况表　　　　单位:%

年份	2009	2010	2011
资产负债率	4.77	7.17	5.39
增长率	—	2.40	−1.78

资料来源:中国人民大学信托与基金研究所编著.2012 年中国信托公司经营蓝皮书[M].北京:中国经济出版社,2012.

2.自营资产行业分布分析

内蒙古信托公司自营资产行业分布分析包括基础产业资产、房地产业资产、证

券业资产、实业资产和金融机构五部分,通过表12-57、表12-58作如下分析:

(1)基础产业资产。2011年,华宸信托和新时代信托在这一产业都为零。华宸信托在2010年为3000万元,占比2.32%。

(2)房地产业资产。2011年,华宸信托和新时代信托在这一产业都为零。

(3)证券业资产。2011年,华宸信托的证券业资产规模为111495万元,在自营资产中占比80.77%,全国排名中证券业资产规模排第5位,占比排第1位;新时代信托的证券业资产规模为5480万元,占比5.50%,全国排名中证券业资产规模排第47位,占比排第37位。

(4)实业资产。2011年,华宸信托的实业资产规模为3000万元,在自营资产中占比2.17%,全国排名中实业资产规模排第31位,占比排第29位;新时代信托的实业资产无数据,不做分析。

(5)金融机构。2011年,华宸信托的金融机构规模为15008万元,在自营资产中占比10.87%,全国排名中金融机构规模排第48位,占比排第47位;新时代信托的实业资产无数据,不做分析。

表 12-57 2009~2011 年华宸信托自营资产行业分布分析表

项目 \ 规模/占比 \ 年份		2009	2010	2011	2011 年排名
1.基础产业资产	规模(万元)	6461	3000	0	32
	占比(%)	—	2.32	0.00	32
2.房地产业资产	规模(万元)	1090	0	0	40
	占比(%)	—	0.00	0.00	40
3.证券业资产	规模(万元)	6173	91217	111495	5
	占比(%)	—	70.66	80.77	1
4.实业资产	规模(万元)	127582	1500	3000	31
	占比(%)	—	1.16	2.17	29
5.金融机构	规模(万元)	7377	6201	15008	48
	占比(%)	—	4.80	10.87	47

资料来源:根据《2012年中国信托公司经营蓝皮书》整理。

表 12-58　2009～2011 年新时代信托自营资产行业分布分析表

项目 规模/占比	年份	2009	2010	2011	2011 年排名
1.基础产业资产	规模(万元)	—	0	0	38
	占比(%)	—	0.00	0.00	38
2.房地产业资产	规模(万元)	—	0	0	48
	占比(%)	—	0.00	0.00	48
3.证券业资产	规模(万元)	—	10342	5480	47
	占比(%)	—	11.48	5.50	37
4.实业资产	规模(万元)	—	0	0	47
	占比(%)	—	0.00	0.00	47
5.金融机构	规模(万元)	—	0	0	57
	占比(%)	—	0.00	0.00	57

资料来源:根据《2012 年中国信托公司经营蓝皮书》整理。

3.自营资产运用分析

内蒙古信托公司自营资产运用分析包括货币资产、贷款和长期投资三部分,根据表 12-59、表 12-60 作如下分析:

(1)货币资产。2011 年,华宸信托的货币资产规模为 4712 万元,比 2010 年的 16599 万元减少了 11887 万元;在自营资产运用中占比 3.41%,比 2010 年的 12.86%减少了 9.45%;全国排名中货币资产规模排第 56 位,占比排第 54 位;新时代信托的货币资产规模为 21417 万元,比 2010 年的 26681 万元减少了 5264 万元;占比 21.50%,比 2010 年的 29.63%减少了 8.13%;全国排名中货币资产规模排第 38 位,占比排第 26 位。

(2)贷款。2011 年,华宸信托的贷款规模为 9734 万元,比 2010 年的 8827 万元增加了 907 万元;在自营资产运用中占比 7.05%,比 2010 年的 6.84%增加了 0.21%;全国排名中贷款规模排第 43 位,占比排第 37 位;新时代信托的贷款无数据。

(3)长期投资。2011 年,华宸信托的长期投资规模为 6201 万元,比 2010 年的 8201 万元减少了 2000 万元;在自营资产运用中占比 4.49%,比 2010 年的 6.35%

减少了 1.86％；全国排名中长期投资规模排第 40 位，占比排第 39 位；新时代信托的长期投资规模为 43268 万元，比 2010 年相比没发生变化；占比 43.45％，比 2010 年的 48.05％减少了 4.60％；全国排名中货币资产规模排第 25 位，占比排第 7 位。

表 12-59 2009～2011 年华宸信托自营资产运用方式分布分析表

项目 \ 规模 / 占比	年份	2009	2010	2011	2011 年排名
1.货币资产	规模(万元)	2631	16599	4712	56
	占比(%)	—	12.86	3.41	54
2.贷款	规模(万元)	16440	8827	9734	43
	占比(%)	—	6.84	7.05	37
3.长期投资	规模(万元)	8201	8201	6201	40
	占比(%)	—	6.35	4.49	39

资料来源：根据《2012 年中国信托公司经营蓝皮书》整理。

表 12-60 2009～2011 年新时代信托自营资产运用方式分布分析表

项目 \ 规模 / 占比	年份	2009	2010	2011	2011 年排名
1.货币资产	规模(万元)	12980	26681	21417	38
	占比(%)	—	29.63	21.50	26
2.贷款	规模(万元)	0	0	0	57
	占比(%)	—	0.00	0.00	57
3.长期投资	规模(万元)	40967	43268	43268	25
	占比(%)	—	48.05	43.45	7

资料来源：根据《2012 年中国信托公司经营蓝皮书》整理。

（六）内蒙古信托公司的公司收入结构分析

信托公司的收入结构分析包括信托公司的营业收入、利润、手续费、利息、投资收益等内容。

1.信托公司营业收入

2011 年,华宸信托公司的营业收入为 28403 万元,增幅为 3056 万元,增长率为 12.06%。新时代信托公司的营业收入为 31141 万元,增幅为 4837 万元,增长率为 18.39%,总体情况 2011 年不太理想,见表 12-61、表 12-62。

表 12-61　2009～2011 年华宸信托公司营业收入统计分析表

年份\项目	2009	2010	2011	2011 年排名
营业收入(万元)	17967	25347	28403	52
营业收入增长幅度(万元)	—	7380	3056	57
营业收入增长率(%)	—	41.08	12.06	53

资料来源:根据《2012 年中国信托公司经营蓝皮书》整理。

表 12-62　2009～2011 年新时代信托公司营业收入统计分析表

年份\项目	2009	2010	2011	2011 年排名
营业收入(万元)	25310	26304	31141	45
营业收入增长幅度(万元)	—	994	4837	51
营业收入增长率(%)	—	3.93	18.39	52

资料来源:根据《2012 年中国信托公司经营蓝皮书》整理。

2.信托公司利润总额与净利润

2011 年,华宸信托公司的利润总额为 19941 万元,增幅为 2525 万元,增长率为 14.50%;华宸信托公司的净利润为 16335 万元,净利润增幅为 1120 万元,净利润增长率为 7.36%,见表 12-63。

新时代信托公司的利润总额为 14090 万元,增幅为 −2122 万元,增长率为 −13.09%;新时代信托公司的净利润为 10638 万元,净利润增幅为 −4533 万元,净利润增长率为 −16.339%,见表 12-64。

2011 年,这两家信托公司的利润情况处在全国 61 家信托公司的最低水平。

表 12-63　2009～2011 年华宸信托公司利润总额和净利润统计分析表

项目 ＼ 年份	2009	2010	2011	2011 年排名
利润总额(万元)	12703	17416	19941	49
利润总额增幅(万元)	—	4713	2525	51
利润总额增长率(%)	—	37.10	14.50	49
净利润(万元)	10154	15215	16335	46
净利润增幅(万元)	—	5061	1120	52
净利润增长率(%)	—	49.84	7.36	51

资料来源:根据《2012 年中国信托公司经营蓝皮书》整理。

表 12-64　2009～2011 年新时代信托公司利润总额和净利润统计分析表

项目 ＼ 年份	2009	2010	2011	2011 年排名
利润总额(万元)	17263	16212	14090	53
利润总额增长幅度(万元)	—	−1051	−2122	57
利润总额增长率(%)	—	−6.09	−13.09	59
净利润(万元)	14196	12715	10638	53
净利润增幅(万元)	—	−1886	−4533	58
净利润增长率(%)	—	−10.44	−16.339	58

资料来源:根据《2012 年中国信托公司经营蓝皮书》整理。

3.信托手续费收入

2011 年,华宸信托公司的信托手续费及佣金收入为 22670 万元,占比 75.88%,增幅为 6948 万元,增长率为 44.19%,见表 12-65。

2011 年,新时代信托公司的信托手续费及佣金收入为 35801 万元,占比 114.60%,见表 12-66。

表 12-65　2009～2011 年华宸信托公司手续费收入统计分析表

项目＼年份	2009	2010	2011	2011 年排名
手续费及佣金收入（万元）	12778	15723	22670	44
手续费及佣金收入占比（％）	—	56.79	75.88	26
手续费及佣金收入增幅（万元）	—	2151	6948	46
手续费及佣金收入增长率（％）	—	18.15	44.19	40

资料来源：根据《2012 年中国信托公司经营蓝皮书》整理。

表 12-66　2009～2011 年新时代信托公司手续费收入统计分析表

项目＼年份	2009	2010	2011	2011 年排名
手续费及佣金收入（万元）	9544	未披露	35801	29
手续费及佣金收入占比（％）	—		114.60	3
手续费及佣金收入增幅（万元）	—			

资料来源：根据《2012 年中国信托公司经营蓝皮书》整理。

4. 信托公司利息收入

2011 年，华宸信托公司的利息收入为 864 万元，占比 2.89％。新时代信托公司的利息收入为 878 万元，占比 2.81％，见表 12-67、表 12-68。

表 12-67　2009～2011 年华宸信托公司利息收入统计分析表

项目＼年份	2009	2010	2011	2011 年排名
利息收入（万元）	1347	1181	864	54
利息收入占比（％）	—	4.26	2.89	49

资料来源：根据《2012 年中国信托公司经营蓝皮书》整理。

表 12-68　2009～2011 年新时代信托公司利息收入统计分析表

项目 \ 年份	2009	2010	2011	2011 年排名
利息收入(万元)	94	未披露	878	53
利息收入占比(%)	—	—	2.81	50

资料来源:根据《2012 年中国信托公司经营蓝皮书》整理。

5.投资收益

信托公司的投资收益包括投资收益、股权投资收益、证券投资收益和公允值变动收益四部分。内蒙古信托公司的投资收益情况根据表 12-69、表 12-70 分析如下:

(1)投资收益。2011 年,华宸信托公司的投资收益为 6272 万元,比 2010 年的 10640 万元减少了 4368 万元;占比 20.99%,比 2010 年的 38.43%减少了18.44%。新时代信托公司的投资收益为−4048 万元。

(2)股权投资收益。2011 年,华宸信托公司的股权投资收益为 853 万元,与 2010 年的 1066 万元相比,减少了 213 万元;占比 2.86%。比 2010 年的 3.85%减少了 0.99%。新时代信托公司无数据。

(3)证券投资收益。2011 年,华宸信托公司的证券投资收益为 5259 万元,比 2010 年的 8726 万元,减少了 3467 万元;占比为 17.60%,比 2010 年的 31.52%减少了 13.92%。新时代信托公司无数据。

(4)公允值变动收益。华宸信托公司的公允值变动收益无数据;新时代信托公司的公允值变动收益−4314 万元,占比−13.81%。

表 12-69　2009～2011 年华宸信托公司投资收益统计分析表

项目 \ 规模/占比 \ 年份		2009	2010	2011	2011 年排名
1.投资收益	收益(万元)	6522	10640	6272	27
	占比(%)	—	38.43	20.99	19
2.股权投资收益	收益(万元)	201	1066	853	27
	占比(%)	—	3.85	2.86	25

续表

规模/占比　　年份 项目		2009	2010	2011	2011年排名
3.证券投资收益	收益(万元)	6321	8726	5259	5
	占比(%)	—	31.52	17.60	3
4.公允值变动收益	收益(万元)	0	0	0	15
	占比(%)	—	0.00	0.00	16

资料来源:根据《2012年中国信托公司经营蓝皮书》整理。

表 12-70　2009～2011 年新时代信托公司投资收益统计分析表

规模/占比　　年份 项目		2009	2010	2011	2011年排名
1.投资收益	收益(万元)	996	未披露	−4048	60
	占比(%)	—		−12.96	60
2.股权投资收益	收益(万元)	7287	未披露	0	46
	占比(%)	—		0.00	46
3.证券投资收益	收益(万元)	0	未披露	未披露	34
	占比(%)	—		0.00	34
4.公允值变动收益	收益(万元)	13703	未披露	−4314	56
	占比(%)	—		−13.81	59

资料来源:根据《2012年中国信托公司经营蓝皮书》整理。

(七)内蒙古信托公司的资产质量分析

信托公司资产质量的分析包括不良资产规模、不良资产增幅、不良资产率、不良资产率增幅四方面。内蒙古信托公司资产质量分析情况如下:

2011 年,华宸信托公司的不良资产为 324 万元,低于全国 64 家信托公司的平均值 3357 万元;不良资产增幅 0.28 万元;不良资产率 0.33%,低于全国信托公司不良资产率 1.89%;不良资产率增幅是−0.19%,见表 12-71。

表 12-71 2009～2011 年华宸信托公司不良资产统计表

项目 \ 年份	2009	2010	2011	2011 年排名
不良资产规模(万元)	300	324	324	41
不良资产增幅(万元)	—	—	0.28	53
不良资产率(%)	0.24	0.52	0.33	38
不良资产率增幅(%)	—	0.28	−0.19	19

资料来源:根据《2012 年中国信托公司经营蓝皮书》整理。

2011 年,新时代信托公司的不良资产为 494 万元,低于全国 64 家信托公司的平均值 3357 万元;不良资产增幅−3.86 万元;不良资产率 13.95%,高于全国信托公司不良资产率 1.89%;不良资产率增幅是 2.08%,见表 12-72。

表 12-72 2009～2011 年新时代信托公司不良资产统计表

项目 \ 年份	2009	2010	2011	2011 年排名
不良资产(万元)	—	498	494	42
不良资产增幅(万元)	—	—	−3.86	17
不良资产率(%)	—	11.87	13.95	58
不良资产率增幅(%)	—	—	2.08	51

资料来源:根据《2012 年中国信托公司经营蓝皮书》整理。

三、内蒙古自治区信托公司进一步发展的建议

内蒙古信托公司应在业务拓展、风险防范、信息化、企业文化、内控制度等方面需进一步加强,以使公司可持续发展。

(一)拓展业务,稳定业务

业务发展是企业发展的生命线,从目前情况看,这两家信托公司的业务虽有发展,但有的业务还没有开展或不够稳定。这就需要进一步加强业务领域的拓展,并

保持业务的稳定发展。

(二)加强公司风险管理意识文化

要努力培养全体职工不断加强风险管理的意识和文化。公司应当积极引导职工队伍全面树立科学的风险观。要教育职工对待风险应采取正确的态度,即面对风险时应该进行积极的测度和处置,而不应该消极回避。公司要结合风险意识培养、企业价值观教育、职业素质教育、员工政策法规培训等活动,按照考核和奖惩相结合的办法,使每位员工真正树立起合规经营、健康发展的风险管理意识,要形成一种破坏公司健康发展可耻的舆论导向,从而形成人人注重风险控制、维护公司形象、努力控制风险的良好环境和氛围。

(三)推动信息化建设

应当使风险管理与信息技术能够有机结合起来,做到风险管理信息化、网络化,提高风险管理的质效。公司应当设立信息化建设和推动的专门部门,加强信息系统建设,推动信息化服务。

(四)注重风险管理人才培养

应当注重风险管理人才的培养。从某种程度来说,信托公司经营得好坏,取决于其风险管理的水平的程度,而风险管理水平则取决于风险管理机制的完善程度和人才的素质。信托的特征是"受人之托、代人理财",谁拥有人才,谁就拥有竞争优势。信托公司属于高风险机构,信托业务则属于高风险业务,其业务面比银行宽泛,涉及贷款、投资、股权等多个方面,人员素质要求相对较高。

(五)健全内部控制机制

要不断完善公司的内控制度,这些制度不仅要涵盖信托业务、固有业务、中介业务、业务创新、财务管理、信息系统、客户服务与管理、人力资源管理等各个环节。内控制度还应明确具体的风险量化标准、尽职管理指引、操作流程、风险控制点、责任人等,确保制度控制的针对性、有效性。

第十三章

内蒙古自治区新型金融机构发展报告

　　本部分报告中的新型金融机构包括由中国银行业监督管理委员会批准设立的三类新型农村金融机构，即贷款公司、村镇银行、农村资金互助社和由政府金融办批准设立的小额贷款公司。

　　需要说明的是，银监会、人民银行对贷款公司、村镇银行、农村资金互助社明确定义为金融类机构，而对小额贷款公司界定模糊，没有明确定义为金融类金融机构，它是一种介于金融机构企业和一般工商企业之间的一种特殊经济体，不属于典型的金融类机构，不应包含在本报告中，但因考虑到小额贷款公司也是一种经营贷款业务的一种新型机构，并在内蒙古发展迅猛，在解决小额资金需求方面发挥了显著作用，本报告就视小额贷款公司为准金融机构，在此对内蒙古自治区小额贷款公司的整体发展状况也进行了介绍。

　　贷款公司是指经中国银行业监督管理委员会依据有关法律、法规批准，由境内商业银行或农村合作银行在农村地区设立的专门为县域农民、农业和农村经济发展提供贷款服务的非银行业金融机构。贷款公司是由境内商业银行或农村合作银行全额出资的有限责任公司（《贷款公司管理暂行规定》银监发[2007]6 号）。

　　村镇银行是指经中国银行业监督管理委员会依据有关法律、法规批准，由境内外金融机构、境内非金融机构企业法人、境内自然人出资，在农村地区设立的主要为当地农民、农业和农村经济发展提供金融服务的银行业金融机构（《村镇银行管理暂行规定》银监发〔2007〕5号）。

农村资金互助社是指经中国银行业监督管理委员会批准，由乡（镇）、行政村农民和农村小企业自愿入股组成，为社员提供存款、贷款、结算等业务的社区互助性银行业金融机构（《农村资金互助社管理暂行规定》银监发〔2007〕7号）。

小额贷款公司是指由自然人、企业法人与其他社会组织投资设立，不吸收公众存款，经营小额贷款业务的有限责任公司或股份有限公司（《关于小额贷款公司试点的指导意见》银监发〔2008〕23号）。在我国小额贷款公司是由经区（县）政府、内蒙古自治区小额贷款试点管理办公室（金融办、人民银行、工商局）批准，在工商行政管理部门依法登记。

一、内蒙古自治区新型金融机构发展背景

内蒙古新型金融机构是在国家政策支持地方经济发展需求两大背景下发展起来的。

(一)内蒙古自治区新型金融机构发展的国家政策背景

金融是推动经济社会发展的重要保障和支撑,其发展情况体现了一个国家、一个地区经济发展的程度和水平。农村金融是支持农业、服务农民、建设农村的重要力量。党的十六届五中全会提出了建设社会主义新农村,重点进行农村金融改革。随着新农村建设的逐步深入,一系列惠农利农政策的实施,需要有大量的资金做后盾。然而,就我国目前的金融环境而言,农村金融市场几乎是零发展。商业银行几乎不在农村地区设立分支机构,在农村地区的金融机构只有发展不健全的农村信用社。农村金融市场的空白成为困扰和制约我国经济发展的重要因素。

针对农村地区银行业金融机构网点覆盖率低、金融供给不足、竞争不充分、金融服务缺位等"金融抑制"问题,国家出台了一系列的政策、规定,引导农村金融市场的发展,鼓励设立新型金融机构,以解决广大农村地区贷款难的问题。2004年中央1号文件提出:鼓励有条件的地方,在严格监管、有效防范金融风险的前提下,通过吸引社会资本和外资,积极兴办直接为"三农"服务的多种所有制金融组织。这是中央首次提出新型农村金融机构建设的政策要求,为推进此类机构的发展提供了重大机遇。2006年12月20日,为解决部分农村地区"金融真空"和农村金融服务不足等问题,银监会发布了《关于放宽农村地区银行业金融机构准入政策,更好支持社会主义新农村建设的若干意见》(下面简称《意见》),按照"低门槛、严监管;先试点、后推开"的原则,开展新型农村金融机构试点工作。2007年3月1日,在政策的引领推动下,四川省仪陇惠民村镇银行正式挂牌开业,揭开了在四川、青海、甘肃、内蒙古、吉林、湖北六省区设立新型农村金融机构试点工作的序幕,村镇银行、贷款公司、农村资金互助社三类新型农村金融机构开始起步发展。并于同年发布贷款公司管理暂行规定、农村资金互助社管理暂行规定、村镇银行管理暂行规定等新型农村金融机构管理条例,为进一步规范新型金融机构提供了保障。2008年,为保证新型金融机构规范、健康、可持续发展,更好地支持社会主义新农村建设,银监会发出《中国人民银行、中国银行业监督管理委员会关于村镇银行、贷款公

司、农村资金互助社、小额贷款公司有关政策的通知》。按照"定位'三农'、循序渐进、风险可控、监管有效"的原则,2009 年 7 月银监会制定《新型农村金融机构 2009 ~2011 年总体工作安排》,重点面向金融网点覆盖率低、金融服务不足的中西部地区,争取通过三年努力,与现有机构一起基本实现县(市)及以下乡镇金融服务全覆盖,计划在未来三年再设立 1300 家左右新型农村金融机构。2010 年 4 月 22 日,银监会发出《关于加快发展新型农村金融机构有关事宜的通知》(以下简称《通知》),进一步细化了对村镇银行等四类农村金融机构的相关政策,积极鼓励、引导和督促四类机构面向农村、依法扎实开展业务经营。2010 年 6 月,财政部发出通知:从 2010 年至 2012 年,新型农村金融机构定向费用补贴范围扩大到基础金融服务薄弱地区。对村镇银行、贷款公司、农村资金互助社三类新型农村金融机构,按年度贷款平均余额的 2% 给予补贴。财政部同时公布《中央财政农村金融机构定向费用补贴资金管理暂行办法》,对补贴条件和标准作详细说明。至此,我国相关机构为创立新型金融机构,扶持新型农村金融结构发展提供了良好的政策环境。

(二)内蒙古自治区新型金融机构发展的地区经济背景

内蒙古自治区作为西部欠发达地区,全区的 100 个旗(县、市)中,有 31 个国家级贫困县,29 个自治区级贫困县,其中农牧民贫困人口占一多半。收入水平低、对农牧业自然依赖性高、市场风险较大,使得广大农牧民和农村小微企业急需得到资金支持。然而,就目前内蒙古自治区大多数农牧业地区而言,能够为他们提供资金帮助的金融机构相当匮乏,农牧民贷款难问题严重制约了内蒙古自治区农牧业地区的经济发展。这样就形成了贫困而得不到贷款支持,无贷款支持则经济发展受到严重影响,经济发展受阻又使得贫困加剧,这样的恶性循环严重困扰着内蒙古广大农牧业地区经济发展。因此,发展新型农村金融结构,成为内蒙古自治区经济发展的重要目标。近年来,内蒙古自治区银监局坚持以偏远落后地区农牧民享受到普惠性金融服务为目标,多措并举引导和督促银行业改善农牧区金融服务,推动实现了内蒙古自治区农牧区乡镇金融服务的全覆盖,有力地支持和促进了内蒙古自治区农牧业地区的经济发展。

另外,由于内蒙古自治区特殊的地域分布,导致了农牧区分布广,农牧区居民居住分散的格局。加之部分农牧区由于受经济发展滞后、撤乡并镇等因素的影响,银行机构在 2005 年和 2006 年大面积撤并了旗县以下的乡镇营业网点,导致当地金融资源严重流失、金融支撑经济发展能力不足,许多偏远乡镇的农牧民无法获得最基本的金融服务,广大农牧民的生产生活受到了很大影响。在这种金融背景下,内蒙古自治区迫切需要建立能够满足广大农牧民资金需求的"特殊金融机构",以弥补内蒙古当前农牧区金融空白这一缺陷,使内蒙古自治区金融资源得到合理配置,将扶持"三农、三牧"措施落到实处。于是,内蒙古自治区银监局按照银监会的统一部署,把解决农牧区金融服务问题作为一项旨在落实党和国家的惠农政策,促进社会主义新农村新牧区建设,利民惠民的民心工程来抓,确定了"统筹规划、因地制宜、突出重点、分步推进"的工作思路,从消除全区农村牧区乡镇金融服务空白点入手,大力推进全区农牧区金融服务建设工作,着力破解农牧区金融服务瓶颈制约的难题。这样,从2006年开始,在国家发展新型金融机构的政策引导下内蒙古自治区政府、内蒙古自治区银监局、内蒙古自治区金融办出台了相应的政策措施,陆续建立了村镇银行、贷款公司、小额贷款公司、资金互助社这四类新型金融机构。

二、内蒙古自治区新型金融机构发展状况分析

内蒙古自治区作为国家第一批新型金融机构设立试点省之一,在过去6年的发展过程中取得了丰硕的成果。

(一)新型农村金融机构发展状况分析

新型农村金融机构包括三类机构,即贷款公司、村镇银行、农村资金互助社。

1.贷款公司发展状况

2006年12月22日,银监会发布的《意见》拉开了发展新型农村金融机构的序幕。内蒙古自治区第一家新型农村金融机构成立于2007年3月16日,由包头市商业银行(后更名为包商银行)全资发起,在包头市达茂旗设立的"包商惠农贷款有限责任公司"。该公司是由中国银监会批准的全国首家在少数民族地区专营"三农"贷款业务的新型农村非银行类金融机构,也是内蒙古自治区到目前为止的唯一一家由中国银监会批准的贷款公司。目前内蒙古虽然只有一家贷款公司,但公司成立以来运行状况良好,见表13-1,始终以"服务三农"为经营宗旨,结合实际,致力于为农牧民、农牧业和农牧区经济发展提供着小额金融服务。从资金来源情况来看,注册资本由最初200万元到2012年增资到3000万元,6年之内资本金15倍增长,资本金比率一直保持高位,即使在最低时(2010年)也保持在9%以上,资本金充足。资金来源中除了资本金,还有发起行同业资金来源,该部分由最初2008年

的 1950 万元到 2012 年达 2.3 亿元,增加了 12 倍。从资产情况来看,资产总额从 2008 年 3161 万元到 2012 年累计达 2.93 亿元,增加了 9.3 倍,其中,贷款规模从成立当年 2201 万元,到 2012 年累计达 2.55 亿元,增长 11.6 倍,并且 6 年间不良贷款率均为 0。在贷款中各类涉农贷款累计 1.88 亿元,户数 1.95 万户,历年发放贷款中涉农贷款占总贷款超过 80%。从盈利情况来看,资本收益率从 2008 年 0.92% 提高到 2012 年 20.46%,其中 2011 年最高为 48.81%,公司盈利保持在较高水平。包商惠农贷款公司有限责任公司通过 6 年的发展,公司治理结构日益完善,部门设置日趋合理,各类组织建设稳步推进,目前公司共分为综合部、农贷部、小微企业信贷部、风险部以及结算部五个部门,正式员工 38 人,并已经成立了工会、妇联、团支部等组织。

表 13-1　包商惠农贷款有限责任公司资金运行情况表　　　　单位:万元

项目 \ 年份		2007	2008	2009	2010	2011	2012
负债	同业来源	—	1950	9000	20000	20000	23000
资产	总资产	—	3161	10300.08	23644.4	24370.65	29307.38
	贷款	—	2201	10166	20126	22321	25472
	农户贷款		726	8115.63	12636.76	13523.68	18837.67
不良贷款率(%)		—	0	0	0	0	0
注册资本		1200	1200	1200	1200	1200	3000
资本比率(%)		—	55.92	13.46	9.7	11.52	20.99
资本收益率(%)		—	0.92	5.9	39.36	48.81	20.46

资料来源:根据内蒙古自治区银监局公布数据整理。

2.村镇银行发展状况

在国家实施农村金融改革的大背景下,内蒙古为了弥补农牧区金融机构数量不足、建设社会主义新农村、支持和服务"三农、三牧"、合理配置地区金融资源,继成立贷款公司之后于 2007 年 4 月 28 日成立了另一类新型农村金融机构村——"固阳包商惠农村镇银行"。这是内蒙古自治区第一家新型银行类的金融机构,由此,内蒙古自治区拉开了村镇银行发展的序幕。到目前为止,内蒙古自治区村镇银行的发展已初具规模,见表 13-2、表 13-3。从机构数量上看,截至 2012 年 12 月末,全区共设立村镇银行 59 家,其中,2007 年成立 1 家,2008 年 4 家,2009 年 8 家,2010 年 26 家,2011 年 50 家,2012 年 59 家,成为全国村镇银行试点较多的省区。从机构地区分布上看,东部五盟市、呼包鄂地区、西部四盟市,均有设立。从资产负债情况看,截至 2012 年 12 月,村镇银行的资产累计总额为 199.85 亿元,各项贷款累计余额 94.11 亿元,其中,农户贷款累计余额 40.36 亿元,占比 43.89%,中小企业贷款占比 23.04%,"三农"与中小企业贷款占各项贷款的 88.04%,充分体现了服务农村牧区经济的经营宗旨。从负债情况来看,截至 2012 年 12 月,负债累计总额 167.95 亿元,其中各项存款累计余额 143.49 亿元,同业拆借 14.11 亿元,中央银行再贷款 4.78 亿元,资金来源表现出多渠道。从盈利状况来看,截至 2012 年 12 月,不良贷款累计额为 0.44 亿元,不良贷款比率在 2008~2010 年为零,2011 年为 0.006%,2012 年为 0.28%,平均不良贷款率几乎为零。资本收益率从 2010 年开始实现正数为 1%,到 2011 年为 9.24%,再到 2012 年为 11.96%。可以看出内蒙古自治区村镇银行在发展 6 年间从亏损到盈利,进入了良性运行状态。从股本结构来看,内蒙古自治区村镇银行的控股股东既有政策性银行(2008 年 10 月 18 日,由国家开发银行作为发起人成立的鄂尔多斯市达拉特国开村镇银行在达拉特旗树林召镇开业,这是国有政策性银行在内蒙古建立的第一个村镇银行),也有中资商业银行,也有外资银行(2009 年 2 月 4 日,渣打银行在内蒙古自治区和林格尔设立了村镇银行,这是首家进入内蒙古自治区市场的外资村镇银行),既有独资的有限责任公司也有多元的股份有限公司。与此同时,内蒙古自治区资本也纷纷向区外县域进军,发起成立村镇银行,如包商银行设立贵州毕节发展村镇银行、广元市包商贵民村镇银行,鄂尔多斯东胜农商行跨区域设立的河南固始天骄村镇银行。村镇银行的蓬勃发展,不仅增强了内蒙古自治区农村金融市场的有效竞争,同时也提高了农村金融服务的质量、促使农村融资规范化和创新化。

目前为止,村镇银行是内蒙古自治区新型农村金融机构中发展最快的金融机构,为解决内蒙古自治区农牧区贷款难问题作出了重要贡献。

表 13-2 内蒙古自治区村镇银行机构数量及地区分布状况 单位:个

项目 \ 年份	2007	2008	2009	2010	2011	2012
总数量	1	4	8	26	50	59
地区分布 呼和浩特市	—	1	2	2	4	7
包头市	1	1	1	2	5	5
乌海市	—	—	1	1	1	1
巴彦淖尔市	—	—	—	2	5	5
鄂尔多斯市	—	1	1	7	11	15
阿拉善盟	—	—	1	1	2	2
锡林郭勒盟	—	—	—	2	4	5
赤峰市	—	1	1	2	3	3
乌兰察布市	—	—	—	1	6	6
通辽市	—	—	—	3	3	4
兴安盟	—	—	—	1	3	3
呼伦贝尔市	—	—	1	2	3	3

资料来源:根据内蒙古自治区银监局公布数据整理。

表 13-3 内蒙古自治区村镇银行资金运行情况表 单位:万元

项目 \ 年份			2008	2009	2010	2011	2012
负债	负债来源	总 数	31935.96	86279.02	422616.81	889809.4	1679471.05
		存款	16524.39	79441.97	289860.05	749795.75	1434938.37
		同业拆借	15149.7	1658.7	90782.26	64232.24	141057.61
		央行再贷款	0	0	10000	18000	47790
		其他	0	0	0	0	0
资产	贷款	总 数	38041.85	93820.75	486638.44	1050799.83	1998507.21
		总数	7091.14	44831.67	241636.83	490925.72	941061.64
		农户贷款	826.84	16501	104837.37	191630.76	403622.42

续表

项目＼年份		2008	2009	2010	2011	2012
资本金	总　数	6260	7860	63760	149560	280283.71
	比率(%)	58.73	18.26	24.38	27.5	28.82
不良贷款		0	0	0	46.92	4387.73
资本收益率(%)		-2.34	-2.11	1	9.24	11.96

资料来源:根据内蒙古自治区银监局公布数据整理。

3.农村资金互助社发展状况

为了更好地响应国家建设服务农村牧区金融体系建设和解决内蒙古自治区农村牧区金融服务的真空问题,在银监会批准下,内蒙古自治区自贷款公司、村镇银行之后,先后成立了两家资金互助社。分别设立在通辽市和锡林郭勒盟。首家,即"通辽市辽河镇融达农村资金互助社",于2007年4月29日经内蒙古自治区银监局批准筹建,5月12日挂牌开业,注册资本30万元,由当地15名自然人共同发起建立,主要开办存款、贷款、结算、买卖政府债券、同业存放和代理业务等。该资金互助社也是中国银行监督管理委员会在少数民族地区设立的第一家农村资金互助社。至此,银监会发布的《意见》中的三类新型农村金融机构在内蒙古自治区全部建立。随后于2007年5月15日,第二家,即"锡林浩特市白音锡勒牧场诚信农村资金互助社"经内蒙古银监局批准筹建,2007年5月31日挂牌开业,注册资本360万元,由白音锡勒农牧场和93户农牧民共同发起建立,主要开办向入股社员吸收存款、发放贷款、办理结算等业务。白音锡勒牧场诚信农村资金互助社的建立对促进完善锡盟农牧区金融组织体系和改进农牧区金融服务产生积极而深远的影响。

内蒙古自治区两家资金互助社5年间发展缓慢。从注册资金情况来看,见表13-4,两家合计额从2007年的390万元,到2012年的595.92万元,增幅不大。从机构数量来看,只有独立的法人机构两家,员工共16人。从资金来源情况来看,2009年两家资金互助社各项存款余额由高走低,2009年4279.26万元,2010年6841.69万元,而到2011年降到4881.75万元,2012年为4893.57万元,几乎没变化。从贷款情况来看,对应存款来源也表现出由高走低的态势,各项贷款余额合计从2009年2641.80万元,到2010年为4247万元,2011年为3966.9万元,2012年为2787万元,对应负债业务也表现出由高走低的态势。从资金运行安全性来看,资本比率从 2009 年 15.7％，到 2010 年 11.32％，2011 年 15.58％，2012 年 13.27％；不良贷款率从 2009 年至 2012 年均为 0；贷款种类主要为抵押、质押和担保贷款，占总贷款比约为 70％；贷款期限全部为短期贷款，占比 100％，由此看出资金是安全的。从收益情况来看，资本收益率平均在 17.5％水平上，其中，2009 年为 21.38％，2010 年为 13.76％，2011 年为 14.57％，2012 年为 20.17％，收益率平稳。

从以上数据可看出，内蒙古自治区两家资金互助社的信贷规模虽然是在下降，发展缓慢，但资金整体运行是安全的，收益是平稳的。

表 13-4　内蒙古自治区资金互助社资金运行状况表　　　　单位：万元

项目 \ 年份		2007	2008	2009	2010	2011	2012
资本金	总数	—	—	598.91	746.32	730.28	595.92
	比率(%)	—	—	15.7	11.32	15.58	13.27
负债存款	总数	—	—	4366.78	6941.77	5022.01	5106
	存款	—	—	4279.26	6841.69	4881.75	4893.57
	同业拆借	—	—	0	0	0	0
	央行再贷款	—	—	0	0	0	0
	其他	—	—	0	0	0	0
资产贷款	总数	—	—	5044.95	7802.37	5896.61	5868.1
	贷款	—	—	2641.8	4247	3966.9	2787
	农户贷款	—	—	2641.8	4247	3706.9	2057
	不良贷款	—	—	0	0	0	0
资本收益率(%)		—	—	21.38	13.76	14.57	20.17

资料来源：根据内蒙古自治区银监局公布数据整理。

（二）小额贷款公司发展状况

自 2006 年 12 月银监会发布的《意见》之后，小额贷款公司在内蒙古自治区得到了迅速发展，成为内蒙古自治区"三农、三牧"和小微企业融资的重要助推力量。2006 年 10 月 12 日，内蒙古第一家小额贷款公司"内蒙古融丰小额贷款有限公司"

经内蒙古自治区人民政府、自治区小额贷款试点管理办公室（金融办、人民银行、工商局）批准，在工商行政管理部门依法登记成立，公司注册资本1亿元人民币，是内蒙古首家小额贷款试点公司，也是中国人民银行推动的七家商业性小额贷款公司试点之一。为了促进自治区小额贷款公司行为，2009年7月22日，成立了"内蒙古小额信贷协会"行业自律组织。协会以开展行业自律、维护行业利益、提供会员服务、促进行业发展为宗旨，遵守国家宪法、法律、法规和经济金融方针政策，认真履行自律、维权、协调、服务、宣传职能，强化组织协调和服务水平，优化会员依法合规经营环境，维护会员合法权益，提高小额信贷从业人员素质，提升行业整体形象，促进小额信贷行业健康发展。由此，内蒙古形成了有官方监督管理机构又有行业自律组织的比较规范的小额信贷公司管理体系。

内蒙古小额贷款公司从成立到现在，大体经历了由起步、规模发展到不断壮大的发展历程。

从数量上看，获批小额贷款公司数量从2009年243家，到2010年314家，2011年422家，而到了2012年6月，据中国人民银行发布的《2012年上半年小额贷款公司数据统计报告》显示，内蒙古小额贷款公司数量已达436家，排名全国第一。

从公司贷款情况来看，据内蒙古自治区金融办的统计数字显示，内蒙古自治区小额贷款公司自2006年开展试点工作以来，截至2012年6月，累计发放各项贷款1400多亿元，贷款余额排全国第三，累计为10万余户小微企业、个体工商户和农牧民提供了及时、快捷的信贷支持，发放贷款177.5亿元，其中，仅2012年1～6月，累计向1.4万户小微企业、个体工商户和农牧民有效地解决了资金的需求。目前内蒙古小额贷款公司与江苏省、浙江省的小额贷款公司一并被称为"三大巨头"。2011年1月6日，在首届中国小额信贷机构联席会高峰论坛暨《2010中国小额信贷蓝皮书》、《2010中国小额信贷机构竞争力发展报告》发布会上中国小额信贷机构联席会邀请业界专家，评选出了"2010中国小额信贷机构竞争力100强"、"2010中国小额信贷最具发展潜力奖"等多个奖项。在全国25个省市区参与评选的1425家小额信贷机构中内蒙古自治区的小额贷款公司有14家，成为全国获奖数量最多的省区。内蒙古自治区小额贷款公司成立6年来发展速度迅猛，为内蒙古微型、小型经济体的资金需求提供了有力的资金支持，是建立内蒙古自治区多元化金融服务体系不可忽视的一股力量。

三、内蒙古自治区新型金融机构发展中存在的问题

自 2006 年至今,在国家发展新型金融机构的政策引导下陆续建立的村镇银行、贷款公司、小额贷款公司、资金互助社这四类新型金融机构虽然有了初步的发展,但面对持续经营存在诸多问题。

(一)贷款公司存在的问题

贷款公司存在的问题突出表现在人力资源、机构设置、融资渠道和风险控制等方面。

1. 专业人员短缺,信贷队伍建设稳定性差

就内蒙古自治区唯一一家贷款公司包商惠农贷款公司有限责任公司的情况而言,因公司所处达茂旗百灵庙地处包头市北疆,距离包头市及呼和浩特市都在 150 公里以上,长久以来,限于各方面条件,达茂旗专业人才都极为短缺,这一点在贷款公司中显得尤为突出。贷款公司培养一个合格的信贷员需要两年的时间,而往往当两年时间过去,信贷员已具备各方面能力,有了较强的专业素质后就跳槽离开,这时贷款公司又不能及时补充人员。就以 2012 年的情况来看,截至 12 月末,公司人数算上高管人员 38 人,信贷人员只有 12 人,平均维护量和发放贷款量分别为 550 笔和 448 笔,加之贷款公司所在的达茂旗地广人稀,往往需要长途跋涉几十公里后才能办理几笔业务,工作强度之大可想而知。

2. 没有分支机构,业务发展受限

目前贷款公司仅在达茂旗百灵庙拥有一处机构,业务辐射能力有限。贷款公司与最近的乡镇都在 40 公里以上,距离包头和呼和浩特都在 150 公里以上,这使得无论拓展业务,还是带来协调汇报工作既费时又费力,成本较高。

3. 经济下行压力,导致贷款风险控制难度加大

由于 2012 年经济下行的原因,贷款公司进行风险控制的难度进一步加大,目前贷款公司虽风险防控意识和风险防控能力有了一定提高,但由于信贷人员维护数量和发放贷款数量较大,专业人才的缺乏和信息的相对闭塞,同时由于贷款公司的风险防控能力较同行业还有一定差距,导致贷款公司信贷潜在风险增加。

4. 资金来源渠道单一,筹资成本较高

资金来源渠道单一一直都是制约贷款公司发展的"瓶颈"。首先,由于贷款公司一直采取城市资金反哺农村的路子,所以贷款公司的资金来源渠道极为单一,只

能从发起行(包商银行)拆借资金,融资成本高。其次,贷款公司无法取得中央银行支农再贷款,使得在支持"三农"发展的道路上生存和发展都有明显的资金来源困难。

(二)村镇银行存在的问题

村镇银行存在的问题主要表现在资金来源、业务种类、风险及国家政策等方面。

1. 资金来源乏力

内蒙古自治区村镇银行目前为止,整体上资金来源表现出增长趋势,但因客观制约因素的影响资金来源可持续增长面临着不小的障碍,主要原因如下:

(1)缺乏社会认同,吸储难度较大。村镇银行属于新生事物,在品牌和声誉上相比根深蒂固的农村信用社,尤其近年来因邮储银行的竞争实力增强,村镇银行相对较弱,存在客户认同度低的问题。加之目前村镇银行只在县城设立一个营业网点,而大多数农牧民又在乡镇地区,这样村镇银行缺乏对大多数农牧民资金的吸收,即使是县城的营业网点,因居民收入水平不高,农牧民和乡镇中小企业闲置资金有限,也客观上制约了村镇银行储蓄存款的增长。

(2)低注册资本准入门槛,使村镇银行资本单薄。《村镇银行管理暂行规定》规定,在县(市)设立的村镇银行注册资本不得低于 300 万元人民币,在乡镇设立的村镇银行注册资本不得低于 100 万元人民币,这与《中华人民共和国商业银行法》规定的农村商业银行注册资本 5000 万元相差甚远,从而从制度上造成了资本金的单薄。

(3)享受支农再贷款有限。内蒙古自治区村镇银行从 2010 年才开始得到人民银行支农再贷款的支持,截至 2012 年 12 月,59 家村镇银行合计仅享受 4.8 亿元扶持资金,仅是 59 家村镇银行 2012 年 94 亿元贷款规模的 5.1%,中央银行资金扶持力度非常小。

2. 业务开展难,金融产品单一

一是结算业务开展难。因农村牧区网络建设滞后,信息不畅通,结算瓶颈成为目前制约村镇银行发展的重要阻碍之一。目前村镇银行无法通存通兑,也无法发行银联卡,虽然目前中国人民银行允许村镇银行接入现代化支付系统,但规定只能间接接入,中间还必须设一个清算银行,大多数村镇银行的异地汇划必须通过代理行、信用社的结算网络,因而导致支付渠道不畅,汇划款项难以实时到账。

二是目前内蒙古自治区村镇银行受硬件环境的缺陷和人员素质软件环境不高

的影响只能开展传统的吸收存款、发放贷款以及结算、承兑、部分贴现业务,而对代理类的中间业务还不能涉及,村镇银行业务单一。

3. 市场环境不成熟,面临多重风险

(1)经营风险。内蒙古自治区村镇银行多数处于经济欠发达的农村牧区,这些地区基本以传统农牧业为主,而村镇银行的主要信贷对象为农牧业和农牧民,种植业和养殖业贷款占比较多,然而这两个行业受自然影响程度比较高,目前又缺乏自然灾害的风险补偿机制和保险制度,从而村镇银行背负了较重的经营风险。

(2)信用风险。村镇银行的房贷对象主要是农牧民,为尽量规避风险,村镇银行多选择担保和抵押放款类型,而农牧民的经济实力不足,更倾向于信用贷款,然而,农牧民既没有以往的信用记录,也没有完善的财务及产业发展系统可供评估,更没有相关的专业评估机构对其进行评估。这些使村镇银行发放的信用贷款必定面临较大的信用风险。

(3)操作风险。就目前内蒙古大多数村镇银行而言,基本上就是两级管理的扁平结构,而其从业人员的素质比较低,合规操作意识差,风险意识相对淡薄。再者,由于从业人员数量较少,容易形成"认人不认制度"的怪现象,从而产生操作风险。

4. 政府扶持不足,经营成果受限

从试点工作开展到现在,尽管国家财政、金融政策方面相继出台了一些扶持政策,但依然有不明确的地方。首先,税收优惠不明朗。目前村镇银行并没有享受到按规定的等同于农村信用社的各种税收优惠,目前农村信用社的营业税仅为3%,而村镇银行的营业税率为5%。其次,财政对农业银行、农信社发放农业贷款进行贴息,但对村镇银行发放相关贷款没有明确规定。最后,缺乏必要的政策支撑。从国家出台的关于村镇银行试点相关政策规定来看,目前仅仅只是银监会发布了《村镇银行管理暂行规定》,而且该规定只是就机构的设立、股权的设置、经营管理、公司治理、监督管理、机构变更与终止等方面作出了规定,而对村镇银行日常的经营与管理方面,并没有任何相关政策出台。

(三)农村资金互助社存在的问题

农村资金互助社主要面对融资困难、相关法规支持乏力、人员素质偏低等问题。

1. 融资难

在现有政策支持力度下,农村资金互助社突出的问题是融资难的问题。

(1)国家政策的限制。《农村资金互助社管理暂行规定》规定,资金互助社只能通过吸收社员存款、接受社会捐赠资金和向其他银行业金融机构融入资金作为资金来源,并且严格规定,单个农户或单个农村小企业向农村资金互助社入股其持股比例不得超过农村资金互助社股金总额的 10%。这样就从政策上限制了资金互助社的融资渠道。

(2)同业融资难。目前人民银行还没有针对资金互助社出台具体支农贷款扶持政策,政策性银行也没有开展相关业务,商业银行(农业银行、邮政储蓄银行、内蒙古银行)虽有合作意向,但因没有上级机构或监管机构相关融资规定办法而无法操作实施。

(3)公信度低。资金互助社作为新型金融机构之一,从建立到现在经历的时间较短,所以社会认知度并不高,加之内蒙古资金互助社数量较少,政府对其宣传上的片面性和实践上的误导性使内蒙古自治区很多农牧民对自己互助社的认识上存在偏差,抱怀疑态度,处于观望状态,不会贸然加入资金互助社把大额资金存入资金互助社。

2. 相关政策法规不完善

由于资金互助社现行审批手续较为复杂烦琐,注册资本金的高门槛等限制了资金互助社的成立。加之缺乏专门的合作金融法律、法规引导和规范,势必导致监管部门无法可依,不利于资金互助社的良好发展。另外,相应法律法规的不健全,也会带来政府对资金互助社的不正当干预,资金互助社的参与者也不能从立法中明确了解各自的基本权利、义务和风险,参与者之间无法形成相互制约和促进的关系,这些都势必成为资金互助社良性运转的障碍。

3. 人员素质不高

内蒙古自治区是欠发达地区,农牧民普遍文化水平低,人才匮乏。据内蒙古银监局统计,截至 2012 年 12 月,内蒙古两家资金互助社共有 16 名员工,其中本科学历 1 人,大专学历 9 人,高中以下 16 人,与《农村资金互助社管理暂行规定》要求的管理人员素质相比,差距比较大,这也是制约内蒙古农村资金互助社进一步发展壮大的因素之一。

(四)小额贷款公司发展中存在的问题

小额贷款公司虽然发展速度较快,但面临的问题日益凸显,主要表现在:

1. 后续资金来源不足,规模发展受阻

根据《关于小额贷款公司试点的指导意见》,小额贷款公司的资金来源主要来自股东自有资本、捐赠资金,以及向不超过两个银行业金融机构的融资。然而,向银行融资成本较高,且比例不得超过资本金的50％,另外,单一自然人、企业法人、其他社会组织及其关联方持有的股份,不得超过小额贷款公司注册资本总额的10％。再加上政府文件中对非法募集公众存款的监督,以及"只能发放贷款,不能吸收存款"的政策限制下,后续资金出现不足是必然的问题。就目前内蒙古自治区小额信贷公司的发展阶段状况而言,因尚处在发展初期,规模小,社会对其认知度不高,资金不足的问题暴露还不明显,但从长远发展来说,后续资金不足势必成为制约小额信贷公司规模发展的重要因素。

2. 风险意识薄弱,存在严重的风险隐患

由于小额信贷公司的规模较小,且其资金为私人所有的特点,大多数公司没有系统的风险控制和管理体系。一些小额信贷公司在实际操作贷款流程时存在很多不规范的行为,如对借款公司的信用等级和还款能力调查不足、审查过程靠经验和客户的还款意愿完成、贷款后没有科学的风险控制及管理机制等。虽然有些小额贷款公司则形成了适合自己发展和地区经济的风险管理机制,然而,在高收益的诱惑下,很多小额贷款公司忽视了对风险的防范,在高风险状态下运行,存在严重的风险隐患。

3. 从业人员素质整体不高,缺乏专业人才

由于小额贷款公司的性质,使小额贷款公司的家族观念较为强烈,大多数的从业人员为其亲朋好友,文化程度偏低,没有专业知识,没有专业培训,业务操作基本属于现学现用,十分不规范。即使少有的本科学历的从业人员,大多也缺乏行业工作经验和扎实的理论知识。这将是影响小额贷款公司科学规范发展的重要因素。

4. 定位不明确,监管权限模糊

从定位来看,目前由于国家政府对小额贷款公司的界定,使小额贷款公司介于银行机构和工商企业之间,虽说是经营金融业务,但不能吸收存款,不享有国家对金融企业的优惠税费政策,虽说是一般的工商企业,但又接受金融办、人民银行的监督管理。在监管主体方面存在受多个部门的管制,也就是说除了接受工商部门的管理以外还要接受地方金融办、人民银行、银监局的相关规定,小额信贷公司面临监管主体多元化,监管权限相互磕碰,监管主体的协调性差等问题,这些是小额信贷公司高经营成本、低利润、重负担局面的重要原因之一。

四、内蒙古自治区新型金融机构前景展望与发展对策

新型金融机构的建设是我国金融体制改革的体现,是国家解决我国农村地区

银行业金融服务缺失的举措。回顾 2006 年以来全国各地的新型金融机构的运行情况和对当地农牧业及农牧民提供的金融服务来看效果显著,缓解了地区农牧业经济发展中资金短缺的问题。尤其在内蒙古自治区,各类新型金融机构目前为止以卓越的发展成绩排在了全国的前列,正为内蒙古自治区的广大农牧民、农村牧区小微企业经济活动提供着有力的资金支持。在初期发展阶段的新型金融机构已展露出强劲的活力和发展前景。加之国家对金融机构多元化改革的深化和对农村牧区金融服务的加强以及党的十八大提出的建成小康社会的目标,更是为内蒙古自治区新型金融机构的未来发展明确了方向。在国家今后社会经济目标的确定和金融体制改革不断地深化以及地区经济民生的需要和这些年来新型金融机构的发展对内蒙古自治区农牧区经济所带来的积极作用下,展望内蒙古新型金融机构的未来,将有一个良好的发展前景。但实现这一前景,需要对四类新型金融机构目前暴露出的问题进行改进。

总结村镇银行、信贷公司、农村资金互助社和贷款公司发展中存在的问题,主要集中在资金来源问题、从业人员问题、政府政策及实施问题、相关法律法规欠缺的问题、风险问题等方面。这些问题不同程度地制约着内蒙古自治区新型金融机构的生存与发展,要想使内蒙古新型金融机构健康并可持续发展,我们必须解决这些问题,为这些机构提供良好的运行环境和有序的发展环境。

(一)拓宽融资渠道,确保充足的资金

拓宽融资渠道,确保充足的资金是四类新金融机构共同面临的问题。

1. 需要商业银行的积极合作

各类商业银行,尤其是大型商业银行作为我国有绝对竞争优势和收益能力强的金融机构,鉴于内蒙古自治区当前农牧区金融体系薄弱、资金供需失衡的现状,商业银行有责任、有义务对村新型农村金融机构的发展给予支持。商业银行应该为新型金融机构提供一些利率方面的优惠、贷款期限较长等的优惠贷款。商业银行通过与新型金融机构的合作,不仅能解决新型金融机构资金不足的问题,也为商业银行节约了交易成本,帮助其扩大了农村牧区市场,形成互惠局面。

2. 需要政策性银行提高重视度

农业发展银行作为国家专门服务于农业的政策性银行,对于这样服务"三农、三牧"的新型带有政策性质的金融机构,应该安排一定量的新型金融机构的贷款,以扶持其发展。

3.需要中央银行加大再贷款力度

中央银行要打开对贷款公司、农村资金互助社的支农再贷款扶持政策大门,鼓舞其涉农涉牧的贷款。而对村镇银行的扶持要在现有的5%比例基础上再加大力度,提高村镇银行资金来源中的中央银行再贷款份额。

4.有必要对保险行业开设农牧业保险业务

由于农牧业生产受自然条件约束较大,大量具有不确定性特征的自然灾害,因此,必须加快发展政策性农牧业保险,加大政策性农牧业保险的财政投入力度。同时尽快建立健全农牧区社会保障体系,避免农牧民因看病、子女教育等致贫而拖欠贷款,以减轻新型金融机构的放贷风险,加强其资金流动性。

5.需要加大地方政府的宣传力度

地方政府要为新型金融机构搭建宣传平台,帮助其提高社会知名度,新型金融机构也要采取有效措施加大业务营销宣传力度,进一步用优质、高效、诚信的实际行动来提高社会公众对其的信任度,减少农牧区资金外流,支持新型金融机构发展。

(二)加强从业人员整体业务素质,提高专业服务水平

从业人员素质不高是目前各类新型金融机构存在的普遍问题。所以需要新型金融机构对这些从业人员给予不定期的培训,迫使其进行专业知识和业务程序的学习,以提高从业人员的金融基础知识水平,熟悉业务操作,增强从业人员的业务创新能力和业务处理能力。

专业从业人员短缺也是新型金融机构在发展中所面临的突出的问题。由于新型金融机构是新发展的金融机构,认知度不高,而且未来的发展有着太多的不确定因素,很多具备专业从业人员不愿意到这类机构就职。因此新型金融机构需要提供良好的工作环境、丰厚的薪金待遇,以吸引高品质的员工。另外,政府相关部门给予其政策上的优惠,调配一些专业人员到新型金融机构工作。在对高校就业指导上加大宣传力度,引导内蒙古自治区高校毕业学生去新型金融机构工作。

(三)提高政策扶持力度,确保政策执行的有效性

首先,加强政策扶持。主要是加强财政政策和金融政策的扶持力度。在财政方面,实行税收减免和费用补贴等财政政策,尤其对初创阶段的新型金融机构给予税收上的优惠,降低其经营成本,增加收益,支持其发展壮大。还建议从财政预算中拿出一定规模的资金,成立农户贷款风险补偿基金,专项用于补偿新型金融机构

发放支农贷款时由于自然风险和市场风险等原因形成的贷款损失。在金融方面,降低存款准备金比率、加大支农再贷款力度等货币政策以及引导鼓励同业拆借合作,缓解新型金融机构融资成本高、渠道不畅等问题。

其次,强化政策实施的有效性。就目前而言,国家和内蒙古自治区政府已经制定了一些政策和建议,但很多政策在实施之前就已到期结束,出现了政策期限不匹配的问题。因此,与国家政策相配套的地方政策要落到实处,地方政府就需要延长政策的有效时限,同时相应的监管部门加强政策执行阶段的监督,及时发现问题,给予正确的引导,确保政策的实施。对小额信贷公司政府应该明确主管部门,形成一个部门主管、多部门协助执行的有效管理体系。

(四)加快法律法规的制定,确保机构发展的制度保障

新型金融机构正在快速发展,新的问题将不断出现,因此要加快相应的法律法规的建设,使新型金融机构在发展中有法可依,确保机构发展的制度保障。

(五)增强自我建设,提升生存和发展能力

内蒙古自治区各类新型金融机构应该明确并坚定服务于涉农涉牧业务,找准服务农牧区和农牧民这一定位更有利的发展领域,加强制定符合自身实际的信贷管理、财务管理、支付计算、内部审计等制度以及主要业务流程和操作规程等;建立风险防范机制,健全各项规章制度,严格规范内部管理;要加强信息系统建设,使新型金融机构就能够形成比较完善的内部控制管理机制,保障自身有效、持续发展。同时要考虑从长计议,努力进行产品创新,新型金融机构除了开展传统的信贷业务之外应该积极尝试开展一些中间业务,通过产品创新和中间业务的开展,新型金融机构不仅可以扩大业务经营范围,还可以拓宽其在农牧区的知名度和认知度。

下篇　专题报告

第十四章

内蒙古自治区农村金融发展报告

自改革开放以来，我国农村经济社会发生了巨大变化，取得了举世瞩目的成就。与此同时，农村金融也走过了一条不平凡的发展道路，各农村金融机构在为"三农"提供金融支持的同时，自身也不断发展壮大，成为我国金融体系中的重要力量。内蒙古自治区农村金融经过30多年的发展，形成了以正规金融机构为主导、以农村信用合作社为核心的包括商业性、政策性、合作性金融机构在内的农村金融体系。但内蒙古自治区农村金融系统存在的各种矛盾和问题也不容忽视，农村的乡镇企业、个体经济和农牧户很难得到经济发展所急需的信贷服务。当前内蒙古自治区的经济社会发展同样面临着"三农"问题的严峻挑战。农村金融作为影响农业和农村牧区经济发展的重要因素，如何在新的发展阶段通过改革，进一步提高运作效率，为支持经济社会的发展释放出足够的推动力量，就成为当前发展中所必须重视的一个关键环节。

一、内蒙古自治区农村金融发展的历史回顾

内蒙古自治区农村金融的发展与我国农村金融发展相辅相成,因此,在历史阶段的划分上也与我国农村金融发展的历程并行交织,大致可分为四个阶段:农村金融的重构阶段、农村金融的拓展阶段、农村金融的调整阶段、农村金融的改革深化阶段[①]。

(一)内蒙古自治区农村金融重构阶段(1978～1983年)

1978～1983年是我国农村经济体制改革的重要时期,也是农村金融发展的关键时期。这一时期国家为了适应农村经济发展的需要,着手重新构建农村金融体系,经过恢复和发展,形成了由农业银行统一管理、农业银行与农村信用社分工协作的农村金融体制。此间,内蒙古自治区农村金融体系也得以重建。

1.中国农业银行恢复成立

1979年2月,国务院决定恢复中国农业银行,下发了《关于恢复中国农业银行的通知》,对中国农业银行的性质、任务、业务范围、资金来源、机构设置、企业化经营和领导关系等问题作出明确规定。中国农业银行作为国务院的直属机构,由中国人民银行代管,其主要任务是:统一管理支农资金,集中办理农村信贷,领导农村信用社,发展农村金融事业。

1979年2月,中国农业银行正式恢复。恢复后的农业银行业务范围有所扩展,不仅办理农村各项存款和农业贷款,而且同时办理农村的工业贷款、农副产品收购贷款和供销合作社系统贷款。当时,中国农业银行集财政拨款管理、商业性信贷业务和合作制金融组织管理于一身,其"官办"性质及在农村金融中的垄断地位逐步确立。

2.农村信用社逐步恢复合作金融性质

1981年,农业银行总行下达了《关于改革农村信用社体制,搞活信用社工作的意见》,在基本体制不变的前提下,试行了营业所与农村信用社合署办公,"所、社联营"的方案。同时根据农村经济发展的需要,扩大信用社贷款范围,增加信用社网点,增强信用社利率的灵活性,以解决利率倒挂和亏损问题。此外,推行了以试办

---

①关于农村金融发展阶段的划分.引自中国农村金融学会主编的《中国农村金融改革发展三十年》,北京:中国金融出版社,2008.

信用社县联社、强化民主管理等为内容的信用社改革。截至 1982 年底,全国共有信用分社和信用站 33 万个。内蒙古自治区农村信用合作社在这一时期亦得到恢复性发展。这些基层信用社网点在办理农村牧区社员存、贷款业务中发挥了积极的作用。但由于没有独立的发展空间,农村信用社逐步失去自主权,逐渐走上"官办"的道路,信用合作社的民间性、合作性没有得到充分体现。

(二)内蒙古自治区农村金融拓展阶段(1984～1995 年)

1984 年以后,中国经济改革重心由农村转向城市,城市金融得到快速的发展。同时,农村个体经济和乡镇企业发展迅猛,商品化程度大幅提高,对农村金融的需求明显增加,客观上要求农村金融不断提升经营规模和服务质量,更好地服务和支持农村经济社会的持续发展。自此,内蒙古自治区农村金融进入拓展阶段。

1.中国工商银行、中国银行、中国建设银行等国有专业银行进入农村金融市场

1984 年以后,中国人民银行根据形势发展的需要,出台了专业银行业务可以适当交叉和"银行可以选择企业、企业也可以选择银行"的政策措施,鼓励四家国有专业银行之间开展适度竞争,从而打破"统收统支"的"供给制",并将农副产品收购业务确定为中国农业银行的自营业务。根据这一政策措施,中国工商银行、中国银行、中国建设银行等国有专业银行开始将其分支机构延伸至农村,为当时蓬勃发展的乡镇企业提供贷款,中国农业银行在农村金融中的垄断地位逐渐被削弱。多家国有专业银行在农村开展金融业务,进一步完善了农村金融服务体系,促进了农村金融的适度竞争。

2.农村信用社稳步改革

1984 年 8 月,国务院批转中国农业银行《关于改革信用社管理体制的报告》,要求在符合宏观经济的条件下谨慎改革农村信用社,农业银行加强对信用社的领导,农村信用社要在国家方针、政策的指导下,实行独立经营、独立核算、自负盈亏。1986 年前后,又逐渐组建了县级联社,行使其对信用社进行管理、指导、调剂的职能。农村信用社的自主权有所扩大,无论在机构上还是在业务上,都有了较快发展。截至 1995 年底,全国共有县级联社 2409 个,独立核算农村信用社 5021 个,在职职工 63.42 万人,各项存款余额 7173 亿元,各项贷款余额达到 5176 亿元,实收资本 377.7 亿元,总资产 9857 亿元。

3.邮政储蓄机构成立并快速发展

1986 年 1 月,在国务院主持下,邮电部与中国人民银行分别以投资者和业务监管者的身份,联合签署了《关于开办邮政储蓄的协议》,决定在北京、天津等 12 个

城市试办邮政储蓄业务。同年3月,邮电部成立了邮政储蓄局,各省、自治区、直辖市邮电管理局也成立相应机构。1986年底通过《中华人民共和国邮政法》,将邮政储蓄业务法定为邮政企业的业务之一,从而使邮政储蓄遍布全国,成为在农村开展邮政业务的一支重要力量,极大地促进了农村邮政储蓄业务的发展。截至1995年底,全国共有邮政储蓄网点30130个,其中农村网点20513个;存款余额1615.8亿元,其中农村存款余额546.9亿元。10年间,农村储蓄业务得到快速发展。但是,邮政储蓄只存不贷,资金全部转存,扮演了农村资金"抽水机"的角色。

4.农业发展银行的组建

为了贯彻落实国家产业和区域发展政策,促进农业和农村经济的健康发展。1994年4月,国务院批准并成立了中国农业发展银行,其主要职责是筹集农业政策性信贷资金,并承担国家规定的农业政策性金融业务,代理财政性支农资金的拨付,并专门负责管理农副产品收购贷款等业务。经过积极的筹建准备,中国农业发展银行于1994年11月正式运行,1995年4月中国农业发展银行完成省级分行的组建。农业发展银行内蒙古自治区分行在这一时期得以组建。中国农业发展银行的成立,使政策性农村金融与商业性农村金融的剥离成为可能。

(三)内蒙古自治区农村金融调整阶段(1996~2002年)

1996年8月,国务院颁布《关于农村金融体制改革的决定》,农村信用社与农业银行脱离行政关系,农村金融体制进一步理顺。但由于农村金融积累的历史性风险不断显现,国家不得不对农村金融机构实行收缩、整顿和清理,内蒙古自治区农村金融发展进入一个调整时期①。

1.中国农业发展银行机构和业务调整

1996年8月,中国农业发展银行增设分支机构工作开始在全国范围内展开。截至1996年底,中国农业发展银行共增设分支机构1806个,机构总数达到1836个,职工总数由1995年底的2299人增加到38564人。截至2002年,中国农业发展银行在内蒙古自治区共有84家分支机构,职工人数达到1972人②。

为了适应新一轮粮食流通体制改革,1998年3月,国务院决定将中国农业发展银行承担的农业综合开发、扶贫等专项贷款业务,以及粮食企业加工和附营贷款

---

①1996年7月全国农村金融体制改革工作会议召开,确立了建立和完善以合作金融为基础,商业性金融、政策性金融等各种金融机构分工协作的服务体系的农村金融改革目标。

②内蒙古统计年鉴(2005)[M].北京:中国统计出版社,2006.

业务划转到有关国有商业银行,中国农业发展银行专门履行粮、棉、油收购资金封闭管理职能。2002 年,为适应农业经济结构调整和粮、棉流通体制改革政策的需要,经国务院批准,中国农业发展银行对业务经营种类进行了适当调整:一是开办粮食购销企业与加工企业联营业务试点;二是开办粮食合同收购贷款业务;三是将种子企业收购种用大豆贷款列入农业发展银行的贷款范围;四是将新疆生产建设兵团出口棉花所需收购资金贷款纳入贷款范围;五是从 2002 年 8 月起,开办国家储备肉活体储备贷款业务。经过一系列的调整,中国农业发展银行资产负债结构逐步改善,业务经营状况总体良好。

2. 国有商业银行从农村市场收缩

面对 1997 年爆发的亚洲金融危机和通货紧缩的冲击,国家在强调继续深化金融体制改革的同时,也开始高度重视金融风险控制问题。1997 年,中央金融工作会议明确了"国有商业银行收缩县(及以下)机构,发展中小金融机构,支持地方经济发展"的基本策略,包括农业银行在内的国有商业银行开始逐步收缩县(及以下)机构,业务开始向大城市、大企业、大项目集中。据初步统计,1998～2002 年初,国有商业银行共撤并 3.1 万个县(及以下)机构。国有商业银行逐步撤出县以下区域后,农村金融资源日益向农村信用社和邮政储蓄集中。

3. 农村信用社的风险防范与改革调整

1996 年 8 月,国务院颁布《关于农村金融体制改革的决定》,其核心内容是恢复农村信用社的合作性质,把农村信用社逐步调整为农民入股,由社员民主管理,主要为入股社员服务的合作金融组织。农村信用社与中国农业银行脱离行政隶属关系,对其业务管理和金融监管分别由农村信用社县联社和中国人民银行承担。

2000 年,中国人民银行开始在江苏省进行农村信用社改革试点,这项改革旨在保持农村信用社合作金融性质,将各个具有法人资格的农村信用社、县(市)联社合并为单一法人机构,并组建省信用联社。此间,内蒙古自治区也在积极准备改革,2005 年最终在内蒙古自治区全面推广。2001 年 12 月,中国人民银行选择 8 个单位进行农村信用社浮动利率试点[①],推动农村利率市场化。改革试点后,内蒙古自治区农村信用社业务继续扩大,存款余额由 2000 年 126.67 亿元增加到 2002 年

---

① 2002 年上半年,内蒙古自治区的扎兰屯、黑龙江省的甘南、浙江省的瑞安和苍南、福建省的连江县和泉州市泉港区和吉林省的通榆、桃南县(市)共 8 家农村信用(联)社,成为我国农村信用合作社利率改革的首批试点单位。根据利率改革总体方案,这 8 家农村信用联社的各项存款,可在现行法定基准利率基础上上浮 20%～50%,贷款利率实行差别浮动,最大不超过 100%。

的 204.9 亿元,各项贷款余额由 2000 年的 91.62 亿元增加到 2002 年的 146.35 亿元。可见,改革试点工作使得内蒙古自治区农村信用社的发展状况有所好转,但从总体上看,内蒙古自治区农村信用社仍然存在许多体制和内部管理问题,需要进一步解决。

(四)内蒙古自治区农村金融改革深化阶段(2003 年至今)

2003 年 6 月,国务院颁布《深化农村信用社改革试点方案》,标志着新一轮农村信用社改革全面展开。2002～2008 年,中央连续五年在"一号文件"中提出,要加快推进农村金融改革,加大对农村金融的政策支持,大力推进农村金融产品和服务创新。2007 年初,全国金融工作会议明确提出,农村金融改革的总体要求是加快建立健全适应"三农"特点的多层次、广覆盖、可持续的农村金融体系。内蒙古自治区农村金融发展进入了全面深化的阶段。

1.农业发展银行调整职能

2004 年 7 月,国务院对农业发展银行职能调整作出部署,要求农业发展银行在深化改革和坚持做好粮、棉、油储备贷款的供应和封闭运行管理的基础上,根据粮食流通体制改革的新情况,审慎调整业务范围。2006 年 7 月,农业发展银行在继续办好粮、棉、油产业龙头企业贷款服务的基础上,进一步将该项贷款业务对象扩大到农、林、牧、副、渔业范围内,服务于从事生产、流通和加工转化的产业化龙头企业,并开办农业科技信贷服务。2006 年 12 月,农业发展银行开办农村基础设施贷款和农业综合开发贷款。同时在人民银行的推动下,农业发展银行资金来源渠道也得到拓宽。从 2004 年起,开始市场化发债筹资,并通过开办同业拆借、组织企业存款与办理协议存款等方式开展市场化融资,逐步摆脱对中央银行在贷款上的依赖,降低资金成本,改善负债结构。2011 年,内蒙古自治区农业发展银行再接再厉,锐意进取,加大信贷支农力度。推动全区农村牧区经济社会平稳较快发展。全年累计发放贷款 407.3 亿元,同比增加 148.6 亿元。以支持政策性粮油收储为重点,及时、足额投放粮油贷款 130.2 亿元,支持收购粮油 122.7 亿斤;加大对农业农村基础设施建设的支持力度,累计发放贷款 144.2 亿元,支持贷款项目 84 个,其中,投放水利贷款 16.2 亿元,支持项目 12 个;投放土地储备整理、农牧民集中住房、棚户区改造等新农村建设贷款 85.9 亿元,支持项目 38 个;投放农牧业综合开发、农村基础设施建设和县域城镇建设贷款 42.1 亿元,支持项目 34 个;积极稳妥支持产业化龙头企业及加工企业,累计发放贷款 74.8 亿元。

2.中国农业银行确立面向"三农"的市场定位

2004年,农业银行将全行涉农贷款归口农业信贷部门管理,理顺了涉农贷款管理体制。2005年,根据农业产业化、工业化、城镇化和城乡一体化发展趋势,农业银行成立小企业业务部,加强对县域内小企业的支持力度。2007年,全国金融工作会议上明确了农业银行面向"三农"、整体改革、商业运作、择机上市的改革原则,要求农业银行进一步强化为"三农"服务的市场定位和责任,充分利用在县域的资金、网络和专业等方面的优势,更好地为"三农"和县域经济服务。2007年,农业银行提出了旨在以县域为营销重点的"蓝海"战略,制定了《农业银行服务"三农"总体实施方案》,并从当年7月开始在福建、安徽、湖南、吉林、四川、广西、甘肃、重庆8家省(自治区、直辖市)分行开展"三农"金融服务试点,标志着服务"三农"迈出了实质性步伐。2007年,中国农业银行内蒙古自治区分行实现各项存款余额845.97亿元,各项贷款余额达到561.85亿元,其中农、林、牧、副、渔业贷款余额达到32.68亿元,改革初见成效。

3.农村信用社改革全面展开

2003年6月,国务院下发《深化农村信用社改革试点方案》①,按照"明晰产权关系、强化约束机制、增强服务功能、国家适当支持、地方政府负责"的总体要求,推进农村信用社管理体制和产权制度改革。这次改革以产权制度改革为主,将农村信用社的管理交由省级人民政府负责,银监会作为国家银行业监管机构承担对农村信用社的监管职能。2003年下半年开始,全国八个省市开始进行试点工作②。内蒙古自治区作为第二批改革试点之一,于2004年12月向国务院上报了《深化农村信用社改革试点方案》,于2005年8月20日组建内蒙古自治区农村信用社联合社。内蒙古自治区联社由内蒙古自治区88家旗县级农村合作金融机构和5家单一法人信用社入股发起设立,实行自主经营、自负盈亏、自担风险、自我约束,主要为社员提供服务的地方性金融企业③。承担对辖区农村信用社的管理、指导、协调、服务职能。内蒙古自治区农村信用社选择了农商行、农合行、县级联社统一法

①《国务院印发关于深化农村信用社改革试点方案的通知》(国发[2003]15号)。

②2003年6月,农村信用社改革第一批试点为吉林省、山东省、江西省、浙江省、陕西省、重庆市、贵州省、江苏省。

③按照《国务院办公厅关于进一步深化农村信用社改革试点的意见》(国办发[2004]66号)决定将农村信用社改革的试点扩大到另外的21个省市自治区,内蒙古自治区也在其列,这个文件与以往文件相比最重要的突破是把农村信用社改革的目标清晰地界定为"地方金融企业",而不是模糊的"社区地方金融机构",表明农村信用社改革目标定位在商业化上。

人不同的产权组织形式,截至 2010 年底,将原 1225 个乡镇级法人信用社整合改制为 1 家农村商业银行、8 家农村合作银行、82 家旗县统一法人社①。改革按照行政区划进行机构设置,适应了现阶段政府按行政区划组织经济发展的格局。改革使法人机构实力增强,管理效率提高,具有了一定规模经济和范围经济,更容易达到盈亏平衡点,也更容易实现可持续发展。

4. 邮政储蓄银行挂牌成立

2005 年 12 月,中共中央、国务院在《关于推进社会主义新农村建设的若干意见》中提出要"扩大邮政储蓄资金自助运用范围,引导邮政储蓄资金返回农村",为建立邮政储蓄资金回流农村机制提供了政策支持。2006 年 6 月,银监会批准筹建中国邮政储蓄银行,同年 12 月正式批准由中国邮政集团以全资方式出资成立邮政储蓄银行。2007 年 3 月邮政储蓄银行总行正式挂牌成立。随后银监会批准邮政储蓄银行在全国筹建 36 家一级分行及其所属的 20405 家分支机构,全面放宽其业务范围,允许其经营《商业银行法》规定的各项业务。截至 2007 年,内蒙古自治区共有 714 家分支机构,从业人数达到 5450 人。邮政储蓄银行分支机构覆盖所有的市县(旗)和主要乡镇,且大部分设置在县(旗)及县(旗)以下地区,这对于完善农村金融服务体系有着重大而深远的影响。

5. 新型农村金融机构迅速发展

2003 年以来,各地区围绕新一轮农村金融改革的要求,积极探索各种类型的金融组织和机构创新。2006 年 12 月,银监会印发了《关于扩大调整放宽农村地区银行业金融机构准入政策,更好支持社会主义新农村建设的若干意见》,稳步推进农村金融机构试点工作。随后,村镇银行、贷款公司和农村资金互助社等一大批新型农村金融机构相继成立,农村金融市场结构发生了积极的变化,见图 14-1。

2005 年底,中国人民银行主导的"只贷不存"小额贷款公司在内蒙古自治区、山西省、陕西省、四川省、贵州省五个地区开始局部试点。截至 2010 年末,全区经批准开业运营的小额贷款公司达到 422 家,注册资本总额 312.5 亿元,各项贷款余额 511 亿元。从 2006 年 10 月开始,内蒙古自治区第一家小额贷款公司正式成立运营,至 2010 年末,累计发放贷款 697.7 亿元。截至 2011 年末,内蒙古自治区新型农村金融机构共 52 家,法人机构 44 家,从业人员 1461 人,资产总额 108 亿元②。

新型农村金融机构正处于初建阶段,无论是在业务开展上,还是在经营管理

---

① 王景武.内蒙古农村合作金融改革成效评价[J].内蒙古金融研究,2012(2).

② 中国人民银行呼和浩特中心支行货币政策分析小组.2011 年内蒙古自治区金融运行报告[R].

上,都还很不成熟,在发展的同时面临着很大挑战,但毋庸置疑,其在解决农村金融问题上是一个重大突破。

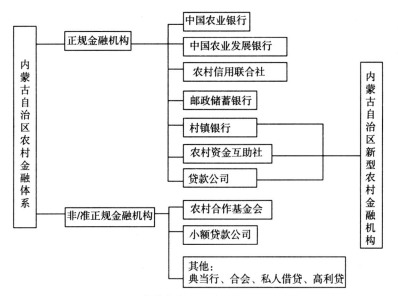

图 14-1 内蒙古自治区农村金融组织体系

二、内蒙古自治区农村金融发展的总体评价

内蒙古自治区农村金融业呈现快速发展态势,体现在现代农村金融制度的确立、农村金融组织体系的完善及农村金融服务水平的提高等多个方面。

(一)农村金融制度建设框架基本确立

十七届三中全会通过的《中共中央关于推进农村改革发展若干重大问题的决定》中强调"建立现代农村金融制度",明确提出"农村金融是现代农村经济的核心",从组织体系、政策支持、机构能力、环境建设等方面确定了农村金融改革发展的基本方向。作为新时期农村金融工作的行动纲领,现代农村金融制度对我国今后一个时期内的农村金融改革发展作出了全面部署。加快建立商业性金融、合作性金融、政策性金融相结合,资本充足、功能健全、服务完善、运行安全的农村金融体系,是农村金融体制改革的总要求;推进农村金融体制创新,降低农村金融准入门槛,鼓励各类金融机构积极支持农村改革发展,是促进农村金融发展的基本措施;综合运用财税杠杆和货币政策工具,定向实行税收减免和费用补贴,是促进农村金融发展的政策保证;加快农村信用体系、担保机制、保险制度、期货市场的建设,是促进农村金融发展的环境基础。"现代农村金融制度"概念的提出,标志着我国农村金融体制改革思路实现了重大突破,其必将对今后一段时期内农村金融改革与发展产生重大而深远的意义。

(二)农村金融机构体系日臻完善,支农力度不断扩大

近年来,农业发展银行不断深化内部改革,加强风险管理和内控机制建设,稳步开展新业务,为全面改革创造条件。而农业银行则紧贴农村经济社会发展的金融需求,全面改进金融服务,不断增强对"三农"的信贷支持。

为强化农村产业金融和农户金融服务,结合全国农行的"三农"事业部改革,2009年,农业银行内蒙古自治区分行和各盟市分行相继成立了"三农"金融事业分部,搭建专门的组织、机构,配备专门的人员、资源专注于服务"三农",为加快发展"三农"业务提供了重要的组织保障。在规定的时间内,农业银行内蒙古自治区分行完成了"三农"金融事业分部组织机构建设,理顺了管理体制。位于全区52个旗、17个县、11个县级市共80个建制县域内的85家县域支行和二连浩特分行组成了农业银行内蒙古自治区分行"三农"金融事业分部,占全区农业银行支行总数的65%。县域支行所有"三农"业务均纳入"三农"金融事业分部统一核算,完成了"三农"金融事业分部经营单元的改造工作,形成了"三农"金融事业分部会计核算财务管理报告。为了确保"三农"金融事业分部顺利运行,农业银行内蒙古自治区分行先后出台了《"三农"重点县域支行考核激励意见》、《加快"三农"县域支行业务发展的意见》,实施了"三农"县域业务重点推进与全面提升工程,建立了86家"三农"县域支行主要指标监测制度,优化了资源配置,不断推进了"三农"县域业务发展。经过一年多的打拼,"三农"金融事业分部各项业务稳步发展,发展速度快于全行业务发展。2010年,"三农"金融事业分部各项贷款余额338亿元,占全行各项贷款余额的40%,比2010年初增加70亿元,占全行增量的49%,增幅27%,高于全行增幅6%[①]。

农村信用社产权制度改革工作进展顺利,法人治理结构初步建立,资产质量明显提高,盈利能力显著增强,支农服务力度进一步加大。2011年,内蒙古自治区农

---

①农行县域蓝海战略给力"三农三牧"发展[N].内蒙古日报,2011-11-11.

村信用社克服宏观调控带来的不利影响，始终坚持立足县域、服务"三农三牧"、支持中小企业的市场定位，深化改革，强化管理，严控风险，保持了持续健康发展的良好势头，为自治区经济社会发展提供有力的金融支撑。全年存、贷款增量分别为466亿元、255亿元，均居全区金融机构之首。截至2011年末，各项存款余额1976亿元，居全区金融机构第一位；各项贷款余额1225亿元，居全区金融机构第二位①。

新型农村金融机构试点工作也取得重大进展和阶段性成果，试点范围从6省（区）扩大到全国31个省（区、市），机构数量快速增加，对农户和农村小企业的信贷支持力度不断加大。

（三）农村金融服务不断创新

随着我国农村经济的快速发展，农村金融需求呈现出领域拓宽、内容增加与结构升级等新变化、新趋向。近年来，各类农村银行业金融机构在继续做好传统业务的基础上，不断加大创新力度，陆续推出并推广联保贷款、订单农业质押贷款、自助循环贷款、简式快速贷款、农民工卡、惠农卡等适合"三农"客户特点的新产品，拓宽电话银行、自助银行、网上银行、流动客户服务小组、驻村业务员等方便快捷、简单易用和成本低廉的服务新渠道，较好地满足了"三农"客户多层次、多元化的金融需求。各家保险公司积极开发保障适度、保费低廉、保单通俗、理赔便捷的"三农"保险产品，构建适合农村地区应用的保险服务网络和销售渠道，不断提高农业保险服务水平。特别是，中国人民银行和中国银监会于2008年10月，决定在中部六省和东北三省选择部分粮食主产区或县域经济发展有扎实基础的县、市，开展农村金融产品和服务方式创新的试点工作。这必将对金融机构培育和发展符合农村需求特点的"低成本、广覆盖、可复制、易推广"的金融产品产生巨大的推动作用。

（四）农村金融差异化监管制度不断成熟

经过长期探索和实践，我国已初步建立了一套与农村经济相适应的差异化农村金融监管框架。监管部门以风险监管为根本、以分类监管为重点，从提高资本充足水平、提高拨备覆盖程度、不良贷款"双降"和案件专项治理四个方面，强化金融监管的有效性，使得农村金融监管工作逐步从过去单一的信用风险监管提升到全面风险监管。不仅如此，对于支农成效显著、风险控制能力强、推动农村金融产品和服务方式有特色的涉农金融机构，在金融产品创新和基层机构网点布局调整方

---

①内蒙古农村信用社网站，2012－02－12.

面采用市场准入绿色通道措施,风险可控的新业务可实行备案制,并支持其跨区域兼并重组、出资设立新型农村金融机构或分支机构,差异化的市场准入政策得到进一步完善。

(五)农村金融发展的外部环境日益完善

首先,中央财政对农村金融发展的支持力度显著加大,贷款贴息、保费补贴、税收优惠等政策覆盖面不断拓宽。以农业保险为例,2008年中央财政对农业保险的补贴支持额度大幅增加,保费补贴经费预算由2007年的21.5亿元增至2008年的60.5亿元。其次,农村征信体系建设取得了较大进展。农户电子信用档案建设和信用评价工作稳步推进,大部分农村信用社实现了与个人信用信息基础数据库的联网运行,企业信用信息基础数据库则已经覆盖到全国各级农村信用社。这为农村金融机构准确识别借款人身份、充分判断借款人信用状况、有效防范信贷风险提供了科学、便捷、有效的参考依据。再次,农村地区支付环境建设工作取得了显著成效。现代支付清算网络在农村地区的覆盖范围不断扩展和延伸,大部分地方性农村金融机构营业网点已加入大、小额支付系统和支票影像系统,农村地区支付结算效率得到显著提高。最后,农村抵押担保机制建设取得了一定进展。农村有效担保物范围不断扩大,多种担保形式的信贷产品不断涌现,特别是林权质押贷款业务得到了快速发展。同时,一些地方政府探索成立了农业信用担保机构,这些担保机构在支持农村小企业、农户获得贷款方面发挥了积极作用。

三、内蒙古自治区农村金融发展存在的问题

改革开放30多年来,内蒙古自治区的农村金融走过了一条不平凡的发展道路。在支持农村经济体制改革、农业生产发展、农村商品流通体系建设、乡镇企业发展以及信贷扶贫方面作出了重要贡献。但不可否认,内蒙古自治区农村金融仍存在诸多不足尚需完善。

(一)农村金融供给总量不足

虽然农村金融机构支农贷款覆盖面和总量在逐年扩大,但与"三农"的需求特别是新农村建设的巨大需求相比,还远远不够,其中不少有效需求仍没有得到满足。"三农"资金需求的扩大主要表现在两个方面:一方面是单个农户的贷款需求额度不断扩大。随着农业产业结构的调整,农业生产无论是从单位面积投入还是

从扩大生产面积投入上都有大幅度的增加,使单个农户的贷款需求额度不断扩大;另一方面是涉农领域不断扩大,涉农产品的商品率不断提高。

在内蒙古自治区农村金融市场中,国有商业银行、邮政储蓄等多家金融机构与农村信用社在存款份额上存在激烈的竞争,而国有商业银行贷款权限上收、资金上存,贷款需求基本上靠农村信用社独家提供。由于农村存款资金总量少且大量外流,取之于农而不能用之于农,加之农村信用社存款规模小、流动性不强等问题,导致农村信贷资金远远满足不了日益增长的信贷需求,资金供求矛盾更加突出。目前,内蒙古自治区农村信用社用14%的存款份额担负着90%以上的支农任务,资金缺口很大。从总体上看,内蒙古自治区农村金融发展存在着总量供给不足的问题。

(二)风险补偿和保障机制不健全

无论是从理论上还是从实践上都可以看到:农业属于弱势产业,农民是弱势群体,农村经济普遍欠发达,农村保险保障机制缺乏,抵御风险的能力很脆弱。特别是内蒙古自治区,这样一个以农牧业为第一主导产业的区域,农业和牧业都具有较强的脆弱性,一旦发生自然灾害,就会造成系统性风险。长期以来,农村信用社服务"三农"的市场定位,事实上承担了许多政策性支农任务,由于缺乏从贷款担保、农业保险、风险分散等方面建立金融支农的长效机制,使"三农"经济中产生的各种风险和损失大部分转嫁到农村信用社,直接影响农村信用社的稳健发展。

这些风险主要表现在:一是抵押担保手段匮乏。农民的资产主要是房产和一些生产资料,农村牧区的房产属生活必需品,不能作为抵押物,而且变现难;农牧民的生产资料比较复杂、难定价,也不能作为抵押担保物。二是保障体系滞后。目前内蒙古自治区农业政策性保险业务刚刚起步,业务范围和领域狭窄,商业性的农村保险业务发展缓慢。同时由于畜牧业、农作物受自然灾害、市场供求的影响风险最大,商业保险根本不愿介入。三是农业产业的弱质性,决定了农村金融经营成本高、风险大、收益低,而且国家对农业贷款利率浮动幅度又有严格的限制(不上浮或少上浮),税收优惠政策少,抵债资产处置费用大,资金营运成本过高,农村信用社收益难以覆盖风险。由于尚未建立起比较完善的保险或担保机制,对农村金融机构发放带有一定政策性色彩的支农贷款,缺乏相应的风险补偿机制,风险损失全部由农村金融机构自身承担,这在一定程度上限制了农村金融机构支农的积极性。

(三)农村信用社的历史包袱较为沉重

农村信用社不良资产没有享受国有商业银行统一的剥离政策,不良贷款比重相对较高,历年亏损挂账多。截至 2010 年末,人民银行对辖内 93 家农村合作金融机构发行专项票据 16.28 亿元,其中,对 90 家已兑付了专项票据 15.90 亿元,占机构总数和票据发行额度的比例达 96.77% 和 97.67%。按照贷款五级分类口径统计,2010 年 12 月末,内蒙古自治区农村信用社不良贷款余额和不良贷款比例分别为 57.45 亿元和 5.92%,比开始实行贷款五级分类的 2006 年下降 23 亿元和 20%,其中,央行专项票据置换不良贷款 12.49 亿元,地方政府协助处置不良贷款 1.21 亿元,农村合作金融机构自身化解不良贷款 9.3 亿元。2010 年 12 月末,内蒙古自治区农村信用社资本充足率为 9.9%,贷款损失准备充足率 126.27%,贷款损失准备覆盖率 68.84%,分别比 2006 年提高 11%、112% 和 55%[①]。

同时各级政府对农村信用社拓展业务的一些歧视和限制性政策尚未取消。《国务院办公厅关于进一步深化农村信用社改革试点的意见》(国办发[2004]66 号)明确要求:取消对农村信用社不合理的限制性政策和规定。从实际情况看,落实效果并不理想,一些专项资金限制存入农村信用社的规定和做法仍然较多,既有全国性的,也有地方性的,主要涉及财政资金、公积金、社保基金和保险资金等。如《财政部关于加强与规范财政资金专户管理的通知》(财办[2006]12 号)要求:为确保财政资金运行的安全、高效,原则上各级财政国库部门应在当地国有、国有控股银行开立财政资金专户。又如内蒙古自治区呼伦贝尔市人民政府组织对扎兰屯市社保基金进行了审计,下发了《呼伦贝尔市人民政府关于对社会保险基金审计查出问题进行整改的通知》(呼政字[2009]1 号),明确要求扎兰屯市财政局在 2009 年 2 月底前撤销在农村信用社开设的财政专户。吸收大额对公存款、社保等专项基金存款的大门对农村信用社紧紧关闭。

(四)农村金融环境不宽松

多年来,由于受自然、经济条件和政策因素的制约,内蒙古自治区农村金融经营环境面临着种种困难和挑战。突出表现为:

(1)农村金融基础设施建设薄弱。由于农村金融机构科技手段落后,基础设施建设薄弱,服务水平和服务能力有限。内蒙古自治区农村信用社综合业务系统上

---

①王景武.内蒙古农村合作金融改革成效评价[J].内蒙古金融研究,2012(2).

线以来,在基础设施建设方面投入了一定的资金,得到了一定程度的改善,但一些现代化的硬件设施如 ATM 自助设备、POS 机等机具在农村牧区是空白,已经不能完全适应新形势下农村牧区发展的需要和农牧民的金融需求。

(2)受农村牧区经济条件制约。由于农村牧区经济发展水平的制约,真正符合贷款条件的企业较少,发展前景好的涉农项目稀缺,一些效益较好的农业产业化项目又难以落实承贷主体,部分农村金融机构资金找不到出路,出现了"好女愁嫁",无法培育自己的"吃饭项目"。另外,社会信用观念淡薄,逃废债现象时有发生,企业和个人互相攀比,还款积极性差,贷户"还款难"直接导致农村金融机构"贷款难"。

(3)政策法规方面。由于国家没有针对农村金融机构的专门立法,监管部门比照《商业银行法》对农村金融机构实施严格的监管和约束,制约了农村金融机构工作创新的积极性和主动性,导致监管部门"监管难",农村金融机构"难监管"。

(五)民间金融缺乏规范和保护

民间金融的存在主要是我国农村牧区金融机构失衡、金融二元性造成的。一直以来,我国农村地区民间金融一直受到严厉的打击和排挤。内蒙古自治区近几年来民间借贷活动越来越活跃,据不完全统计,民间吸收存款的利率普遍为 18%,最高的甚至可以达到 25%;发放贷款的利率可以达到同期基准利率的 3～4 倍,一般在 30%～35%,高的时候可达到 35%～45%,个别可达到 50%。以鄂尔多斯市为例,民间吸收存款高达 107.4 亿元,融资总额高达 200 亿元,民间融资公司已经达到 632 家,注册资金合计达到 92.61 亿元,农户通过民间借贷取得的贷款在其全部的贷款中占有相当的比重。虽然民间融资的产生与发展对农村经济的发展具有一定的积极作用,但也存在一定的负面影响:一是民间金融的存在会对国家金融宏观调控以及利率政策的执行产生抵减效应。由于民间借贷资金并未纳入金融机构统计管理系统,所以国家在对地区金融状况进行分析时,很难全面、真实、准确地进行反映,在一定程度上会对中央银行了解和掌握地区资金状况造成不利影响,从而对国家金融宏观调控政策的制定和实施产生负面影响,削弱了宏观调控的政策效果,同时也会影响国家利率政策的实施效果。我国正规金融机构所执行的利率是由国家统一制定的,所有正规金融机构都执行统一的利率,而民间借贷的利率是由资金的市场供求关系来决定的,利率水平往往会高出银行同期利率很多。多年来,内蒙古自治区农村牧区民间借贷的利率始终维持在一个较高的水平,国家的利率政策在农村的作用不是很明显,这种结果在某种程度上是由民间借贷造成的。二是民间借贷会在很大程度上增加农牧民的生产经营成本,使农牧民及其他经济主体借款利息加重,尤其会对广大农牧民家庭增收造成不利影响。三是由于缺乏相应的制度和法规,民间借贷目前还难以得到法律的保护。所以在明确的法律条款对非法借贷的定义和民间合法借贷的保护前提下,民间借贷融资规范的放开是当前在信用体系不完善和信用缺失的前提下缓解内蒙古自治区农村地区农牧民家庭、中小企业、民营企业融资难的重要方式。

四、推进内蒙古自治区农村金融改革发展的思路

内蒙古自治区农村金融改革发展必须遵循金融发展的客观规律,应从内蒙古自治区的实际出发,构建政府指导下的商业性金融、合作性金融和政策性金融等多种组织形式相互竞争、协同发展的混合型的农村金融体系。

(一)内蒙古自治区农村金融改革发展的目标

农村金融发展的目标不应是一个单纯的主观设计问题,而是要正确认识农村经济发展的客观需要。从内蒙古自治区农村经济发展的实际情况出发,借鉴 Zeller 和 Meyer(2002)[1]关于微型金融的经营理念即微型金融应具有覆盖力、可持续、福利性等特征,构建内蒙古自治区农牧区商业性金融、合作性金融和政策性金融等多种组织形式相互竞争、协同发展的混合型的农村金融体系。

1. 覆盖力

农村金融发展的第一个目标便是覆盖力,即所服务的客户。覆盖力并非以单纯的人数来衡量(服务的人数常被称为覆盖的幅度),而是一个综合指标。首先,覆盖力是指被城市商业性金融排除在外的客户,而农村金融向他们提供服务,这部分客户通常是农村地区的低收入者,无法提供抵押和担保,被认为具有较高的风险。而且,他们的信贷需求具有额度小、频度高的特征,这使得贷款的交易成本很高。其次,在农村,妇女更难获得贷款,故而农村金融结构所服务的妇女数量常被作为评判覆盖力的重要标准。最后,金融服务的种类也是一个标准,因为诸如储蓄、保险、汇款等服务是影响农村居民金融需求和福利状况的重要因素。

①Manfred Zeller and Richard L. Meyer. The triangle of microfinance:fiancial sustainability, outreach, and impact[M]. The Johes Hopkins University Press,2002.

2.可持续性

金融机构的可持续性之所以重要,是因为在长期内能够获得金融服务将使农村经济发展获益更大,一般而言,收益完全补偿各种成本和风险之后,能获得一定利润的机构,这种金融机构被认为是在金融上可持续的或制度上可持续的。这一目标是对农村金融机构经营提出的最为基本的要求。

3.功能性

一般来讲,一个高效、稳定的农村金融体系应当具备以下几个功能:

(1)通过资金的筹集和分配,促进农村资源的优化配置。一个高效、稳定的农村金融体系的建立,必须为农业和农村经济的发展提供营运良好的资金供给,使农村经济主体获得更多的贷款和储蓄机会与途径,支持农业和农村经济的发展。此外,经济发展还取决于资源的优化配置,而安全有效的农村金融体系的组建将利于优化农村资源的配置。运作良好的金融体系不但能够使资金自由地在市场内寻求最高的回报,减少资金沉淀,而且能够有力地支持企业的创新与成长,同时也使政府灵活的宏观调控成为可能,保证经济整体的供求平衡。

(2)通过提供结算和支付手段促进贸易的发展。任何交易的发生都必须通过一定的支付方式来完成,而一种有效的支付方式,可以降低交易的成本,使交易的效率大大提高。由农村金融机构提供的支票服务及各种结算工具和手段,能够使农民通过金融机构向其他地区交付货款,这样,农产品交易无须当面交付就可进行,从而可以促进贸易的发展。否则,如果支付系统不能很好运转,只能靠以物易物或现金方式进行交易,对贸易和经济发展的推动作用难免有限。

(3)提供储蓄存款服务,促进农村经济的自我维持和农业信贷的迅速增长。来自政府及外部的资金通常总是有限的,其对农业和农村经济的支持也只能是短期的、临时的,农村金融体系建设要认识到农村居民的储蓄能力和农村居民所需要的金融服务方式。从长远来看,农村经济的发展只能依赖大量来自农村居民的储蓄资源,这是农村信贷最可靠的资金来源。

(二)农村金融体系创新的国际经验

农村金融如何适应区域的实际经济状况,有选择、有重点地支持农村经济发展,是区域经济社会发展中一个重要的制度安排。下面对日本、美国、墨西哥、印度等有代表性的国家农村金融体系的支农模式进行介绍和比较,尽管国情不同,不能完全照搬国外模式,但无疑对我国有着重要的借鉴意义。

1.“2＋1”合作依托型的日本模式

在日本,农村金融服务体系既有政府办的政策性金融,又有强大的合作金融,但主要是以合作金融为依托的“2＋1”模式,即政策性金融机构、合作金融系统和农业保险机构组成。该模式的主要特点是:

(1)政策性金融机构依托合作金融系统办理支农贷款。日本支持农业发展的政策性金融机构是农林渔业金融公库。该公库虽属政策性金融机构,但本身一般不直接办理贷款,而是委托具有合作性质的农协组织代办,并付给一定的委托费。它建立的目的是在农林渔业者向农林中央金库和其他金融机构筹资发生困难时,给他们提供利率较低、偿还期较长的资金。

(2)受惠于政府的合作金融系统又将惠农政策反馈于农村经济领域。日本支持农业发展的合作金融系统主要是农协系统。政府对农协系统的支持政策是向农协组织增拨财政资金,农业预算支出曾占国民经济总投资的 20％以上,政府的支持无疑使日本合作金融迅速达到了强筋壮骨的作用。同样,受惠于政府的合作金融系统又将惠农信贷政策反馈到农村经济领域,其信贷业务有三个明显的特点:以会员为主要对象,不以盈利为目的;不要担保;通过信贷杠杆贯彻国家的农业政策。

(3)政府对强制性与自愿性相结合的农业保险提供一定比例的保费补贴。日本现行的农业保险制度采用“三级”制村民共济制度,形成政府与农民共济组合相结合的自上而下的农业保险组织体系。同时,政府对农业保险提供一定比例的保费补贴。日本农业保险的特点是强制性与自愿性相结合,对凡关系国计民生和对农民收入影响较大的农作物和饲养动物实行强制保险。

2.“4＋1”需求功能型的美国模式

美国是世界上农业最发达的国家,农村金融组织是从需求的角度来构建的。该模式由“4＋1”即商业银行、农村信用合作系统、政府农贷机构、政策性农村金融和保险机构组成。其主要特点是:

(1)按照农业需要的合理分工设计惠农金融服务体系。该体系主要由四大部分组成:①商业银行。美国联邦储备银行规定,凡农业贷款占贷款总额的 25％以上的商业银行,可以在税收方面享受优惠。②农村信用合作系统。它主要包括联邦中期信贷银行、合作社银行、联邦土地银行,由农业信用管理局管理。③政府农贷机构,包括农民家计局、商业信贷公司、农村电气化管理局三个机构。需要说明的是,农民家计局主要是对不能从商业银行借到低利率的青年农民提供适合农业生产周期的借款,这是一种“无追索权贷款”。④政策性农村金融机构——小企业管理局,专门向不能从其他正常渠道获得充足资金的小企业提供融资帮助。

（2）政府为信用社提供持续的正向激励措施。美国以法律形式规定对信用社的优惠政策：免征各种税负；建立信用社存款保险；信用社不缴存款准备金；信用社可以参照市场利率自主决定存贷款利率。

（3）多层次的保险提供了比较完备的农作物保险业务。美国农业保险运行主要分为三个层次：第一层次为联邦农作物保险公司（风险管理局），主要负责全国性险种条款的制定，风险的控制，向私营保险公司提供再保险支持等；第二层次为有经营农险资格的私营保险公司，它们与风险管理局签订协议，并承诺执行风险管理局的各项规定；第三层次为农作物保险的代理人和查勘核损人，美国农作物保险主要通过代理人销售，他们负责具体业务的实施。

3."5＋1"分类对口型的墨西哥模式

墨西哥支持农村发展的金融机构比较齐全，包括国家农业银行、商业银行、保险公司、国家外贸银行、全国金融公司及农业保险机构（即"5＋1"模式）。该模式的主要特点是：

（1）将不同情况的农户进行分类并安排相应的机构提供对口的金融服务。墨西哥根据农户的不同情况，分别由不同的金融机构提供资金，如现代化大农场的资金由商业银行、保险公司、国家外贸银行等金融机构提供；具有一定的生产潜力的中等农场或农户的资金主要靠国家农业银行提供优惠贷款；那些生产落后、不能获得正常银行贷款的贫困地区或贫困农户，主要靠政府通过专门的基金会提供低息或无息的贷款来发展生产、保障生活。

（2）农业保险中政策保险与商业保险共存，国家提供一定的政策优惠。墨西哥农业保险公司的最初资本金由财政部提供。国家财政还提供该公司费用的 25％ 以示支持，并对整个农业保险给予政策性免税。墨西哥还有其他 4 家商业保险公司经营部分农业保险业务，该农业保险业务向国有农业保险公司分保，并可经墨西哥农业保险公司从政府获得 30％ 的保费补贴。农业保险的推广实行自愿原则。但是，对一些种植业、养殖业保险采取强制措施。

4."6＋1"领头银行型的印度模式

印度农村金融体系最大的特点就是具有鲜明的多层次性，各金融机构之间既分工明确，又相互合作。这一金融体系构成了"6＋1"领头银行型模式，即印度储备银行、印度商业银行、农业信贷协会、地区农村银行、土地发展银行、国家农业农村开发银行、存款保险和信贷保险公司。该模式的主要特点是：

（1）用"领头银行"计划的制度安排确保金融对农村地区的支持。在农村金融发展中，印度推行"领头银行"计划，就是在一个地区，必须有一家领头银行负责该地区的发展开发工作,该银行必须向国家规定的优先发展的行业(如农业)提供金融支持。

(2)用法律的形式确保农村金融服务的覆盖面。印度政府在《印度储备银行法案》、《银行国有化法案》、《地区农村银行法案》等有关法律中,都对金融机构在农村地区设立机构网点提出了一定要求。如《银行国有化法案》明确规定,商业银行必须在农村设立一定数量的分支机构,将其放款的一定比例用于支持农业发展。印度储备银行规定,商业银行在城市开设1家分支机构,必须同时在边远地区开设2~3家分支机构。印度平均每2万个农户就有1家农村金融机构为之服务,如此高的金融覆盖率在世界范围内都是罕见的。

(3)用中央银行的特殊职能确保农村地区的信贷投放。印度储备银行确定了"优先发展行业贷款"制度,要求商业银行必须将全部贷款的40%投向包括农业、中小企业、出口等国家优先发展行业,其中贷款的18%必须投向农业及农业相关产业。如果达不到规定比例,差额部分的资金以低于市场利率的资金价格存放到国家农业农村发展银行,由该银行对地区农村银行进行再融资,也可购买印度农业农村发展银行的债券。印度的农村金融体系建设解决了农民贷款难的问题。

(4)印度的农业保险充分发挥了保险在分散农业经营中风险的重要作用。印度的农业保险实行自愿保险与有条件的强制保险相结合的方式,即进行生产性贷款的那些农户必须参加相关农业保险,其他的保险如牲畜保险,实行自愿原则,由农户根据自己的条件选择是否参加。另外,印度开办的经济作物保险,使更多种类的农作物被纳入农作物保险计划。

(三)内蒙古自治区农村金融改革发展对策

无论从国内还是国外、从发达国家还是从发展中国家的农村金融市场发展情况看,商业金融、合作金融和政策金融并存是农村金融发展的共同特征。这是由经济发展水平在不同阶段、不同人口群体、不同产业之间差异形成的金融需求不一致造成的。实际上,商业金融、合作金融和政策金融是金融市场发展需要的不同金融形式。因此,构建内蒙古自治区农村金融体系,必须遵循金融发展的客观规律,应从内蒙古自治区的实际出发,构建政府指导下的,商业性金融、合作性金融和政策性金融等多种组织形式相互竞争、协同发展的混合型的农村金融体系。实现这一目标应主要采取如下措施:

1.打破农村金融市场的垄断局面,扩大金融服务供给

农村金融市场不是一个单一的金融市场,而是由多个局部金融市场组成。农

村金融市场的发展本身是农村发展的重要手段之一。农村金融市场可以对农村发展作出应有的贡献。任何一家金融机构、任何一项金融工具均不能完全满足农村金融服务需求,组织多样性和工具多样化因其各自不同的功能而成为必需。通过引入组织多样性而在农村金融领域引入机构竞争是必要的。

竞争能够带来效率,扩大金融服务供给,促进金融机构按照服务产品接近或者等于成本定价。这也意味着与此相应,应该存在不同的金融工具以满足不同农村市场的金融服务需求。近年来,国家在推进农村金融改革和发展方面出台了一系列政策,包括深化农村信用社改革、推进农业银行整体改制、调整扩大农业发展银行业务范围、设立邮政储蓄银行、探索村镇银行和农村小额信贷组织试点、发展农产品期货以及政策性农业保险等,内蒙古自治区目前已基本形成了以合作金融为基础、商业金融和政策性金融分工协作的农村金融体系。总体看来,内蒙古自治区各类金融机构往往只拥有类同的、最基本的贷款金融工具,缺乏金融创新。其涵盖面不足,难以满足各种农村市场的需求。

因此,多元化金融机构的存在有其必要性,特别是民营银行的进入有利于转化部分非正式金融成为机构竞争的补充,它不仅促进竞争,而且扭转了对非正规金融的难以监管的局面。目前,内蒙古自治区的民营银行运营尚处于初级阶段,应该给予政策上的扶持,使之成为农村金融市场上真正的竞争主体。

2. 商业金融应成为竞争性农村金融市场的主导

农村金融市场上是否要发展商业金融,仍然存在争论。一般认为,农民无力承受商业化金融的利息。但是,国内外研究表明,农民不仅能够承受商业化金融的利息,而且,其还款率甚至可以达到90%以上,大大超过农村的非农企业。还有一种观点认为,在面对千百万分散居住的小农时,商业化金融的服务成本比较高,而相比之下收入会减少,风险增加,因此不具有竞争优势。与其在农村金融市场上发展,不如从农村金融市场上采取战略性撤出,而且,从全国农村的发展情况看,国有金融机构已经采取了这样的收缩战略。

农村金融市场上大型国有商业银行的撤出,并不能说明农村金融市场不适合发展商业化金融。农村经济不仅仅由农业和农户组成,随着农村工业化的发展,工业和商业企业和经营规模的不断扩大,对资金的需求量也会成倍增长。随着资金需求规模的扩大,农村金融市场上原有的金融企业和民间金融组织,因自身实力的关系,很难提供充足的资金以满足需要。因此,大规模的金融需求,为商业化的金融组织进入农村市场创造了条件。更重要的是,从竞争、创新和金融市场的长期发展来说,商业化金融的地位和作用,商业银行的优势和活力,都是合作金融与政策性金融无法比拟也是无法取代的。因此,从长远来看,一个完善的农村金融市场,需要商业化金融的存在。

农村金融市场的主体应该是竞争性商业金融,国有商业银行、民营银行、农村信用社、合作金融、商业化小额信贷、非正规金融都可以成为竞争性商业金融市场的组成部分。在竞争环境下,合作金融对其成员而言是合作性的,但是对外仍然需要按照市场规则运作,因而也是竞争性商业金融市场的组成部分。商业化小额信贷的效果可能好于包括贴息贷款之类的一般政策性金融。商业化小额信贷目前已经成为小额信贷项目的主流发展方向,财务上的可持续性和资金自给成为其经营标准。外部援助和捐助应该面向促进现有和未来小额信贷项目的财务上的可持续性和自给。对于一些面向特定贫困者的、不能达到这些标准的小额信贷项目,如果社会收益远远大于社会成本,那么外部援助和捐助仍然可以考虑对之提供支持,但是应该促进项目向这些标准靠近。

3.合理定位政策性金融业务范围,充分发挥其政策性金融职能

随着我国加入 WTO,完善和发挥政策性金融,实施 WTO 允许的"绿箱和黄箱政策",更好地支持农业和农村经济发展是迫切需要解决的课题。中国农业发展银行是我国唯一的农业政策性银行。在组建之初,其业务有农副产品收购贷款、粮棉油加工企业贷款、扶贫贷款、农业综合开发贷款、林业治沙贷款、节水灌溉贷款、农业技术改造贷款等。因诸多原因几经调整,目前农业发展银行只承担粮、棉、油等农副产品收购、储备、调销等纯政策性贷款。随着我国粮、棉流通体制改革的深化,农业发展银行的业务范围还将呈不断萎缩之势,农业发展银行的机构和人力资源与现有的业务量相比明显存在资源浪费。

当前,农业发展银行要根据国家农业政策在做好收购资金封闭管理的同时,积极拓展现有业务范围:一是支持农田水利基本建设、技术改造,改善农业生产条件,提高农业综合生产能力。二是支持农村开发和基础设施建设,促进地区平衡发展,提高农民的生活质量,提高农村社会化、现代化建设水平。三是支持农业产业化和土地适度规模经营,抓住重点企业、重点项目进行支持,加快农业产业化进程。四是全力支持贫困地区人口尽快脱贫解困。紧紧围绕稳定地解决农村剩余劳动力就业问题、稳定地增加农民收入的目标,重点支持有助于直接解决温饱的种植业、养殖业和以农副产品为原料的加工业。贴息贷款容易被较富裕农户获得,而不是被较贫困农户获得,从而产生逆向选择问题,贴息贷款项目必须是直接针对特定贫困者的投资项目。政策性金融除了针对上述领域之外,还可以在建立贷款担保体系、农业保险体系、农村金融组织结算体系、建立金融服务信息系统等方面发挥作用。

比如,在粮棉购销市场放开情况下,可将中国农业发展银行改组为专业性农村信贷担保银行,为政府推动的一些项目信贷计划提供贷款担保,而不是去执行补贴性信贷项目计划。

4. 因地制宜改造现有农村信用社,并重新培育真正的合作金融组织

农村信用社改革的重点是明确产权关系和管理责任,强化内部管理和自我约束机制,进一步增强为"三农"服务的功能,充分发挥农村信用社支持农业和农村经济发展的金融主力军和联系农民的金融纽带作用。要根据不同地区农村信用社发展的实际情况对其进行改革,对经济发达区域、商业化经营倾向比较严重的地区,改制为商业性金融。在经济欠发达地区,主要以当地农户为服务对象的农村信用社,可以按照合作原则改造成为规范的合作金融组织。同时,应该积极培育农民的合作意识及思想,引导农民组建真正的合作金融组织。

从西方合作金融的发展史看,合作金融的产生主要不是源于单纯的融资需求,而是来自"在正规资金市场(如银行信贷、发行证券融资)上受到差别待遇的中小经济个体以利他(互助)换取利己(融资)"的现实可能性,其根源是交易意识和降低交易成本的动机。从交易成本角度看,信用社得以维持的关键是社员之间的"信用",单个农民与商业银行的交易行为(如资信评估抵押担保等)的外部成本显然要高于农民与信用社之间的交易成本。农村牧区一直存在中小经济个体(农户和个体经济户)的融资需求,且同样在信贷市场上受到差别待遇,可以说存在融资层面互助合作的现实需求。

可见,合作金融能够较好地解决一个地区经济主体的资金互助问题,在金融服务方面奉行成员优先的原则。真正的合作金融体系是从下而上建立的,其中,基层合作金融组织掌握经营决策权,上层机构一般为基层提供便利服务和开展基层合作金融组织有需求但又不能开展的某些业务。这也是合作金融体系的力量来源。内蒙古自治区的合作金融总体上出现了某种程度的异化,即某种程度的商业化。比如由于规模扩大,专业经营管理层事实上掌握许多控制权,吸收了一定的股份制做法,不再严格遵循一人一票原则。但是,我们可以参照台湾地区农会信用部的做法,发展真正意义上的信用合作社,合作社原则和风险是可控的。台湾地区农会信用部的具体做法是:信用部只对本会会员授受信用业务,对非会员存款的吸收必须符合规定要求,不得发放非会员贷款,多以乡镇为主设立,规模小,具有很强区域性和业务经营上的季节性。这样做的好处是,社区的储蓄将主要留在本社区,用于本社区的农村企业和农户借贷。

5. 允许非正规金融存在,发展地方民营中小银行

虽然非正规金融存在诸多问题,但目前非正规金融对农村发展提供了很大一部分的信贷支持,在某种程度上已成为农村金融市场重要组成部分。因此简单地将非正规金融视为非法是不合理的,不能对之一味采取"关门政策",而是应给予必要的法律保障。通过发掘其之所以存在的根源,寻找某种适时的、合法的替代形式,把地下金融合理地转到地上来,完善农村金融体系,以满足对农村金融服务的多元化需求。

高利贷这种民间金融形式虽然也有满足农村金融服务的现实功能,但是它往往代表着一种私人市场权力,而市场竞争的功能之一就是防止、抑制和消除私人市场权力,使得市场逼近完全竞争市场,从而改进金融服务供给,提高金融服务效率。从此意义上讲,应促进发展地方民营中小银行,挤出高利贷活动,从而防止放款人形成和滥用与此相关的个人市场权力。

发展民营中小银行等正规金融机构可以挤出部分非正规金融。比如可以通过改革现有金融机构甚至地下钱庄发展民营中小银行,还可以直接新建民营中小银行。新建的民营银行实行资产负债管理和根据资本充足率来监管比较容易。温州地区地下私人钱庄和高利贷的存在均说明民营银行在农村金融市场中有其生存和盈利空间。中小型银行应主要立足于所在区域,可以利用分散但充分的信息,更着眼于发放小额贷款,有利于农户、农村中小企业的融资。同时,需要注意的是,地方中小金融机构,并不是地方政府管理的金融机构,它是业务范围具有一定的区域性、在工商部门注册、独立从事金融活动、接受中央银行监管的金融企业,这一点应该特别强调,否则,地方中小金融机构又会成为地方政府控制金融资源的工具。

从国际经验看,小额信贷是农村金融市场的重要组成部分。德国、日本和美国的信用合作社,其贷款行为的重要特征就是数额小,属于商业信贷的重要组成部分。美国中小金融机构的发展历史也表明,银行规模越小,其小额贷款占贷款总额的比重越大,小额贷款占资产总额的比例越高。发展地方中小金融机构,以及增加对于私营企业的信贷,可以更好地促进私营经济的增长。世界银行的研究表明,如果银行对私营部门信贷与GDP的比率提高1倍,将导致长期平均经济增长率提高2%;且私营部门的信贷占比越高(金融体系的深化程度越高),经济的波动性越低。可见,增加对私营部门信贷的重要性是相当突出的。

6. 重视并创造条件实现农村正规金融和非正规金融的功能互补

有效金融体系的功能是多方面的,如调动储蓄、配置资源、实施公司控制、方便风险管理以及方便商品、劳务和合同的交易等(Levine,1997)。如果正规金融不能有效地行使某方面或某几方面金融功能,非正规金融就会出现以弥补正规金融的缺陷。随着金融体系的发展,正规金融有替代非正规金融的趋势,也就是说,非正规金融的发展余地越来越小。然而,如果政府试图用扭曲的、单功能的方式使用正规金融,那么这一趋势有可能受到阻挠。正规金融和非正规金融并非在所有功能上都完全替代,这意味着正规金融和非正规金融的相对地位会对金融体系的总体绩效产生影响。

决定金融服务业发展的关键因素是信息以及建立在信息基础上的信用,因而,金融服务的供给者是否具有较为足够的信息优势,将直接决定着其提供农村信贷服务的能力。从目前农村牧区非正规金融活动的放款人来看,由于与借款人具有长期共同的生活空间,所谓"低头不见抬头见",可以几乎无成本地取得关于借款人的各种信息,并对其进行实际监督,因而在与借款人的交易中可以较容易地克服信息不对称的问题。而对于正规金融来说,在交易中信息不对称问题便显得相对较突出,面临相当高的贷款管理成本和合约执行成本。

在既有的信息资源分布状态下,重新构建和调整内蒙古自治区的农村金融体系,必须充分重视非正规金融机构的信息优势,并可以考虑充分利用其比较优势,通过正规金融和非正规金融的合作,利用正规金融的资金优势弥补非正规金融的资金不足缺陷,提高农村金融交易水平。也就是不应总是关注两者之间的替代性,总是试图以正规金融取代非正规金融,而应充分重视其间的互补性。

7. 推进邮政储蓄体制的市场化改革

邮政储蓄的市场化改革,从全国情况来看,目前有两种方式可以选择:一是以退出方式结束邮政储蓄制度,将邮政储蓄业务按照适当的市场价格并入农村信用社或城市商业银行,也可以通过竞价投标方式转让给金融同业。二是以前进方式结束邮政储蓄制度,成立邮政储蓄银行,使其专门经营储蓄、汇兑、代理等业务,与邮政业务分开核算,并确保农村资金来源于农村,用之于农村。内蒙古自治区邮政储蓄市场化改革采取了后者,目前内蒙古自治区邮政储蓄银行已经进入营业阶段。无论是从资源的充分利用,为"三农"提供更为有利的投资环境和服务,还是防止农村信用社一家独断农村金融市场的局面,建立富有竞争活力的农村金融市场来考虑,规范发展邮政储蓄是正确的选择。

8. 以政策性农业保险为主导,商业保险为补充,确保农村牧区经济健康发展

农牧业的发展和农村牧区的稳定,是内蒙古自治区农村牧区经济发展的重要内容。内蒙古自治区作为国家农牧业发展的重要区域,多年以来,存在着,"多年致富抵不过一次天灾"的现象。因此,农业保险制度的完善对内蒙古自治区农村经济

的发展具有重大意义。从国际经验上看,农业保险制度是市场经济国家为了降低和分散农业风险而建立的一种特殊的经济补偿制度。无论是发达国家还是发展中国家,农业保险都离不开国家的宏观调控和政府资金支持。政府积极支持农业保险是国际惯例,发达国家普遍利用农业保险对农民和农业进行补贴。

农业保险的政策性决定了农业保险不宜进行商业化经营,而中国较低的生产力发展水平又决定了农业保险不宜完全由政府主导,应实行政策性和商业性相结合的农业保险发展模式。总体思路是:在全国统一的农业保险政策框架下,成立专门的农业保险管理机构,对全国农业保险发展进行协调统一的管理。各地区根据自身条件选择适当的农业保险组织,充分利用当前商业保险公司组织体系,通过政策支持引导商业保险公司发展农业保险业务。形成以政策性农业保险公司为主,商业保险公司为补充的农业保险体系。通过对农业保险的政策支持,逐步把农业保险建设成为农业自然灾害救助体系的重要组成部分。

9. 改善农村金融生态环境

针对内蒙古自治区农村牧区特殊的经济社会环境和农村金融基础建设薄弱的客观实际,一是要加大农村信用体系建设,大力推广信用户、信用村、信用乡镇制度,将农村信贷纳入国家信贷登记系统,增强贷款人的诚信意识。二是要加快建设农村金融支付清算系统,为各类农村金融机构的资金汇划、汇兑和清算提供服务。三是要改革金融监管体制,促进农村金融市场不断创新。目前过于集权的监管不利于自下而上的金融创新,不利于解决信息不对称和监管成本太高的现状,应加快改革创新步伐,实行分类监管、功能监管、分权监管、审慎和非审慎相结合监管,特别是对农村新型小额信贷机构要迅速确立监管目标和措施,纳入统一监管范围。四是要加快建立存款保险制度,完善农村金融机构市场的退出机制。五是要进一步加强农村金融基础设施建设。内蒙古自治区政府在农牧业建设项目资金中,应统筹考虑对农村金融基础设施建设的硬件投入,帮助农村金融机构布设 ATM 自助设备、POS 机具,建立内蒙古自治区农村金融自助业务服务系统,同时加快研发其他科技产品,让农牧民在金融服务方面享受到与城里人一样的待遇。六是要加强对借款农户和基层金融机构从业人员的农村金融知识教育,提高借款农户和基层金融机构从业人员的金融素质、投资能力、再生产能力和理财水平,使其尽早、最大限度地将知识和诚信转化为生产力和财富。七是要加快立法进程,对农村金融体系各类主体的法律地位、业务经营以及其他无形权利方面予以明确,确保依法管理。

五、内蒙古自治区农村金融发展的前景展望

农村金融改革方向已经明确,只要不断健全内蒙古自治区农村金融机构体系,持续改进内蒙古自治区农村金融服务体系,坚持完善内蒙古自治区农村金融外部环境,内蒙古自治区农村金融发展必将实现更高层次的大发展、大跨越。

(一)内蒙古自治区农村金融需求将进一步丰富

随着内蒙古自治区农村牧区经济的快速发展、农牧业产业组织模式的不断创新、农民收入水平的持续提高,农村金融需求已呈现出领域拓宽、内容增加与结构升级等新趋向、新特点,这种新变化已经非常明显。随着农牧业产业化的深入推进,农村企业金融需求扩展到信贷、租赁、信托、期货、保险等多个金融服务领域。农户金融需求逐步拓展到存款、贷款、结算、代理、保险、理财等多门类的服务项目。

(二)内蒙古自治区农村金融机构支农力度将进一步加大

随着内蒙古自治区农牧区经济的进一步发展,农行内蒙古自治区分行将继续放眼现代农牧业建设、农业农村基础设施建设、农牧民生产消费、县(旗)中小企业等重点领域,扎实推进"三农"金融事业部改革,不断加大对"三农"的服务力度。农业发展银行的改革步伐将显著加快,其支农范围将拓展到农、林、牧、副、渔各个领域。国家开发银行商业化改革完成以后,其在农村路网、电网、饮水等基础设施建设,在农村教育、医疗卫生、农民工培训等农村社会事业发展方面的信贷投入规模也将进一步扩大。农村信用社的产权改革工作将继续稳步推进,现代法人治理机制的积极效果也将逐步显现,随着业务经营体制的逐步理顺,邮政储蓄银行的农村小额信贷业务也将进入一个新的发展阶段。保险公司将积极开发农业和农村小额保险业务,"三农"保险的覆盖范围将进一步扩大。

(三)新型农村金融机构试点范围将进一步扩大

培育村镇银行、贷款公司和农村资金互助社等新型农村金融机构,是支持社会主义新农村建设、完善我国农村金融服务体系的重大创举。实践证明,新型农村金融机构的诞生,提高了农村地区银行业机构的网点覆盖率,激活了农村金融市场,增加了农村金融供给,提升了农村金融服务满意度。未来几年,内蒙古自治区将进一步完善相关配套政策,扩大新型农村金融机构的试点范围,增强业务发展能力,

强化金融监管,此举必将在促进内蒙古自治区农牧业增产、农牧民增收和农牧区经济发展方面发挥更大的作用。

(四)国家政策对农村金融发展的激励和引导作用将进一步加强

"三农"金融服务风险大、成本高、收益低,客观上与金融的商业化运作存在一定的矛盾。因此,农村金融发展离不开国家政策的有力支持。一方面,国家将对涉农贷款实行定向的税收优惠和费用补贴制度,扩大扶贫贴息贷款投放规模,增加农业保险的补贴支持额度;另一方面,国家将继续发挥存款准备金、支农再贷款、利率等货币政策在鼓励农村金融发展中的作用,为涉农贷款比例较高的农村金融机构制定更为优惠的存款准备金政策,实行更为灵活的利率政策,扩大支农再贷款规模。

在肯定既有成绩、憧憬未来发展的同时,也应清醒地看到,内蒙古自治区农村金融依然是整个金融体系中最薄弱的环节,部分地区依然存在金融服务盲区,农村经济发展融资难、农牧民贷款难的问题仍然比较突出,农业生产尚缺乏有效的风险补偿机制。因此,求解真正适应内蒙古自治区农业、农村和农民发展需求的现代农村金融体系,仍然任重而道远。

第十五章

内蒙古自治区中小企业融资发展报告

近年来，在国家和自治区一系列政策扶持下，内蒙古自治区中小企业快速发展，呈现出良好的发展态势，综合实力和发展后劲有了明显的提高。截至 2012 年 9 月底，全区中小企业和个体工商户达 108.6 万户左右，其中，中小企业17.5 万户。规模以上工业中小企业 4102 户，同比增长15.1％，增速高于全区平均水平 1.1％，对全区工业增长拉动 10.5％，对工业增长的贡献率高达 74.8％。如今，中小企业创造了全区 70％左右的 GDP、50％以上的税收、提供了 80％以上的就业岗位，已成为推动经济发展、调整经济结构、扩大社会就业、实现富民强区、构建和谐社会的重要力量。然而，在内蒙古自治区深化改革、加快中小企业发展的过程中，影响和制约中小企业发展的问题仍然很多，其中融资难、融资贵的问题已成为制约中小企业发展的重要因素。因此，研究中小企业融资问题，解决中小企业融资难问题，已成为进一步促进中小企业健康发展的重要现实课题。

一、内蒙古自治区中小企业发展及其融资现状

2007 年以来,内蒙古自治区中小企业发展迅速,其快速发展不仅体现在企业数量上的增加,还体现在行业分布以及集群效应上。而随着中小企业的快速发展,其融资也呈现出了独有的特征。

(一)中小企业发展状况

2007 年以来,内蒙古自治区的中小企业得到了快速的发展,呈现出了数量多、经济贡献大、吸纳就业广、发展趋势集群化、三产企业数量增长快的特点。

1. 中小企业数量增加迅速

内蒙古自治区中小企业发展势头强劲。截至 2012 年 9 月底,全区中小企业和个体工商户达到 108.6 万户,相比 2007 年的 50 万户,数量上实现了翻倍的增长。图 15-1 为 2007 年开始内蒙古自治区中小企业发展的总体状况,可以看出 2007 年之后的发展呈现了稳步的增长。这一点可以从增长率上得到证实,2008 年开始,中小企业的年增长率基本稳定在 10%～20%。

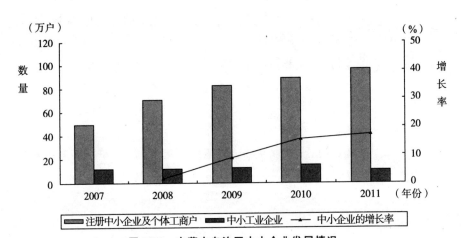

图 15-1　内蒙古自治区中小企业发展情况

资料来源:《中国中小企业年鉴》编委会.中国中小企业年鉴(2008～2011)[M].北京:经济科学出版社,2008－2011.

2. 中小企业产业分布状况

从内蒙古自治区中小企业的产业分布状况来看,第三产业的中小企业占据了绝大部分的数量,达到了全部中小企业的 75％以上。图 15-2 显示了内蒙古自治区中小企业在各产业中的分布状况,从图 15-2 可以清楚地看到,内蒙古自治区的中小企业主要是集中在了第二产业和第三产业。

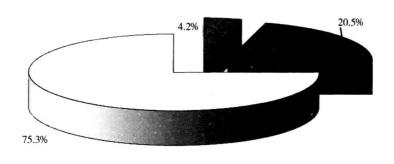

4.2%   20.5%

75.3%

■第一产业 ■第二产业 □第三产业

图 15-2 内蒙古自治区中小企业产业分布状况

资料来源:《中国中小企业年鉴》编委会.中国中小企业年鉴(2008～2011)[M].北京:经济科学出版社,2008－2011.

3. 规模以上中小工业企业平稳发展

近年来,规模以上中小工业企业得到了稳步发展。2012 年底,内蒙古自治区规模以上中小工业企业的数量已达到 4536 户,占全部规模以上工业企业的98.4％,实现主营业务收入 9598 亿元,占全部规模以上工业企业主营业务收入的71.7％,实现利润 1115.1 亿元,占全部规模以上工业企业的 66％。表 15-1 显示了规模以上中小工业企业近年的发展状况。从数量上看,规模以上中小工业企业最近两年的数量增长趋缓,基本维持在了个位数的增长率。相比数量的增长其主营业务收入和利润的增长则更为显著。2012 年规模以上中小工业企业的主营业务收入和利润分别已达到 9598 亿元和 1115.1 亿元,相比 2007 年实现了翻倍的增长。

表 15-1　内蒙古自治区规模以上中小企业主要指标

指标 年份	规模以上中小 工业企业(户)	从业人员 (万人)	资产(亿元)	主营业务 收入(亿元)	利润(亿元)	总产值(亿元)
2007	3314	64.3	5168.9	4088.1	464.2	4195.8
2008	3940	75.2	7106.5	5984.9	557.3	6090.5
2009	4400	77.0	7268.9	7255.8	636.4	7491.3
2010	4536	86.4	9260.0	9598.0	1115.1	9763.8

资料来源:《中国中小企业年鉴》编委会.中国中小企业年鉴(2008~2011)[M].北京:经济科学出版社,2008—2011.

4.中小工业企业地区分布状况

从各盟市在全区全部中小工业总产值所占比重来看,鄂尔多斯市、通辽市、包头市、赤峰市、呼和浩特市的表现最为突出,这五个市的中小工业企业总产值分别为 1580.6 亿元、1534.4 亿元、1383.8 亿元、1011.1 亿元、878.1 亿元,占全区中小工业企业总产值的 64%。其中,鄂尔多斯市和通辽市的中小工业企业总产值占全区中小工业企业总产值的比重高达 30%,对内蒙古自治区的中小工业企业总产值的贡献最大。而其他 7 个盟市占全区中小工业企业总产值的比重仅为 36%,显示出这些地区中小工业企业发展并不显著。相比 2007 年的各盟市占全区中小工业企业总产值的比重来看,较为显著的变化是呼和浩特市所占比重从 13.9%下降至8.8%以及通辽市所占比重从 11.9%上升至 15.4%。此外,阿拉善盟所占的比重也有了较大的提高。总体上来看,2010 年各盟市的中小工业企业总产值占全部中小企业总产值的比重相比 2007 年的比重分布更加均匀,表明内蒙古自治区的中小工业企业的发展更加趋于合理化(见图 15-3)。

5.中小工业企业产业集群初步形成

近年来,随着内蒙古自治区大型工业基地和专业化特色园区建设的不断加强,培育优势特色产业的力度不断加大,以及大项目、大企业的不断落地建成投产,为中小企业延伸配套加工提供了广阔的发展空间。尤其是实施"一个产业带动百户中小企业工程"后,中小企业围绕优势特色产业搞延伸、围绕重点项目搞协作、围绕工业基地建设搞配套的能力稳步提升。与此同时,内蒙古自治区通过安排专项资金扶持和引导中小企业搞延伸配套加工等措施,促进了中小企业产业集群的形成和发展。近几年,自治区政府共安排了 1.3 亿元中小企业专项贴息资金,扶持了汽

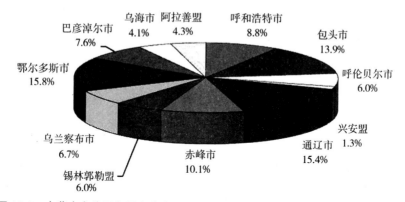

图 15-3　内蒙古自治区各盟市中小工业企业总产值占全部中小工业总产值的比重

资料来源:《中国中小企业年鉴》编委会.中国中小企业年鉴(2008~2011)[M].北京:经济科学出版社,2008—2011.

车配套加工产业、有色金属配套延伸产业、PVC 配套延伸产业、铝配套延伸产业、进口木材加工产业、电子行业、不锈钢延伸配套产业、玉米深加工产业、大豆加工、农畜产品深加工、非资源加工产业(机械制造、化工、医药、建材)及其他 12 个产业的中小企业,起到了很好的导向作用,增强了中小企业经营管理者主动向大企业和循环经济产业链"靠拢"的意识,使中小企业集群化发展逐渐由被动变主动,进而加速了产业集聚,推进了中小企业与大企业资本、技术、品牌、市场等生产要素的共享与优化配置,加快了中小企业向"专、精、深、新"方向发展的速度,推动了中小企业在联合、配套、分工和协作中实现集群化发展。同时,通过抓工业园区构筑中小企业产业集群发展平台,推动了产业集聚。自治区党委、政府高度重视开发区的管理和建设,出台了《内蒙古自治区人民政府关于进一步规范工业开发区发展的意见》,制定了《内蒙古自治区重点工业开发区(园区)考核评价办法(试行)》、《内蒙古自治区开发区(园区)土地管理暂行办法》,并对先进开发区进行了表彰奖励,每年又安排 2000 万元资金用于支持开发区基础设施建设,开发区投资环境不断改善,整体建设水平逐年提升,带动中小企业集聚发展的能力不断增强。目前,包头稀土开发区、阿拉善经济开发区、鄂托克经济开发区(棋盘井园区)、达拉特经济开发区、霍林郭勒工业园区等 10 个开发区承载大项目带动中小企业的能力相对较为突出,产业聚集效应显现。

(二)中小企业融资现状

为了更好地了解内蒙古自治区中小企业的融资现状,针对性地对内蒙古自治区中小企业融资状况进行了抽样调查①,并对调查结果进行了统计分析。其分析结果如下:

1.融资渠道

在融资渠道上中小企业更多地依赖于债务融资。调查结果显示,当中小企业需要资金时,有72%的企业首先想到向银行等金融机构贷款,见图15-4。从图15-4可以看出,内蒙古自治区中小企业在取得外部融资时,过分依赖债务融资,尤其是银行贷款,这与我国金融机构体系的不完善有一定关系。由于我国证券市场起步较晚,而且在成立之初就把目标锁定为国有大中型企业,缺乏符合中小企业融资需求的资本市场,中小企业很难通过资本市场公开筹集资金。这就导致中小企业对银行信贷融资的过分依赖性。

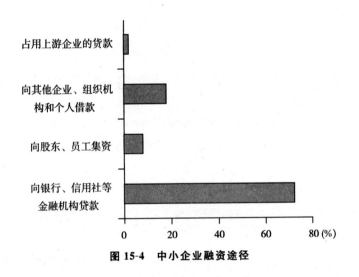

图 15-4 中小企业融资途径

2.融资额度

在融资额度上行业特征表现突出。调查结果显示,融资数量最大的是采矿业,其次是制造业、建筑业、房地产业,批发零售业和住宿餐饮业,而农林牧渔业融资最

①沿用内蒙古自治区社科联"中小企业融资"课题组有关中小企业融资的调查结果。

少,见图 15-5。融资量和所处的行业相一致,一般工业(包括采矿业和制造业)所需的资金比较多,而第三产业(批发零售、交通运输、餐饮住宿)一般规模比较小,所以即使融资,整体的融资数量也是比较少。

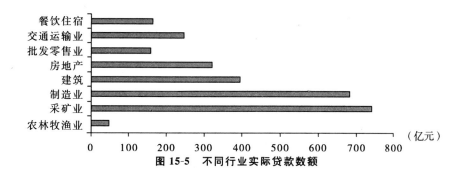

图 15-5　不同行业实际贷款数额

3. 融资用途

从融资用途上看,中小企业融资主要是为了维持正常经营和解决固定资产投资的需要。调查结果显示,55％的中小企业融资的目的仅是维持正常的生产需要,这说明中小企业在正常生产经营过程中对资金需求的迫切性,见图 15-6。同时,也反映出中小企业在更新技术方面投入相对较少。

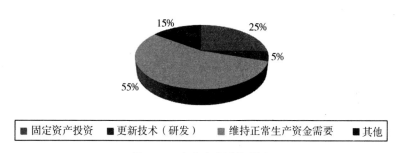

图 15-6　中小企业融资用途

4. 融资考虑的重要因素

在融资渠道选择上,融资的便利性、灵活性和融资成本大小是中小企业考虑的重要因素。调查结果显示,50％的企业认为地方性银行(城市商业银行)贷款最灵活,这主要是因为地方性银行的服务对象很明确,就是为本地的企业服务,而且在与大型银行竞争时,首先挖掘中小企业的优良客户,见图 15-7。而贷款灵活性最小的是国有银行,一方面因为国有银行没有将主要的服务对象界定为中小企业;另一方面地方的分支机构的运营时受到总行的严格管理,所以本身经营的灵活度不高导致贷款审批的灵活度不足。

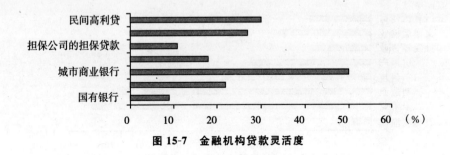

图 15-7 金融机构贷款灵活度

中小企业在进行外部融资时,除了考虑便利性、灵活性之外,融资成本也是重点考虑的问题。融资成本一般包括很多方面,不仅包括融资利率,还有等待时间的成本等。图 15-8 显示 38％的企业认为融资成本最高的是城市商业银行,由此可以看出城市商业银行的融资灵活性,提高了其融资成本。而 31％的企业认为融资成本最高的是国有银行,这与国有银行的审批程序有一定的关系。35％的企业认为融资成本最高的是向亲朋好友借款,由于向亲朋好友借款非常便利,所以往往会承诺比较高的利率。

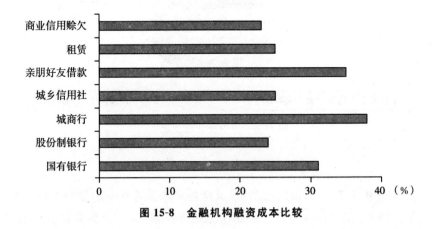

图 15-8 金融机构融资成本比较

在能够承受的贷款利率水平方面,36％的企业所能接受的利率水平是年利率5％～10％,85％的企业只能接受年利率 15％及以下。在缓解中小企业融资难问题时,一方面,银行在风险可控的范围内,应加快贷款的审批速度;另一方面,中小企业最主要的成本还是利息支付,可以考虑由政府补贴,适当地降低利率。

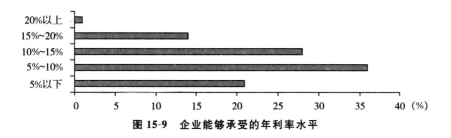

图 15-9 企业能够承受的年利率水平

5. 中小企业未能获得贷款的原因

中小企业未能获得贷款的原因主要是缺乏金融机构的支持。调查结果显示,在申请贷款的中小企业中,有 57% 的企业所申请的贷款数额与最终从银行获批的数额是一致的,43% 的企业没有全额获得贷款或者没有获得银行贷款。究其原因,34% 的企业认为其主要原因是企业信用等级不够;50% 的企业认为缺乏金融机构支持;26% 的企业认为金融体系不顺;20% 的企业认为缺少信用担保机构的担保;41% 的企业认为缺少适宜的融资方式;16% 的企业认为是由于信息不通畅;35% 的企业认为是贷款利率偏高的缘故,见图 15-10。

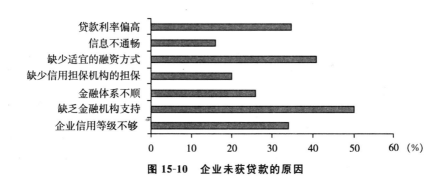

图 15-10 企业未获贷款的原因

6. 提高中小企业获贷能力

在如何提高中小企业的获取贷款能力上,增加盈利是大多数中小企业的共识。在通过改善自己的经营环境,提高获取贷款能力方面,39% 的企业认为应该扩大规模,70% 的企业认为应该增加盈利,31% 的企业认为应该完善财务制度,42% 的企业认为应该完善抵押品,49%的企业认为应该健全企业信用信息,1%的企业认为应该注重人际关系,见图15-11。

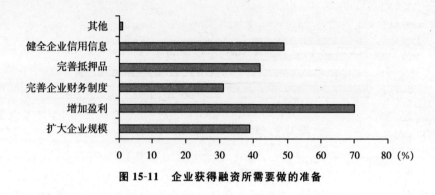

图15-11　企业获得融资所需要做的准备

7.担保机构贷款仍然很少

近3年来,仅有22%的企业尝试过通过融资担保这种途径进行贷款;78%的企业没有通过这种途径或者不清楚有这种贷款途径。由此可见,内蒙古自治区中小企业通过融资担保的途径获得贷款的比例非常低,说明内蒙古自治区中小企业融资的途径非常少。

8.在各机构对中小企业融资的作用上银行等金融机构及政府显得非常重要

由于内蒙古自治区中小企业的融资途径比较单一,中小企业希望有更多的渠道融资,在中小企业融资环境中,91%的企业认为银行是融资的重要机构,51%的企业认为政府也起着举足轻重的作用,32%的企业认为信用担保机构的建立是很有必要的。

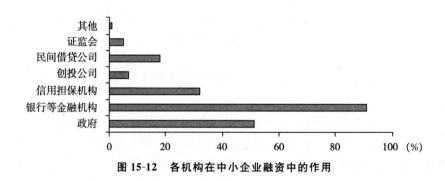

图15-12　各机构在中小企业融资中的作用

9. 中小企业对政府的融资政策十分关注

内蒙古自治区中小企业的融资主要是通过政府的政策来支持。在这些政策实施时,93%的企业非常关注并且了解这些政策,7%的企业完全不了解这些政策。这充分说明,中小企业非常迫切地需要有利于其发展的扶持政策。但是有37%的中小企业认为政府的政策对于中小企业发展作用不大,这又说明了许多政策的制定、实施没有从中小企业的实际情况出发,出现了"理想和现实"的背离。

10. 中小企业的融资环境需要改善

内蒙古自治区现实的融资环境不能满足中小企业发展的需要,中小企业认为融资环境需要进一步完善。如图 15-13 所示,73%的企业认为应该进一步建立和完善中小金融机构体系,59%的企业认为应该加快发展中小企业资本市场,43%的企业认为应该加大对信用担保机构的支持力度,46%的企业认为应该鼓励发展创投业,51%的企业认为应该利用政策引导金融机构更多地向中小企业贷款,27%的企业认为应该鼓励发展小额贷款公司,32%的企业认为应该加强政府和中小企业之间的沟通,18%的企业认为应该在政府招标、采购上向中小企业倾斜,28%的企业认为应该建立和完善统一的企业征信体系。

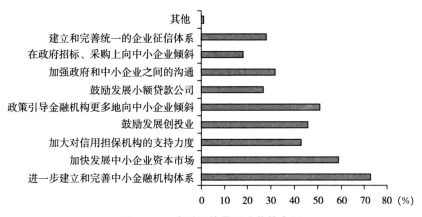

图 15-13　金融环境需要改善的方面

从以上的调查结果我们可以看出,内蒙古自治区的中小企业融资及融资环境仍然存在融资难、融资成本高、融资渠道单一等很多问题,需要进一步改革和完善的地方很多。而中小企业也在迫切需要改善融资环境,提高企业的发展速度。

二、内蒙古自治区中小企业融资存在的问题及其原因

内蒙古自治区中小企业融资存在着诸多问题,下面着重分析中小企业融资难的原因。

(一)中小企业融资存在的问题

资金紧张、融资困难,一直以来就是制约内蒙古自治区中小企业发展的主要因素。2011年以来,在原材料价格上涨和经济下行、国家宏观调控力度不断加大的双重压力下,中小企业资金需求压力明显增加,中小企业融资面临的融资难、融资成本高的问题变得尤为突出。

1.中小企业融资成本有所上升

据了解,商业银行对中小企业的贷款利率一般上浮较高,加上登记费、评估费、公证费、担保费等,估计中小企业的融资总成本高达12%以上,比大中型优势企业的贷款成本高出一至数倍。业内人士指出,如此之高的资金成本意味着企业的资金利润率至少要达到12%才不至于亏本,而我国工业平均利润率能达到12%的行业是比较少的。另外,内蒙古自治区的中小企业劳动密集型企业居多,还没有建立起现代企业制度,财务管理水平不高,财务管理制度和会计制度不健全,有的企业财务所提供的各种财务报表与会计资料大多未经会计师事务所审计验证,随意性大,真实性差,导致中小企业在寻求信贷支持时,金融机构会因信息不对称,难以准确判断其信用程度。而中小企业为了能得到银行的支持,往往又千方百计地隐瞒与己不利的各种信息。银行为了防止逆向选择和道德风险,给中小企业的贷款多是短期贷款,且利率不同程度上浮,民间融资成本也随之水涨船高,同时抵押、质押手续办理复杂,使中小企业融资成本进一步攀升。

2.中小企业融资渠道仍然单一

由于内蒙古自治区中小企业多元化融资渠道尚未建立,直接融资十分有限。截至2011年底,在资本市场上,内蒙古自治区仅有5家企业在深圳中小板上市融资,无一家中小企业成功登陆创业板。在债券市场上,受制于我国中小企业发债处在起步阶段,以及发债对企业的信用等级要求较高等,截至目前,内蒙古自治区仅有两家中小企业联合发行了总金额为1亿元、期限为2年的"内蒙古中小企业2010年第1期集合票据"。间接融资,特别是银行贷款,仍然是目前中小企业融资的主渠道。虽然内蒙古自治区中小企业贷款不断增长,但仍难以满足大量中小企业的

发展需求,根据全区中小企业政策落实督察调研报告显示,有 85％的中小企业存在融资难、资金短缺的困难。2011 年,全区中小企业新增贷款占全部企业新增额的 64.23％,同比下降 17.71％。由于中小企业资金需求存在不平衡性,当前资金较为紧张的中小企业主要集中于受调控的及其关联的行业,尤其是房地产企业以及为大型建设企业配套的中小企业,行业关联性较高导致部分中小企业贷款得不到有效满足。

3.中小企业融资风险在加大

中小企业为缓解融资难,不得不转向民间借贷,导致融资成本和融资风险大幅度增加。中小企业的资金来源不外乎自有资金、直接融资、间接融资、政府扶持 4 种途径。当前随着中小企业对资金需求的不断增大,而银行对中小企业贷款不足与直接融资渠道狭窄,迫使许多中小企业通过民间借贷来缓解资金压力。由于内蒙古自治区目前民间借贷市场很不规范,民间借贷行为混乱且成本高昂,在加大企业的融资成本的同时,一旦资金链断裂,发生“跑路”、“跳楼”等事件会导致“多米诺骨牌效应”,影响实体经济乃至社会的整体稳定。

4.缺乏有效的信用担保体系

由于缺乏有效的信用担保体系,中小企业向商业银行融资受阻。近年来,虽然在国家相关政策支持下,内蒙古自治区也成立了专门的中小企业信用担保机构,但数量仍然偏少,大多数的中小企业仍然无法得到实际的信用支持。虽然国有商业银行都成立了“中小企业信贷部”,并相应提高了对中小企业借贷的上浮利率的幅度,但由于缺乏行之有效的中小企业信用担保体系,国有商业银行按商业化经营原则实施评估审贷,中小企业符合贷款条件者少之又少,对其信贷支持存在风险危机感。另外,目前各商业银行为改善资产质量,强化风险控制,纷纷将贷款发放权上收,同时,中小企业向国有商业银行融资交易成本趋高,通常一笔小额贷款,经过评估、审贷到发放耗时费力,而成交率偏低,导致上收后的贷款审批权往往更多地集中于大中型企业,很难顾及数量上占绝大多数的中小企业。

(二)中小企业融资难原因

内蒙古自治区中小企业融资难的原因归纳起来可分为内部原因和外部环境原因,在这些原因的共同作用下导致了现在的融资难的局面。

1.内部因素

造成中小企业融资难的内部因素主要体现在中小企业的管理薄弱、企业缺少可担保抵押的财产、企业的信用低以及创新能力不足等方面。

(1)中小企业管理薄弱、抗风险能力不强。多数中小企业管理不规范,产权制度不合理,财务制度不完善,经营管理原始且大多数中小企业属于低水平重复建设。经营粗放,设备和工艺落后,产品结构表现为资源性粗加工产品多、高附加值产品少,趋同产品多、优特产品少,低档产品多、高科技产品少的"三多三少",缺少真正有发展潜力的名、优、特产品,发展潜力有限。经营期短以及市场竞争力弱、抗御风险能力差等原因,使商业银行在发放贷款时慎之又慎,对支持中小企业的信心不足。

(2)缺少可供担保抵押的财产,抵押贷款困难。中小企业自有资产少,可抵押物少,且抵押物的折扣率高。银行抵押担保评估登记部门分散,手续烦琐,评估中介服务不规范,对抵押物的评估往往也不按市场行为准确评估,随意性很大,费用也较高,造成企业抵押贷款困难。由于银行对中小企业固定资产抵押的偏好,一般不愿接受中小企业的流动资产抵押。而中小企业的资产结构中固定资产比例小,特别是高科技企业,无形资产占有比较高的比例,缺乏可以作为抵押的不动产,难以满足金融机构的放贷要求。

(3)信用等级低,贷款的偿还存在风险。内蒙古自治区的中小企业规模小、技术设备简单、产品品种少、市场风险大,相当一部分企业经营决策者素质不高,不少中小企业至今仍是粗放、松散的家族式管理,少数人或个别人控制企业的现象比较普遍。缺乏明确的发展战略,盲目性大,造成低水平重复建设,抗风险能力弱。部分中小企业甚至恶意抽逃资金,拖欠账款、空壳经营、悬空银行债权,造成信贷资金流失,严重损害了中小企业的整体信用水平。再加上信用担保机制的严重缺乏,从而面临着债务融资信用不足的问题,极大地挫伤了金融机构对中小企业提供信贷服务的积极性,导致国有商业银行更倾向于将贷款发放给国有大型企业,大大降低了其融资水平。

(4)中小企业技术创新能力相关。中小企业由于资金规模普遍偏小,技术创新能力不足,而目前整个社会还没有一个为中小企业提供技术创新服务的平台。在这样的情况下,采用旧技术的中小企业不断倒闭,掌握新技术的中小企业不断产生,不同程度地影响了银行对中小企业的贷款评估。

2.外部环境因素

造成中小企业融资难的外部环境因素主要来自于银行、信用中介担保机构、政府、资本市场等方面对中小企业融资的影响。

(1)银行方面。商业银行等主要金融机构对中小企业融资的支持力度不够是造成中小企业融资难的主要外部原因。

1)商业银行加大了对不良资产的监控力度和责任追究力度。商业银行的贷款管理制度制约着中小企业的融资需求,中小企业望贷兴叹。一是在经营战略上,商业银行经营的盈利性原则决定了其"重批发轻零售"。将经营重点放在了"大城市、大客户"上,使得信贷资金更多地流向了大型企业。二是信贷管理体制与中小企业的发展不相适应。商业银行对贷款审批权限实行严格的分级管理,上收了基层机构的审批权。而且审批环节过多,手续复杂,一笔贷款往往要经过八九道审批手续。在贷款微机操作过程中,如有一项不符合要求,就无法完成全部过程。贷款审批手续的繁杂和权限的高度集中与中小企业点多面广、资金需求高频率、小金额、快周转、强时效之间形成了矛盾。

2)地方中小金融机构保障机制不健全,对中小企业信贷支持力不从心。一是地方中小金融机构地处基层,在现行体制下,部分地方政府对中小金融机构信贷决策等经营活动进行干预极易导致经营决策失误;二是地方中小金融机构由于规模小、竞争能力弱、抗风险能力较差,不仅导致经营风险高,而且制约其科技水平的改善,阻碍了地方中小金融机构对中小企业的支持力度,未满足中小企业的融资需求;三是地方中小金融机构尤其是农村信用社,由于历史原因和国家政策原因形成大量的不良资产,虽然国家在 2005 年通过发行专项央行票据的方式进行置换,但与国家对国有商业银行不良贷款多次剥离和核呆力度相比,仍存在剥离金额少、呆坏账核销不彻底、历史包袱沉重的问题,一定程度上制约了农村信用社的信贷投放能力。

3)稳健的货币政策使中小企业预期获贷难度增加。在落实稳健的货币政策下,各家金融机构为保证既不突破又充分利用现有信贷额度,实现信贷规模约束下的效益最大化和风险最小化,纷纷采取措施加强了对信贷资源的管理,一方面上收信贷审批权限,统一配置信贷资源;另一方面提高贷款门槛,提出"好中选优"的配置原则,重点支持"行业前景好、风险缓释条件优、信用等级佳、风险调整回报高"的优质客户和项目。金融机构将电力、交通等优势行业作为信贷投放的重点,不断从中小企业收缩贷款。由于中小企业自身条件所限,大多数中小企业达不到国有股份制商业银行的信贷准入门槛,而只能向农村信用社申请小额贷款或进行民间融资。2010 年以来,4 次基准利率的累计上调使得农村信用社贷款利率和民间借贷利率水平普遍提高,从而加大了这些企业的生产经营成本,并将更难获得银行新增信贷支持,中小企业贷款融资难的问题进一步加剧。

4)信贷决策机制不利于中小企业融资。由于中小企业贷款具有"急、小、频、险"的特点,而且每笔业务的资金管理成本较高,再加上商业银行建立中小企业信贷审批机制、风险评估体系和业务创新机制均要付出较高的成本,商业银行从自身经济效益的角度出发,将贷款对象集中于资信强、效益好、发展前景优的大型或名牌企业,对支持中小企业发展的积极性不高。即便可以发放贷款,一笔贷款经过信贷管理部门、风险管理部门、审贷委员会等层层把关,逐级重复审批,有时银行贷款到位,企业商机已失。为了覆盖潜在风险,商业银行对中小企业贷款利率进行了上调,进而增加了中小企业的融资成本。

5)服务中小企业的金融机构体系不完善。目前,在我国的金融组织体系中,还缺乏专门为中小企业融资服务的政策性银行,虽然我国已有遍及城乡的中小商业银行如农村信用社、股份制商业银行、城市商业银行,及近一两年发展迅速的小额贷款公司、村镇银行等,但由于它们没有得到政策性融资权,加剧了原本潜在的金融风险向现实风险转化,降低了资产的流动性和盈利性,妨碍了资金资源的有序配置,无法满足中小企业资金需求。一些中小金融机构及贷款公司(如小额贷款公司、村镇银行等)从成立开始,其经营管理水平不高,发展能力不足,从而减弱了对中小企业的金融支持。为了走出困境,在服务对象的选择上中小金融机构不得不把贷款投向或转向已被国有商业银行占据的市场领域,中小企业贷款融资更加艰难。

(2)信用中介担保方面。内蒙古自治区信用中介担保机制还未健全,不能全面、高效地服务于中小企业融资。

1)担保机构的担保条件对中小企业不现实。中小企业担保机构无论以企业法人还是事业法人的身份出现,为了控制自身的经营风险,担保机构对于提供的各种担保,都要求企业提供反担保,并对企业的履约能力、抵押物、质押物的权属和实现抵押权、质押权的可行性进行严格审查。这些条件对中小企业来说很不现实:一是中小企业若符合这些规定和条件,直接向银行申请贷款就无须通过担保机构担保,省却了繁杂的手续和担保费用。二是反担保在一定程度上抵消了其原有担保所起的作用,更在一定程度上加大了企业的负担和融资费用。

2)评估中介服务不规范。大多数申请贷款的中小企业可抵押物本来就少,且办理抵押物资产评估登记手续涉及工商、房产、财险、法律公证处等多个部门,程序多、手续繁、费时长、收费高,银企之间的信贷供给与需求双向操作出现梗阻。据调查,25%的中小企业反映各项评估、担保的费用过高,这在一定程度上提高了中小企业的融资成本,加剧了中小企业的融资负担。

3)信用担保环境在一定程度上影响着中小企业的融资。目前全区已有融资性担保机构 206 家,注册资金规模 183 亿元,累计为中小企业融资担保 692 亿元。但仍不能有效满足中小企业的担保需求,迫切需要进一步加强信用担保体系建设。信用担保体系的欠缺和不完善在一定程度上影响着中小企业的融资。

(3)政府方面。政府对中小企业融资支持力度不够。迄今为止我国还未出台一部完整的有关中小企业的法律,目前的《中华人民共和国中小企业促进法》和《国务院关于鼓励支持和引导个体私营等非公有制经济发展的若干意见》尚缺乏配套的法律、法规,导致各种所有制性质的中小企业在法律和权利上的不平等。许多发达国家都建立了中小企业特殊融资机制。如韩国的中小企业银行、日本的中小企业融资库等,这些机构一般由政府设立,并在不同程度上依靠政府资金来扶持中小企业的发展。而在我国,目前还是大企业受到政府更多的重视和政策方面的倾斜,中小企业得不到资金上的便利和优惠。

(4)资本市场方面。债权、股权融资等直接融资困难重重。目前,大部分企业尤其是中小企业难以通过直接融资渠道获得所需资金。从股票市场来看,按照《证券法》规定,要进入沪深两市主板市场发行股票,必须具备公司股本不少于人民币5000万元,最近三年连续盈利等条件。从债券市场来看,按照《证券法》规定,股份有限公司的净资产额不少于人民币3000万元,有限责任公司的净资产不低于人民币6000万元,最近三年平均可分配利润足以支付公司债券1年的利息,这使得中小企业很难进入该市场进行融资。

资本市场上,内蒙古自治区仅有5家企业在深圳中小板上市融资,无一家中小企业成功登陆创业板。债券市场上,受制于我国中小企业发债处在起步阶段,以及发债对企业的信用等级要求较高等,截至目前,内蒙古自治区仅有两家中小企业联合发行了总金额为1亿元、期限2年的"内蒙古中小企业2010年第1期集合票据"。直接融资十分有限。从发行债券融资的情况看,国家对企业发行债券筹资的要求十分严格,目前只有少数经营状况好、经济效益佳、信誉良好的国有大型企业能通过债券市场融资;股票市场上,虽然创建了中小企业板市场及创业板市场,但对数量众多的中小企业来说上市融资门槛仍然很高。据统计,中小企业股票融资仅占国内融资总量的1%左右,中小企业主要的筹资方式还是银行借款。

三、强化内蒙古自治区中小企业融资服务的政策建议

近年来,中小企业在我国国民经济和社会发展中的重要地位和作用,受到了社会各界的广泛认同,引起了各级政府的高度重视,但在当前我国体制转型和结构调整的特殊历史时期,以及在金融危机的冲击下,中小企业融资问题显得更为复杂,

研究和解决这一问题,具有更加重要的现实意义。

为进一步促进内蒙古自治区中小企业持续、快速、健康发展,充分发挥中小企业在经济和社会发展中的重要作用,针对内蒙古自治区中小企业融资的实际情况,提出如下政策建议。

(一)建立健全内蒙古自治区中小企业信用担保体系

信用担保是一种信誉证明和资产责任保证结合在一起的中介服务活动,它介于商业银行和企业之间,担保人对商业银行作出承诺,为企业提供担保,从而提高企业的资信等级。通过构建中小企业信用担保体系,可以建立中小企业与银行之间良好的关系,提高中小企业的信用程度,增加银行对中小企业的贷款力度。同时,作为中小企业服务体系的一个重要组成部分,中小企业信用担保体系近期内主要是解决中小企业融资困难的问题,长期目标是促进中小企业的健康发展,充分发挥中小企业在扩大就业、增加财政收入、促进技术创新以及推动国民经济发展等各方面的作用。

1. 充分发挥政府在构建中小企业信用担保体系过程中的特殊作用

鉴于中小企业在国民经济增长中所处的重要地位,为中小企业提供信用担保是政府为支持中小企业发展,解决中小企业融资难的一项重要举措。因此,政府在构建中小企业信用担保体系中都将负有不可推卸的责任。充分发挥政府的主导作用,一方面要求政府在政策上鼓励设立中小企业担保机构,在资金上为担保和再担保提供支持。另一方面,政府在出资后要充分赋予担保机构"企业法人财产权",按市场化机制运作,减少政府的直接干预。同时还要求政府在选择信用担保体系的模式、健全担保市场规则、培养与引进中高级担保业务人才等方面花力气、下功夫,进行必要的引导和管理。

2. 切实增强信用担保机构能力

以政府出资为主的担保机构,要积极引导社会资本进入担保业;以民间出资为主设立的担保机构,应结合自身实际适时补充资本金,扩大担保资金规模。各地要大力营造社会参与、多元投入的担保业发展环境,吸引各类资本入股或新建担保机构,有条件的地方要建立规模较大的担保机构,整合和优化现有担保资源,做大做强担保平台。继续扩大担保公司数量,进一步增强中小企业信用担保体系实力。自治区和各盟市财政要进一步加大对担保机构的投入力度,力争担保资金和机构规模能够适应中小企业贷款需求。

3.建立再担保体系

再担保的主要功能是分散担保机构的风险,增强担保机构的担保能力,防范担保行业的系统风险。再担保可以将众多分散的、独自为战的担保机构连成一体。纳入再担保体系内的担保机构,银行评估其担保能力时,将会考虑再担保为其带来的信用增加部分,对担保机构的增信作用将实现倍数效应。因此,再担保是增强担保行业整体信用能力的重要措施,是加强中小企业信用担保体系建设的重要内容。

4.推动建立担保风险补偿机制

一是各地要按照《中小企业促进法》和国家相关部门的规定设立担保风险补偿基金,对担保额大、风险控制好的担保公司予以补偿。二是各担保机构要依照《财政部关于印发〈中小企业融资担保机构风险管理暂行办法〉的通知》(财金〔2001〕77号)规定,提取未到期责任准备金和风险准备金,提高补偿能力。三是要建立完善的管理制度,规范公司治理结构,加强内部管理,规范行业经营,提高风险防控能力和经营水平。要切实做好事前、事中、事后风险的控制和防范。通过资信评估、按规定比例上存担保资金、项目审核、制定反担保措施等办法,实现事前控制和防范;通过控制代偿率、设定强制再担保系数、强制再担保措施等办法,实现事中控制和防范;通过及时有效的追偿等办法,实现事后控制和防范。同时,要严格按照安全性、流动性、效益性的原则,对担保资金运作的全过程进行监管。

5.积极推进银保合作

金融机构与担保公司,应是相互支持、密切配合、共求发展的友好合作关系。担保公司是银行与企业的桥梁和纽带,要本着共同的目标,既帮助解决企业贷款担保困难,也帮助银行减少风险,提高效益。目前多数担保公司只与少数金融机构有协作关系,与中小企业面广量大、分散在各家银行开户的情况很不适应。在现行体制下,担保公司要积极争取金融机构的支持,加强沟通,积极主动地建立友好协作关系,明确各方责任、义务,形成合作共赢格局。建议各银行业金融机构要根据担保公司资信等情况,给予"授信",简化手续,提高效率。担保公司要提高自身的资信度,要对银行"授信"额度充分负责,不断扩大担保能力。

6.建立完善中小企业资信评级体系

建立完善中小企业资信评级体系,为商业银行贷款提供决策依据。建立中小企业信用评级制度是强化企业信用观念的一条重要途径。内蒙古自治区应当积极组建独立的信用评级机构,对自治区的中小企业进行针对性评估,通过协调评级机构和商业银行的关系,督促商业银行对评估结果分析认可,以信用等级确定是否贷款和担保。对于信誉高的企业,在贷款方式、金额、期限、利率上给予优惠条件,对于信用差的企业,不予贷款或提高贷款条件。

(二)通过政策引导,推动商业银行对中小企业的贷款力度

当前,在金融机构信贷资金仍将是中小企业融资的主要渠道的情况下,内蒙古自治区政府应当通过引导和鼓励性的政策措施,使各家银行加大对中小企业的信贷支持力度,扩大主流融资机构对中小企业融资的支持力度,优化面向中小企业的金融信贷供给格局。

一是政府通过出台政策,要求有关金融部门加大对中小企业的金融支持力度,探索突破中小企业融资难的"瓶颈",开展金融创新,积极促进地区经济的发展。建议内蒙古自治区政府提出各家银行年度中小企业贷款累放额和新增额目标,按季统计各家银行中小企业贷款累放额和新增额,对各家银行全年中小企业贷款进行评比。对于贷款增加额较多、增幅较大的银行给予奖励。对于中小企业贷款增速低于自治区平均水平的银行,暂缓返还个人所得税地方留成40%部分的税收优惠。

二是政府出台鼓励性的政策措施,使各类金融机构注重加快金融业务创新和流程再造,在力所能及的范围内推进中小企业授信决策。同时,政府鼓励商业银行开发适应中小企业的信贷品种,积极推出新的中间业务,扩大抵押和质押贷款范围,探索适应中小企业的新抵押办法等,并以此促进金融资源向中小企业的流动和聚集,提高区域金融资源的利用效率。

三是着力优化融资外部环境,降低商业银行的信贷风险。通过不断改进信用环境、企业信用等级的评定和管理办法,建立有效约束和动态管理机制;完善诚信系统建设,健全对失信企业的联合惩处机制等,以此培育良好的信用环境,并努力建立健全中小企业融资服务体系。通过组建中小企业服务中心,依法设立商会、行业组织及社会中介服务组织,积极发展中小企业综合性辅助体系,形成一个汇集信息、人力、设施、技术、财务的体系,全面帮助提高中小企业的融资能力。

(三)继续发展中小金融组织和小额贷款公司

根据国外的经验,大型银行一般由于成本控制和信息不对称的原因,很少去做中小企业的贷款业务,而主要承担中小企业贷款业务的是众多的小型金融组织,比如小型股份制银行、社区银行、贷款公司等,与此相类似,在国内大银行做大项目、小银行做小项目的趋势也越来越明显。尤其是近年来内蒙古自治区引进的中小股份制商业银行,在承担中小企业业务上发挥了重要的作用。因此,发展中小金融组

织和小额贷款公司是解决中小企业融资的最直接和有效的一项措施。

1.加快发展地方性银行业金融机构

积极组建金融控股公司,以资本为纽带整合现有金融资源,增强地方金融机构实力,提高地方金融机构的整体竞争力、资金配置效率和风险防范能力。继续支持包商银行在区内其他盟市设立分支机构,扩大覆盖面,大力支持新组建的内蒙古银行增资扩股和上市工作。加快推进鄂尔多斯、乌海城市商业银行和东胜区农村商业银行增资扩股,进一步提高对当地中小企业的信贷支持能力。进一步深化农村信用社改革,帮助他们减轻历史包袱,壮大资金实力。

2.加大引进中小金融机构的力度

近年来,内蒙古自治区在联系和引进中小股份制银行方面,作出了卓有成效的工作。从 2004 年以来,连续引进了华夏、民生、中信、交通、浦发、招商、渣打等中外资股份制银行,为地方经济的发展注入了活力。因此,下一步总结经验,加大力度,进一步引进中小型金融组织,特别是城市银行等相对规模小的金融组织的引进力度,为中小企业的发展提供融资保障。

3.探索组建面向中小企业的小额贷款公司

目前全区已经组建小额贷款公司 462 家。今后在审慎、稳妥、安全的前提下,大胆探索,用好用足试点政策,探索组建面向中小企业的小额贷款公司,特别是优先在开发区和工业园区组建面向中小企业的小额贷款公司,成为中小企业融资的新型金融服务机构。积极推动建设银行等国有商业银行向小额贷款公司提供批发贷款,有关担保机构为银行提供担保,小额贷款公司再贷给中小企业,把大银行的资金优势和小额贷款公司的灵活优势有机结合起来。

(四)建立多层次的区域性资本市场

为了拓宽直接融资渠道,要积极创造条件培育多层次的、专门化的地方中小资本市场体系,继续推进发展直接融资渠道。可尝试从培育地方资本市场入手,建立多层次的、专门为中小企业融资服务的地方中小资本市场体系;整合现有产权交易所并改造成为各类所有制中小企业股权流通服务的产权交易所,积极鼓励和推动中小企业通过产权交易所股权抵押融资等途径,解决融资困难;加大金融创新力度,对符合条件的企业,在严格监管约束的条件下,可允许其面向社会筹集发展资金,推动地方债券市场的发展,引导区域内中小企业以股权融资、项目融资等多种形式面向市场直接筹集资金。政府在推进资本市场发育、私募股金设立的同时,应积极规范引导企业运用民间资本,拓宽中小企业直接融资渠道。

(五)加快金融机构的产品创新与制度创新

通过加快金融机构的产品与制度创新,为中小企业提供更加全面便捷的服务,逐步解决中小企业融资难的问题。

1.金融机构要加强针对中小企业的金融产品和服务创新

针对中小企业特别是小型、微型企业融资成本高,信用级别较低,无法满足银行贷款和担保机构担保要求的问题,金融机构要有针对性地加强产品创新来满足中小企业的融资需求。如试验推广"中小企业集合信托产品"。中小企业集合信托是指多家中小企业联合起来作为一个整体,通过信托公司统一发行信托计划募集资金,并把募集到的资金分配到各家企业。在集合信托中,企业各自确定资金需求额度,各自承担债务,互相之间没有债务担保关系,而是共同委托担保公司为所有企业承担担保责任。集合信托通过把多个企业打包后,取长补短,弥补了单个企业融资能力不足的缺陷,极大地降低了融资门槛和成本。

2.金融机构要加快制度创新,为中小企业提供更加便捷的服务

金融机构要尽快落实银监会关于鼓励支持中小企业制度创新意图,进一步完善现行的中小企业信贷机制,简化贷款审批程序,适当下放信贷审批权限,加大对中小企业贷款的营销力度,开发适合中小企业融资需求的创新产品;按照中小企业的不同类别,确定金融扶持重点、贷款规模和信贷方式,对资信良好的中小企业实行贷款审批绿色通道。同时要加快地方性中小金融机构发展和创新步伐,加快推进农村信用社组建农村合作银行步伐,进一步壮大城市商业银行实力,充分发挥地方金融机构支持中小企业的重要作用。

(六)规范和引导民间借贷,为中小企业开拓融资渠道

在进一步发展正规金融的同时,针对民间借贷的特点、作用及潜在问题,应着手为其提供更好的法制环境,形成民间借贷与正规金融和谐共生的环境,完善多层次融资体系,并有效防范相关风险。应创造民间借贷的合法化发展空间,引导其"阳光化"、规范化发展。对民间借贷建立跟踪监测体系,为经济决策及宏观调控提供更为全面的信息。同时,加强金融知识和舆论宣传教育,提高民众金融素质,对民间融资的潜在风险进行必要提示,增强群众的金融风险意识和风险识别能力。

1.为民间借贷的阳光化提供更加宽松的政策环境

目前,从政策上对民间借贷浮出水面提供了诸多的制度性安排。比如,通过设立小额贷款公司等方式,可以进入正规金融体系。但目前相当一部分资金不愿进

入小额信贷,其原因在于:进入正规金融之后,受到的管制比较多,束缚其自由发展,同时,各种税费会提高其经营成本。针对这样的忧虑,一是可以考虑适当放宽小型金融组织的各项管制措施,同时,可以考虑减免小额贷款公司、村镇银行和资金互助社等小型金融组织的各项税费,减轻小型金融组织的经办费用。

2.建立民间借贷的登记备案制度,使民间借贷活动在政府监控之下进行

要求民间借贷双方把借贷合同文本报送到政府制定的监管部门,对报送合同文本,并符合国家最高利息上限之内的放款人,给予法律保护,从而调动其积极性,使得更多的民间放款人报送和备案放款数据,从而达到掌控民间借贷流向的目标。

3.建立民间借贷的跟踪监测体系

通过建立民间借贷登记备案制度,真实全面地了解和掌握民间借贷情况;要加强对融资总量、变化趋势及风险的监测和评估,及时掌握民间资金流向和利率走势;要建立健全民间借贷监测通报系统,做好预警和预案,适时向社会进行信息披露和风险提示。

(七)继续增强中小企业自身融资能力

从中小企业的自身发展方面看,中小企业作为需要融资的主体,对政府应当依靠而不依赖,在畅通融资渠道、强化融资、破解融资难方面同样需要有所作为。当前除依托好的政策,积极利用好可以争取的资源外,要从实际出发,找准市场定位,积极调整经营策略,不断增强自身积累能力和获得外部融资支持的能力。在做好决策、谨慎投资、保证企业自有资金、防止资金链断裂的同时,要千方百计解决融资难,促进企业健康、持续发展。一是要通过各种方式的运作,真正建立起适应市场经济竞争需要的、具有自我积累能力的企业制度。二是积极调整产品结构,提高产品档次、技术含量和附加值。三是促进产业整合,融入国际产业链,提高盈利能力和抗风险能力。四是逐步改进管理水平,摆脱粗放型管理,提高生产效率,降低生产成本。学习并实施精细化的管理,提高生产效率,降低生产成本。五是创立自主品牌,提高品牌的影响力。六是发展企业文化,建设和谐企业。企业的文化建设应以人为本,用先进理念引领员工,用共同愿景鼓舞员工,用成才环境培养员工,重塑新时期的企业精神,这样才能促进员工队伍稳定和素质提升,并为企业更好地发展积蓄更大的能量。七是诚实守信、守法经营、规范管理,提升自身素质,提高融资条件,获得各方面的资金支持。

(八)加大政策支持力度,优化中小企业发展环境

1.加大公共财政支持力度扶持中小企业,特别是科技型中小企业的资金需求

希望内蒙古自治区政府加大扶持中小企业专项资金的投入,解决具有良好的市场前景的科技型中小企业的资金需求。

2.尽可能去发挥中小企业发展专项基金的带动作用

当前情况下,急需进一步强化继续用好中小企业发展基金,带动更多的资金支持中小企业,提高中小企业信用担保机构的服务功能和整体水平,把有限的资金用好,增加中小企业融资能力,解决当前中小企业经营困难,促进中小企业发展。

3.建立中小企业企业信息服务网

加强中小企业信息基础建设,整合利用现有资源和互联网技术,组建中小企业信息服务网站,形成中小企业统一的信息网络体系。定期发布涉及中小企业的创建、发展、权利、义务等国家有关政策和市场信息,积极开展电子商务,实现资源共享。

4.认真落实国家各项税收优惠政策

对涉及中小企业的税收,如法律、法规没有明文规定且权限在地方的税收,可由税务部门结合内蒙古自治区实际情况制定相应优惠政策。

5.增强中小企业技术创新能力

积极引导利用高等院校、科研机构和大企业的相关技术资源,建立中小企业公共技术服务支持平台,促进中小企业提高技术创新能力。有能力的学校可以形成"订单式"培养人才模式,解决企业发展中急需的人才,同时政府应设立人才培养专项资金,鼓励大学设立适合企业的专业,实现高校科研力量与市场的有机结合。

6.建立在保项目风险预警系统

主要是以贷款银行建立的贷款风险预警系统为基础,与贷款方一起通过对在保项目的跟踪监测,及时发现风险和处理风险,将风险消灭在萌芽状态。要建立企业财务状况的预警信号,反映企业财务活动运行是否正常、收支是否平衡、正常支出是否困难;建立企业管理状况预警信号,从行业风险方面、企业经营风险方面、企业管理风险方面、银行信贷管理方面,对企业经营管理的状态进行透析,可以发现端倪,及时加以控制、防范和消除。要通过和信息咨询、会计事务、律师事务等中介组织建立相对稳定的密切合作,可以及时、充分地了解和掌握被担保人和担保项目的资信状况、市场定位,利用专家预测分析更加科学地论证担保对象的可行性与风险度,以减少决策失误。可以借助注册会计师监督被担保人的会计账务,财务活动

的真实性、合法性和风险披露充分性,通过律师依法保护公司和被担保人的合法权益。

7.帮助企业树立诚实守信的良好品质

要努力帮助企业树立诚实守信的良好品质,提高企业信用等级。帮助企业建立公平竞争、分配机制,创建和谐共处的工作环境,从而带动企业建立良好的声誉,使企业减少采用违约、欺骗等非正当手段。担保机构应参与企业长期规划,鼓励中小企业树立信心,积极进取,不断创新,帮助企业树立长久发展的思想,引导企业按照企业伦理规则经营。企业只有树立长久发展的思想,才能杜绝违约失信的短期行为,有利于树立企业的长期信誉,获得所有利益相关者的支持。

第十六章

内蒙古自治区民间金融发展报告
——以鄂尔多斯市为例

　　民间金融是金融领域的特殊组成部分,我国的民间金融在夏商时期就开始存在,在此后的历史长河中,民间金融历经变革和演进,显示了强大的生命力。随着我国国民经济的快速发展和投资主体的多元化,一些地区的民间金融空前活跃。特别是西部一些资源型地区,凭借大规模的资源开采,积累了大量民间资本。近几年来,内蒙古自治区鄂尔多斯市经济超常规跨越式的发展和当地政府宽松的政策环境,催生了大大小小、为数众多的投资公司、担保公司、典当行、委托寄卖商行等民间金融机构,形成了规模宏大的"煤炭→民间金融机构→房地产"资金链,鄂尔多斯市现已成为可与温州地区等量齐观的民间资金聚集高地。这些民间金融组织不但吸引了当地及周边地区企业、银行、政府及个人"闲散"资金的不断涌入,也形成了在周边数省区颇有影响的资金借贷高地,产生了大量的主要流向房地产业的风险资本和投机资本。随着国家对房地产业的宏观调控力度加大以及煤炭价格的大幅下跌,鄂尔多斯市民间金融组织长期形成的资金链出现断裂的危险性与日俱增。本报告以鄂尔多斯市民间金融为代表,阐述内蒙古自治区民间金融发展问题。

一、鄂尔多斯市民间金融发展现状

鄂尔多斯民间金融的发展主要分为三个阶段,民间融资方式已由原来的隐蔽状态向公开化方向转变。

(一)鄂尔多斯民间金融发展阶段

根据鄂尔多斯经济发展状况,将当地民间金融的发展划分为三个阶段:第一阶段:萌芽期(1990~1998年),民间金融规模小,无组织;第二阶段:成长期(1999~2002年),民间资金量有所放大,出现零散的组织;第三阶段:繁荣期(2003年至今),民间金融机构数量增多,资金规模巨大,涉及相关产业较多,成为当地中小企业融资的主要渠道之一。据有关金融机构估计,截至2011年底,鄂尔多斯民间金融规模已达2200亿元以上。

1.第一阶段:萌芽期(1990~1998年)

这一时期的鄂尔多斯经济处于发展起步转型期。从1990年到1998年,鄂尔多斯市GDP总量由14.9亿元增加到100.3亿元,年均增长率为17%。经济总量位居内蒙古自治区第七位,初步实现了经济结构的转型,即由农牧业为主的经济结构向工业为主的经济结构转变。在此期间,鄂尔多斯市固定资产投资累计完成投资额274.5亿元,年均完成投资额30.5亿元。城镇居民人均可支配收入由1032元增加到4630元,增长了3.5倍,年均增加450元,年均增长率为20.6%。农牧民人均纯收入由600元增加到2292元,增长了2.8倍,年均增加211元,年均增长率为18.2%。从整体来看,鄂尔多斯市经济已实现了历史性转轨,民间融资开始出现,但主要集中在农牧业地区,用途仅限于消费性融资和简单的小农经济再生产融资;借贷金额较小;以友情和互助性质为主;利率较低;高利率的民间融资主要集中在羊绒行业。鄂尔多斯羊绒产业开始形成于20世纪80年代末,羊绒生产企业增多,羊绒供不应求,企业利润率较高。为了解决资金供给不足的问题,当地一些生产和加工羊绒的个人和企业开始吸收社会的闲散资金,但是规模较小,没有外溢到其他行业,也没有出现公开的、有组织的民间金融机构。

2.第二阶段:成长期(1999~2002年)

这一时期的鄂尔多斯经济发展处于总量扩张期。从1999年到2002年,鄂尔多斯市GDP总量由118.1亿元增加到204.8亿元,年均增长率为17.6%,投资拉动经济的作用逐步显现。城镇居民人均可支配收入由5069元增加到6244元,年均增加 392 元,年均增长率为 5.4％。农牧民人均纯收入由 2371 元增加到 2470元,年均增加 33 元,年均增长率为 1.4％。这一时期的民间金融规模放大,利率也开始提高,出现零散的民间金融机构,如典当行等。当地国有企业改革开始进行,这一改革打破了计划经济垄断的格局,私营经济开始出现。通过个人借贷或者集资入股等形式,私营经济解决了部分启动资金。民间金融开始渗透到煤炭行业,但是由于煤炭价格的持续走低,民间金融的规模并不是很大。此外,这一时期的借贷用途也开始由消费型借贷转变为生产型借贷。

3. 第三阶段:繁荣期(2003 年至今)

这一时期的鄂尔多斯经济处于快速发展时期。2005 年,鄂尔多斯市 GDP 总量为 550 亿元;2006 年,GDP 总量已经超过 800 亿元,人均 GDP 从 2005 年的 4600美元增加到 2006 年的 6645 美元,增幅接近 45％。2006 年,鄂尔多斯的财政总收入为 145.8 亿元,比 2005 年增加 52.4 亿元,增长 56.1％,一跃成为全自治区之首。2008 年经济总量在全区的排位跃居第一位,三大产业协调发展的格局初步形成,经济实力明显增强,经济效应开始显现。财政收入步入快速增长期,经济已具备了城市支持农村、工业反哺农业的能力。这一时期,民间金融机构多,业务发展迅速,投融资量巨大。民间金融利率水平逐步升高,体现出一定的市场化趋势。民间金融参与主体多元,借贷用途多样。民间金融引起和获得了地方政府的重视,并在默许支持下得到飞跃式的发展。在鄂尔多斯民间融资中,"典当行"和"投资公司"扮演着重要的角色。2008 年,全市典当行由 2000 年的 1 家发展到 15 家及 627 家分支机构,注册资金 1.79 亿元。此外,专门从事民间融资活动的类似于融资机构的还有很多,经鄂尔多斯市工商部门注册的投资公司有 414 家,注册资金为 82.47 亿元;担保公司有 159 家,注册资金为 7.8 亿元;委托寄卖商行有 46 家,注册资金为499.46 亿元;小额贷款公司有 1 家,注册资金为 1 亿元。鄂尔多斯市民间融资公司总计 630 家,注册资金 92.61 亿元。据调查,2008 年,鄂尔多斯地区依托典当行、投资公司、担保公司及小额贷款公司进行的民间融资总额约占到了总规模的 40％。据鄂尔多斯市工商局统计,截至 2010 年 3 月末,注册的投资公司有 512 户,注册资本为 665.3 亿元;担保公司有 261 户,注册资本为 52.6 亿元;委托寄卖商行有 198户,注册资本为 0.7 亿元;典当企业有 37 家,注册资本为 3.8 亿元。上述机构总计有 1008 家,注册资金为 722.4 亿元。据调查,这些机构都不同程度地参与民间金融活动。除此以外,实际上从事民间金融活动的,还有大量的没有正式办理工商注册手续的地下中介组织、机构、中介人,其准确数量无法统计,据鄂尔多斯市商务局估算,专门从事民间金融的中介人约 1600 户。对于民间金融规模的测算,是从资金借入方来测算和评估,并通过资金供给方融资加以验证的。通过对企业和家庭的问卷调查和测算,截至 2010 年 4 月末,企业和家庭借入的民间金融规模约为 390 亿元,其中 110 亿元来自小额贷款公司,230 亿元来自融资中介机构,另外 50 亿元来自一般的社会主体(个人和企业)。在上述的 390 亿元民间金融余额之外,还有一部分民间金融没有被纳入,即融资中介机构作为债务人向社会借入的部分,而这部分资金并不在少数。根据典型调查,各类中介机构普遍是高负债经营,通过各种渠道从社会上融入资金用于放债,平均负债率约为 70%。据此估计,以融资中介为债务方的民间金融余额为 150 亿元。综上所述,到 2011 年 4 月末,鄂尔多斯市民间金融总规模约为 540 亿元。

(二)鄂尔多斯民间金融发展现状

鄂尔多斯民间金融发展现状如下:

1. 鄂尔多斯民间金融组织形式

鄂尔多斯市民间金融组织主要有以下形式:典当行、投资公司、担保公司、委托寄卖行等,它们分别归商务局、工商局、金融办、公安局管理(其中典当行注册资本金须达到 1000 万元,寄卖行 300 万元)。投资公司注册数量约 500 多家,担保公司和典当行合计将近 200 家,还有一些没有注册的,总体数量不少于 1000 家。鄂尔多斯市民间融资机构不仅数量多,而且所有公司的投资总量一般为注册资金的 3~5 倍,投资资金年周转率为 4~7 次。民间金融筹集的资金占典当行、投资公司、担保公司、委托寄卖行等全部资金来源的 60% 左右。还有些民间金融资金不设立公开机构,只通过电话进行个人借贷业务,这类业务往往资金规模较大。据中国人民银行鄂尔多斯市支行调查显示,在鄂尔多斯市,一家注册资金为 300 万元的担保公司,其投资总量高达 2500 万元。资金来源包括注册资金和内部自筹资金 400 万元,民间融资可达 1800 万元。鄂尔多斯市的许多人将存在国有银行和用于炒股的资金几乎全部交于借贷公司放贷,以获取高额回报。在鄂尔多斯,什么赚钱,这些民间金融机构就投向什么行业。房地产行业自 2005 年以来就一直是民间金融机构的主要投资方向。有统计数据显示,民间金融机构资金中有 60%~80% 的资金投向了房地产,由此形成了"能源—资金—房地产"这样一个相互推高的资金循环圈。随着民间金融贷款利率的不断提高,房地产宏观调控的影响以及政府对非法民间金融机构的整治力度加大,民间金融投资将面临重要转型,长久形成的"能源—资金—房地产"利益链将因政策调控和市场情况而被打破。

鄂尔多斯市民间金融活动主要发生在以下经济体之间:第一类是个人之间的

融资,普遍存在于城乡各地,但比例较少,具有余额小、分散性强、分布广等特点。按用途可分为消费性借贷和经营性借贷,消费性借贷如建房、就医、子女上学等,多发生在亲戚朋友之间,经营性借贷以经商办企业为目的。第二类是企业之间的融资。一些企业资金不足时,往往从其他有业务往来的企业调剂、拆借资金。鄂尔多斯市的民间融资借贷主要用于支撑中小企业的正常经营周转,也有的用于偿还银行到期贷款和贷款利息,涉及的行业一般都是一些高利润行业,如建筑业、运输业、煤炭开采业和羊绒加工业等。这些高利润行业不惜高利息借贷的原因是利润驱使,其贷款总量约占民间融资总量的80％,单笔贷款数额从几十万到几百万不等,有的达几千万元(如房地产)。可以说,鄂尔多斯市民间融资已覆盖了所有的城镇、乡村,城镇居民涉及民间融资的占20％,农牧民占15％左右。

2.鄂尔多斯市民间金融利率水平

鄂尔多斯市民间金融利率水平较高,年利率一般在20％～40％。民间金融利率在城镇较高,乡村较低。城镇借贷年利率一般在15％～30％,乡村借贷年利率在10％～20％,见表16-1。

表 16-1　鄂尔多斯市民间金融利率水平

利率类型	较低利率(10％以下)	中等利率(10％～15％)	较高利率(20％以上)
友情借贷	普遍存在	存在	基本不存在
典当行	基本不存在	较少存在	普遍存在
民间筹资	较少存在	普遍存在	存在

资料来源:人民银行鄂尔多斯中心支行。

3.鄂尔多斯市民间金融资金运行方式

鄂尔多斯民间金融的资金来源主要是企业盈利积累和个人节余。企业的资金大部分来自于当地中小型煤炭企业,个人资金主要来自于亲戚、朋友、同事、熟人之间,还有极少部分是利用当地银行对行政事业单位发放的信用贷款。

民间金融资金投向相对集中,其中大部分投向煤炭、房地产、加工业等利润较高的行业,其中房地产行业占到60％以上。民间金融拆借资金最短的为几天到一个月,最长的一般不超过一年。据调查,城镇地区从投资公司、担保公司、典当行等机构融资额在 100 万元以上的企业主要集中在房地产业、煤炭企业、运输业以及加工业,主要用于企业流动资金周转。融资额在 100 万元以下的企业主要集中在汽车、服装、百货、电脑、餐饮等行业。农村牧区民间资金一般用于种植、养殖、子女上学、盖房等,每次借款额在 1 万～5 万元。

鄂尔多斯民间资金借贷手续简便,主要靠信誉进行。调查显示,民间融资期限最短的为 5～10 天,最长的为一年,其中 1～6 个月的约占 34％,6～12 个月的约占 54％。民间融资主要通过以下三种方式进行:一是借贷双方订立口头契约或借据,确定借贷金额、利率和归还时间,一方提供资金,另一方到期还本付息;二是亲朋好友之间的借贷,利息往往较低,归还时间也不明确;三是用价值高的物品作抵押获取现金,一般采取简单的书面协定。部分大额交易需要采用担保和财产抵押,贷款额一般占抵押物的 50％～70％,对中小企业有较大的吸引力。一般 10 万元以下的小额贷款基本是信用贷款,只需书面证明即可,发放贷款主要凭借借款人的信誉和熟悉程度。大额借款必须要有熟人作为中介人进行信用担保,担保人必须具有经济实力和诚信度,一般必须是在当地具有一定经济实力或政治背景的人。签订合同约定金额、时间、利率和抵押担保条件后,直接将资金转到中介人账户上,由中介人发放贷款,中介人要监督借款的使用情况。大部分典当行在做房地产、汽车抵押和个人存单的质押业务,个别典当行做票据贴现融资,办理时不需要增值税发票,仅凭中间人的介绍或银行承兑汇票查询书,持票人就可直接从典当行拿到现金,利率可以面议。目前,鄂尔多斯民间贷款金额从几千元到几千万元不等,利率高低不等,视不同期限、不同额度灵活掌握。一般贷款月息为 2.5％～3.0％,在元旦、春节等资金需求旺季,贷款利率为 3.5％～4.5％,个别的高达 5.0％。一笔贷款在极短时间内就可办妥。合同中要明确两个事项:利息的结算时间和结算方式。到期连本带息一次性偿还还是按月结算或者提前结算;过去小额借贷基本按月结算,不足一个月按一个月算,大额资金按日结算。

4. 鄂尔多斯市民间金融组织的风险管理

以典当行为例。典当行的资金主要投向煤炭、房地产等高利润行业,贷款期限较短,借款人一般拥有一定比例的自有资金,对于较高的借款利率水平,借款人一般能够承受。典当行防范贷款风险的措施主要是保证和抵押。房地产的抵押率一般是 50％,煤炭行业主要是煤炭开采权。民间金融机构放贷比正规金融机构更加灵活,一旦借款人出现经营风险或到期还不了贷款,放贷人可以减付利息甚至本金,或者延长借贷合同期限。对于一些大额资金借贷,典当行一般采取和其他放贷机构进行联合放贷的形式,在一定程度上分散了风险。为了减小放贷风险,典当行基本不做异地放贷。虽然典当行对个别借款人带来的非系统性风险有一定控制，但是由于典当行贷款行业集中度较高，大部分典当行缺乏必要的风险准备金，因而在防范行业由于有周期性所带来的系统性风险方面缺乏必要的手段。

(三)鄂尔多斯市民间金融发展的特点

总体来看，鄂尔多斯市民间金融发展具有如下特点：

1. 民间融资总量逐年增长，规模不断壮大

近几年来，鄂尔多斯市的民间融资非常活跃，特别是在 2008 年，在国家紧缩货币政策的大环境中，企业银行贷款趋紧；同时由于绝大部分企业自身规模与信用等级均难以满足正规金融机构的融资条件，民间融资总量迅速膨胀。抽样调查显示，在农牧民借贷资金中，来自银行、信用社的贷款仅占 33.3%，向银行、信用社借款的农户仅占 26.9%。在 2008 年上半年，地区民间融资总量 410 亿元，比 2007 年增长 52.99%，占同期金融机构本外币贷款总额的 71.65%，占地区生产总值的 59%，分别比 2007 年占比提高 18.4% 和 35.7%。目前，鄂尔多斯民间融资总量相当于本地区 GDP 的六成、银行信贷规模的七成，说明民间融资已成为地区多元经济发展的重要支撑。

2. 民间融资具有明显的地区差异性

在经济相对落后的旗区和经济水平中等的传统农牧区，民间融资依然保持着传统的自由借贷和民间集资的形式；在经济相对较发达的地区，由于煤炭以及房地产业的快速发展，对资金的需求表现得非常高而且极为普遍，其融资的形式更趋向于组织化、规模化的各类融资机构以及类似私人钱庄这种融资形式。据样本调查显示，在鄂尔多斯民间融资总量中，68.76% 集中在东胜地区、准格尔旗和伊金霍洛旗，其融资需求主要体现在解决推动私营经济发展和中小企业发展的资金需求以及房地产、采掘业的投资需求方面。

3. 非公有制经济是民间融资的主体

民间融资的规模与民营经济的发展密切相关。在县域经济中，民营经济占据了中小企业的绝大多数。我国的金融体系结构决定了缺少专门为民营中小企业以及个体工商户提供融资服务的制度安排，由于中小企业大多数缺乏贷款所必需的抵押品和信用担保，而且对资金的需求呈现规模小、时间紧等特点，正规金融机构出于对其信贷风险和信贷成本的考虑，很难把面辐射到中小企业。因此，中小企业的资金需求不得已只能依赖民间融资，在民营企业发展越快、越好的地方，民间融资的成长也非常迅速。

4.民间融资逐步公开化,并趋于理性

随着鄂尔多斯市民间金融的快速发展,民间融资方式已由原来的隐蔽状态向公开化方向转变,而且逐渐形成了一种非常灵活的民间机制。主要体现为:其一,小资本大积聚,在短期内迅速投向高利润的行业;其二,在民间融资的形式和规模上,已由分散、零星发展成为有一定组织形式的、规模较大的融资,明确规定利率、期限,并有规范的借贷合同。调查样本显示,民间融资以生产性融资为主,占比为融资总量的 83.3%。

二、鄂尔多斯市民间金融的影响分析

鄂尔多斯市民间金融对当地的经济、金融、社会都产生了巨大的影响。

(一)鄂尔多斯市民间金融的积极影响

鄂尔多斯市民间金融的积极影响如下:

1.促进了鄂尔多斯市经济的快速发展

《2007 年中国城市竞争力蓝皮书》中指出,鄂尔多斯市竞争力增长在全国 200 个城市中排名第一。近几年来,鄂尔多斯市经济年均增长率超过 20%,民间金融机构、业务发展迅速,投融资量呈现几何式的增长。鄂尔多斯市民间金融加快了该地区居民储蓄向投资转化的速度,成为地方非公有制经济发展的重要支柱,是一种有效的融资方式。2010 年上半年,鄂尔多斯市民间投资完成 489.1 亿元,同比增长 35.6%,占固定资产投资的比重为 61.9%,比 2009 年同期提高 6.9%。民间投资的重点也由煤炭为主的"一业独大"向多行业并举发展,民间投资逐渐转向制造业、电力燃气、交通运输业等行业。民间投资活跃、发展快,是鄂尔多斯地区经济发展的一大动力。

2.促进了鄂尔多斯地区中小企业的发展

鄂尔多斯市的中小企业分布在各个行业和领域。截至 2008 年末,鄂尔多斯市共有中小企业 7197 户,占企业总数的 99.6%,同比增长 0.55%;全市中小企业从业人员 29.8 万人,占全部企业从业人员的 84.8%,职工人均工资和福利为 3.82 万元;创造增加值 1057 亿元,同比增加 367.91 亿元,增长 35.74%(按可比价格计算),占 GDP 的 65.91%,同比增长 6.02%;实现利润总额 677 亿元,上缴税金 215 亿元,同比增加 79 亿元,增长 58.09%。从中小企业的行业分布来看,批发零售和制造业的企业占比较大;从企业的地区分布看,东胜、准旗、达旗经济较发达的地区中小企业占比大;从企业的规模看,呈现"两头多"的分布格局,即500万元以下和5000万元以上的企业占比较多。中小企业的快速发展,不仅繁荣了市场,提高了国民经济整体效益,减轻了资源、环境的压力,而且促进了大量剩余劳动力从第一产业向第二产业、第三产业转移,解决了一大批城乡居民的就业问题。目前,民间金融是中小企业最重要的融资渠道。民间金融促进了鄂尔多斯地区中小企业的发展,很大程度上弥补了正规金融发展不足存在的融资缺口。

3. 活跃了鄂尔多斯地区的金融市场

由于国有银行缺乏有关中小企业财务状况的足够信息,因此不能对其作出适宜的风险评价。此外,受中小企业与大企业在经营透明度和抵押条件上差别的影响以及由于银行追求规模效应等原因,大型金融机构通常更愿意为大型企业提供融资服务,而不愿为资金需求规模小的中小企业提供融资服务。民间金融由于手续简便、高效快捷,因而成为许多中小企业融资的主要渠道。近几年来,民间金融处于较活跃状态,民间金融规模快速增长并逐渐向地方特色产业聚集。民间金融组织的出现和发展打破了金融垄断的局面,促进了正规金融机构加快金融创新,不断加强自身服务水平和质量,从而在一定程度改变了以往服务差、工作效率低的行业作风。民间金融的出现也促使鄂尔多斯地区政府组建了鄂尔多斯城市商业银行和农村商业银行,这些商业银行在利率水平和贷款方式上比国有商业银行更具有灵活性。这两家地方商业银行在建立的第一年就取得存款增长50%、贷款增长20%、利润增加30%的业绩。此外,民间金融的繁荣催生了当地众多的合法小额贷款公司的出现,解决了当地部分中小企业融资难的问题。因此,可以说,民间金融的出现改变了鄂尔多斯地区固有的金融格局,为当地金融的发展增加了动力和活力,提升了银行业的经营能力。

4. 增加了鄂尔多斯地区居民的财富

民间金融的兴起和发展,在一定程度上改变了鄂尔多斯地区居民长期以来投资渠道单一、过度依赖银行储蓄的局面,使居民投资出现了多元化的趋势,直接带动了城镇居民投资理念的变化。居民将投资转向鄂尔多斯地区的典当行、投资公司和担保公司,获得了可观的收益。中小企业一直是鄂尔多斯地区扩大社会就业的主渠道和城乡居民收入增长的主要来源。中小企业又是靠民间金融获得资金,中小企业的发展提高了居民的工资收入,提高了居民的消费水平,促进了当地经济的发展。

(二)鄂尔多斯民间金融的消极影响

鄂尔多斯民间金融的消极影响如下:

1. 削弱了货币政策执行效果

2005 年,人民银行针对国内部分地区和城市房价高企的态势,对房地产行业开始实行从紧的信贷政策。鄂尔多斯市各家国有商业银行也开始停止发放土地储备金贷款,提高发放房地产开发贷款的门槛,把中小房地产开发企业自有资金比例从 20% 提高到 35%,但是这两项措施并没有能够及时控制对当地房地产的投资热情。受到民间金融的高利率的吸引,大量个人和企业的存款资金加速流出银行体系,流入民间金融机构或个人,并最终流向了房地产行业,从而形成了"能源—资金—房地产"资金循环链。在民间金融推动下,鄂尔多斯市东胜地区房地产价格从 2005 年均价 1500 元/平方米上升到 2010 年的 20000 元/平方米,房价与居民收入之比接近 10 倍左右,超过风险警戒线。可以说,民间金融在一定程度上推高了鄂尔多斯地区的房价,加大了房地产行业的风险,削弱了货币政策的调控效果。

2. 削弱了国家的产业政策

在鄂尔多斯的民间资金中,除少部分资金为中小企业及个体户借作周转资金外,大部分流向了高利润行业,尤其是房地产行业和煤矿业。一些高耗能、高污染的中小企业,虽然国家出台了一系列严格的限制措施,但是由于民间金融的"输血"作用,这些产业仍然可以继续生存。例如,鄂尔多斯地区 2007 年共有小煤矿 572 座,电石、铁合金等高载能重污染企业 237 家,尽管中央三令五申要求整顿关停,但每次都能死灰复燃。究其原因,除了这些企业与当地政府有着千丝万缕的联系以外,更重要的是这些企业巨大的发展资金主要依靠民间金融来解决。由于这些行业利润回报率高,资金周转速度快,虽然民间金融的利率水平较高,但是这些企业仍然有利可图,从而严重影响了国家产业政策的效果。

3. 扰乱了鄂尔多斯市正常的金融秩序

民间金融高企的利率水平,大大吸引了鄂尔多斯市及周边地区闲散资金的涌入。一般来说,民间金融机构的利率水平是正规金融机构的 2 倍。2006 年,鄂尔多斯市储蓄存款余额为 199.2 亿元,比上一年增长 21.9%,比同期下降 13.7%。2007 年,全市储蓄存款余额为 226 亿元,比上一年增长 14.12%,同比下降 7.8%,成为 2003 年以来储蓄存款增速水平最低的年份。2008 年,鄂尔多斯市民间融资规模约 300 亿元,占全市金融机构存贷款余额的 21.1%。2010 年与 2008 年相比,民间融资量大幅上升,平均上升幅度约为 80%。储蓄存款额的大幅下降,严重影响了金融机构信贷资金的积累,也对正常的支付清算构成了潜在的威胁。一般城市银行的信贷总额为当地上一年 GDP 的 130%。但在鄂尔多斯市,2010 年末全市金融机构各项贷款余额(不含个人消费贷款)仅为 1332.9 亿元,而同期鄂尔多斯市的 GDP 达 2643 亿元。这说明支撑鄂尔多斯市煤炭、房地产行业的资金来源主要是民间金融。此外,正规金融巨额的存款流失,容易使得正规商业银行贷款投向高风险行业。民间金融和正规金融之间存在的巨大利差,又会诱使银行工作人员违规放贷,使资金流向民间金融机构。

4.加剧了鄂尔多斯市的贫富差距

据人民银行鄂尔多斯市中心支行的初步估计,2007 年,鄂尔多斯地区参与民间金融的人数达到 20 万,占该地区人口的 70％以上,几乎覆盖了各个主要行业。参加的人中,有私营企业主、公务员,个体户、退休职工等,投资额在 5 万元以上的占到投资人数的 90％以上。虽然民间金融从总量上增加了全市居民的财产性收入,但在结构分配上还是不均的。该市民间金融机构的法人代表基本都来自于当地矿产和能源行业。在鄂尔多斯经济快速发展的同时,这些民间金融经营者和投资人获得了丰厚的回报,而大部分居民只是获得其中的一小部分。据说,在人口不到 200 万的鄂尔多斯市,就有 5000 个亿万富翁。此外,大量的民间资金流向了房地产市场,这无疑会推高当地房地产价格。房地产价格的暴涨,给当地许多依靠工资收入的普通老百姓带来了巨大的压力。大量民间金融机构都采取地下方式进行运作,相关监督管理机构对其收入水平无从下手,从而也限制了采用税收等手段调节贫富差距的作用。

5.扰乱了正常的社会秩序

随着煤价 2003 年后的井喷式上涨,鄂尔多斯这个煤炭储量占全国 1/6 的地级市,也由内蒙古自治区的贫困地区变为中国内地"最富的城市"。居民的原始财富主要来自拆迁,而政府高额的拆迁补偿则主要来自煤炭行业,煤矿产生的财富支持政府进行城市改造,通过拆迁,分配给更多的人,再通过民间金融聚集资金,贷给房地产和新的煤矿,令更多的人分享到高收益。随着"煤炭—资金—房地产"资金循环链的断裂,许多通过民间非法融资的借款人出现了跑路、自杀等,严重扰乱了当地正常的社会、生活秩序。

此外,鄂尔多斯市的几乎所有的煤炭企业都涉足房地产业。2010 年底,鄂尔多斯市房地产企业多达 442 家,房价也从早年的 1500 元/平方米一路飙升至 20000元/平方米,直逼一线城市。截至 2012 年 9 月,房价又回落至 3000 元/平方米。房价的大起大落,严重地影响了当地经济的平稳发展和老百姓的正常生活。出现这样的现状,除了房地产调控政策挤出泡沫外,煤炭市场的低迷也成为最主要的原因。

三、鄂尔多斯市民间金融发展原因解析

内蒙古自治区鄂尔多斯市是一座典型的资源型城市。资源型城市受资源型产业的影响,其经济发展一般也呈现出周期性的特征。

(一)自然资源环境优越

鄂尔多斯市经济的发展呈现出典型的资源型经济的特点。

1. 资源型城市的特征

资源型城市是在资源开发的基础上形成和发展起来的,城市发展对资源有着明显的依赖性,资源型产业在工业中占有较大比重,社会经济环境及城市经济结构随着资源开发的阶段性变化表现出不同的发展态势。根据 2010 年相关年鉴的数据资料整理与计算,确定我国资源型城市目前有 158 座,其中地级市 88 座,县级市 70 座。

资源型城市往往利用资源的比较优势,积极发展资源开发产业或加工业,形成以资源型产业为主、相关产业为辅的产业体系。资源型产业是指基于自然资源优势,以自然资源的开采和加工为基本生产方式,依靠资源消耗来实现经济增长的产业形式,是现有工业体系的基础产业和重要组成部分。资源型产业具体包括煤炭采选业、石油和天然气开采业、黑色金属矿采选业、有色金属矿采选业、非金属矿采选业、其他矿采选业及石油加工炼焦,核燃料加工业、非金属矿物制品业、黑色金属冶炼及压延加工业,有色金属冶炼及压延加工业等行业。

2. 资源型经济的特征

资源型经济主要是指以煤炭、石油、天然气等能源资源以及铁、铜等矿产资源开发为主导的经济体系,也就是以资源型产业为主导的经济体系。

资源型经济有如下特征:其一是资源型产业属于支柱产业,在产业体系中发挥着主导作用;其二是资源型产品是区际主体,资源型产品贸易主导着贸易格局的变化;其三是经济活动对资源的依赖性较强,资源开发是经济增长的重要动力。资源型城市经济的繁荣大多出现在以下三种情况下:资源的突然发现、世界资源价格的暴涨、工业化进程中对资源的集中性大规模开发。此外,由于经济发展对原材料与能源产品的需求增加,也会引起某一区域内部资源型产品的相对价格上升,进而导致资源富裕区域矿产对资源的大规模开发。无论是资源繁荣的内生变量,还是外生变量,均会引起资源型产品供给的增加,资源开发规模的扩大,结果以资源开采、

加工为主的资源部门,在总量规模(资源部门生产量)与相对规模(资源部门生产量占国民经济总生产量的比重)上均扩大了,资源部门在短时期内迅速扩大、繁荣,成为经济体的一个主要部门。资源部门的收益包括生产者能够获取的超额利润。资源部门各种生产要素报酬的增加,刺激了企业主对资源部门的投资,引发了各种生产要素从其他部门向资源部门流动,引起了资源部门的繁荣。资源型产品供给的增加,主要是在于资源型产品的收益发生变化,额外收益的存在,引发各种生产要素从其他部门向资源部门流动。额外收益是指具体资源部门生产者超额利润增加(厂商)、资源所有者收益提高、资源部门的资本所有者收益提高、资源部门的劳动力所有者收益提高。但是资源型经济发展对资源开发的依赖性较强,资源产业是不可持续的,资源开发对创新活动产生一定的抑制作用,对工业化发展具有一定的阻滞作用,资源型经济发展面临可持续化发展的难题。

资源型城市受资源型产业的影响,也体现出生命周期的特征,如图16-1所示。资源型城市随着资源型产业的兴起而逐步开始建立,随着资源型产业的快速发展,资源型城市也迅速发展,进入到成长期,随着资源型产业的不断发展,资源型城市逐步发展成为一个区域的经济中心或工业基地,而到资源枯竭之时,资源型产业开始萎缩,资源型城市也随之面临衰退。要实现可持续发展,资源型城市必须在资源开发阶段走以依托技术、人力资本的科技创新为核心竞争力的经济转型路线,把资源供给优势和资源成本优势逐步转化为科技优势,改变单一产业体系,实现产业多元化的发展路线。

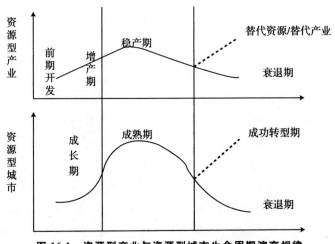

图16-1 资源型产业与资源型城市生命周期演变规律

3.鄂尔多斯市资源型经济特征

鄂尔多斯市是环渤海经济能源供应基地、蒙陕晋国家能源基地资源最富集的城市,境内地下有储量丰厚的煤炭矿产资源。其中煤炭已探明储量 1676 亿吨,占全国的 1/6;天然气探明储量 8000 多亿立方米,占全国的 1/3;已探明稀土高岭土储量占全国的 1/2。在全市 87000 多平方公里土地上,70%的地下埋藏着煤。因此,鄂尔多斯市是一座典型的煤炭资源型城市。

鄂尔多斯市煤炭资源大规模的开发起源于 20 世纪 90 年代中期,国家和地方政府先后投资 300 多亿元,建立了一批大型骨干煤炭生产企业,如神华集团、伊泰集团等特大型煤炭企业。由于当时煤炭行业整体经济不景气,对当地的整体经济拉动效应不明显。自 2001 年以来,中国国内经历了向重工业化迈进的重要转折点,国内对煤炭的需求急剧上升,但煤炭供应却没有相应的增长。此外,煤炭价格市场化程度不断提高,在运行了十多年的煤炭价格双轨制后,电煤价格基本放开。2001 年,我国原油价格开始与国际价格接轨,国际原油价格的持续上涨对我国能源价格和消费结构形成了一定的冲击。作为石油的非完全替代品,煤炭价格和需求量随着国际石油价格的走高而迅速攀升,煤炭工业进入了繁荣期。在此背景下,鄂尔多斯市依靠本地丰富的煤炭资源优势,将煤炭资源直接作为生产要素投入生产,使生产可能性边界扩张,或是通过直接向区域外输送煤炭获取收益,并带动运输等相关产业发展,从而有效地促进了鄂尔多斯地区经济的迅速增长。"十五"期间,鄂尔多斯人均 GDP 年均增长 26.3%,被誉为"鄂尔多斯现象"。这种经济增长模式没有摆脱以往资源型地区增长路径,还是过于依赖煤炭繁荣这一特殊背景和煤炭资源的初级开发。在多数地区,普遍存在着"有煤可依"、"无矿不富"的思想观念,整个发展过程往往是围绕着资源开发及初级加工逐步展开。从 2003 年开始,鄂尔多斯市已经连续多年蝉联全国地级市煤炭产量第一位。鄂尔多斯市的煤炭业,已成为当地最大的支柱产业。煤炭属于不可再生资源,其价格容易受到市场波动的影响,这就决定了鄂尔多斯市经济发展的不可持续性和经济增长的波动性。

可以说,鄂尔多斯市凭借当地资源优势、地理优势、煤炭行业的繁荣周期走上了煤炭资源型经济路线,而且由于资源型经济的惯性力量,在短期内这种趋势不会有大的改变。

(二)经济实力迅速增强

近几年来,鄂尔多斯市的经济实力迅速增强。

1. 经济环境的改善和经济实力的增强

改革开放以前,鄂尔多斯市经济发展缓慢,是内蒙古自治区最贫穷落后的地区之一。改革开放以来,特别是实施西部大开发以来,鄂尔多斯市紧紧抓住国家能源战略西移的大好机遇,有效实施资源转移战略,迅速构建了煤炭、电力、化工、建材、高新材料五大支柱产业。在这些支柱产业的带动下,经济实力迅速提升。

"十一五"期间,鄂尔多斯市产业基础不断提升,全市生产总值年均增长36.9%,财政收入年均增长41.9%,人均GDP由4600美元增加到20800美元,地方各项经济指标屡创新高,综合经济实力进入全国地级市前20位,经济社会发展迈入新阶段。2011年,鄂尔多斯市生产总值(GDP)突破3000亿元,达到3218.5亿元,按可比价计算,增长15.1%。其中,第一产业实现增加值83.2亿元,增长4.9%;第二产业实现增加值1933.6亿元,增长16.8%;第三产业实现增加值1201.7亿元,增长13.2%。第一产业对GDP的贡献率为2.2%,第二产业对GDP的贡献率为66.4%,第三产业对GDP的贡献率为31.4%。三次产业结构比例为2.6:60.1:37.3。地方财政总收入继续实现高速增长,完成796.5亿元,同比增长48.0%。

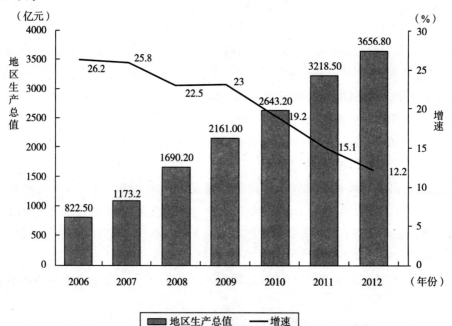

图 16-2　2006~2012 年鄂尔多斯市地区生产总值及增速

资料来源:根据鄂尔多斯市国民经济和社会发展统计公报整理而得。

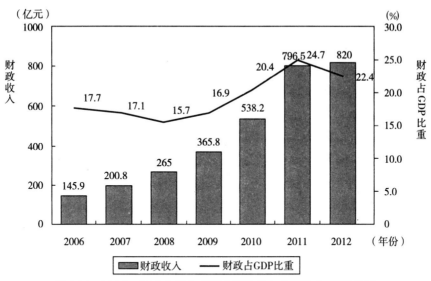

图 16-3 2006～2012 年鄂尔多斯市财政收入及财政占 GDP 比重

资料来源:根据鄂尔多斯市国民经济和社会发展统计公报整理而得。

2.产业集群迅速聚集

产业集群是民营经济成长过程中一种特定的产业组织形式。产业集群不但具有产业组织方面的特殊性,而且在融资方面显示出独特的优势。近年来,鄂尔多斯市以煤炭、天然气、电力、化工为"母体"产业,迅速托起了鄂尔多斯市产业集群的规模发展,这一现象为民间融资的快速发展提供了更加有利的条件。从经营模式上来讲,鄂尔多斯产业集群的主体 70%以上全部是民营企业。在民间融资总量中,民营企业涉及的资金大约占到了 60%。

产业集群是民营经济成长过程中一种特定的产业组织形式。按照美国哈佛大学迈克尔·波特教授的观点,产业集群通常是指以某一主导产业为核心,大量相互关联的企业及支撑机构在某一区域集聚,并形成强劲、持续竞争优势的现象。

2011 年,鄂尔多斯市全部工业增加值 1723.0 亿元,比上年增长 16.3%。规模以上工业企业 393 家,总产值达到 3757.8 亿元,同比增长 41.6%。销售产值 3738.8 亿元,增长 42.9%。工业企业产品销售率 99.5%,上升 0.9%。

表 16-2　2011 年规模以上工业主要行业增加值

指标	单位数(个)	增加值(亿元)	增长(%)
煤炭行业	178	1206.4	20.2
纺织行业	28	20.9	7.7
石油加工及炼焦化	8	43.7	17.3
化学原料及化学制品业	55	46.8	38.3
非金属矿物制品业	27	18.2	21.8
电力、蒸汽、热水的生产和供应业	26	97.7	8.3
黑色金属冶炼	5	6.7	6.4
燃气生产和供应业	6	253.3	6.3
装备制造业	13	9.0	7.9
农副食品加工业	6	11.6	-10.1

资料来源:鄂尔多斯市 2011 年国民经济和社会发展统计公报。

全市固定资产投资完成 2243.4 亿元,同比增长 18.2%。其中,城镇投资 2233.1 亿元,同比增长 19.2%;农村投资 10.3 亿元,同比下降 59.7%。从投资主体看,国有投资 760.7 亿元,同比下降 7.5%,占固定资产投资总额的 33.9%;民间投资 1477.6 亿元,同比增长 38.0%,占固定资产投资总额的 65.9%;外商及港澳台投资 5.1 亿元,同比增长 0.8%。从产业来看,第一产业完成投资 50.3 亿元,同比下降 39.7%;第二产业完成投资 1150.8 亿元,同比增长 21.7%,其中工业投资完成 1121.9 亿元,同比增长 21.5%;第三产业完成投资 1042.4 亿元,同比增长 19.9%。从主要行业投资来看,煤炭行业投资 256.4 亿元,同比增长 7.7%;电力行业投资 63.7 亿元,同比下降 5.4%;交通运输、仓储业投资 215.3 亿元,同比下降 9.7%;房地产业投资 457.8 亿元,同比增长 45.6%;天然气开采行业投资 63.0 亿元,同比下降 64.4%;水利环境及公共设施管理业投资 190.4 亿元,同比增长 18.7%。

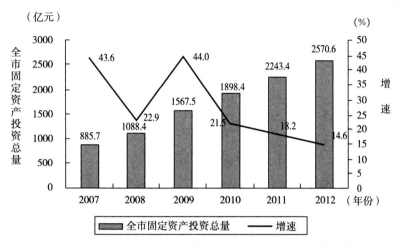

图 16-4　2006～2012 年鄂尔多斯市全市固定资产投资总量及增速

资料来源:根据鄂尔多斯市国民经济和社会发展统计公报整理而得。

3.非公有制经济迅速发展

近年来,鄂尔多斯市不断深化改革,进一步放开了市场,放宽非公有制经济准入范围,非公有制经济快速发展。据调查,2010 年在鄂尔多斯市的中小企业中,私营企业数量占到六成。私营经济在城乡分布十分广泛,其存在和发展必然要求有与之相适应的民间信贷机制为其提供资金服务,民间融资作为一种方便、快捷的融资方式,逐渐成为支撑其发展的重要力量。

从民间金融资金分布来看,当前鄂尔多斯市民间金融主要集中在东胜、准格尔旗、伊金霍洛旗这三个经济相对发达的地区,集中在有大量中小企业民间资金聚集的房地产、煤炭等行业。据对准格尔某煤炭企业调查,该企业 2007 年以来因扩大生产规模而导致资金紧缺,在没有得到正规的金融贷款后,经过保人介绍,并通过典当行向不同贷主融资月息为 3‰～5‰的资金共 200 多万元,已结息近 70 万元。2009～2011 年,鄂尔多斯房地产以年均 2～3 倍的增长速度迅速发展,据调查,其投资资金来源的 70% 左右来自于民间金融。由于房地产有可观的利润空间,因此,大部分企业及居民将闲置资金投资到房地产行业。更主要的原因是,由于房地产的市场前景远大,但流动资金不足,房地产商为了扩大规模,通过民间融资来进行生产。据对棋盘井某煤炭公司调查,该公司曾于 2007 年把煤矿变卖 7 亿元,向银行贷款 13 亿元,将 20 亿元全部用于房地产投资。在这个典型的资源型地区,宏观经济波动的直接反映是煤炭、电力、房地产价格的巨幅变动。价格的变动会直接带动利润的直线上升，这也是直接吸引大量民间资金投入的重要因素。近几年来，煤炭价格波幅巨大。据调查，鄂尔多斯市煤炭坑口价格由 2003 年的 50 元/吨，上涨到 2008 年的 350 元/吨，涨幅达到 600%，据相关人士测算，一般中小煤矿吨煤成本仅在 50~80 元，利润可达 6 倍，如此高的利润使民间资金迅速进入煤炭等行业。来自官方内部的一项评估显示，民间资本占房地产资金的比例可能已达 30%~40%，而占煤矿行业资金的比例则达 60%~70%。持续数年的煤价井喷使鄂尔多斯经济步入繁荣阶段，大量的财富在民间聚集，形成了经济快速发展的巨大支撑。

4. 居民财富的快速增长

随着鄂尔多斯市经济的迅速发展以及传统生产经营方式的转变，居民的生活水平和个人收入有了显著提高。2007 年，全市人均 GDP 已突破 1 万美元，超过北京（7200 美元）、上海（8500 美元），排名全国第四；城镇居民可支配收入达 16226 元，较上年增长 17.3%，农牧民人均纯收入也已达 6123 元，较上年增长 15.4%。一些较早从事个体经营和创办企业而先富起来的居民，已经积累了相当规模的资金。在 2007 年胡润中国百富榜中，内蒙古自治区上榜 11 人，其中 8 人为鄂尔多斯市人。2010 年，城镇居民人均可支配收入超过香港，达到 25205 元，同比增长 15.2%。2011 年，城镇居民人均可支配收入达到 29283 元，同比增长 16.2%。城镇居民人均总收入达到 31441 元，同比增长 15.6%。其中工薪收入 21766 元，同比增长 14.6%；经营性收入 4426 元，同比增长 18.0%；转移性收入 2839 元，同比增长 14.6%；财产性收入 2410 元，同比增长 22.1%。城镇居民人均消费性支出 25977 元，同比增长 15.1%。农牧民人均纯收入为 10047 元，同比增长 14.8%。其中工资性收入 3470 元，同比增长 3.6%；家庭经营收入 4793 元，同比增长 6.4%；转移性收入 1119 元，同比增长 98.7%；财产性收入 665 元，同比增长 96.2%。农牧民人均生活消费支出 9613 元，同比增长 13.7%。城镇居民人均住房建筑面积 38 平方米，农牧民人均住房面积 36 平方米。城镇每百户城镇居民拥有家用汽车 54 辆，较上年增加 6 辆；农牧民每百户城镇居民拥有家用汽车 21 辆，与上年持平。投资环境和投资领域的不断改善和拓宽，使城镇居民的投资理念发生了根本变化，居民在没有较好的投资项目选择的情况下，受高利率的驱使，将资金投入民间融资组织。另外，在鄂尔多斯，一个典型的实例是社会巨富越来越多，他们在资金积累后，使大额资金游离于经济实体之外进入民间市场，成为巨额的食利阶层。这些资金为民间融资的进一步扩张提供了充足的资金来源。

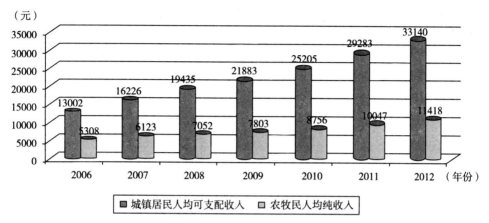

图 16-5 2006~2012 年鄂尔多斯市城乡居民收入

资料来源:根据鄂尔多斯市国民经济和社会发展统计公报整理而得。

(三)煤炭价格迅速攀升

长期以来,在计划经济体制下,我国实行优先发展重工业赶超战略,但是赶超战略所扶持的重工业部门,由于不具备技术上的比较优势,只能依靠煤炭资源型地区源源不断输入低廉的资源价格得以生存。这种长期在资源产品和加工产品之间实行价格"剪刀差"的政策,严重损害了煤炭资源型地区的经济利益,造成煤炭资源型区域财富大量外流、当地政府财政收入水平低下,最终导致企业自身的资本积累能力和产业转型能力受到严重制约。20 世纪 90 年代初,我国出现了一大批煤炭资源枯竭型城市(如东北阜新、抚顺),这些城市普遍面临着经济增长停滞,居民失业率高等严重社会化问题。在此背景下,国家改变了以往对煤炭价格实行严格计划管制的政策,煤炭定价逐步实行市场化改革,这在一定程度上改变了因计划价格过低而导致煤炭资源型城市在资源输出中受损,同时在煤炭资源开发的利益分配上,税收返还力度加大,为煤炭资源型地区实现经济增长和经济转型提供了必要的资本积累。

鄂尔多斯市煤炭资源大规模开采始于 20 世纪 90 年代中期,正处于我国计划经济向市场经济转轨时期,与传统煤炭资源型地区相比,鄂尔多斯市从煤炭资源开发中获得的收益无论是在比例上还是在水平上都要高很多。自 2003 年我国煤炭经济繁荣以来,鄂尔多斯市城乡居民的居民财富增加水平有明显提高。同时,当地

325

经济的快速发展,也加剧了居民的贫富分化。煤炭行业的繁荣,使鄂尔多斯市煤炭所有者在短期依托煤炭资源获取大量的经济租金,这些人的资产超过亿元,这就为民间资金的迅速聚集提供了条件。

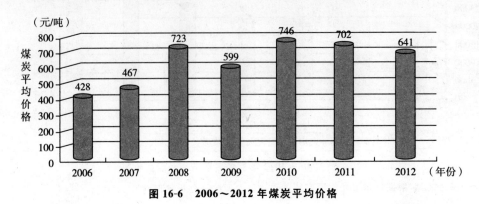

图 16-6　2006～2012 年煤炭平均价格

资料来源:根据资料整理而得。

　　可以看出,2003 年以来,煤炭价格持续上涨,煤炭行业成为高利润行业。煤炭的繁荣为鄂尔多斯人带来了财富,但由于缺乏相关的制度准备和调节机制,资源收益的分配问题十分严重。尤其在资源价格高扬的时期,巨额的溢价收益大多直接流入当地私有采矿权人手中,导致收入分配的严重不公平。巨大的财富效应使得民间资本加紧对鄂尔多斯市当地开采权的争夺,煤炭投资快速增长,民间金融得以繁荣。据当地有关人士统计,2008 年煤炭价格高峰时,一个 30 万吨的中小型煤矿经营者一年可获利 1.5 亿元,利润率达到 3 倍以上。

　　此外,鄂尔多斯市现行的煤矿开发采取市场竞拍的一次性竞拍体制缺陷也助长了民间金融在煤炭领域的投机行为。深埋地下的煤矿矿物资源,因资源的可耗竭性和资料的不完备性,往往难以通过市场竞拍的方式一次性地发现资源的真正价值和市场价格。煤炭吨位价格每一次微小变动都带来了煤炭价格的巨大变化,因而在煤炭价格繁荣时期,靠炒卖煤矿投机行为在短期内能够获得暴利,符合民间金融追逐短期高利润属性,为民间金融活跃创造了巨大的空间。2001 年,鄂尔多斯市一座 30 万吨小煤矿最多可卖 30 万元,且无人问津;2004 年,此煤矿的价格可卖到 1 亿元;2005 年升至 2 亿元。由此可以看出,民间金融现象与当地煤炭经济是紧密相关的,煤炭价格走势成为影响民间金融活跃程度的重要因素之一。

　　根据鄂尔多斯市煤炭局提供的数据,2003 年鄂尔多斯市境内有炼矿 1200 多座,其中神华集团的神东公司、准能公司、万利公司等所属煤矿共计 20 座,神华集团在鄂尔多斯市的神东煤炭公司,煤产量占整个神华集团的 80%。神东煤炭公司是全国第一个亿吨级的特大型煤炭生产基地,也是世界第三大煤炭生产基地。伊泰集团,被国务院列为全国规划建设的 13 个大型煤炭骨干企业之一,有大中型煤矿 14 座,年生产能力 1560 万吨,还有一批,如满世集团、伊东集团、聚能集团、乌兰集团,年产能均超过 500 万吨/年的大中型煤矿。这些大中型煤炭企业由于人力、技术、环保能力强,受到国家和地方产业政策的支持,也是当地国有金融机构贷款的重点合作企业,能够获得资金支持,属于强力开发企业性质。剩下的 900 多座为乡镇或村办集资建的中小煤矿。这些煤矿平均规模不大,这些企业与当地经济的联系较为密切,具有"草根经济"的特点。但由于长期缺乏资金、技术、人力资本的支持,一直是粗放型经营,对煤炭资源实行掠夺式的开采,对地方环境破坏严重。这类企业受到产业和信贷政策的严格控制,很难获得银行的信贷支持。在煤炭产业开始繁荣后,为了扩大生产,大部分煤矿都必须依靠民间金融的方式获得外部资金,煤炭行业的高利润也吸引了民间资金流入到这些煤矿中。民间金融的活跃在很大程度上取决于这类企业的融资需求。

　　资源型地区经济可持续发展要求经济发展必须摆脱依靠不计成本的盲目开发矿产资源的外延式扩张,要把资源开发的延伸转化为拉长产业链,直接引进新技术、新工艺促进传统产业的升级。在原有煤炭资源开发的基础上,利用煤炭资源丰富的优势,大力发展煤—电、煤—化工、煤—焦、煤—建材等耗能、高附加值产业,实行多元化经营,从而扩展原有产业链,增加煤炭产出价值,带动区域经济的可持续发展与产业升级,把资源优势转化为经济优势。但这种转型需要大量的资金、技术和人力资本,且资金性质比较稳定,所以经济转型一方面必须围绕大型资源开发企业来展开,依靠大企业技术、人力资本、管理、规模经济等优势进行内涵式的资源开发模式;另一方面彻底转变群体式(规模不经济)开发的传统模式,防止资源开发项目的盲目上马;防止低水平重复建设,防止低层次过度竞争。近几年鄂尔多斯市当地政府着力构建"大煤炭、大煤电、大化工、大循环"四大产业,在积极支持资源型大企业发展的同时,严格限制中小煤矿的发展。民间金融在煤炭等资源行业失去了活跃的载体,开始逐步退出这一领域。

　　综上所述,民间金融在鄂尔多斯市的发展与当地资源开发模式紧密相关,民间金融活跃依托于当地大量具有"草根性质"的中小煤矿。在资源开发早期,由于利润的刺激和地方保护主义,产业政策不严格执行给当地中小煤矿提供了发展空间,也使得民间金融活跃。随着鄂尔多斯地方政府财力的增强,能够承担起经济转型的社会和经济成本，强力开发模式经济必然取代群体开发模式，民间金融的融资方式也会日趋衰落。

（四）房地产行业虚假繁荣

表面上看来，近几年鄂尔多斯市的房地产行业一片繁荣，可是背后却隐藏着严重危机。

1. 我国的土地政策和信贷政策

近几年，我国土地政策日趋严格。2004 年，为了提高土地利用价值，我国政府明确规定所有土地转让都必须实行招拍挂制度，取消协议出让。这项政策增加了土地供应透明度，减少了腐败和土地浪费严重现象，有一定的进步意义。但是由于我国土地供应的高度垄断特性（政府是唯一供应方）、土地稀缺性和不易替代的特征，土地成本价格快速增长。2003 年，鄂尔多斯市东胜区 1 亩土地仅 20 万元，实行土地拍卖制度后，2006 年价格上升为 50 万元，2008 年为 100 万元。土地成本的上升加重了开发企业的成本，也加大了房地产开发企业的融资需求。

我国商业银行法规定，商业银行不得直接投资于非自用不动产，商业银行对房地产只有依靠房地产贷款来间接投资。我国房地产中小企业融资渠道狭窄，资金薄弱，严重依赖于银行贷款，房地产行业对信贷政策敏感性较高。目前我国房地产贷款有三种：其一，土地开发贷款，用于中小企业购买土地。2005 年银监会明确规定商业银行不得对土地购买发放贷款，此类贷款各家商业银行均已经停发。其二，房地产开发贷款，主要用于房地产的开发与建设。随着国家信贷政策的趋紧，商业银行开始严格限制对房地产开发贷款的发放，贷款条件规定房地产企业贷款自有资金比例必须应达到项目建设 35％以上，项目四证——《国有土地使用证》、《建设用地规划许可证》、《建设工程规划许可证》、《建筑工程施工许可证》齐全。其三，住房按揭贷款。这几年由于国有商业银行竞争激烈，住房按揭贷款由于贷款时间长、收益率高、不良率低，成为各家商业银行踊跃发放的贷款。据统计，我国近几年房屋销售 90％是依靠住房按揭贷款完成的。

2. 房价大幅波动

根据煤矿资源型城市发展周期规律，城市建设在 20 年以内为成长期。成长期的特征是煤炭储量大、可供开采时间长、人口迅速聚集、城市基础设施建设加快、功能迅速提升、产业拉动城市发展作用明显等。作为新兴的资源型城市，鄂尔多斯市正处于成长期。2003 年以来，伴随资源的深度开发，资源产业出现繁荣，在短时期内为鄂尔多斯市带来巨额的经济收益，政府财政能力增强，对城市基础设施资金投入增加,城市化进程加快,城市功能进一步完善,为鄂尔多斯市房地产业的繁荣创造了优越的条件。

房地产行业是一个前后产业联系很强的行业,对地区经济拉动明显,有利于改变资源型地区产业结构单一、资源依赖强的经济发展特征。鄂尔多斯市经济转型也使大量资本从中小煤矿产业中退出,开始流入房地产行业,为房地产投资和消费提供了一定的资金来源。此外,资源型产业的繁荣在短时期内也给当地居民带来了巨大财富,增加了房地产市场的购买力,带来了房地产行业的繁荣。从城市化进程来看,一般人均 GDP 在 800～8000 美元为城市化加速发展阶段,也是房地产业的起步及快速上升阶段;人均 GDP 达到 13000 美元以上时,房地产业才步入下降阶段。2005 年,鄂尔多斯市人均 GDP 达到 37000 元人民币,约合 4600 美元,因此进入了住房需求扩张期。从发达国家居民消费结构的规律看,恩格尔系数在 0.4～0.5 的情况下,是房地产业和住宅建筑业发展的黄金时期。目前,鄂尔多斯市城镇居民恩格尔系数为 0.28,市民收入中有很大部分可用于住宅消费。

在多重因素的共同影响下,鄂尔多斯市房地产业走上快速上升阶段,市场发展潜力很大,住房建设进入快车道。旺盛的需求使鄂尔多斯市房价上涨快,房地产行业的投资快速增长。2005 年,全市房地产开发建设规模为 315 万平方米,到 2007 年,达到 602.3 万平方米。2005 年全市完成房地产投资 35.1 亿元,2007 年达到 90.13 亿元。这三年是当地房地产市场住宅价格上涨最快时。市区内的房价从平均 1000～2000 元/平方米上升到平均 2000～4000 元/平方米。2005 年,全市商品住宅销售面积为 158 万平方米,2007 年达到 371.94 万平方米。2005 年,当地民用住宅均价为每平方米 1200 元。2006 年涨至 1800 元/平方米,2007 年飙升到 3000 元/平方米,东胜区房价逼近 5000 元/平方米。当地民间流传说,鄂尔多斯身家过亿的富翁有 1700 多位,其中 2/3 来自于煤炭产业,1/3 来自房地产业。房地产业的原始资本积累也往往来自于煤炭。一时间,"鄂尔多斯炒房团"的名声已与"温州炒房团"并驾齐驱。到了 2008 年,受金融危机影响,鄂尔多斯市赖以生存的煤炭价格暴跌,房地产业失去了资金助推。同时由于宏观调控和需求释放等因素,鄂尔多斯楼市开始下行。2009 年,房价再次大幅上涨,达到 7000～8000 元/平方米。2010 年房价小幅上涨,普遍涨幅为 600～700 元/平方米,一些高档住宅或商业地产售价已达到 2 万～3 万元/平方米。鄂尔多斯市每一个房地产项目都会找民间资本借钱,一般是 40％～50％的资金来自民间资本,有些企业,甚至一个楼盘的所有资金都来自民间资本。房地产项目投资收益率很高,可达 20％多。资料显示,在 2010 年,鄂尔多斯市房地产开发实际施工面积 2696 万平方米,同比增长 45.1％;完成投

资 365.7 亿元,同比增长 129.13%。但鄂尔多斯市各旗镇总人口才 160 万,市区人
口仅 65 万。如果按照 65 万人口计算,仅 2010 年施工的房产就够为每个人提供 41
平方米的住房,而实际上人均购买了约 15 平方米的住房。但是好景不长。2011
年三四月,房价开始下降,成交量开始下滑。据鄂尔多斯市统计局发布的《鄂尔多
斯市 2011 年国民经济发展公报》显示:2011 年全年房地产开发施工面积 4122.4 万
平方米,比上年增长 31.3%,竣工面积 60.2 万平方米,同比下降 56.5%。商品房销
售面积 438.9 万平方米,同比下降 18%,销售额 213.2 亿元,同比下降 15.3%。其
中住宅销售额 150.6 亿元,同比下降 12.9%。曾经火热的房地产市场,使得这个核
心城市人口不足百万的地区,瞬间创办了近 500 家(当地媒体称 442 家)房地产企
业。其中,几乎每一个能源企业均有房地产开发业务。此外,还有外地房地产商也
在不断进入鄂尔多斯。2011 年 9 月以来,房价纷纷下跌,打折促销、降价则成了许
多房地产商的选择。但是,再怎么降价也难挽局面,房地产市场出现有价无市的局
面。据媒体报道:2012 年第一季度,鄂尔多斯市销售房屋面积为 94.37 万平方米,
同比下降 2.91%,环比下降 43.61%;销售金额 91.36 亿元,同比下降 5.79%,环比
下降 47.68%。

表 16-3　鄂尔多斯市东胜区 2007 年主要楼盘价格　　单位:元/平方米

亿利城市华庭(二期)	4788~5888	5338
温馨花园(二期)	3800~4900	4350
维力西·帝景峰汇	4780~6380	5580
天骄明珠(多层)	2288~3388	2838
恒信中央花园	4138~5310	4724
区域均价		4680

资料来源:鄂尔多斯市东胜区房地产调查报告。

房地产价格的上涨刺激了房地产行业的投资,房地产行业投资旺盛促使了鄂
尔多斯市民间金融的活跃,带动了民间金融利率的上升。民间利率的上升吸引了
更多的资金通过民间金融的方式流到了房地产行业中,由于资金的高成本推动了
房价进一步升高。2005~2007 年,鄂尔多斯房地产价格的上涨与房地产投资以及
民间利率具有很强的相关性,2008 年当地房地产行业价格停止上涨,销售下滑,房
地产中小企业回笼资金慢,房地产行业风险加大,对民间资金需求更加迫切,利率

继续升高。如表 16-4 所示。

表 16-4　鄂尔多斯市民间金融利率变化趋势

年份	2005	2006	2007	2008
月平均利率(%)	1.5	1.8	2.0	3.0

资料来源:民间调查。

3.房地产开发模式

随着鄂尔多斯市房价的大涨,民间金融大量进入房地产行业。对于鄂尔多斯市房地产开发的前几位——万正、兴泰、亿利、大华、大兴等大型开发企业而言,都是当地大型资源型集团企业的子公司。近几年,鄂尔多斯能源的发展也为上述企业提供了足够的资金流,这些企业在房地产开发的过程中,大部分资金来自于自有资金。如鼎晟集团、满世集团等中型房地产开发企业,都具有能源类企业背景,运营的一部分资金来源于集团内部资金,另一部分是从当地银行通过集团授信方式获得融资。民间金融真正的借贷主体为二级开发资质以下难以获得银行信贷支持的中小开发企业。

在 2004 年以前,鄂尔多斯市中小房地产开发企业的普遍做法是,拿到土地后去银行作抵押,获得开发贷款 50% 的项目资金,其余部分依靠下游建筑商先行垫款约 20%,不足部分通过房屋的预售款解决,开发商自有资金通常仅占整个项目资金的 15%～20%。低廉的土地价格、宽松的信贷、房价的上涨,都使得这些房地产开发企业能够获得 30% 以上的高利润。2004 年下半年,鄂尔多斯市的大批民间资金开始流入房地产领域进行投资。由于投资过热,导致鄂尔多斯市土地成本和建筑成本直线上升。2005 年,银行信贷开始严格执行 35% 的自有开发资金比例,这就加大了房地产开发企业的资金要求。中小开发企业只能依靠民间融资来达到银行要求的资金比例,此时开发企业的资金还是主要来自于银行贷款,民间融资只是一种过桥贷款。2006 年,房价连续上涨使房地产行业风险加大,出于防范风险的要求,鄂尔多斯市国有银行对二级资质以下中小房地产开发企业基本停止新的开发贷款审批,并且规定发放按揭贷款必须有预售许可证。大批中小房地产开发企业只能通过民间融资获取资金进行开发,以达到房屋预售的条件,银行信贷资金退出了房地产开发建设阶段。作为银行信贷资金替代品,民间金融需求旺盛,利率大幅度升高,这一时期的房地产价格开始大幅度上涨。民间金融机构由于房价的上升，贷款的风险降低，大量的资金通过民间金融形式流入到房地产行业中。由于房地产行业是一个资金密集型企业，在资金推动下，2007 年下半年，鄂尔多斯市的房价达到了顶峰。2007 年下半年，国家对房地产市场实行更加严厉的调控措施，鄂尔多斯市当地商业银行将按揭提高到五成。这种严格的措施大大降低了人们的购买能力，房地产需求被严重削弱，房地产价格失去了上涨的动力，房地产价格上涨预期被打破，购买群体开始处于观望阶段，房地产销售严重下滑，通过预售制度回笼资金的局面被打破，中小房地产开发企业面临更加大的资金压力。大部分中小房地产开发企业普遍靠民间金融维持经营和开发，房地产行业的高风险也使一部分民间资金流出了房地产领域，民间金融机构对房地产业融资更加谨慎，要求加大抵押和担保，但利率依然维持在高位。

由此可以看出，鄂尔多斯市民间金融的繁荣与房地产价格的走势一致。从 2011 年下半年开始，有关鄂尔多斯民间金融风险爆发的消息就不断传出。2012 年，鄂尔多斯市的房价已经从最高时的每平方米 15000～20000 元跌至每平方米 3000 元。中国房地产指数系统 7 月百城价格指数全样本调查数据显示，7 月鄂尔多斯市房价出现环比最大跌幅，达到 0.69%。

（五）中小企业快速发展

近几年鄂尔多斯市的中小企业发展迅猛。

1. 中小企业发展状况

截至 2011 年 4 月末，鄂尔多斯市中小企业有 9868 户，占全部企业的 99.5%，比 2010 年 6 月末增长 485 户，增长 5.2%。中小企业从业人员 35.4 万人，占全部企业从业人员的 85%。从产业划分来看，第三产业份额较大。第二产业共有 3750 户，占全部企业的 38%，占中小企业的 38.3%；第三产业共有 6118 户，占全部企业的 62%，占中小企业的 61.7%。在第二产业中，主要集中在工业的煤炭、化工、建材、电力、绒纺等行业；在第三产业中，主要集中在交通运输、房地产业、餐饮住宿、批发零售。截至 2011 年 4 月末，鄂尔多斯市中小企业创造增加值 1744 亿元，占全市 GDP 的 66%。其中，第二产业创造增加值 959 亿元，占中小企业增加值的 55%；第三产业创造增加值 785 亿元，占中小企业增加值的 45%。

2. 中小企业融资状况

鄂尔多斯市是一座典型的煤矿资源型城市。许多资源型中小企业借助本地丰富的资源优势和低成本的开采优势，短期内得到了迅猛发展。但是这些中小企业的发展也没有摆脱资源型经济发展的重要特征：产业结构单一，企业发展过分依赖资源产出。从事煤炭、电力、冶金等行业的资源型中小企业普遍能耗高,资源浪费严重,环境污染严重,可持续发展能力弱。这些企业受国家宏观调控和产业政策的限制,无法获得当地银行的信贷支持。

鄂尔多斯市的资源开发带动了城市化进程。随着鄂尔多斯城市规模的扩大,城市基础设施和城市功能进一步完善,城市的产业聚集功能和人口聚集功能促进了鄂尔多斯市非资源型中小企业的迅速发展。以房地产、交通运输、餐饮业为代表的第三产业,投资需求旺盛,成为鄂尔多斯市经济转型的主要方向。鄂尔多斯市是一座新兴城市,城市化发展时间短,这些企业大部分处于初创期,发展规模不大,缺乏相应抵押和担保,而且企业的财务信息和管理信息透明度不高,加之大多数中小企业资金需求呈现需求量小、流动性强、次数多、时间快等特点,因而难以获得银行贷款。据统计,鄂尔多斯市中小企业每年的流动资金缺口大约 10 亿~15 亿元,而从各金融机构能获得的流动资金贷款仅为 10% 左右,60%~70% 的企业因找不到担保单位而无法跨入银行的门槛。大多数中小企业融资渠道单一,银行贷款渠道被关闭后,只能求助于民间金融机构,从而催生了当地民间金融的繁荣。

截至 2011 年末,鄂尔多斯市农村商业银行中小企业客户申请金额已达到 150 亿元,而人民银行呼和浩特中心支行要求该行在 6 月末将贷款余额压缩至 108 亿元。意味着整个上半年,该行贷款基本上为零增长。由于规模的控制,鄂尔多斯市申请银行贷款的中小企业中只有三成企业的贷款申请能得到批准,七成的中小企业很难拿到贷款。该行资产流动性比例由 2010 年 6 月末的 63.13% 下降到 2011 年 3 月末的 54.79%,下降了 8.34%。由于贷款规模不足,存贷比仅为 41%,低息资金占比高,资金未得到充分利用,影响了收益水平。截至 2011 年 4 月末,中小企业贷款余额为 631.96 亿元,占全市企业贷款的 54%,占全市贷款余额的 37%。从鄂尔多斯市实际情况来看,中小企业申请贷款的实际满足率不足 40%。在货币政策趋紧的情况下,中小企业从银行贷款越来越难,被迫转向寻求民间其他方式的融资,这在客观上会推高民间融资利率,增加了中小企业的融资成本。另外,在资金链紧张的情况下,企业之间拖欠账款情况加剧。中小企业往往处于大型核心企业的供应链上,如果核心企业资金周转困难,往往会拖欠中小企业的应收账款,同时中小企业之间的互相占款也会加剧。据典型调查,鄂尔多斯地区中小企业普遍存在货款结算周期延长、应收账款大幅上升的现象。众多中小企业正在欠款与坏账中艰难求生。

截至 2011 年 4 月末,中小企业从小贷公司贷款的余额为 20 亿元,从融资中介机构借入的金额约为 280 亿元,从社会个人和本企业员工借入的金额约为 20 亿元,合计总金额为 320 亿元,占全市民间金融规模的 60%。同时,民间金融的资金用途已从消费型向投资型转变。其中消费性资金需求一般数额较小,生产性经营需求一般数额较大。民间融资机构贷出资金主要投向是房地产开发企业、煤炭企业、高载能企业、路桥工程的流动资金周转,以及汽车经销商、个体工商户,如服装、百货、电脑经销商、餐饮业主短期资金周转,其中房地产企业约占 60%,煤炭企业约占 20%,其他占 20%。

鄂尔多斯地区可供选择的融资渠道有限,大多数企业只能依靠银行贷款解决资金紧张问题。这种对直接融资的需求与直接融资渠道狭窄的矛盾只能靠民间金融来缓解。自 2005 年鄂尔多斯羊绒制品股份有限公司发行一期 1 年期的短期融资券后,至 2011 年末全市暂无短期融资券的发行。2010 年,鄂尔多斯市新增融资总额近 400 亿元,其中新增间接融资 356 亿元,占新增融资的比例为 89%;新增直接融资 43 亿元,占新增融资的比例为 11%。其中,直接融资为鄂尔多斯市伊泰集团有限公司发行了辖区首期中期票据 15 亿元,鄂尔多斯市国有资产投资经营有限责任公司发行了公司债券 28 亿元。截至 2011 年 4 月末,全市新增融资总额为 180 亿元,全部是间接融资,无直接融资。直接融资渠道的不畅通已成为制约鄂尔多斯市中小企业经济发展的主要"瓶颈"之一,究其原因:一方面与短期融资券发行条件要求较高有关,另一方面主要是由企业,尤其是中小企业自身的认识与发展因素所致。截至 2011 年 4 月末,全市中小企业贷款余额为 631.96 亿元,比年初增加82.14 亿元,占全市企业贷款的 54%,占全市贷款余额的 37%。

四、规范和引导民间金融健康发展的对策措施

民间借贷愈演愈烈,已经严重影响到经济稳定、金融稳定和社会稳定。在国家加强和改善宏观调控,特别是房地产领域调控政策的作用下,房地产价格拐点已经出现,呈现持续下跌态势,这对抑制房地产泡沫、保持实体经济持续健康发展、实现宏观调控的主要目标,将起到重要的促进作用。但是,由于大量民间借贷资金已经涌入房地产行业,房地产泡沫的破裂必然导致民间借贷风险加剧,并进一步充分暴露出来。民间融资已经成为影响全区经济稳定、金融稳定和社会稳定的突出问题。因此,迫切需要抓紧建立和健全民间借贷风险监测预警和处置机制,积极有效应对、处置和化解民间借贷引发的各种风险。

（一）民间金融的演化路径

从各个国家和地区的发展经验来看，民间金融的演化路径大体如下：

其一，部分民间金融继续保持其互助合作的"原始形态"。主要特点是：互助功能性金融组织轮转模式、短期组织、只存不贷、定期运营。对于较落后的地区，正规金融一般不会到达这些地区，而政策性金融又不完善，这样，传统的互助性质的民间金融赖以生存的需求基础依然存在。这一现象在我国中西部落后和贫困地区表现较为明显。

其二，由互助性的具有积极意义的民间金融演化为非法的地下金融，非法存贷，投机逐利。如应会、老鼠会以及诈骗性的各种集资性的合会，演变为非法的、诈骗性质的非法金融，其形成机制和背景较为复杂，对于区域性的金融稳定和秩序危害较大，是区域金融风险酝酿和产生的重要根源。这一形式在经济发展较快而政府金融监管缺乏效率的地区多有存在，一些利益集团利用这样的金融形式为其非法经济活动提供融资。

其三，从合作性质的民间金融逐渐转变为正规金融机构，如小额贷款公司、村镇银行。在演变过程中，其运作机制会发生很大变化，诸如从轮转模式（Rotating）转变为非轮转模式（Nonrotating）；从短期金融组织转变为永久性金融机构；从只存不贷变为存贷结合；从定期运营转变为每日运营等。

（二）化解民间金融风险的原则

防范化解民间金融风险要把握好以下四个原则：

1. 坚持区别对待的原则

民间金融基本上有三种类型：第一种是个人由于生活或从事生产以及个体经营需要，向亲属和朋友等特定人群借款。第二种是个人或公司作为集资中介，向其他个人或企业高息集资，然后再以更高的利率向企业提供。第三种是企业直接以高息向社会公众集资，同时通过中介高息集资。民间融资有其存在的合理性，具有弥补正规金融体系不足的作用，特别是中小企业和个体私营经济长期依靠民间金融，一旦民间金融大规模收缩，将会使中小企业面临雪上加霜的困境。因此在工作中要区别对待：第一种情况属于符合民法通则的民间金融，一方面要予以关注，避免其由于企业经营难以为继通过借新换旧维持，转化为非法集资，另一方面要按照民法诉讼程序依法保护债权人的合法权益。第二种、第三种属于非法集资行为，是发现、防范、处置的工作重点。要重点分析集资企业的偿债能力和抵债能力，如果其现金流可以支付到期债务,可以视为合理的民间金融行为,不作为非法集资案件处理。如果债务支付出现困难,但企业资产可以足额变现抵债,可以按照民事经济纠纷处理债权债务。如果集资和资产差额较大,涉嫌触犯非法吸收公众存款罪或者集资诈骗罪,要及早立案侦查,进行处置。

2. 坚持疏堵并举的原则

民间金融存在的体制性因素是我国金融发展长期滞后于经济发展,高度集中的金融管理体制造成了金融压抑。金融体系中服务于大企业的金融机构和产品较多,而服务于中小企业的金融机构和产品严重缺乏,金融组织结构和企业组织结构严重失衡。加快对中小企业和农村牧区金融工作的机制创新、管理创新和服务创新,疏通融资渠道,是防范非法集资的治本之策。但是民间融资以高息回报将众多居民吸引到高风险领域,一些企业集资用于招投标保证金、注册资本金、银行承兑汇票保证金等,造成虚假出资、骗取银行贷款等,已经严重影响到金融稳定和社会稳定,迫切需要加大防范、发现和处置非法集资工作力度,以有效遏制非法集资高发蔓延的恶性势头。

3. 坚持条块结合的原则

非法集资资金大多数是通过银行账户划转和个人银行卡(包括网上银行等)支付的,少量是以现金方式进行资金支付。非法集资中会出现频繁的与个人和企业之间无真实交易的资金收付行为,非法集资企业会出现多个个人账户资金向其企业账户集中、运营资金远远超过其注册资本金和银行贷款、注册资本金来源不明、资产负债率偏低等情形。金融监管部门和各家银行可以通过其信息系统收集、研判集资企业和集资中介账户资金去向。工商、税务、司法等政府部门从其注册资本金、经营业务范围、资产负债、工资发放、纳税情况、诉讼案件等分析集资企业的真实经营状况。地方政府对企业在当地的经营活动和社会上的反映传闻了解相对较多。只要条块结合,部门联动,信息共享,可以及早察觉非法集资动向,并提前采取措施,有效遏制涉及面广、金额巨大的非法集资行为的发生。

4. 坚持外紧内松的原则

非法集资问题与社会稳定和地区金融稳定息息相关。在声势上要大,形成对非法集资单位和个人的高压态势;在处理上要稳,避免事态扩大和连锁反应,形成社会恐慌情绪,纷纷收回资金,使集资企业生产经营中断,造成多米诺骨牌效应,引发大面积的不稳定事态。在处理非法集资案件时要将已经抵押给银行的资产和保证金处置给银行,使其权益得到全额保护,避免引发银行的惧贷心理,减少正规金融渠道资金的投放,形成恶性循环。

(三)化解民间金融风险的具体措施

化解民间金融风险的具体措施主要包括:

1.加强民间金融风险的监测

(1)进一步建立健全防范化解金融风险工作领导体制。建议自治区、盟市、旗县三级同步成立防范化解金融风险工作领导小组(以下简称领导小组)。自治区由党委专职副书记任组长,政府常务副主席和分管公安、金融、工商的副主席分别担任副组长,高级人民法院,自治区人民检察院,党委政法委,党委宣传部,公安厅,发改委,经信委,财政厅,住房和城乡建设厅,人力资源和社会保障厅,国税局,地税局,审计厅,商务厅,工商局,法制办,金融办,人民银行呼和浩特中心支行,内蒙古银监局、证监局、保监局等部门为领导小组成员单位,防范化解金融风险工作领导小组办公室(以下简称领导小组办公室)设在金融办。建议各级党委政府要把防范化解金融风险作为一项重要的日常工作,落实机构、人员、经费、制度等保障措施,发挥好组织协调、指挥调度、跟踪研判、督促指导、专项检查的职能,形成指挥统一、各司其职、互相合作、协同规范民间金融、打击非法集资的合力,做到监测、预警、防范和处置环环相扣,构建统一领导、部门联动、群防群治、疏堵并举的规范民间金融和防范处置非法集资工作机制,切实维护金融稳定。

(2)建立和完善民间融资风险监测预警机制。建立健全民间融资风险监测预警的部门联动机制,进一步明确各有关部门和金融管理部门、金融机构在监测预警工作中的职责。

1)由人民银行呼和浩特中心支行牵头,会同内蒙古银监局组织银行业金融机构,依托支付结算系统、账户管理系统、反洗钱监测系统等,加强对企业及居民个人和小额贷款公司、融资性担保机构、典当行等从事融资业务的企业资金账户的监测,督促各家银行加强监测分析,实行资金异常变动(没有真实交易的资金往来等)向领导小组办公室按季度定期报告制度和重大事项立即报告制度。

2)银监部门要利用其对银行的非现场监管系统和现场检查手段,严密监测银行业金融机构的运行风险,重点监督银行贷款资金有无被挪用进入民间金融领域,及时发现非法集资线索,提出防范和处置措施,并向领导小组办公室报告。

3)公安部门要完善对民间金融的监测和侦察手段,搜集与民间金融活动有关的苗头性、趋向性经济犯罪情报。公安机关在接到金融等部门提供的信息后,及时介入,实施有效监控,密切跟踪,并向领导小组办公室报告情况。对涉嫌非法集资的活动开展立案侦查,依法冻结涉嫌单位及个人的资产和资金,对犯罪嫌疑人采取强制措施。要严厉打击暴力催收导致人身伤害等违法犯罪行为,严格防范非法集资者潜逃,稳妥处置因民间金融和非法集资引发的群体性事件。

4)工商局对从事非融资性担保、投资、咨询、寄卖等经营项目的市场主体,严把市场准入关,在经营范围中严禁核定与金融活动相关的项目。加强对非融资性担保、投资、咨询、寄卖等经营项目的市场主体的全面监督检查,发现从事融资经营行为,依照有关法规处理和纠正,及时通报自治区金融办。

5)商务部门要加强对典当行的管理,重点监管其违反《典当管理办法》规定的限额和放款范围,会同人民银行加强对典当企业股东、高管人员、员工个人账户资金的监控,发现可疑问题及时向领导小组办公室报告。

6)金融办要认真落实国家和自治区关于小额贷款公司、融资性担保机构的有关监管规定,建立对小额贷款公司、融资性担保机构的现场和非现场监管网络系统。会同人民银行加强对小额贷款公司和融资性担保机构股东、高管人员、员工个人账户资金的监控,确认有非法集资嫌疑后及时向领导小组办公室报告。

7)商业银行(包括农村信用社)要建立健全对开户企业结算账户和个人储蓄账户及银行卡的资金变动分析制度,指定主管部室和工作人员,进行账户和资金监测,每月向人民银行呼和浩特中心支行和领导小组办公室报告,如有大额可疑资金变动及时上报。

8)中国银联内蒙古分公司要牵头组织各发卡行和收单机构建立健全对银行卡资金异常流动的监测和分析,每月向人民银行报告一次,如有大额可疑资金变动及时向人民银行及时上报。如有发现信用卡套现行为,按相关程序停止清算该商户相关资金,并由发卡行和收单机构查清该商户前期资金去向;如发现涉及向有关企业非法融资,及时向人民银行呼和浩特中心支行和领导小组办公室报告,同时报告公安部门开展调查。

9)住房和城乡建设厅对全区房地产开发企业资金投入、工程进度、市场销售进行调查统计,会同银行及金融监管部门对企业的民间金融和银行贷款情况进行风险监测。如发现异常融资情况,及时向领导小组办公室报告。

2.多方疏导民间资金进入合规融资渠道

(1)推动现有城市商业银行、农村商业(合作)银行、农村信用社、村镇银行等中小型金融机构在增资扩股和股份制改造中吸收民间资本,形成合理的股权结构和法人治理结构。

(2)组织区内外金融机构为内蒙古自治区企业发行信托产品和理财产品,重点在区内营销,吸收民间游资。

（3）扶持发展产业投资基金、创业投资基金、私募股权投资基金等直接融资方式，为处于创业阶段和成长阶段的中小企业提供天使投资和股权融资，使其成为内蒙古自治区中小企业体制创新和技术创新的重要推进器。

（4）试点设立民间金融登记服务中心。民间金融登记服务中心是经旗县区政府核准、报盟市金融办备案的，在本行政区内为民间金融双方提供中介和登记等服务的有限责任公司和股份有限公司。民间金融登记服务中心为民间金融双方提供场地、信息汇总、借贷登记等综合服务，并通过相应的进驻机构为个人、机构和企业提供资金供需撮合以及资信、第三方鉴证、融资担保、公证、结算等专项服务。民间金融登记服务中心实行政府监管、独立运作、自主经营、自负盈亏，且不承担借贷主体的坏账连带责任。民间金融登记服务中心在鄂尔多斯市东胜区进行试点。建议地方政府在试点期间对资金出借方给予免征税费的优惠政策，司法部门对于进场借贷、合同规范的权益依法保护，鼓励民间金融进场交易，使民间金融在政府引导下，重新建立良好的信用环境和交易秩序。

3. 努力拓宽中小微企业融资渠道

首先，各级政府和有关部门要认真贯彻落实国务院出台的支持中小微企业的财税金融政策，协调各家银行进一步改善小企业金融服务，将信贷资金向中小微企业倾斜。其次，以贯彻国务院促进内蒙古自治区加快发展的若干意见为契机，各家银行积极争取总行追加贷款规模，加大内蒙古自治区信贷资金的投入力度。最后，积极争取人民银行增加对内蒙古自治区地方法人银行的信贷规模、再贷款和再贴现规模。

4. 建立健全地方金融监督管理体系

加强各级金融办力量建设，设立地方金融监管服务中心，负责股权投资公司、民间资本管理公司、寄售行和其他各类投资公司的监督和管理；负责小额贷款公司、融资性担保机构、典当行等各类新兴金融行业的专项检查；配合相关金融监管等部门开展对地方金融机构的专项管理；聘请第三方组织对相关民间金融组织的业务活动及其风险状况进行现场检查；统计、分析地方性金融机构、准金融机构、融资机构、民间金融服务机构等组织的相关数据和借贷信息，并受金融机构、准金融机构、企业和个人委托对相关借贷信息进行查询。

5. 加大处置非法集资工作宣传力度

宣传部门要组织多家媒体，通过公益广告、专题栏目、政策读解、领导访谈等多种形式，进行相关法规政策、金融理财知识和非法集资案例等宣传，使公众提高对非法集资危害性的认识，提高金融意识和风险意识，增强社会公众对非法集资的鉴别能力,促进合法理性投资,提高抵制非法集资活动的自觉性。

6.积极稳妥做好民间金融诉讼案件审理和非法集资善后处置等维稳工作

一是按照民间金融调解优先、调判结合的原则稳妥处理民间金融纠纷。二是加强对负债较多的债务人的监控,防止其转移资金、资产、外逃,监督其拿出还款及债务清偿方案。三是按照保护合法、打击非法的原则,依法优先保护非法集资案件和民间金融纠纷中金融机构的合法权益。建议将抵押给银行的资产尽快拍卖,将拍卖所得在支付银行贷款本息后,剩余部分用于清偿其他集资者和民间金融参与者的债务。四是高度关注并稳妥解决房地产领域拖欠农民工工资的问题。由于房地产销售停滞,不少房地产开发商无力全额支付农民工工资。建议当地政府设立应急周转资金,必要时以相关房地产的楼盘作为抵押,政府安排资金垫付开发商所拖欠的农民工工资。

第十七章

内蒙古自治区产权市场发展报告

产权市场作为多层次资本市场的有机组成部分,在我国国有企业的股权转让与改制,国有资产的盘活、流通以及企业投融资过程当中,发挥着重要的作用。本章回顾中国产权市场的历史沿革,分析内蒙古自治区产权市场的发展现状,提出了进一步发展和完善的对策建议。

一、中国产权市场的历史沿革

中国的产权市场，是伴随着经济体制改革的不断深化而逐渐发展起来的一个新型资本市场，是国家充分发挥市场配置资源的基础性作用的重要制度建设，是典型的顶层设计。早在20世纪80年代中期，随着中国经济体制改革逐渐以市场为取向，中国便开始思考利用市场机制改善资源配置的效率问题，国家经历了从产品商品化、要素商品化到产权商品化的发展历程。特别是在政府提出推进工业企业的改组、联合任务之后，以企业产权转让为主要内容的产权交易便应运而生。中国产权市场发展大致可分为以下几个阶段：

（一）1979～1993年为萌芽兴起阶段

从1979～1988年的10年里，党和国家作出了一系列经济体制改革的重大战略决策，从尊重经济规律办事，到以计划经济为主、市场经济为辅，到实行有计划的社会主义商品经济，再到计划与市场的内在统一，为产权市场的产生提供了有利的制度和政策条件。在此期间，国资国企改革拉开厚重帷幕，体制僵化的国有企业逐渐有了生机活力，有了来自市场的竞争压力，产生了通过市场进行兼并重组和产权转让的需求，为产权市场的产生提供了肥沃的实践土壤。

中国产权市场在这种背景下破土发芽了。1988年5月27日，作为中国第一家产权交易机构——"武汉市企业兼并市场事务所"成立，开展国有企业产权交易活动，标志着产权市场的正式起步。1993年11月，十四届三中全会作出了历史性决定——《中共中央关于建立社会主义市场经济体制若干问题的决定》，提出建立"产权清晰、权责明确、政企分开、管理科学"的现代企业制度。该决定首次提出实行"产权流动和重组"，受此刺激，产权交易市场顿时火爆起来。到1994年4月，全国共成立了174家产权交易机构。

（二）1994～2002年为艰难探索阶段

新兴的产权市场由于没有健全的法规制度，没有明确的市场定位，没有统一的监管部门，部分产权交易机构逐渐变成了股票交易柜台市场，在一定程度上扰乱了金融秩序，损害了产权市场的形象。1994年4月，国务院办公厅发出12号文件——《关于加强国有企业产权交易管理的通知》，宣布暂停产权市场活动，各地产权交易机构纷纷关闭，产权市场的发展遭遇了第一次挫折。

1995 年,在总体有利的改革环境下,国务院及有关部委、地方政府在企业国有产权转让方面进行了一些有益的制度探索,促进了产权市场交易的再次兴起。到 1996 年底,全国各地设立了近 200 家产权交易机构。

但是,好景不长,1997 年,由于市场定位不明、制度不够完善等原因,一些产权交易机构盲目创新,没有起到防止国有资产流失的应有作用,使产权市场再度陷入低潮。11 月,全国金融工作会议决定对涉嫌场外非法股票交易的产权交易机构进行清理整顿。次年 3 月,国务院办公厅向各地转发了证监会提出的清理整顿方案,成都、乐山、武汉、淄博等地的一批产权市场被关闭,只有上海、北京、天津、深圳等相对规范的少数产权交易机构得以生存下来。

从 1999 年开始,在更为有利的外部环境下,积蓄了充足动力的产权市场再次复苏。到 2001 年底,全国又出现了 200 余家产权交易机构,其中包括 30 余家技术产权交易所。

(三)2003 年至今为规范发展阶段

2002~2003 年,在党中央国务院、中央纪委、国务院国资委、地方政府的全面推动下,产权市场的发展迎来了历史新时期。2002 年 11 月党的十六大和 2003 年 10 月十六届三中全会,把对产权的认识提到了新高度,提出建立"归属清晰、权责明确、保护严格、流转顺畅"的现代产权制度,推动产权有序流转,规范发展产权市场。国务院国资委联合财政部颁布了《企业国有产权转让管理暂行办法》(3 号令),在此基础上逐步形成了一整套比较完整的企业国有产权转让审核、挂牌、定价、鉴证制度,促进了产权市场的空前繁荣,从而赢得了中国产权市场的"黄金十年"。产权市场交易规模迅速扩大,交易品种不断丰富,交易手段日趋先进,产权市场运行质量全面提升。现在,产权市场已经成为促进我国产业结构和经济结构调整,国资国企改革发展,非上市企业特别是中小微企业,直接融资的一个重要市场平台,赢得了社会各界的肯定和积极评价。而且,随着产权市场制度创新、技术创新、品种创新的不断深入,产权市场已经成为服务于资本形成、资本运营、资本流转三个阶段,兼有流动性和融资功能的服务于非上市、非公众、非标准化产权的区域资本市场,当前正逐步向一个具有中国特色乃至世界影响的全国统一市场迈进。

二、内蒙古自治区产权市场发展现状

内蒙古自治区产权市场是伴随着国有产权的转让、交易流通的需要发展起来的,下面回顾了内蒙古自治区产权市场发展历程、经营业绩以及运行模式。

(一)内蒙古自治区产权市场发展历程

内蒙古自治区产权市场从出现到现在经历了从无到有、从小到大、从分散到集中、从不规范到规范的发展历程。

1. 20世纪90年代萌芽时期

内蒙古自治区产权市场随全国产权市场的兴起,起步于20世纪90年代初期,自治区和部分盟市的财政部门、体改部门、国资部门陆续成立了几家产权交易机构,主要服务于本级政府所属国有企业在改革过程中的产权转让。由于体制原因,这批产权交易机构全部都是相关部门所属事业单位或国有企业体制,而且各自为政、分散经营,主要体现为部门管理职能的延伸,并没有形成全区统一的产权市场。大部分机构都兼挂着拍卖公司的牌子,甚至主要从事拍卖业务,产权交易工作并未充分发挥市场配置资源的作用,但是这些机构在当时为本级部分国企改革过程中的产权公开、公平、公正处置提供了相应的服务。由于当时的国有企业改革政策缺失,国家和自治区都没有统一而规范的产权交易制度体系,所以自治区没有进行制度性规范,加上产权交易机构职能的局限性和当时国企改革的复杂性,全区绝大部分产权交易机构在随后的几年中都进入了一种停业或关闭的状态。

2. 国资改革时期

2000年以后,随着政府机构改革,原自治区国有资产管理局撤销,财政部门的国有资产监管职能得到进一步加强,2003年7月1日,在自治区财政厅的积极努力下,自治区人民政府出台了《内蒙古自治区企业国有资产产权交易管理办法》(内蒙古自治区人民政府令第126号),(以下简称126号令),首次从自治区政府层面对企业国有资产产权交易进行了规范,将进场交易的产权范围涵盖了企业国有产权、国有企业法人财产以及延伸至行政事业单位国有资产、集体资产以及其他公有资产,并且对产权交易机构资质设置了特许经营权和相关的处罚办法,自治区产权交易市场进入了有章可循的阶段。但是随后开始的新一轮政府机构改革使126号令的依据和相关部门职能等内容与新情况产生了交叉。2003年国务院国资委和自治区国资委相继成立,国家出台了《国资监管条例》和《企业国有产权转让管理办法》等相关法规和规章。国资监管和产权交易进入一种新的管理体制当中。

2002年12月24日,内蒙古产权交易中心在原内蒙古国有资产经营公司的发起下挂牌成立,并通过合并内蒙古恒信产权交易中心和呼和浩特市产权交易中心的方式,注册成立了内蒙古产权交易中心,首次以区域要素资本市场的概念按照统一市场的格局开始了艰难的创业。

3.区域要素资本市场建设时期

"一个中心、多家支点、统一鉴证、功能齐全"这十六个字概括了内蒙古自治区产权市场的职能和定位。内蒙古产权交易中心以此十六字为发展战略基础,确立了会员制和分佣制的市场运行模式,开始在全区开拓各类产权市场业务。市场的业务品种逐步由单一的企业国有产权转让向实物资产、行政事业性资产、金融债权、知识产权、矿业权、民营产权、涉诉资产、公共资源等领域拓展,产权市场还逐步开辟了非上市企业股权集中登记托管、融资等资本市场业务领域。内蒙古产权交易中心通过盟市分支机构和区内的会员体系、区外的战略合作机构以及必要的电子信息网络系统,发展成为覆盖全区、联通全国的规范、高效的产权交易市场。

4.内蒙古自治区产权市场大事记

2002年12月24日,内蒙古自治区产权市场核心服务机构——内蒙古产权交易中心正式挂牌成立,标志着内蒙古自治区产权市场正式起步。

2003年7月,《内蒙古自治区企业国有资产产权交易管理办法》(内蒙古自治区政府令126号)出台。

2005年5月,内蒙古产权交易中心乔迁新址到呼和浩特市中山东路7号诚信数码大厦。

2005年6月,内蒙古自治区产权市场开始推行会员代理制,在全区初步搭建起会员框架,截至2012年底,共发展各类会员41家。

2005年9月,内蒙古产权交易中心与内蒙古自治区经纪人协会联合举办了内蒙古自治区首届产权经纪人培训班。

2005年11月,内蒙古自治区人民政府国有资产监督管理委员会下发文件(内国资产权字[2005]232号),确定内蒙古产权交易中心为从事全区企业国有产权交易活动指定机构。

2006年3月,中心首次运用中国产权交易电子综合竞价系统,成功开展了"内蒙古国有资产经营公司报废资产整体转让"项目的网络竞价交易。

2006年10月,由内蒙古自治区国资委、金融办、工商局三家政府相关主管部门联合下发的《关于规范开展非上市股份有限公司、国有控股,国有参股有限责任公司股权集中登记托管工作的通知》(内国资产权字[2006]198号),指定内蒙古产权交易中心为内蒙古自治区唯一开展非上市公司股权集中登记托管机构。

2007年6月,内蒙古产权交易中心承办的"2007年度全国产权交易股权托管座谈会"在呼伦贝尔市召开。会议以"规范开展企业股权托管和交易,提升产权市场服务水平"为主题,以求共同推动产权交易和股权登记托管工作。

2008 年 2 月,内蒙古产权交易中心举行了赤峰市经委所持平煤集团 51% 国有股权转让签字仪式,此项目的交易额为 20.91 亿元,是当时内蒙古产权交易中心完成的交易额最大的一宗项目。

2008 年 4 月,内蒙古产权交易中心召开了"2008 年第一次会员工作会议",旨在确立新的会员合作关系,帮助会员单位尽快熟悉产权市场业务,为广大会员机构提供更多的资本创富机会。

2008 年 5 月,内蒙古产权交易中心组织召开面向全区的"遴选拍卖机构综合评审会",评审委员会成员由自治区财政厅、商务厅、工商局、内蒙古拍卖行业协会等机构相关负责人组成,遴选出的机构将为自治区本级行政事业单位国有资产进场交易提供中介服务。

2008 年 8 月,内蒙古产权交易中心邀请全区投资担保、拍卖、咨询、评估等 20 多家机构,举办"2008 年第一次综合类项目推介会",以搭建并创新内蒙古自治区多层次区域资本市场的最广泛资本业务与项目资源交互平台。

2008 年 11 月,内蒙古产权交易中心与华夏银行呼和浩特分行举行了"推动多层次资本市场发展战略合作签约仪式",双方准备从资源共享、债权融资以及中间业务三个方面开展合作,为推动内蒙古自治区多层次资本市场发展和资本市场建设做贡献。

2008 年 12 月,内蒙古产权交易中心承办的"内蒙古企业赴天津股权交易所上市工作研讨会"举行,并邀请中国著名经济学家刘纪鹏等出席论坛演讲。内蒙古产权交易中心将协助内蒙古自治区金融办积极建设自治区区域资本市场,为内蒙古自治区企业开辟全新有效融资渠道。

2008 年 12 月,内蒙古产权交易中心的会员单位——内蒙古创富产权投资管理有限公司向天津股权交易所保荐的第一批三家企业之一——内蒙古新大地建设集团股份有限公司在天津股权交易所首批挂牌,标志着内蒙古产权交易中心"中小企业成长上市路线图计划"正式开始实施。截至 2011 年末,天津股权交易所挂牌企业已突破 200 家。

2010 年 3 月,内蒙古产权交易中心正式接入"全国国有产权交易监测系统",实现自治区国有产权交易与国务院和自治区国资委进行系统对接,真正实现业务操作无纸化和交易监管的信息化。

2010 年 3 月,自治区国资委、财政厅、发改委、监察厅、工商局、证监局六部门对中心 2006 年以来的企业国有产权交易工作和规范操作情况进行了联合监督检查,履行了政府对产权市场的联合监管机制。

2010年8月,内蒙古产权交易中心和内蒙古利丰汽车利用金马甲资产与权益交易平台共建的内蒙古二手车网上交易市场签约仪式在呼和浩特市隆重举办,标志着内蒙古产权市场纳入全国性互联网交易平台。

2010年12月,内蒙古自治区呼伦贝尔市财政局确定内蒙古产权交易中心为呼伦贝尔市本级行政事业单位国有资产处置平台,标志着盟市非经营性国有资产正式纳入产权市场,并通过互联网实现跨区域、跨时间交易。

2011年5月,内蒙古产权交易中心驻呼伦贝尔市办事处揭牌仪式在呼伦贝尔市宾馆隆重举行,标志着产权市场区域覆盖从网络、会员覆盖进一步向地面服务机构覆盖延伸。

2011年7月,内蒙古自治区中小企业局发布《关于公布首批"内蒙古自治区中小企业公共服务示范平台"名单的通告》(内中小服指字(2011)15号)。确定内蒙古产权交易中心为"内蒙古中小企业产权交易和投融资示范平台",标志着产权市场正式进入为中小企业产权交易服务的时代。

2011年12月,内蒙古自治区国资委出台《内蒙古自治区国资委所出资企业实物资产处置管理办法(试行)》(内国资产权字[2011]225号)。标志着国有资产进场交易从应进必进到能进则进延伸。

2012年2月,自治区高级人民法院副院长及国资委副主任等领导一行6人莅临中心就涉诉资产进场交易事宜进行调研,开启内蒙古自治区涉诉资产进场交易序幕。

2012年8月,由内蒙古产权交易中心承办的来自"中国企业国有产权交易机构协会业务标准研究委员会第一届一次会议"在呼伦贝尔市成功召开,至此,内蒙古产权交易中心进入行业核心组织。

2012年11月,内蒙古高级人民法院正式出台关于《对外委托司法拍卖工作实施细则》(内高法[2012]187号),(以下简称《细则》)。《细则》明确指出:内蒙古产权交易中心为内蒙古高级人民法院的第三方交易平台机构。这标志着,自治区全区内的法院涉诉资产将全部进入产权交易市场进行司法拍卖。

同月,由鄂尔多斯市50多家民营企业携手合作,共同出资组建的鄂尔多斯民间资本投资服务中心正式开业。开业仪式上,内蒙古产权交易中心与该中心签订战略合作协议,并正式进驻鄂尔多斯民间资本投资服务中心,标志着内蒙古产权市场进入全国民间资本聚集区开拓市场。

(二)内蒙古自治区产权市场经营业绩

内蒙古自治区产权市场经过十年的长足发展,业务稳步增长。在产权交易业务方面,交易范围涉及国有企业股权及实物资产、行政事业单位实物资产、金融资产、民营企业产权等。从2003年至2012年底,内蒙古自治区产权市场共实现场内成交545宗项目,成交金额共计107.56亿元,涉及资产总额为450.26亿元,平均增值率为13.64%,见图17-1至图17-5。

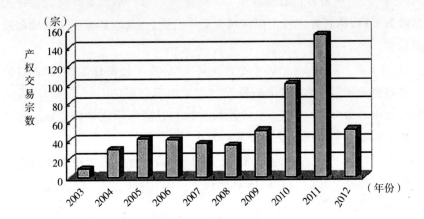

图 17-1　内蒙古自治区产权市场历年产权交易宗数

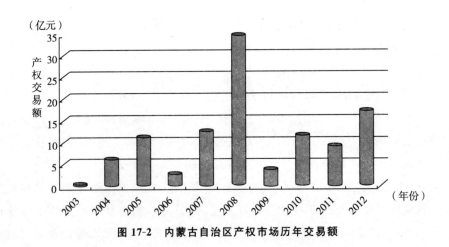

图 17-2　内蒙古自治区产权市场历年交易额

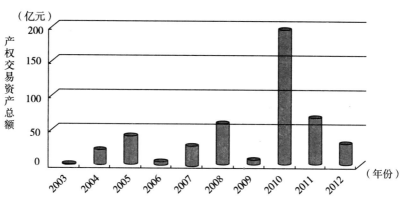

图 17-3 内蒙古自治区产权市场历年产权业务涉及资产总额

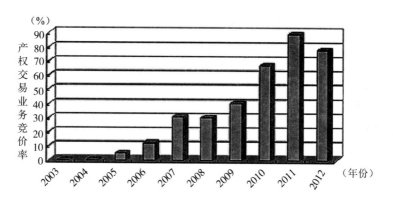

图 17-4 内蒙古自治区产权市场历年交易业务竞价率

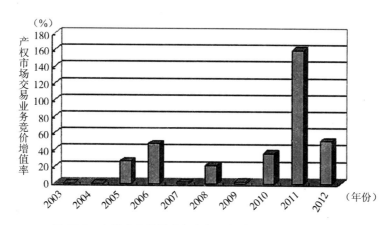

图 17-5 内蒙古自治区产权市场历年交易业务竞价增值率

　　企业股权托管业务方面,截至 2012 年底,累计托管股权户数为 121 户,托管企业资产总额为 159.37 亿元,净资产总额为 83.29 亿元,托管股东数 3 万多个,托管股本为 45.1 亿股;累计实现直接融资和间接融资 21 亿元,共服务各类民营经济实体企业 240 余家,涉及金融、电力、旅游、餐饮等行业,有力支持了实体经济的发展,见图 17-6 至图 17-8。

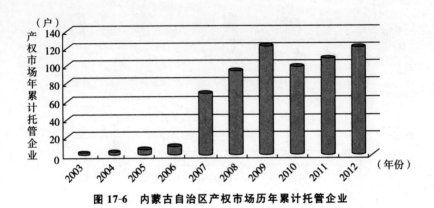

图 17-6　内蒙古自治区产权市场历年累计托管企业

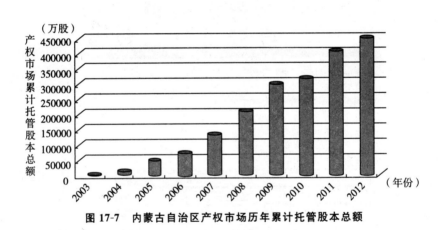

图 17-7　内蒙古自治区产权市场历年累计托管股本总额

(三)内蒙古自治区产权市场运行模式

　　内蒙古自治区产权市场建立起了国内较先进的运行模式,产权交易内容不断拓展和丰富,主要表现在以下几个方面:

1.会员制和分佣制并行,专业服务产权市场

内蒙古自治区产权交易市场从 2005 年起就开始按照资本市场通行原则推行会员制和分佣制,既通过会员阻断风险,又通过会员建立公平交易机制。中心依照区域市场五统一原则,即统一信息平台、统一交易规则、统一收费标准、统一结算鉴证、统一监管规范化操作。

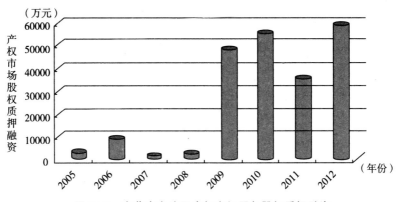

图 17-8　内蒙古自治区产权市场历年股权质押融资

内蒙古自治区产权市场发展有实力的经纪会员机构开展业务,由内蒙古自治区产权交易中心统一出具交易鉴证书,并且将评估、法律、拍卖、招投标、担保、审计等专业服务会员纳入产权交易市场,开展配套服务工作,以投融资机构为主体,律师事务所、会计师事务所、资产评估、拍卖、招投标、资产交易与改制咨询等中介机构组成的经纪会员以及提供各类信息查询服务的信息会员联合组成覆盖全区、辐射全国的专业产权服务体系,最终形成参与各方共赢发展的内蒙古区域资本市场平台。

2.从国资全覆盖向公有资产全覆盖拓展,再向社会资源全覆盖拓展

产权市场的业务发展模式强调"行政化起步、市场化发展",因此,以服务企业国有产权流转开始的内蒙古自治区产权市场,经过十年长足的发展,在企业国有产权、行政事业国有资产交易方面取得了良好的成效和经验,在非上市企业股权集中登记托管和相关增值服务方面进一步巩固,为抓住发展机遇,内蒙古产权交易中心必须跟上全国产权市场的步伐,确立区域资本市场的核心地位,必须拓宽业务范围,开拓新的交易品种和领域。在巩固既有政策性业务的同时,不断开拓金融资产交易、中小企业股权私募融资、文化产权交易、涉诉资产交易、公共资源交易、民营产权交易、环境交易等其他类市场化业务。

3.建立非上市非公众企业产权投融资平台

对于大多数非上市公司,特别是中小微企业来说,公司成立后的再融资难度极大。由于融资渠道的狭窄和社会对中小微企业形象的不认同,非上市企业难以寻找到更多的融资途径。但企业可以通过在内蒙古自治区产权市场进行股权集中登记托管,以产权市场整合各类投融资资源为基础,以符自动转让程序的股权质押融资、符返售权交易的增资扩股等方式,利用产权市场的网络系统汇总全国产权市场投资人信息,充分挖掘潜在的投资者,实现多对多的平台撮合机制,使企业实现低成本、规范化、跨地区融资,有利于企业的健康发展。

内蒙古产权交易中心是自治区唯一具备资质开展股权集中登记托管的专业机构。为推动自治区基础性资本市场的发展,拓宽内蒙古自治区企业直接融资渠道,促进自治区企业培育、成长、上市机制的建立,内蒙古产权交易中心推出"内蒙古中小企业成长上市路线图计划",带动一批内蒙古自治区服务于企业上市的中介服务机构为企业成长上市提供专业规范的服务,并依此组建内蒙古区域股权交易市场,进一步完善多层次、多元化资本市场体系。

(四)内蒙古自治区产权市场信息平台

内蒙古产权市场中心信息平台的建设,已经形成了全媒体信息发布平台、规范化的信息操作系统和精准高效的数据库系统。

1.全媒体信息发布平台

(1)网站升级,综合应运。内蒙古自治区产权市场自建立以来就创办了"内蒙古产权交易网",并随着业务的不断拓展及市场的不断壮大,先后进行过4次网站改版,并不断从单一的门户网站向模块化应用型网站转变,如项目公告、政策法规、业界动态、竞价交易等信息化功能的一网同步,成为自治区最大的产权信息平台,为更好地服务于内蒙古自治区产权市场的发展作出贡献。

(2)异地同步,覆盖广泛。为有效实现产权市场发现"投资人"、发现"价格"的功能,进一步扩大信息披露范围,内蒙古自治区产权市场还联合全国各省产权市场搭建全国性异地同步挂牌系统,已搭建东起上海、西至新疆、北连黑龙江、南达海南,分布于国内24个省市28家产权交易机构的"全国异地同步挂牌系统",实现项目信息快速、有效地发布,国内的信息发布地域覆盖率超过70%。

(3)市场内刊,提升影响。为加强产权市场社会认知度,提升产权市场社会影响力,2008年1月,内蒙古产权交易中心正式创办产权市场内部刊物——《碰撞》,

确立了"以刊物汇资源,以资源聚项目,以项目促市场"的办刊宗旨,同时宣传其企业文化理念,确立区域产权交易、企业投融资与区域资本市场的专业服务功能的舆论地位。

(4)整合资源,联动宣传。为强化产权市场地区影响力,内蒙古产权交易中心已与一些地区性主流媒体,如内蒙古日报等各盟市党报、北方新报、内蒙古商报、国资监管、内蒙古金融网、新浪网产权频道、金马甲产权服务平台、内蒙古广播电台等媒体,继续巩固合作模式,形成了联动宣传和信息倍增效应。

2.规范化信息操作系统

随着业务的不断拓展与信息化建设水平提升的需要,内蒙古自治区产权市场不断接入各类交易信息系统。以满足不同类别产权规范化、高效率操作的需求。

(1)股权登记托管系统。为维护良好的地方金融秩序,规范非上市公司制企业股权登记托管,维护股东及公司的合法权益,促进股权安全、高效流动,2006年,内蒙古产权交易中心正式启用"股权登记托管系统",实现数据存储、语音查询、信息披露等专业服务功能。

(2)企业国有产权交易系统。为了规范执行产权交易规则,2008年10月,内蒙古产权交易中心正式启用"企业国有产权交易系统",2011年7月,接入"企业国有产权交易系统增强版",实现项目操作"全程留痕不可逆"的系统化操作,为规范操作项目、防范风险起到了保驾护航的作用。2010年3月,内蒙古产权交易中心正式接入"全国国有产权交易监测系统",实现自治区国有产权交易与国务院和自治区国资委的系统对接,真正实现了业务操作无纸化和交易监管的信息化。

(3)实物资产交易系统。随着自治区国资委监管企业实物资产进场交易文件的下发,2012年4月,内蒙古产权交易中心正式接入"企业实物资产交易系统",将纷繁复杂的各类实物资产统一纳入交易系统操作,有效地提高了交易效率,降低了交易成本。

(4)金马甲交易平台。为了提升产权市场的核心竞争力,提升交易竞价和撮合功能,2009年12月21日,内蒙古产权交易中心与全国省级产权交易机构共同出资组建"北京金马甲产权网络交易有限公司",实现了网络交易业务平台在内蒙古自治区正式落地,一次性实现了信息披露、网络竞价、动态报价等交易功能的全面提升。目前场内所有的竞价类项目都要通过"金马甲交易平台"进行网络竞价。

(5)司法拍卖电子竞价系统。为规范全区法院司法拍卖工作,依法保护当事人合法权益,按照自治区高级人民法院要求,内蒙古产权交易中心引入"人民法院诉讼资产网"竞价系统,初步实现司法拍卖网上交易和全国同步,为司法拍卖搭建了一个规范化的阳光交易平台。

(6)网络结算系统。为保证资金安全、高效运转,交易中心与华夏银行共同研发结算系统,实现不受银行业务品种及时空限制的网上电子结算,将中心的第三方结算功能全面升级。

3. 精准高效的数据库

为实现区域产权市场资源的充分共享,有效汇集各类客户和投资人资源,实现精确营销和推广,内蒙古自治区产权市场系统地建立了客户与投资人数据库,并实现数据库的动态化信息更新与校正。目前,汇聚的客户与投资人数据库涵盖国有非金融企业、国有金融机构、民营企业、行政事业单位、自然人股权、实物资产等2300多个机构与个人相对稳定的数据资源,实现了可快速查阅客户、投资人信息数据的功能,在数据库营销方面取得了新突破。

(五)内蒙古自治区产权市场制度体系

内蒙古自治区产权市场建立起了以国家法律法规、政策文件和自治区地方法规文件为框架的完善的制度体系,保证了产权交易的有序开展。

1. 中央有关文件政策为产权市场的发展指明了方向

2003年10月,党的十六届三中全会明确指出:"产权是所有制的核心和主要内容",要"建立归属清晰、权责明确、保护严格、流转顺畅的现代产权制度","健全统一、开放、竞争、有序的现代市场体系"。从1993年提出建立现代企业制度到2003年提出建立现代产权制度,是一个历史性的进步,标志着中国市场经济制度进入深水区。

2003年12月31日,国务院国资委联合国家财政部颁布了《企业国有产权转让管理暂行办法》(3号令),到2008年共出台了12个配套的制度。这是中国企业国有产权转让管理方面的第一个全国性的规章,它的出台为提高资源配置、防止国资流失,提供了统一的制度规范。2008年《企业国有资产法》的出台更是对产权交易机构的市场地位给予了明确的肯定。后来财政部、农业部、工信委、铁道部、国家新闻出版总署、科技部等部委也分别出台规定,要求辖内国有资产必须进入产权交易机构进行交易,为产权市场的健康有序发展提供了坚强的政策支持。

2. 自治区政府出台地方法规,支持产权市场发展

2003年7月1日,内蒙古自治区人民政府出台了《企业国有资产产权交易管理办法》(内蒙古自治区人民政府令第126号),首次从自治区政府层面对企业国有资产产权交易进行了规范。2005年,内蒙古自治区国资委出台《关于确定内蒙古产

权交易中心为从事全区企业国有产权交易活动指定机构的通知》(内国资产权字〔2005〕232 号),随后,自治区财政厅相继出台《关于本级行政事业单位国有资产处置实行进场交易管理的通知》(内财资〔2008〕136 号)和《关于确定内蒙古产权交易中心为自治区地方金融企业国有资产交易业务承办机构的通知》(内财金〔2009〕596 号),以及自治区国资委、金融办、工商局联合发布的《关于规范开展非上市股份有限公司、国有控股、国有参股有限责任公司股权集中登记托管工作的通知》(内国资产权字〔2006〕198 号)。2012 年 11 月 7 日,为进一步规范全区各级人民法院司法拍卖工作,内蒙古自治区高级人民法院出台《对外委托司法拍卖工作实施细则》(内高法〔2012〕187 号)(以下简称《细则》),《细则》指定内蒙古产权交易中心为自治区法院涉诉资产指定的第三方交易平台机构,从制度上最终明确了内蒙古产权交易中心的市场地位,也为自治区产权市场打开了政策空间。

3. 产权市场内部积极建立各类交易制度,规范操作

为使全区各类产权交易项目体现公开、公平、公正的原则,内蒙古产权市场非常重视在业务开展过程中的制度建设,2009 年,在原有制度体系的基础上,内蒙古产权交易中心制定完成了《内蒙古产权交易中心规章制度汇编》,2011 年又对其中的一些制度进行了修订和完善,包括 4 章 55 项的规章制度与交易细则,涉及各类产权交易前期、中期和后期的全部环节,以及交易中心内部事务的全部管理流程和操作规则,使产权市场每项业务和内部管理都做到有章可循,其中市场规则的完善进一步将国家的法律法规落实在操作层面,有力推动了产权市场的制度建设。

(六)内蒙古自治区产权市场团队建设

内蒙古自治区产权市场经过十年的发展,市场功能不断完善,业务区域已覆盖绝大部分盟市,各类会员机构已达到 41 家,分布在 10 个盟市,行业涉及审计、评估、法律、拍卖、投资咨询、产权经纪、资产管理公司等,已初步形成全区统一的市场框架。其中内蒙古产权交易中心现有员工 43 人,平均年龄 35 岁,全部为大专以上学历,其中本科以上学历占到 71%,拥有高级职称、硕士学历和国家注册资格的专业资质人员占到全体员工的 29%。全区从业人员,包括会员机构在内已达 200 余人,学历层次和专业背景参差不齐,产权市场人才队伍亟待完善。

三、内蒙古自治区产权市场存在的问题及对策

作为新生事物,内蒙古自治区产权市场还有很多有待完善的地方,下面分析存

在的问题，并提出相应的对策。

（一）内蒙古自治区产权市场存在的问题

内蒙古自治区产权市场还存在政策扶持力度不够、市场规模小、抵御风险能力低、发展环境有待改善等问题，需要去解决。

1. 政策扶持力度不够，市场发展有待提振

产权市场发展初期的客体具有国有属性及公共属性。因此，较之于一般资本要素交易，此时期的产权交易对于政策的依赖性更高。如何能够高效地完成产权交易，不仅考验着产权人的自身素质，更是政府政策扶持力度的反映，换言之，政府对于产权市场扶持力度的大小将直接影响其初期的发展壮大和健康成长。

以北京、上海、湖北等产权市场发达省市为例，政府对于产权市场的扶持可谓不遗余力。通过地方法规、政府文件等多种方式确认，从国有资产进场监控，到国有资产转让后必须有产权交易机构的证明文件方可进行权属变更登记等方式，政府对产权市场提供了纵向政策扶持；将林权交易、矿权交易、特许经营权交易、碳排放交易、版权交易等多种公共属性的产权交易纳入产权交易所，政府对产权市场提供了横向政策扶持。纵横交织的政策扶持网，为产权市场的健康发展起到了保驾护航的作用。正是由于有了这些政策利好，上述省市的产权市场得到了长足的发展，产权交易所的业务量不断上升，在该省市的经济发展、国有资产保值增值方面发挥了不可忽视的作用。

由于内蒙古自治区产权市场出现较晚，加之有关政府部门对于产权市场的作用认识不足，导致了政府缺乏对内蒙古产权交易中心的足够重视。不仅对于国有资产进场交易的监控力度不够，不能保证国有资产合法合规交易转让，而且在产权市场产品多样化方面，也缺乏创新的活力和意识，这些负面影响严重阻碍了内蒙古自治区产权市场的发展。

自治区政府虽然未对产权市场建设进行系统规划，并出台具体的扶持政策，但行业主管部门在国家的推动下已经逐步认识到产权市场这一改革产物所起到的作用和历史地位，而且逐步显现的改革成就也一再证明产权市场的创新成果和首创精神。

2. 区域性资本市场规模较小，资本要素人为分割严重

在市场经济体制下，产权流转需要一个完整的市场体系，只有这样，才能达到资本要素的低成本高效流转。事实证明，割裂市场不仅会增加交易成本，更会扭曲市场供求。而统一的产权市场不仅要求在本区域内存在一个处于核心位置的产权

交易所,更需要该产权交易所的影响力能够达到辐射全区域范围。

当前,内蒙古自治区产权市场中处于核心地位的产权交易机构为内蒙古产权交易中心。内蒙古产权交易中心在"呼包鄂"核心经济圈及呼伦贝尔市均设立了办事处;与全区12个盟市的多家机构形成合作模式;除乌兰察布市和阿拉善盟以外的其他盟市都有会员机构存在。但是,内蒙古产权交易中心的影响力尚未覆盖全区。主要体现在以下几个方面:

第一,由于内蒙古自治区的经济及地理原因,内蒙古自治区的经济总量小,且布局分散。因此,产权市场难以完全地聚集资源。这也就造成了许多地方的产权交易并不能通过产权机构完成的现状。

第二,从市场监管来说,内蒙古自治区政府部门条块分割的管理体制造成了产权市场无法整合大部分资源。自治区各主管部门依据自有资源、自建市场的思路,开设了各自的专业性产权交易机构。内蒙古自治区政府并没有从产权市场的需求出发,进行整体规划、统一布局,而是出现了人为的市场割裂,这样不仅增加了不必要的成本,还使得产权市场从业人员的整体素质难以提升。

如何建立一个统一的区域性产权市场,整合区内所有资本要素,是摆在产权人面前的一个重大问题。

3. 产权市场产品较单一,抵御风险能力低下

受限于内蒙古自治区经济总量较小、产权交易不活跃的现状,唯有增加产权交易品种和数量,实现产权交易多品种覆盖,产权市场优势才能凸显,交易平台的信息聚集功能和价格指导功能才能得以发挥。产权市场产品单一、抵御风险能力低下主要体现在以下几个方面:

第一,内蒙古自治区产权市场的交易品种仍以国有企业股权或实物资产以及行政事业单位实物资产转让为主。随着国有企业改制大潮的回落,该类业务的增长潜力有限。此外,内蒙古自治区的市场经济不够发达,其他种类产权进场交易难,体现为需求较少。单纯依靠原有业务,已难以对内蒙古产权市场进一步发展产生作用。

第二,产权市场政策依赖性过大,一旦出现政策调整,则市场可能出现震荡。产权市场的交易资源主要以政府部门的行政化推动实现进场交易,市场的社会认可度还没有达到很高,加上区域市场差异大,发展不平衡以及政府政策的多变性使得产权市场很可能发生不可避免的波动。

第三,内蒙古产权市场非国有产权交易及新兴产业产权交易不活跃。内蒙古产权交易中心虽然在民营企业股权托管和股权质押融资方面有着成熟的经验,但

对于企业私募债、企业并购等业务还尚未涉足。此外,碳排放权交易、知识产权交易以及金融收益权交易等业务也有待开发。

4.聚集平台效应尚未彰显,产权生态环境亟须完善

产权市场具有极大的潜力,其发展的动力在于以产权为纽带,带动资本的流通。由于产权具有多种多样的形式,这就意味着产权市场中的交易种类可以是五花八门、异彩纷呈的,而种类繁多的交易类型要求产权市场有着良好的生态环境和强大的平台效应。

产权交易机构将买方、卖方及中介服务方集中起来,形成三个集群,这三个集群构成了产权市场的生态体系。买卖双方在产权交易机构的平台撮合下完成交易,而中介服务方,如律师事务所、会计师事务所及评估公司等,为交易提供服务。

此外,产权交易机构作为服务平台,将卖方与买方两个集群实现多点对多点连接,起到了降低交易成本和提高成交概率的作用;产权交易机构对于中介资源方的整合,通过集中议价、业务悬赏,也降低了交易成本和服务成本,提高了服务效率。因此,对于产权市场来说,交易机构的平台效应越大,产权市场越繁荣。但是,目前内蒙古产权市场的生态环境还有待改善,平台效应未得到显现,这主要表现为:

第一,产权市场系统性宣传引导不够,了解产权市场者数量有限。产权交易机构作为以政府公信力为支持的产权市场核心机构,其影响的传播主要是依靠政府的力量。以政府推动为主,产权市场自身努力为辅。但由于内蒙古自治区整体政策环境的制约,政府对于产权市场在促进实体经济发展中的作用认识不足,导致其对于产权市场的系统性宣传引导不够,产权市场影响力受限。

第二,会员机构发展不成熟,会员制度优势不明显。内蒙古产权交易中心虽然是内蒙古产权市场的核心机构,但是其影响力毕竟有限,不可能凭一己之力,撑起整个产权市场。而会员机构对产权交易业务的服务能力亟待提升,并对自己在产权市场中定位不够准确,造成很多会员机构不仅未给产权市场带来资源,甚至存在违规操作,扰乱产权市场的现象。

第三,产权市场参与者专业能力不足,高端人才缺乏。产权市场受限于自身能力的不足,以及高素质的从业人员稀缺的限制,专业性很强的产权交易活动给市场参与者带来了很多的困扰。许多投资人不敢轻易涉足自己不熟悉的领域,也就抑制了产权市场的活跃程度。

(二)内蒙古自治区产权市场发展对策

内蒙古自治区产权市场的发展需要从加强政府指导、优化市场生态环境、培育市场主体、创新产品服务等方面去改进和完善。

1.加强政府指导作用,优化市场生态环境

优化产权市场生态环境首先是优化产权市场的外部环境,减少外部性对市场参与者的影响。由于产权市场自身具有的特殊属性——国有资产交易平台,因此产权市场的外部性就主要体现在政府对其进行的监管与指导。所以,促进产权市场发展,改善市场生态环境的首要任务就是充分发挥政府的监督与指导能力。这需要从以下两个方面进行:

第一,自治区政府制定和完善有关产权市场的政策和法律法规。应将国务院国资委的三号令作为基础,效仿其他省区,进行地方立法,给产权市场这个生态系统提供新的支撑点。

第二,落实地方政府及行政部门对于政策法律法规的执行责任。实现国有资产聚集交易、发现价格、配置资源、高效规范的流转,以及引导其他产权进场,离不开地方政府及行政部门的扶持与指导,离不开国资委、发改委、税务、工商、财政及审计等多部门的协调配合,只有政府统一要求,多部门联动,齐抓共管才能有效落实国家和自治区的政策意图。只有改善产权市场的生态环境,产权市场才能活跃起来,保持自身系统的活力。

2.建立统一产权市场,整合区内资本要素

建立区内统一的产权市场,既是大势所趋,亦是当务之急。现存的小市场不仅造成了交易成本及人力成本的高企,而且由于这些交易机构人员专业素质的缺乏和监管的缺失,更是对产权市场的声誉造成了影响。

2011年,国务院下发38号令《国务院关于清理整顿各类交易场所 切实防范金融风险的决定》,叫停未经批准、制度不规范的产权交易机构,为内蒙古自治区建立产权交易统一规范的市场体系带来了契机。内蒙古自治区产权市场需要借助政府的力量,通过增资扩股组建内蒙古产权交易所,作为本地区产权市场的核心服务机构,在各盟市设立办事处、分支机构,采用会员制合作模式,构建覆盖全区制度化、流程化、信息化、规范化的产权交易市场。

3.加大产品创新力度,多样化经营分散风险

内蒙古自治区产权市场除了国有资产股权交易、行政事业单位实物资产交易及股权托管融资等主营业务以外,还可以依据内蒙古自治区经济发展状况和市场需求,开展信托受益权交易、二手房交易、碳排放权交易、户外广告经营权交易等多种服务。并在市场发展到一定程度时,为内蒙古自治区企业提供企业上市辅导、企业并购、企业私募债及私募基金交易等增值服务。具体内容可包括以下几个方面:

（1）国有企业改制重组及并购。依据十八大精神，新的一轮国有企业改革高潮即将来临，国有企业改制、重组及并购离不开产权市场的参与。

（2）金融资产交易创新。内蒙古自治区产权市场可以从简单的权益交易入手，如债权交易、信托受益权交易、质押融资，逐步探索中小企业私募债、中小企业股权交易等金融业务。

（3）环境权益交易创新。环境权益主要包括碳排放权、排污权、合同能源管理等。内蒙古自治区作为能源大省，未来在环境资源权益交易方面大有可为。

（4）"三农"产权交易创新。"三农"产权交易主要包括承包地转让、宅基地转让、自留地转让等。随着我国农村土地制度改革的推进，农村土地流转制度也在逐步健全。在可以预见的未来，惠及全国农民的产权制度即将出现。在这样的大环境下，内蒙古自治区产权市场应做好"三农"产权入市的准备。

（5）民营产权交易创新。民营产权形式多样，基数巨大，是产权市场尚未完全发掘的"富矿"。内蒙古自治区产权市场未来将以"打造诚信、降低成本、关注效率、控制风险"为方针，为民营产权交易入场作出努力。

（6）建立中小企业股权交易市场。通过股权市场的建立，降低投资方的企业信息收集成本，提高投资资本流转效率，为中小企业的发展开辟新的投融资渠道。

（7）资源性产权交易创新。内蒙古自治区幅员辽阔，资源丰富，依托内蒙古自治区的各类资源，产权市场将为各类资源交易提供服务。林权交易、矿权交易及水权交易等将极大便利内蒙古自治区的资源流动。

4. 积极培育市场主体，发挥平台聚集效应

区域产权市场的建设，需要为数众多的市场主体参与，如此才能促进各类要素资源的有效流动和吸纳外部资金注入市场，发挥其优化资源配置的目的。

（1）营造产权市场，有序规范环境。营造产权市场氛围，提高产权市场的知名度和影响力，聚集金融资源、投资人资源、中介机构资源、人力资源及民营企业资源。使社会公众对产权市场有更直观、深入的了解，知悉产权市场为其带来的利益，吸引潜在客户。这需要产权人注重市场宣传力度，加大广告投入和更加积极地参与社会公益活动。

（2）发展产权交易经纪会员机构。区域产权市场的活跃不能仅仅依靠一两家产权交易所，更需要有一批高素质的产权交易经纪机构。"商为市之魂"，只有市场中存在足够多且素质高的经纪商，产权市场方可持续发展。经纪机构对产权交易进行宣传，以及引入产权交易双方，可以减轻产权交易所的负担，提高市场效率，并通过经纪机构以点带面，让更多的经济主体了解产权市场，加入到产权市场当

中来。

(3)建立产权市场投资基金。投资基金是产权市场的润滑剂,在投融资双方缺乏沟通渠道时起到活跃市场的作用。建立产权市场投资基金,一方面,可以为处于种子期的高潜力企业提供资金支持,刺激其发展;另一方面,为喜好高风险的投资者提供一个投资渠道,引导民间投资多形式地进入及退出企业。

(4)打通资本市场对接通道。内蒙古自治区中小企业直接融资困难,但融资需求旺盛。在这种情况下,产权市场应带动和挖掘一批有上市愿景的优秀中小企业,为其打通与中小企业板、创业板及新三板等高级资本市场对接的通道,并搭建区域股权市场、托管平台,培育中小企业,为其打开通往高级资本市场及其他股权市场的通道,为内蒙古自治区中小企业开拓全新的有效融资渠道。

四、内蒙古自治区产权市场建设思路

内蒙古自治区产权市场的下一步建设思路是:完善制度建设,提升业务规范水平,整合社会资源,加强市场研发能力,实施精细管理,提升专业撮合能力,构建服务网络,加强资源整合能力,实现产权市场的全面升级。

(一)完善制度建设,提升业务规范水准

产权交易的规范性需要操作的制度化、流程化、标准化,内蒙古自治区产权市场历来重视制度体系的建立和完善,强调制度先行,在业务制度建设方面,内蒙古产权交易中心在业务操作的实际中,不断梳理企业国有产权交易规则、实物资产交易规则等各类产权交易规则,不断梳理行政事业单位国有资产进场交易规则、股权登记托管暂行规则、会员管理办法、档案管理办法等,不断建立和完善相关的业务规则和制度体系。按照不同业务类别和产品线制定产品说明书,进一步提升业务的规范性。

在内部管理制度建设方面,内蒙古产权交易中心为规范决策管理行为,明确决策程序,提高工作效率,不断完善决策管理办法;为全面贯彻十八大会议精神,切实加强交易中心反腐倡廉建设,进一步规范决策行为,提高决策水平,防范决策风险,制定和完善"三重一大"议事规则;为规范交易中心内部行为和提高员工的积极性,制定必要的奖惩和约束机制。

内蒙古产权交易中心通过对业务规则和内部管理制度的健全和完善,逐步提升业务规范水准,更好地为内蒙古产权市场有序发展服务。

（二）整合社会资源，加强市场研发能力

内蒙古区域资本市场建设经过几年的努力，取得了良好的业绩，但仍处于发展阶段。搭建服务于自治区多品种权益交易与融资的基础性资本市场平台，需要产权市场理论研究与市场实践紧密结合。为推动自治区区域资本市场建设，改善自治区中小微企业投融资环境以及促进自治区经济又好又快发展提供资本市场理论与产品创新的专业支持，产权市场注重整合社会资源，提升市场研发能力。例如，内蒙古产权交易中心已经与内蒙古财经大学金融学院共同组建"区域资本市场发展研究基地"，同时探索以更有效的方式加大业务研发投入力度，力争使内蒙古产权市场在战略规划、业务创新、产品研发方面取得外部机构支持，为区域产权市场长远发展奠定坚实基础。

（三）实施精细管理，提升专业撮合能力

内蒙古产权市场为有效提升专业撮合能力，在业务操作上注重专业化分工，实施精细化管理。按照项目操作的特点，由全流程作业向分段操作过渡。市场开拓、项目挖掘、市场推介、受让意向登记、组织交易等活动分别由专业的部门组织实施，既提高了市场开拓的工作效率，又提升了市场推介的撮合能力和有效降低了时间成本，为客户和投资人提供更加专业的服务。

（四）构建服务网络，加强资源整合能力

内蒙古产权交易中心在全区建立统一的市场服务网络，加强资源的整合能力，从而实现统一进行重大的产权交易和招商引资活动，建立全区资产流动重组大平台。此外，还要加强与外省产权交易机构合作，尽可能利用先进的信息技术与国内产权市场联网，参与主要的区域市场统一体，并进一步疏通、扩大与国内外主要高级资本市场的有效对接，包括全国性 OTC 市场，国内中小企业板市场、创业板和主板市场，海外主要证券市场等，从而为内蒙古自治区企业搭建起通往各层次资本市场的路径，满足不同的融资和发展需求。

五、内蒙古自治区产权市场未来愿景

内蒙古自治区产权市场的长期战略规划和愿景是建立全区统一的产权市场，实现会员制的市场管理模式，完善市场运行环境，打造产品多元、运行良好、风险可

控的产权交易平台。

(一)市场建设愿景

统一全区产权交易市场,形成以内蒙古产权交易中心为核心,各盟市产权交易所市场分支机构和产权交易会员机构为支点的区域性产权市场。

建立会员制的市场管理模式,将区内外各类投资机构、自治区各盟市产权交易代理机构,以及从事产权交易服务的中介机构逐步以会员的形式纳入自治区统一区域产权市场范围内,在市场内部设立席位,并与工商、财政、国资、土地、房地产等相关的部门积极协调,提供一站式服务。

在条件成熟的情况下,在统一产权大市场体系下,设立非上市股份公司股权交易所、文化产权交易所、矿业资源交易所、林权交易所等。

(二)环境建设愿景

紧紧围绕内蒙古自治区的"十二五"发展规划,争取用 3～5 年时间,使自治区的产权交易生态环境得到较大改善。全区产权市场交易额已经突破 100 亿元,产权交易市场体系比较完善,专业化服务水平逐年提高,内蒙古产权交易中心与各类投资公司、信托机构、担保机构、基金公司合作关系日益深入,进一步完善为中小企业融资担保机制,不断创新交易产品,不同类型服务对象的服务需求得到基本满足,中心治理结构显著改善,内控体系得到健全。社会各界对内蒙古产权市场已普遍认同,内蒙古产权交易中心已发展成为自治区政府的重要投融资平台,能够为自治区企业扩大融资规模、提高融资效率提供完善服务,已成为自治区企业上市前的培训基地,成为区内外各类投资机构积极参与的区域性产权大市场,社会各界对产权融通的消费习惯基本形成。

参考文献

中文部分：

[1]内蒙古社科联课题组.内蒙古中小企业融资问题调查研究[R].研究报告,2009.

[2]内蒙古社科联课题组.内蒙古中小企业发展的金融支持研究[R].研究报告,2012.

[3]刘玉春,田春阳.内蒙古中小企业融资问题探讨[J].内蒙古农业大学学报,2005(2).

[4]范玉民.中小企业融资问题研究[J].内蒙古科技与经济,2009(6).

[5]罗如芳,周运兰.内蒙古民族自治区中小企业融资问题探讨[J].行政事业资产与财务,2011(4).

[6]刘国光.中小企业融资[M].北京:民主与建设出版社,2002.

[7]赵尚梅,陈星.中小企业融资问题研究[M].北京:知识产权出版社,2007.

[8]邹小凡,孙亚楠.完善中小企业信用担保体系建设[J].金融理论与实践,2004(11).

[9]王婷.中小企业融资问题探析[J].企业经济,2003(2).

[10]陈志,陈柳.论我国中小企业融资改革与金融创新[J].金融研究,2000(12).

[11]单丽娟.解析中小企业融资难[J].商业时代,2003(20).

[12]陈建宁.我国中小企业融资难的原因及对策探讨[J].经济师,2009(10).

[13]李瑞鹏,严淼.中小企业融资难的现状和分析[J].东方企业文化,2011(2).

[14]中国农村金融学会主编.中国农村金融改革发展三十年[M].北京:中国金融出版社,2008.

[15]王景武.内蒙古农村合作金融改革成效评价[J].内蒙古金融研究,2012

(2).

[16]中国人民银行呼和浩特中心支行货币政策分析小组.2011年内蒙古自治区金融运行报告[R].2012.

[17]刘玲玲等.中国农村金融发展研究[M].北京:清华大学出版社,2008.

[18]何亚玲,王林娟.甘肃省农村金融发展与农村经济增长关系的研究[J].甘肃农业大学学报,2007(12).

[19]陈辉等.农村金融发展与农村经济增长的相关性研究——以辽宁省为例[J].农业经济,2009(3).

[20]张旭梅.农村金融发展对农村经济增长作用机制的实证分析——以山东省为例[J].生产力研究,2009(9).

[21]程丽萍.区域金融发展与区域经济增长及产业结构调整研究[J].商场现代化,2009(1).

[22]王旭红.我国农村金融发展与经济增长关系研究[J].湖南大学学报,2007(4).

[23]吴彬.促进农村金融产品创新的建议[EB/OL].国务院发展研究中心信息网,2011-03-07.

[24]宋浩平,王益君.基于产品创新的农村合作金融机构信贷管理模式优化研究[EB/OL].国务院发展研究中心信息网,2010-11-03.

[25]石晶.我国农村新型金融体系构建中的问题及对策[J].辽宁师范大学学报,2011(11).

[26]阿拉坦宝力格.草原文化区域分布研究[M].呼和浩特:内蒙古教育出版社,2007.

[27]费孝通.乡土中国[M].北京:北京大学出版社,2002.

[28]李凤斌.草原文化研究[M].北京:中央编译出版社,2008.

[29]那顺巴依尔.内蒙古牧区亲属制度变迁[J].中央民族大学学报,2005(1).

[30]江曙霞,马理,张纯威.中国民间信用[M].北京:中国财政经济出版社,2003.

[31]姜旭朝,丁昌锋.民间金融理论分析范畴比较与制度变迁[J].金融研究,2004(8).

[32]齐木德道尔吉,徐杰舜.游牧文化与农耕文化[M].哈尔滨:黑龙江人民出版社,2010.

[33]色音.蒙古游牧社会的变迁[M].呼和浩特:内蒙古人民出版社,1998.

[34]史晋川.市场深化中民间金融业的兴起[J].经济研究,1997(12).

[35]乌日陶克套胡.蒙古族游牧经济及其变迁[M].北京:中央民族大学出版社,2006.

[36]张杰.制度、渐进转轨与中国金融改革[M].北京:中国金融出版社,2001.

[37]郭斌,刘曼路.民间金融与中小企业发展对温州的实证分析[J].经济研究,2002(10).

[38]江曙霞.中国地下金融[M].福州:福建人民出版社,2001.

[39]江曙霞,马理.民间信用生成逻辑的解析与疏导原则的确立[J].财经研究,2003(9).

[40]中国人民银行广州分行课题组.从民间借贷到民营金融:产业组织与交易规则[J].金融研究,2002(10).

[41]胡必亮,胡顺延.中国乡村的企业组织与社区发展——湖北省汉川县段夹村调查[M].太原:山西经济出版社,1996.

[42]胡必亮,刘强,李晖.农村金融与村庄发展——基本理论、国际经验与实证分析[M].北京:商务印书馆,2006.

[43]胡必亮.村庄信任与标会[J].经济研究,2004(10).

[44]内蒙古自治区"十二五"金融业发展规划.

[45]四川省"十二五"金融业发展规划.

[46]贵州省"十二五"金融业发展专项规划.

[47]呼和浩特市区域金融中心建设规划(2011~2015).

[48]深圳市金融业发展"十二五"规划.

[49]大连市金融业发展"十二五"规划.

[50]东莞市金融业发展规划(2009~2020).

外文部分:

[1]A. N. Berger,C. F. Udell. Relationship lending and lines of credit in small firm finance[J]. Journal of Business,1995,68(3):351—382.

[2]Feige E. L. The underground economy and the currencyenigma[J]. Public Finance,1994,49:119—136.

[3]Frey B. S. ,Pommerehne. W. W. The hidden economy:State and prospects for measurement[J]. Review of Income and Wealth,1984,30(1):1—23.

[4]Jith Jayaratne, John Wolken. How important are small banks to small business lending? New evidence from a survey of small firms[J]. Journal of Banking and Finance,1999(23): 427−458.

[5]S. D. Boon, J. D. Holms. The dynamics of interpersonal trust: resolving uncertainty in the face of risk, in R. A. Hind, J. Groegrel, eds, Cooperation and prosocial behavior[M]. Cambridge University Press,1991.

[6]K. Polanyi et al. eds. Trade and Market in the Early Empires: Economies in History and Theory[M]. Glencoe, I11: Free Press, 1957.

[7] Axelord, Robert. The evolution of cooperation[M]. New York: Basic Books,1984.

[8]Banerjee Besley, Guinnane. Thy neighbor's keeper: The design of a credit cooperative with theory and a test[J]. The Quarterly Journal Economics,1994, 109(5):491−515.

[9]Coleman. Social capital in the creation of human capital[J]. American Journal of Sociology, 1988(94): 95−120.

[10] Pranab Bardhan. The new institutional economics and development theory[J]. World Development 17,1989(9):1390−1394.

[11]Joseph E. Stiglitz. Peer monitoring and credit market[J]. World Bank Economic Review,1990(4):351−366.

[12] Kellee Tsai. Beyond banks:The local logic of informal finance and private sector development in China[A]. The coference on financial sector reform in China[C]. www. ksg. Harvard. edu/edu/cbg,2001.

[13] Montiel, Richard Agenor. Informal financial markets in developing countries[R]. IMF & Blackwell Publisher,1994.

[14] Nicole Woolsey Biggart, P. Castanias. Collateralized relations: The social in economic calculation[J]. American Journal of Economics and Sociology, 2001(2).

[15]N. S. Chiteji. Promises kept:Enforcement and the role of rotating savings and credit associations in an economy[J]. Journal of International Development, 2002, 14(12):393−411.

[16]Prabhu Ghate. Informal finance:Some findings from Asia[M]. Manila: Asian Development Bank & Oxford University Press,1992.

[17]Timothy Besley,Stephen Coat, Glenn Loury. The economics of rotating savings and credit associations[J]. The American Economic Review,1993(83): 792—810.